2017年
上海市体育社会科学研究成果报告

上海市体育局　编

2017 NIAN SHANGHAISHI
TIYU SHEHUIKEXUE YANJIU CHENGGUO BAOGAO

上海大学出版社
·上海·

图书在版编目(CIP)数据

2017年上海市体育社会科学研究成果报告/上海市体育局编.—上海:上海大学出版社,2018.7
ISBN 978-7-5671-3183-5

Ⅰ.①2… Ⅱ.①上… Ⅲ.①体育运动社会学—研究报告—上海—2017 Ⅳ.①G80-051

中国版本图书馆CIP数据核字(2018)第151358号

责任编辑　王悦生
封面设计　柯国富
技术编辑　金　鑫　章　斐

2017年上海市体育社会科学研究成果报告
上海市体育局　编
上海大学出版社出版发行
(上海市上大路99号　邮政编码200444)
(http://www.press.shu.edu.cn　发行热线021-66135112)
出版人　戴骏豪
＊
南京展望文化发展有限公司排版
上海颛辉印刷厂印刷　各地新华书店经销
开本787mm×960mm　1/16　印张23.75　字数401千
2018年7月第1版　2018年7月第1次印刷
ISBN 978-7-5671-3183-5/G·2751　定价　65.00元

编委会名单

主　编　徐　彬

副主编　罗文桦

编　委　（按姓氏笔画排序）

　　　　王才兴　肖焕禹　余诗平

　　　　张　蓓　陆小聪　赵文杰

　　　　胡　红　曹可强

编　辑　陈　雄　王一雄

把握新时代体育发展历史性契机，建设市民满意的全球著名体育城市*

（代序）

上海市体育局党委书记、局长　徐　彬

举世瞩目的党的十九大胜利召开，全面系统地描绘了决胜全面建成小康社会、夺取新时代中国特色社会主义伟大胜利的宏伟蓝图。习近平总书记在十九大报告中指出，中国特色社会主义进入新时代，首次明确、系统地阐述了习近平新时代中国特色社会主义思想，为党和国家各项事业发展提供了行动指南。报告明确提出："广泛开展全民健身活动，加快推进体育强国建设，筹办好北京冬奥会、冬残奥会。"从战略和全局高度为体育工作指明了根本前进方向，具有重大而深远的意义。我们要以党的十九大精神和习近平新时代中国特色社会主义思想为指导，按照上海市第十一次党代会的部署，努力推动全球著名体育城市建设不断取得新进展。要充分认识和把握"新时代、新体育、新作为"三方面的任务和要求。

第一，建设全球著名体育城市，必须把握新时代。

十九大报告提出，中国特色社会主义进入了新时代；中华民族迎来了从站起来、富起来到强起来的伟大飞跃；我国社会主要矛盾已经转化为人民日益增长的美好生活需要和不平衡不充分的发展之间的矛盾；要着力解决好发展不平衡不充分问题，大力提升发展质量和效益，更好地满足人民在经济、政治、文化、社会、生态等方面日益增长的需要，更好地推动人的全面发展、社会全面进步。

---

* 本文根据上海市体育局党委书记、局长徐彬2017年的有关讲话稿编辑整理。

新时代给体育工作明确了新定位。体育是全面建成小康社会和实现社会主义现代化的重要工作,是满足人民日益增长的美好生活需要的重要内容,是推动人的全面发展、社会全面进步的重要举措。体育不仅能够为国争光、振奋民族精神,还能够为民造福、为国增利。树立新时代体育观,就是要坚持以人民为中心的发展思想,推动全民健身、竞技体育、体育产业全面协调发展,努力使体育成为人民群众不可或缺的生活方式,为经济社会发展提供重要支撑。

党和国家对体育高度重视。上海抓住全民健身上升为国家战略的契机,先后创新举办了第二届市民运动会、城市业余联赛等群众性品牌赛事活动,为成千上万的市民提供体育参与机会,激发了全民健身热情。上海国际马拉松、上海城市定向等品牌赛事报名"一票难求",参与十分火爆。全民健身城市氛围已经形成。同时,我们也清醒地认识到,上海体育公共服务的供给能力还不能满足市民需求,也需要解决发展不平衡不充分问题。今年以来,在市委市政府的关心下,本市启动了徐家汇体育公园、市民体育公园、浦东足球场等一批重大体育设施项目;备受关注的黄浦江两岸45公里贯通开放工程也将漫步道、跑步道、骑行道等体育设施纳入建设布局,受到市民欢迎。我们将始终坚持需求导向,努力增加市民身边的体育设施,多渠道满足市民健身需求。

第二,建设全球著名体育城市,必须开创新体育。

习近平总书记对体育十分重视并寄予厚望,指出体育强国梦与中国梦息息相关,要求加快推进体育强国建设。将"体育强国"明确写入十九大报告在历次党代会报告中是第一次,具有划时代的开创性意义,为体育工作描绘了宏伟蓝图,设定了目标任务。习近平总书记不仅关心竞技体育成绩,要求把竞技体育搞得更好、更快、更高、更强,提高在重大国际赛事中为国争光能力,而且希望通过竞技体育带动全民健身,强调"发展体育运动,增强人民体质"是我国体育工作的根本任务,强调要坚持以人民为中心的思想,落实全民健身国家战略,促进健康中国建设。

党的十九大提出了2020年全面建成小康社会之后到2035年、2050年两个阶段最新的"两步走"战略,为新时代体育发展设定了时间表和路线图,要求体育工作者更加清醒认识体育在全面建成小康社会、基本实现社会主义现代化、建设社会主义现代化强国中承担的光荣使命,积极谋划落实好分阶段建设体育强国的具体任务,使体育和经济社会各项事业同步发展、全面进步,实现

"中国强、体育强"和"国运兴、体育兴"的良性互动,开创体育工作新局面。

上海市委市政府一贯高度重视体育工作,明确提出到2025年要基本实现全球著名体育城市的建设目标,努力打造世界一流的国际体育赛事之都、国内外重要的体育资源配置中心、充满活力的体育科技创新平台,并且将"全球著名体育城市"写进了上海市第十一次党代会报告,为上海体育工作设定了总目标。目前,国外有一些可以参考的国际著名体育城市评价排名。总体上看,上海与伦敦、纽约、巴黎、东京等国际著名体育城市还有差距,主要差距不仅限于是否举办奥运会、世界杯、世锦赛等国际重大赛事,在体育设施的完备程度、体育文化的普及程度、体育社团的活跃程度等方面也有一定差距。面对新目标新任务,我们要学习借鉴国内外经验,发挥国家中心城市综合优势,坚持办人民群众满意的体育,努力建设体育氛围浓烈、体育人才辈出、体育赛事精彩、体育产业繁荣的全球著名体育城市,让上海市民共享体育发展成果。

第三,建设全球著名体育城市,必须要有新作为。

习近平总书记指出,人民群众对于美好生活的向往就是我们的奋斗目标,新时代要有新气象,更要有新作为。面对人民群众的体育新需求,新时代的体育工作必须开拓创新、锐意进取。2017年上海体育各项工作稳步向前推进。全民健身蓬勃开展,体育设施建设加快推进,城市业余联赛周周有活动、月月有亮点,为市民提供了优良的体育健身环境;竞技体育稳中向好,圆满完成了天津全运会参赛任务,部分项目实现了历史性突破,足球改革发展取得阶段性成效;体育产业持续发展,总规模已超过1 000亿元,其中体育服务业比重超过六成,发展势头非常良好。

建设全球著名体育城市,必须坚持市民满意这一根本标准,始终把增强市民体质、促进人的全面发展作为体育工作的出发点和落脚点,全面提升体育治理体系与治理能力现代化水平,促进体育事业和体育产业全面协调发展,不断满足市民日益增长的体育需求,使体育更好地融入上海经济社会发展全局。

要厚植全民健身的最广大群众基础。始终坚持以人民为中心的思想,落实全民健身国家战略,推动健康中国和健康上海建设,实现体育健身全人群、全地域覆盖。完善全民健身设施服务体系,继续将社区体育设施建设纳入市政府体育实事工程项目,努力增加市民身边的体育设施。大力推进徐家汇体育公园、市民体育公园、浦东足球场等重大体育设施项目。以黄浦江、苏州河两岸逐步贯通开放为契机，完善各类配套体育设施，为市民提供高品质的健身休闲服务。推进体育基本公共服务均等化和标准化，广泛开展全民健身活动，增强市民科学健身素养，营造人人爱健身、天天乐健身、处处能健身的城市环境，让市民生命质量更好、健康寿命更长，增强获得感和幸福感。

要努力打造世界一流的国际体育赛事之都。挖掘体育文化内涵，大力发展竞赛表演业。积极培育和引进与国际大都市地位相匹配的顶级赛事，巩固提升自主品牌赛事。办好 F1 中国大奖赛、ATP1000 网球大师赛、国际田联钻石联赛、环球马术冠军赛、上海国际马拉松赛等重大赛事，提升赛事运营管理和服务保障水平。做好 2019 年篮球世界杯、武术世锦赛和 2021 年赛艇世锦赛等国际大赛的组织筹办工作。支持各区办好射箭世界杯、花剑世界杯、苏州河龙舟赛等"一区一品"赛事，打造更多市民喜爱的品牌赛事。

要创造竞技体育人才辈出的发展环境。按照习近平总书记关于加快建设体育强国和把竞技体育搞得更好、更快、更高、更强的要求，以崇明国家级体育训练基地建设为契机，调整完善竞技体育项目布局，夯实基础大项和三大球等项目发展，提升训练管理质量效益，打造上海竞技体育新格局、新优势。拓宽职业体育发展渠道，推进具备条件的项目职业化、社会化和市场化进程，争取在职业联赛中创造佳绩。健全后备人才培养机制，努力培养塑造杰出运动员，加大新增奥运项目和冰上运动项目后备人才培养力度。大力弘扬奥林匹克、中华体育和上海城市精神，全面做好东京奥运会、北京冬奥会等重大比赛备战和参赛工作。

要加快发展体育产业，增加体育服务供给。把发展体育产业作为深化体育供给侧结构性改革的重要切入点，培育新的经济增长点。落实《上海市人民政府关于加快发展体育产业促进体育消费的实施意见》等系列文件，发挥上海市体育产业联席会议功能，推动体育与文化、旅游、商贸、健康等融合发展，促进健身休闲、竞赛表演、场馆服务、中介培训、信息服务、体育用品制造及销售等体育产业门类全面发展。以创建体育产业示范基地、体育产业集聚区等为平台载体，引导体育产业政策和项目落地。充分发挥上海体育产权交易平台功能。鼓励境外体育企业和社会组织在沪设立地区总部或分支机构。加强体育对外开放和合作交流，打造中外体育交流"一带一路"桥头堡。

要积极主动全面深化体育领域改革创新。按照全面深化改革的总要求，不断增强体育改革的内生动力,激发体育发展活力。加快推进竞技体育管理体制改革,打造专业高效的竞技体育训练管理机构,提升竞技体育核心竞争力。积极稳妥推进体育场馆改革,探索体育场馆所有权和经营权相分离,激发场馆活力。深入推进足球改革,制定落实上海足球改革发展系列政策文件,加强足球场地设施建设,支持市足球协会依法自治,推动校园足球、社会足球和职业足球全面发展。着力推进体育社会组织改革,以市体育总会改革为示范引领,构建体育社会组织枢纽式管理的新格局。同时,要稳步推进市体育局机关事业单位分类改革,转变政府职能,优化管理服务,更好地适应上海体育改革发展的新形势和新要求。

总之,我们要全面系统深入学习贯彻党的十九大精神,坚持以人民为中心的发展思想,牢牢抓住建设全球著名体育城市的奋斗目标,推动上海体育各项工作实现新跨越,为建设卓越的全球城市、加快建设体育强国和实现中华民族伟大复兴的中国梦做出应有贡献。

目 录
Contents

●●● 第1篇　群众体育

创新社会治理背景下社会体育组织的转型发展研究
　　——以黄浦区为例 ……………… 王海银　战　旗　刘忠亚　孟欢欢　3
"健康中国"背景下上海医疗康复领域"体医结合"现状与对策研究
　　……………… 郭玉成　李荣薇　邱海洪　张银萍　康　萌　冯孟辉
　　　　　　　　　王　丹　薛更新　王仪伟　范铜钢　王玉星　26
基于创新型政府视角下的上海中心城区公共体育场地运行机制研究
　　………………………………… 姚　岩　薛　飙　由会贞　魏善亮　46
上海群众体育组织的多元化建设研究 ………………………… 褚蝶花　66
创新社会治理背景下上海社区体育健身俱乐部发展研究 ……… 祝　良　84

●●● 第2篇　竞技体育

青少年足球发展的协同机制研究 …………………………………… 杨　琼　105
整合创新上海青少年业余训练体育科技服务资源的探索 ……… 裴新贞　123
依托移动互联网平台盘活上海校园闲时场馆以发展传统体育赛事的
　　研究 ……………………………………………………………… 万　芹　138
上海青少年业余篮球俱乐部现状调查与发展对策研究
　　………………………………… 李欣欣　毕　强　谭晓缨　兰恒进　153

第3篇 体育产业

上海体育产业溢出效应研究
　　……………………曹如中　郭　华　黄英实　尚珊珊　卢倩芸　183
进一步推进上海体育与文化、旅游等产业融合的研究
　　……………………………………秦迎林　戴　赟　齐林凯　吴　刚　202
上海体育资源配置中心建设标准研究……………………………李荣日　219
上海建设世界一流的国际体育赛事之都研究
　　——基于城市网络的视角………………………………………陈林华　235
环滴水湖体育赛事与临港新城旅游互动发展的研究……………袁　锐　255

第4篇 体育改革

上海公共体育服务绩效评价体系研究………吴　莹　齐林恺　杨天宇　271
品牌输出管理在上海公共体育场馆市场化改革中的应用研究
　　……………………………………………………………………伊　晟　305
两权分离背景下上海公共体育场馆PPP运营模式的应用
　　………………………卢天凤　冯琳琳　张文佳　王恩锋
　　　　　　　　　　　　王　玥　王乐军　王敏敏　秦黎黎　333
游泳救生员职业资格证书制度相关法律问题研究
　　——以上海为视角………………………………………………郭捍东　352

编后语

第 1 篇 群众体育

创新社会治理背景下社会体育组织的转型发展研究

——以黄浦区为例[*]

王海银　战　旗　刘忠亚　孟欢欢

一、前言

  党的十八届三中全会提出建立国家治理体系和治理能力现代化的目标，把激发社会组织活力作为创新社会治理体制改革的重要内容，提出"正确处理政府和社会关系，加快实施政社分开，推进社会组织明确权责、依法自治、发挥作用"，"适合由社会组织提供的公共服务和解决的事项，交由社会组织承担"，从而明确了社会组织在社会治理中的主体性地位。为了探究激发社会体育组织活力的核心要素，黄浦区体育局"加强社会体育组织培育"课题组采用座谈法、实地考察法、访谈法，深入了解上海市登山协会、上海市社区体育协会、周浦镇足球协会、扬州市棋类协会、扬州市健身健美运动协会、扬州长跑协会等组织的运作状况与存在困难，为黄浦区体育局培育社会体育组织建设提供经验借鉴。

  黄浦区作为上海市的中心城区，是上海经济、行政和文化中心所在地，全区面积为20.52平方公里，户籍人口90.36万人，常住人口70.48万人。近年来，为了满足民众的多元体育需求并推进体育强区建设，黄浦区在体育赛事组织、场地协调、技术指导、体质监测、信息服务等多方面进行了积极探索。社会体育组织作为全面健身事业"六边工程"中的重要一边，是赛事服务、技术指导、体质监测、信息服务等的重要载体，需要提高其服务能力。如何对黄浦区

---

[*] 本文作者单位：黄浦区体育局。立项编号：TYSKYJ2017010。

社会体育组织进行培育和建设,使其具备生存能力和服务能力,并积极参与公共体育服务的提供,是当前需要解决的问题。

二、黄浦区社会体育组织发展概况

为全面推动黄浦区体育强区建设,加快建设与世界最具影响力的国际大都市的中心城区要求相匹配的全民健身发展模式,黄浦区体育局在社会体育组织培育方面也进行了积极探索,取得了一定成绩。

(一)黄浦区社会体育组织数量丰富

全区共有市级单项体育协会4家,区级单项体育协会17家,青少年体育俱乐部16家,社区体育健身俱乐部6家,楼宇体育促进会1家,职工体育协会1家,社会体育指导员社区指导站10个,健身气功指导站27个,各类社区体育团队873支。为了健全组织体系建设,黄浦区体育局在区级政府层面,培育发展成立新的单项体育协会;在街道层面,加快实现国家及市级社区体育健身俱乐部建设,实现全区十个街道市级社区体育俱乐部全覆盖,争创1~2家国家级社区体育俱乐部,争取培育全区各级各类体育健身团队1000支。

(二)黄浦区社会体育组织结构较完整

根据社会体育组织与公共体育服务功能对接的原则,需要有"组织服务、设施服务、活动服务、指导服务、体质监测服务和体育信息服务类的社会体育组织"。组织服务,区级层面由区体育总会负责对各类组织进行孵化和培育,街道层面由社区体育俱乐部对自发性健身团队进行孵化;设施服务,区级层面在群体科下设了设施管理中心负责管理,街道层面由6家社区体育俱乐部管理,社区体育俱乐部委托给体育企业"星之健"负责对百姓健身房、健身步道、健身器材等的协调与管理;活动服务类组织,有单项体育协会17家、青少年体育俱乐部16家、社区体育健身俱乐部6家、楼宇体育促进会1家、职工体育协会1家等;指导服务,区级层面有社会体育指导员协会1家,街道层面有社会体育指导员社区指导站10个;体质监测服务,在区级层面是体育事业发展指导中心的工作内容,而社区层面由6家社区体育俱乐部负责;体育信息服务,区级层面由群体科(管理类)和指导中心(活动类)负责,社区层面由6家社区体育俱乐部负责等。

（三）黄浦区社会体育组织功能多元化

黄浦区社会体育组织在服务会员、服务政府和服务社会方面取得显著成效。首先，是服务会员的功能。为会员提供专业化、精细化服务是组织发展的根本，是组织参与与政府共治的基础。如黄浦的楼宇体育促进会，共有普华永道、安利、杜邦、陶氏、瑞安集团等208家会员单位，促进会为会员企业提供赛事、活动、技能培训、健康讲座、课程体验、健身私教、体质监测并建立个人健康档案等服务，满足会员需求。其次，是服务政府的功能。社会体育组织通过参与公共体育服务提供，为政府分忧，满足民众多元化需求。组织通过政府购买公共体育服务的方式，参与赛事、活动、培训、等级考评等服务提供，不仅能够促进政府体育职能的转移，同时也能为民众提供专业化服务。最后，是服务社会的功能。通过公益活动为社会服务，提高组织的社会合法性。如楼宇体育促进会通过举办系列活动提高社会公信力，有著名在华企业运动会、黄金田径大奖赛、电子竞技大赛、楼宇趣味运动会、健身房铁人三项、新天地寻宝、汽车拉力赛等，直接参与人数有5万人，间接参与人数有10万人，活动发挥了休闲、娱乐、健身、交往等多种功能。

三、培育社会体育组织的主要措施

社会体育组织作为全面健身事业发展的重要载体，黄浦区体育局在培育和发展社会体育组织方面有多项举措。

（一）培育思想：党员建设全覆盖

黄浦区体育局社团组织党支部委员会，为了响应国家"两新"组织"两覆盖"专项工作的要求和精神，57家社会体育组织实现了党建工作全覆盖。黄浦区体育局成立了局管社团组织总支部委员会，以利于党建工作的开展。区体育局统计了57家社会体育组织党员的基本情况，然后依据"两覆盖"的文件要求，认真摸排核实党员信息，党员人数在3人或以上的社会体育组织成立活动型党支部、3人以下的成立活动型联合党支部、没有党员的派党建联络员。根据结果，明确了57家社会体育组织党建工作全覆盖，其中11家成立了活动型党支部，其余46个组织成立了6个活动型联合党支部，其他没有党员的社会组织，所在的活动型联合党支部书记即为党建联络员。

目前，黄浦区 18.9%的体育社会组织是活动型党支部，其余 81.1%的体育社会组织组成 6 个活动型联合党支部。针对没有党员的社会组织，明确由所在的活动型联合党支部书记担任党建联络员。

（二）培育主体：主要是以政府为主体进行培育

黄浦区对社会体育组织的培育，主要是以政府为主导的方式进行培育。黄浦区在社会体育组织培育中，由于体制性因素，区体育总会职能呈现虚化状态，体育总会的职责主要是满足民政部门的一些基本要求，如提供年检审核之类的服务，主动为会员提供咨询、能力培训、信息服务等很少。现在黄浦区对社会体育组织的培育工作，主要由区群体科与区社会体育指导中心等完成，主要有场地资源的协调、信息的宣传、能力的培训并完成政府购买公共体育服务的招投标工作。但是由于政府处理事务的多样性、工作人员的有限性等，政府关于社会体育组织的培育无法直接提供专业化服务，需要通过第三方部门进行专业服务的提供。

（三）培育方式：对于不同类别的体育社会组织，采用不同方式进行培育

对于法人类体育社会组织，主要采用对组织进行规范化管理、专业服务能力提升以及监督评估等方式进行培育。

一是在组织规范化管理方面，主要包括组织登记注册的前置审核、党建引领、年检指导、年终工作评估、社会组织等级评定等。

二是在专业服务能力方面，主要采用提供办公场地和培训场地、政策知识和专业知识普及、政府购买、经费补贴等方式进行培育。比如在政府购买方面，购买内容包括赛事举办或展示、技能培训、体质监测、等级考评等。

三是在评估方面，主要采用年度评估和项目评估等方式进行评估和激励。比如，在年度评估方面，主要是针对单项体育协会、青少年俱乐部等建立评估激励机制，对组织管理、举办各类比赛、活动、健身技能培训项目等情况进行年度工作评估，予以经费奖励，推动组织发展。奖励主要有，每个组织能拿到 1～3 万元不等经费奖励并颁发证书，获得优秀、良好、合格的协会分别可于次年免费使用体育系统公共体育场地 6 次、4 次、2 次。

对于基层社区健身团队，主要依托社区体育俱乐部，对团队进行人、财、物、技术、制度建设等方面的培育。第一，在人才培育方面，俱乐部积极培育社

会体育指导员,使社会体育指导员在团队建设中发挥骨干作用。第二,在资金方面,俱乐部采用补贴、项目申请、等级评估等方式,为团队发展提供一定的费用补贴。第三,在场地方面,俱乐部通过整合资源,与辖区内学校、机关等达成合作协议,实现社会体育场地资源定时对外开放。第四,在技术培训和赛事组织方面,市、区的单项协会、人群协会、社区体育协会以及街道等,进行技术配送和赛事组织。第五,在制度建设方面,街道均通过备案要求、等级评估、项目申请、优秀团队评选等方式对团队进行激励,不仅能促进组织的规范化建设同时团队也能获得资金补贴。内容包括章程、分工、管理情况、考勤情况、活动情况、获奖情况等。

四、社会体育组织发展的经验借鉴

在政府的大力推动下,各类组织积极创新,并有针对性地服务于会员和目标群体,积累了较多的发展经验。为了了解其他组织运作发展的经验,黄浦区体育局深入调研了上海市登山协会、上海市社区体育协会、剑道运动协会、九子体育协会等市体育协会,扬州市棋类协会、健身健美运动协会、长跑协会等其他省市组织,南京东路、天山街道、南翔镇等的基层社区体育俱乐部等的运作状况,为研究提供了经验借鉴。

(一)构建政府主导、社会参与的政社关系格局

社会体育组织发展,需要政府公共体育空间的塑造,这需要推进政社分开、管办分离。当前在社会体育组织发展中,存在着法人类社会体育组织数量少、结构不均衡、能力不足、资金缺乏、场地协调困难等现状,需要政府进行职能转移,并对组织进行培育、引导和资源协调,做好服务角色。比如,上海社区体育协会有自己独立办公室、专职工作人员、独立银行账户等,市体育局群体部门采用单一来源采购的方式购买社区体育协会的服务,社区体育协会进行服务配送、办赛事、做培训等。2016年,上海市社区体育协会对本市213个街道(每个俱乐部补贴1万元)共做了3 100多场的服务配送,在活动方面主要是社区体育联盟赛(50多场,补贴2万元)和广场舞比赛等,在培训方面主要有社区体育俱乐部主任的管理培训和广场舞指导员的技术培训等。再如,南翔镇的社区体育俱乐部,街道文体科进行职能转移并对俱乐部进行培育。

首先,实行政社分开,社区体育俱乐部实现法人、办公、人员和财务与街道

文体科的分立,街道招聘有能力的社会人担任法人,并免费提供办公场地,实行三级财政补贴,为初期运作保底。其次,由于社区体育俱乐部刚进行改制,承接服务能力有限,街道文体科对职能进行了部分转移,先委托社区体育俱乐部运营百姓健身房并提供体质监测服务,而后随着俱乐部能力的强大,再进行赛事服务、培训服务等职能转移,对组织发展进行扶持。政府职能转移,为社会体育组织的发展提供了空间,调动了组织发展的积极性。

(二)组织独立生存是基础,塑造服务品牌是目标

组织能够独立生存是基础,塑造服务品牌是组织发展目标。扬州市棋类协会采用市场化和社会化的运作方式,获得组织发展资源。在市场化运作方面,成立了"扬州市棋协企业家联谊会",吸收了二十几位企业家加入,把他们紧紧团结在棋协周围,企业家愿意支持冠名,运用市场化操作,使得协会发展具备了经费基础;在社会化运作方面,推进围棋和象棋进机关、进学校、进企业、进社区、进乡镇等,并通过"五进"促进了资源整合。上海社区体育协会采用社会化的方式对各领域进行资源整合,满足了组织发展资源需求。以社区体育协会人员资源整合为例,社区体育协会通过整合建立了教练员和医护人员资源库。教练员和医护人员来自以下几个方面:上海 20 多所大学体育老师、80 个市级单项协会的各级教练员、社会上经营场所的(健身馆、俱乐部)的教练、社区推荐的体育达人、社区推荐的退休的教练、志愿者、医生等,并通过和市卫计委联系,推荐了二级、三级医院的 400 多名医生。再如,上海市楼宇体育促进会通过社会化方式,整合了上海市楼宇体育促进会、上海市练功十八法协会、上海市曙光医院、上海市所有全家超市等资源,协会提供赛事策划和技术指导服务、医院提供医疗服务,楼宇体育促进会提供参与人员和赛事赞助资源等,并利用互联网和信息化技术建立个人健康档案,利用健康积分兑换全家商品等,激励会员参与体育锻炼的积极性。

当组织具备了一定的生存能力和服务能力后,需要塑造组织的服务品牌,才能走得稳。扬州棋协,全力塑造了"千人围棋大赛"品牌赛事,并且坚持做了 8 年,规模大,影响大,受到了社会好评。上海市登山协会,有会员单位近 70 家,塑造了"上海坐标"定向赛服务品牌,2016 年赛事有 2 万人参与,全上海 255 个地标,35 条线路。"城市坐标"的服务品牌还走向全国,南昌等多个城市前来学习,上海社区体育协会,通过"你点我送""网上点单和反馈"的社区体育服务配送系统,向全上海 200 多个街道进行服务配送,并形成了服务品

牌,山东、南昌等多个城市前来学习,国家体育总局希望通过课题论证并在全国进行推广。

(三)民众需求是出发点,民众满意是归宿

会员和民众需求是组织发展的出发点,会员和民众需求的满足是组织发展的最终归宿。因此,组织发展要充分调研会员和民众需求并形成服务项目,在服务评估时要调研会员和民众满意度并进行服务质量优化。以上海市社区体育协会为例,在满足会员社区体育俱乐部需求方面,社区体育协会作为枢纽型组织,每年2～3月都赴16个区开展座谈,了解基层社会体育俱乐部存在的问题,明确自身服务存在的不足和需要提高的地方;并建立了会员单位的微信群,会员单位在发展中遇到什么问题,可随时向社区体育协会的工作人员咨询。

在满足民众需求方面,上海市社区体育协会建立了各个项目的人才库,各社区体育俱乐部根据所在辖区内的民众需求,在服务配送系统里进行点单,由上海市社区体育协会进行服务配送;在民众满意度调查方面,俱乐部负责人可以通过网上系统对教练员服务情况进行反馈。只有建立组织与民众沟通的渠道和平台,充分了解会员和民众诉求,才能有针对性地进行服务提供,并使会员和民众满意。

(四)制度建设是根本,监督评估是保障

制度治理是组织发展的根本,监督评估是保障。首先,在制度建设方面,组织如果缺乏制度建设,运作将出现决策独断、执行低效、监督无效等现象,可能会使组织发展呈现"僵尸型"状态。扬州市长跑协会2017年的工作计划中,对秘书处、人事管理部、财务筹资部、普及推广部、活动策划部、宣传拓展部、社会体育指导员分会、马拉松俱乐部八个管理部门提出了明确的工作要求并形成了细则,保障组织活动的开展。上海市楼宇体育促进会通过制定章程、财务管理制度、绩效考核制度、培训制度、档案管理制度等建设,调动了员工积极性并激发了组织活力。如《绩效考核制度》明确了绩效考核的对象、周期、标准、程序、类别、内容、程序等具体事项,每年进行绩效考核等;制定了《培训制度》,一方面整合促进会开展的社会组织系列培训课程资源,让员工参加业务培训,提高业务能力,另一方面鼓励员工积极参加其他组织开展的财务培训、交流活动,不断提高工作人员素质。

其次，监督评估是关键，只有通过监督和评估等政府部门的制度嵌入，才能促使组织进行规范化和制度化建设。如黄浦区体育局通过基础建设(5个指标)、开展活动(4个指标)、提升发展(4个指标)等对组织规范化进行考核，制定竞赛(7个指标)、活动(8个指标)、培训(7个指标)等对组织参与公共体育服务提供情况进行考核，从而提升组织公共体育服务质量。根据评估分数等级不同进行奖励，奖励包括颁发证书、奖励经费1~3万元、免费使用体育系统公共体育场地2~6次、颁发等级证书等，从而调动组织规范化建设的积极性。

五、当前社会体育组织培育发展中面临的瓶颈问题

支持和培育是两个概念，培育是一种带有主动性的行为，希望通过外部力量的主动介入来促使社会组织发展壮大。社会体育组织的培育，指通过外部力量的主动介入，促使社会体育组织的发展壮大。

（一）培育主体较为单一

黄浦区对社会体育组织的培育，主要以政府为主导进行培育，其他培育主体职能比较弱化，区体育总会没有充分发挥其服务职能。随着社会组织数量的增加、民众对组织服务能力和服务质量要求相应增加，社会体育组织就显得缺服务意识、缺场地资源、缺人才资源，更缺专业的管理能力、项目策划文化能力、组织文化塑造能力等，这对社会体育组织培育和建设提出了要求。由于政府资源有限性，仅靠政府一家对社会体育组织的各项能力进行培育，会给政府增加较大负担。因此，在实践发展中，政府应鼓励社会组织、社会企业等多元主体参与对社会体育组织的培育，以期能为社会体育组织提供更为专业化的培训服务。

黄浦区在社会体育组织培育中，由于体制性因素，主要由政府进行培育。长期的政社不分，区体育总会职能虚化，只满足一些民政局的基本要求，如年检的审核之类的。区体育总会在主动为会员提供业务咨询、能力培训、信息提供、资源协调等方面服务较少。对社会体育组织培育工作主要由群体部门等来完成，包括场地资源协调、能力培训并完成政府购买公共体育服务的招投标工作等。由于政府处理事务的多样性和专业服务能力的有限性，政府无法提供专业化培育服务，需要通过第三方进行服务提供。

（二）培育的党建嵌入不足

黄浦区培育社会体育组织党建建设方面实现了全覆盖，但是还存在嵌入不足的状况。嵌入理论是政府与社会组织关系的理论，政府要采用适度嵌入的方式对组织进行培育，但党建嵌入是组织培育的一种方式。嵌入又分为刚性嵌入和柔性嵌入。

刚性嵌入是指党和政府在社会组织党建过程中所采取的具体而明确的规定性动作，要求社会组织完成党建的各项工作，形式上实现党的工作全覆盖。

柔性嵌入是指推动社会组织自觉地靠近党组织并主动开展党的活动，进而实现党建工作的实质性有效覆盖。

当前刚性嵌入的主要方式有党建嵌入章程、评估和登记注册等方面，柔性嵌入的主要方式是把党的工作与组织业务工作相融合于一体。黄浦区对社会体育组织工作的党建工作开始得比较晚，尤其在刚性嵌入方面，没有将党建嵌入到章程、年检、年终评估和等级评定中。在柔性嵌入方面，目前正在摸索如何将党建工作与社会体育组织的业务活动、专项服务等进行有效结合，并发挥党员的榜样作用。

（三）培育对象性质定位较模糊

1. 行政化组织，自治能力不足

基于自上而下路径发育形成的社会体育组织，呈现行政化的特征，由于长期依赖政府获得组织发展资源，使得组织自治动力不足。当前黄浦区的社会体育组织，主要是行政化的组织。行政化组织，在其成立之初，就是为了满足政府的需要，因此它在"组织组建、决策机制、资源运作、人事关系、职能目标等方面与政府关系密切"，充当的是"政府职能部门、附属组织或延伸组织的角色"。这类组织在成长过程中由于其资源获得主要依靠政府，因此存在很强的依附性，并且自我求生存发展的动力和能力不足。这类组织与政府的合作能力较强，但是脱离政府之后的组织决策、运行、资源获得等方面的自治能力较弱。这类组织不转型，一方面影响组织在社会体育治理中主体性地位的形塑；另一方面影响政府公平、公正等形象的塑造。

2. 娱乐化组织，与政府合作能力较弱

基于自下而上发育形成的社会体育组织，呈现娱乐化的特征，由于主要提供互益性服务，较少参与公共体育服务，这类组织与政府合作能力较弱。这类

组织"提供互益性服务,关涉人群局限于组织成员,活动内容单一,影响力和辐射力有限",没有发挥其聚合并表达民众诉求、提供公共产品的功能。

娱乐化组织,主要是针对组织内部成员开展锻炼活动、培训活动以及休闲娱乐活动等,没有充分发挥其公共性并实现其公共价值,因此此类组织与政府沟通和合作的能力较弱。如果这类组织不转型发展,一方面不利于组织资源的获得,另一方面不利于政府职能的有效转移。如黄浦区的瑞金风筝队,成立有十多年,他们的培训、赛事、年会各个方面做得特别好,工作基本上是覆盖全区的,但由于缺乏法律合法性和政府协同能力,风筝队无法参与公共体育服务的提供,只能开展一些公益活动。

3. 营利化组织,公益与营利边界模糊

部分社会体育组织形式上注册为社会组织,但实际以市场化方式运作,并表现出以营利为价值取向、以利润分配为目的、公益与营利边界划分不清,公共性错位为市场公共性。

社会体育组织的"非分配约束""注册资金不能收回""出资人不拥有该组织"等特征,是区别于企业的重要特征,也是获得政治合法性和社会合法性的重要因素。这些特征使它在承接政府购买服务、税收优惠、场地租赁等方面拥有优先机会和优惠条件,但部分组织在运作过程中,违背了社会组织所应具有的一些核心要素。有些组织部分体育服务机构,获得政府购买或委托项目后,把服务外包给公司运作,公司进行市场化运作赚取利润等;有些组织"出资方通常拥有对组织的绝对控制权,很多决策都要受资助方操控,甚至成为某一家企业的'私产',并成为牟利工具"。这类组织的公益性和营利性边界如何划分,并如何监督是需要解决的问题。

(四)培育内容和方式呈现"选择性"

1. 培育手段较单一:以政府购买公共体育服务为主

当前在组织培育中,主要采用以政府购买的方式为主,形式较为单一。每个组织都处于不同的发展阶段,不同阶段组织发展需求不同,而采用政府购买的培育方式,无法满足组织的多元需求。理论上,政府购买公共体育服务,参与购买的组织需要达到一定数量并具有竞争性,但是处于初创期的组织由于获取资源能力有限、服务能力不足等发展现状,在竞争购买中很难获得机会。因此,对于发展处于中后期的组织,进行服务购买,达到了扶持和培育的目的,但是对于初创期的组织,进行服务购买,因竞争失利最终达不到扶持目的。不管是脱钩后的行政化组织还是娱乐化组织,都要根据组织的发展阶段和发展需求,有针对性地进行培育,而不是根据政府的"工具性"需求进行培育。政府购买公共体育服务,适合于组织发展的中期和后期且已经具有一定服务能力的组织。

2. 培育内容的工具性选择:主要以政府需求为导向

政府对社会体育组织的培育,往往根据政府需求进行培育,较少考虑社会体育组织和民众的需求。以政府购买公共体育服务为例,政府一般根据自己需求进行选择性扶持。在购买内容方面,"政府倾向于购买操作简单、政绩明显、责任小的项目",由于购买项目设计主要是根据政府需求进行设计,因此在实施效果方面,容易出现"内容空洞、参与度低,容易造假或者流于走过场,居民反映没有参与的价值和动力"等问题,没有达到政府购买公共服务的目的。政府在培育时,应对社会体育组织和民众进行充分调研,了解社会体育组织的民众的需求,再结合政府的发展需要,进行有针对性培育。如果不了解组织和民众诉求,仅根据政府需要进行培育,最终结果可能让政府、组织和民众均不满意。

3. 培育操作方法的形式化:服务提供者不具有竞争性

政府主要以购买的方式对组织进行培育,但是在购买过程中,存在较为严重的形式购买现象。形式购买,主要是指非竞争性非独立性购买,是指"政府设立非营利组织,用以承接自身的部分服务或者管理职能","由于受委托者的决策与政府购买方之间不完全具有独立性,且主要是与某政府部门形成对口服务的关系,因此,政府部门可以随时将自己的意图通过非营利组织加以贯彻落实"。从区到街道的组织均不具有竞争性,区级的每个项目组织、街道的每个社区体育俱乐部均是"独生女子",即使机构、人员、财务等方面均进行脱钩,但是在实际的运作中,依然改变不了组织动力不足的现实。由于组织数量的有限性,不管组织服务能力高低,政府进行服务购买时也只有采用单一来源的采购方式或邀标的方式进行服务购买,甚至为了达到竞标条件出现陪标的现象。

(五)培育的体制机制不完善

1. 政社不分,呈现行政化

在政社关系上呈现行政吸纳社会的非均衡性,造成公共体育空间窄化。"行政吸纳社会的核心机制是控制和功能替代,以避免出现独立于政府不可控的民间组织"。政府一方面成立官办体育组织,另一方面对民间体育组织进行收编,从而形成行政吸纳社会的格局。组织为了生存,被动或主动地形成了对政府的依赖,使其处于从属地位而非主体地位。行政吸纳社会的体制,造成政社不分、组织目标错位,使社会体育组织发展空间窄化、能力弱化。"政府当局越是取代社团地位,私人就越是不想联合,而越要依靠政府当局援助,这个原因和结构将不断循环下去"。政社只有权责明晰且边界清晰,才能培养组织的自主性、公共性,并引导社会体育组织向自主化、规范化、可视化方向发展。

2. 条块分割,呈现碎片化

由于行政区划的存在,使得扶持组织发展的政策和制度呈现碎片化。如,各个区和基层政府都培育辖区内的体育组织,这种"不同部门、不同地区以自身为中心展开项目设计,具有整体特征的公共空间被技术化的碎片化"。碎片化的公共体育空间,限制了社会体育组织的数量扩大、能力提高。如,每个街道都在培育辖区内自己唯一的一家社区体育俱乐部;社区体育俱乐部不能跨街道、跨地区承接公共体育项目,只能承接所属街道的有限服务;这种服务购买不具有竞争性,俱乐部甚至为了达到竞标条件出现陪标现象;这种技术化方式不利于社区体育俱乐部规模扩大和能力提升,甚至造成辖区内社区体育俱乐部的"体制内化"而不是"社会化"。

3. 部门缺乏协同,呈现低效化

组织发展需要多部门进行协同,但是各部门协同不足呈现碎片化状态,使得运作效率低效化。"碎片化"指向是政府部门内部各类业务间分割、一级政府各部门间分割以及各地方政府间分割的状况。当前,政府在进行决策时候,往往根据部门利益进行政策的制定,由于缺乏协同使得政策呈现碎片化。

在全民小康、全面健康、全民健身的背景下,国务院设立了全民健身工作部际联席会议,联席会议共有29个成员单位,需要各部门协同实施全民健身国家战略,并要求以各级政府为责任主体,层层建立全民健身联席会议制度。社会体育组织作为全民健身事业发展的重要载体,需要体育、财政、民政、教育、卫生、审计、公安、绿化等各个部门的协同,并进行合理分工,为组织发展提供扶持和保障。但是在实践运作中,由于部门利益的牵绊,如体育部门和教育部门的场地协调问题、民政部门和体育部门关于社会体育组织登记注册的要求问题等,无法达成有效协同,给组织发展带来很大困扰。

（六）培育的制度保障体系不健全

1. 登记管理制度门槛过高等，法人类社会体育组织数量不足

登记管理制度门槛过高，不利于提高法人类社会体育组织的数量，无法进行增量改革。首先，在入口登记管理方面，实际操作中民政部门并没有放宽登记条件。尽管放宽了登记条件，但在实际的操作中，社会体育组织还需要业务主管部门出具组织的"唯一性和重要性"等的批复说明，社会体育组织登记注册为法人类组织依然还是困难重重。其次，各部门对组织的管理缺乏协同。民政部门、业务主管部门以及其他行政部门在社会体育组织的成立、运作等的权责分配不清晰，容易形成权力的错位、越位或空位，使得部分部门失去积极性，也不利于社会体育组织的可持续发展。

2. 财务和税收优惠政策制度不健全，对社会体育组织的扶持力度不足

对财务和税收政策等的设计不健全，甚至停留在口号与倡导阶段，缺乏具体的、可操作的实施办法，对社会体育组织的扶持力度不足。当前社会体育组织的培育资金不能满足实际的工作需求。当前全民健康和全民健身等均上升为国家战略，各级政府没有建立起专门的社会体育组织扶持的专项资金以及专项资金增长机制等，这容易导致各级政府在购买公共体育服务时呈现不可持续性，从而使得社会体育组织无法组建项目团队提高其服务能力。并且当前的扶持政策多停留在口号阶段，还缺乏一定的可操作性。如就财政补贴政策而言，出台的文件仅仅提出加大对社会组织的资金投入力度，而没有具体的补贴范围、补贴标准与实施办法，结果不能取得预期的政策效果。在税收优惠政策方面，对于社会体育组织获得免税资格和公益性捐赠税签扣除资格申报和认定程序比较复杂，并且没有针对不同类别的组织不同主题进行税收优惠，为社会体育组织创造更好的外部支持条件。

3. 政府购买公共体育服务制度不健全，服务购买不规范

当前政府主要采用"购买公共体育服务"的手段和方法，对社会体育组织进行扶持和培育，同时也达到公共体育服务的目的。但在当前购买公共体育服务中，存在购买服务内容边界不清楚、操作流程不规范、购买公共体育服务过程存在内卷化、最后评估机制不健全等，不能达到扶持和培育社会体育组织的目的。首先，购买服务内容不清晰，导致不知道什么该转什么职能不该转，并且操作流程不清晰使得无规则可循，进而在地方政府层面出现转移力度不足、组织发展空间不足的状况。其次，购买方式存在内卷化、碎片化和运动性，

组织动力不足。当前政府购买服务主要以官办体育组织,条块之间均以自己方式进行服务购买,呈现碎片化,并且购买具有不可持续性等,组织参与公共体育服务提供动力不足。再次,在评估环节,评估的指标设定多以政府需求进行设定,社会体育组织对评价考核很多指标存在不满。评估指标的设定也应该听取社会体育组织的意见,以设计出利益各方均满意的评价指标和体系。

六、黄浦区社会体育组织培育的对策

不同类型、不同发展阶段、不同内容的社会体育组织面对发展问题不同,不能采取"一刀切"的培育方式,应结合不同类型的社会体育组织需求针对性地进行培育。

(一)改变政府单一主体培育模式,实施政社合作培育模式

政社合作培育模式,可以让政府职能归位并充分发挥社会组织的积极性。政社合作培育,是指在政府主导下,政府部门与社会组织合作,委托其作为具体操作者,运用专业方式和手段对其他社会组织进行培育的一种方式。政社合作模式,可以减少政府压力,政府可以定向委托或者竞争购买的方式,把培育任务交给社会体育组织,社会体育组织负责具体的培育,政府负责决策、监督和评估。但是现实中存在的中间组织独立性以及其资源来源单一、能力不足等问题,该如何解决。当前,黄浦区正在筹备建立社会体育组织服务中心,政府可通过购买服务的方式为服务中心提供资金,服务中心对组织进行培育和服务,构建政府与服务中心合作的模式,培育辖区内的单项体育协会、俱乐部、社区体育俱乐部、自发性健身团队、楼宇体育促进会等不同类型组织。

(二)优化党建嵌入不足的状况,实施刚柔并济的适度嵌入方式

对于黄浦区对社会体育培育中存在党建嵌入不足的状况,逐步实施刚柔并济的适度嵌入方式。在社会组织中开展党建工作,也是社会组织自身健康成长的重要途径。

在刚性嵌入方面,可以逐步将党建工作嵌入组织章程、年检、年终评估、等级评估、购买公共体育服务的要求中,通过硬性指标要求,实现党建对社会体育组织发展的刚性引领。

在柔性嵌入方面,协会自己主动进行章程修改以提升组织公信力和合法

性,在工作开展中主动亮出党员身份并开展专业化的体育服务、寻找党建工作和社会体育组织业务工作的合适结合点并执行等,从而实现党对社会体育组织的实质引领。

通过刚柔并济的方式,实现党对社会体育组织的实质性覆盖,并发挥党对社会体育组织发展的实质培育作用。

(三)明确培育对象的特征及发展方向

1. 行政化组织:转体制并实现自治

对于自上而下成长起来的行政化组织,要转体制、提能力并塑品牌。政府与组织应该进行机构、人员、办公场所、财务、法人、职能等方面的分离。但当前分离不彻底,主要表现在"政社脱钩主要包括职能、机构、人员和财务四分离,但各地着力推进的主要是机构、人员和财务分离,职能分离进展缓慢"。行政化组织关键在于转体制,转体制的关键在于职能的分离,以及分离出来后的生存和发展问题。首先,可以找政府信得过的社会人或培育新人等担任组织法人,政府以资源扶持或补贴的方式为组织提供办公场所或物质扶持。其次,政府或枢纽型社会体育组织对组织进行资源整合能力、项目策划和执行能力、管理能力等进行培训,提高其能力建设。最后,通过政府的资源扶持、能力培训以及对组织发展的优劣势分析等,帮助其塑造组织发展品牌,以促使组织的可持续发展,从而实现自治。行政化组织只有充分实现了主体性并能够独立生存,才能最终和政府达成真正的合作共治。

2. 娱乐化组织:提能力并参与共治

对于自下而上成长起来的娱乐化组织,关键在于能够给予这类组织法律合法性,并提高服务能力、参与公共体育服务提供。娱乐化组织,主要是满足组织内部成员的需求,而较少考虑"为大家好"的属性,即发挥组织的公共性价值,并且,"其他条件同等的提前下,社会组织所涉及为大家好所关涉的范围和群体越广,组织的公共性越强"。但当前部分娱乐化组织由于法律合法性不足,无法参与公共体育服务的提供;而有法律合法性的组织,对于参与政府公共体育服务积极性不高,担心政府对组织进行活动、目标等方面的干预。对于娱乐化组织,政府应该降低登记门槛,赋予其法律合法性;枢纽型组织应该对该类组织进行政策法规的培训,提高其参与公共体育服务的意识。同时,政府或枢纽型组织应该对组织的项目设计与执行、专业化服务的要求与标准、参与公共体育服务的流程与要求等进行培训,提高该类组织参与与政府合作的能力;并且政府购买公共体育服务流程应该规范化、透明化,提高在社会体育组织中的公信力。

3. 营利性组织:增意识并实现自律

对于营利性组织,关键在于能够增强道德意识并实现自律,以增强社会体育组织发展的公信力。对于在运作发展中出现营利并进行利润分配的社会体育组织,首先,对组织进行意识培育,使其明确组织区别于企业的重要特征,正是由于组织存在"非营利性"的特征才享受财政补贴、税收优惠、奖励等各种国家扶持。其次,加强信息公开以及信用、名声政策的实施状况的监管,政府需要对组织信息公开方式和内容进行规范并提升组织的公开度和透明度,同时把信息公开、信用和名声等与购买公共体育服务、补贴、奖励、税收优惠等挂钩,以促进社会体育组织自律。并且政府要鼓励同类组织成立联盟类组织,通过联盟组织制定规范和要求,促进组织的互律,以最终达到组织的自律。最后,职能部门要严格监管制度,对于以社会体育组织名义行企业之实的组织,可以采取退出机制。

(四)明晰不同阶段组织的培育内容和方式

对社会体育组织培育不能把"购买"当作万能钥匙,应根据组织发展的不同阶段状况有针对性地进行培育。但是在现实中,"对购买服务的广泛使用出现了迷信和泛化现象,把它当成了魔力药方和万用灵药,过滥运用往往会减弱该种工具的有效性"。每一个发展阶段、每一种类型的组织,均可以使用"两种或三种以上的政策工具,相互关联、互补互促"。

1. 初始阶段:重物质培育,解决生存问题

不管是脱钩初期的行政化组织、部分娱乐化组织或者新成立的组织,枢纽型组织应为其提供场地支持、经费补助,并对骨干进行培育等,解决生存问题使其能够"活起来"。组织发展初始阶段,由于整合并获取资源的能力、项目实施能力等均较弱,且人力资源有限,自治能力较弱,需要枢纽型组织通过场地资源的协调和补贴、适当的物质扶持,为组织活动开展提供基本保障;可通过政策法规知识的宣传与普及,使组织了解生存发展环境;可通过对骨干进行培训,使其了解组织规范化、制度化、专业化建设等的基本要求和标准等。

2. 中期阶段:重能力培育,解决发展问题

对于发展中期阶段的组织,可进行组织能力培训,解决发展问题使其能

够"长得快"。处于中期阶段的组织,已经初步了解了组织生存发展的外部政策环境,进行了活动组织与运作的尝试,具备了一定的经验,但是在专业化服务、管理、资源整合等方面能力还存在一定欠缺。枢纽组织通过搭建的信息平台,为组织进行学校、企业等的资源整合,搭建信息平台,提高组织的资源整合能力;对中期阶段的组织的决策议事能力、项目创新策划和执行能力、与政府沟通合作的能力、专业化服务能力等进行培育,以增强组织服务能力;在组织能力培育的同时,政府可通过转移部分职能给组织进行运作,并可通过补贴和扶持等为其提供基本的资源保障,为其"长得快"进行保底。

3. 成熟阶段:重品牌培育,解决名分问题

对于处于相对成熟阶段的组织,可进行组织品牌的培育,解决名分问题使其能够"长得稳"。组织发展的中后期,每个组织应明确自身特色并树立组织品牌和特色,使其形成可持续发展的核心竞争力,这需要枢纽型组织的引导和培育。枢纽型组织应帮助其"认识自身的优劣势、发展机会、威胁因素,厘清组织使命、战略、价值观、行动准则,打造组织品牌"。当组织已经参与了部分的公共体育服务提供,已经具备了一定的专业化服务能力和拥有了与政府合作的经验,并且逐渐形成了组织发展品牌时,政府可以采用政府购买公共体育服务的方式对社会体育组织进行服务的采购。

(五)健全组织培育的体制机制建设

1. 政社分开,进行服务型治理

进一步推进政社开分,充分发挥好政府服务社会体育组织和民众的作用。"服务型政府"是指在公民本位、社会本位理念指导下,在民主制度框架内,把服务作为社会治理价值体系核心和政府职能结构重心的一种政府模式或政府态度。服务型政府,是以顾客为导向的政府,是运作高效的政府,是有限的政府,是责任的政府,是民主参与的政府。服务型政府将改变传统政府包揽全部职能且强制命令性质的治理方式,形成政府以服务社会和民众需求为主要职能目标、以民主讨论协商为主要的治理方式。首先,进行政府观念的再造,由管制向服务观念的转变,认识到政府不仅是权力,更重要的是责任,要做好服务工作。其次,进行组织流程的再造,要明晰组织权力的边界,要求政府进行权力下放和职能转移,为社会体育组织成长提供发展空间。再次,进行服务流程的再造,要建立组织和体育部门信息化沟通的渠道和平台,使组织有需求可

以反映且反映能够应答,并通过协商而不是强制等方式解决问题。最终,实现政府能够为社会体育组织服务的目的。

2. 条块整合,进行网格型治理

进行条块整合,统一信息平台,方便组织了解信息。条块分割主要体现在垂直管理部门与地方政府间的权力关系、财政关系、公共行政关系等各方面。"由于条块、块块之间目标导向和利益角度不同、权责分工模糊等,且由于晋升体制、专业分工等问题,使得条块之间很难进行融合"。网格化管理对于条块协调的共享在于打破官僚制的条条、条块分割,特别是通过网格管理单元的设置将条块融合起来,有助于实现条块联动、信息共享、流程再造与资源整合。网格化管理,可以解决组织发展中的条块分割现象。以政府购买公共体育服务为例,可以在区级层面成立联动中心,用信息化手段把"条"上体育、文化、教育、卫生、老龄委、总工会等部门公共体育购买信息,以及"块"上的各个街道的公共体育服务购买信息,统一整合到联动中心的统一平台上,以更好地为社会体育组织服务,方便组织获得信息。

3. 部门协同,进行整体型治理

对于部门协同不足带来的低效化问题,可设立联席会议制度,并形成权责明确的治理体系,定期进行监督和反馈。整体治理着眼于政府部门间、政府间的整体性运作,强调公共管理与服务机构为了完成共同目标而展开跨部门协作,主张政府管理从分散走向集中、从部分走向整体、从破碎走向整合。内容包含有中央政府和地方政府之间的"上下合作",中央政府和地方政府之间的"水平合作",同一政府部门之间的"左右合作",政府与企业和社会之间的"内外合作"等。对于区级政府层面的社会体育组织发展,即数量、质量、能力提升、运作治理等问题,需要成立文化、教育、卫生、民政、财务等跨部门的组织架构体系,成立社会体育组织发展的联席会议制度,并"实现权责一致、分工合理、决策科学、执行顺畅和监督有力的内部治理结构运行机制",实现不同部门间的"左右合作"。同时需要国家体育总局、地方体育局等之间进行"上下合作",对相关职能进行下放和权利分配,比如部分协会的等级证书考核,应该明确国家、市、区等不同层面部门的权力边界,同时要成立信息互动平台,搭建政府、企业与社会组织之间供需信息的整合平台,促成"内外合作"。

(六)完善组织发展的制度建设

政府组织所掌握的财税、人才、登记等政策资源,直接决定了社会组织的生存与发展。政府需要宏观制度嵌入,来培育和扶持社会体育组织发展。

1. 降低社会体育组织管理登记制度门槛

促进增量改革,需要增加社会体育组织数量,但是这需要民政部门进一步放宽等级政策、降低门槛等,以提高政府购买公共体育服务中的竞争性。首先,要降低登记门槛。对于不同类型的社会体育组织,应采取登记、备案等多种登记政策,并进一步降低社会体育组织登记的人员数量、注册资本等,以增加法律合法性的社会体育组织数量。其次,对社会体育组织发展的过程监管严格而不是注册登记严格,即要实现从"严进宽管"到"宽进严管"等转变。放宽进口管理的同时,要加强对社会体育组织的运作过程监管和最终结果监管,提高组织数量并进行优胜劣汰。最后,要健全"统一登记、各司其职、协同配合"等的登记管理制度,明确民政部门、行业部门以及其他行政部门等之间的职责。"民政部门负责准入登记职责、行业主管部门负责业务指导和行业监管,而其他部门则在权限范围内承担相应的法律责任"。

2. 完善公共财政和税收管理制度

在财政资金方面,市、区、街道等要建立扶持社会体育组织成长的专项资金管理制度、资金使用的监管机制和绩效评价机制等扶持组织发展,为组织持续发展建立制度基础。如在补贴政策方面,浦东新区关于补贴的资金、类型、时间、方式等,都有明确的操作性标准,补贴类型包括有房租补贴、一次性项目发展补贴、行业发展专项补贴、活动专项补贴、发展性补贴、专项基金管理费补贴等。

在税收管理方面,要"对于社会体育组织的税收环境进一步优化,对社会体育组织获得免税资格和公益性捐赠税签扣除资格申报和认定程序,开展网上申报和审批工作试点"。对于不同类型的社会体育组织,实施有差别的税收优惠。要加强对税收优惠资格的监管,将其与社会组织诚信状况、评估状况等挂钩,出现违规行为,取消其免税资格。

3. 健全政府购买公共体育服务制度

政府购买公共体育服务作为政府扶持社会体育组织发展的重要手段,需要明确购买的内容范围、购买的流程、购买的方式以及购买最终的评估。世界上没有一个国家的社会组织是完全独立于政府存在的,他们对政府的依赖是很强的,尤其是在财政支持方面的依赖。对于财政依赖主要通过购买公共体育服务的方式,对组织进行培育和支持。

因此,需要健全政府购买公共体育服务的内容范围、流程、方式和最终的评估。首先要制定政府购买公共体育服务目录,使各级政府明确什么转什么不转,同时完善政府购买公共体育服务的流程使其指导该如何操作。其次要提高政府购买公共体育服务的竞争性、长期稳定性、整体性等,以促使社会体育组织组建项目团队并提高服务质量,同时提高其参与共治的积极性。最后要健全政府购买公共体育服务的评估和监督体系。积极引入并完善第三方评估机制,根据购买内容不同建立健全评估指标体系,并完善社会、媒体、民众等多层面的监督体系。

七、黄浦区社会体育组织培育的未来规划

(一)依托枢纽型体育组织,推进社会体育组织党建工作制度化

黄浦区体育局建成社会体育组织服务中心后,将依托社会体育组织服务中心开展组织党建的培育工作。首先,将聘请专职的党建顾问,为社会体育组织党建工作的开展进行引导、指导和服务。其次,服务中心把社会体育组织的党建活动要求纳入各类组织的年检、年度评估、等级评估、新组织登记注册要求中,以制度建设和评估要求促建设。同时,通过服务中心的信息平台,对组织的党建活动、党建优秀事迹和人物、党建和组织业务相结合方法等进行信息宣传等,为组织党建工作开展服务,以实现党建与社会组织建设的相互融合和促进。

(二)推进体制改革,使社会体育组织逐渐实现自治

政府主导下的社会体育组织自治,是改革的最终目标。黄浦区社会体育组织当前主要是存量改革,也就是针对行政化组织的改革,但这类组织和体育部门存在着千丝万缕的联系,所以改革的难度很大。

第一,政社分离。要进一步推进政府与组织在机构、人员、职能等方面的分离,使组织成为真正的治理主体,降低组织对政府资源的依赖性。

第二,加强培育。通过社会体育组织服务中心对组织发展的场地、资金、人才、项目等各方面的扶持先"保生存",并通过信息平台搭建合作交流机会增加其资源整合能力,同时对其项目策划、执行等能力进行培训进而"促发展",再通过优劣势分析为组织发展塑品牌进而使组织发展"有名份",这是组织参与公共体育服务的基础。

第三,要通过制度嵌入促发展、通过监管评估进行保障。服务中心通过对年检、等级考评制度、优秀协会评选、项目申请等制度嵌入,并完善各种制度嵌

入的考核指标,以制度建设促发展;在监管方面,可由会计事务所对经费使用情况进行审计,由日常管理工作小组通过座谈会、实地考察、问卷调查等多种形式对组织工作开展进行考察,由第三方对组织的活动执行最终情况、民众满意度情况等进行综合评估,并将最终评估结果与奖励等挂钩,以保障组织发展的正确方向并提升服务效能。

(三)建立区社会体育组织服务中心,对各类组织进行培育

黄浦区将建立社会体育组织服务中心,服务中心作为社会体育组织生态系统中的上游组织,将成为专业类组织的业务窗口、交流平台和信息平台,以达到培育组织的目的。主要职责在以下几个方面:

首先,资源整合和项目协同。收集市民群众体育需求,归纳整理为社会公益项目;整合企业、政府、其他组织资源,为组织自治发展提供资源;通过平台,进行招投标,使组织参与公共体育服务提供;加强与有关部门沟通,提供项目实施要素保障;有效协同项目实施,强化项目管理,提升项目成效。

其次,组织培育和绩效评估。服务中心引导建立各类组织,在登记注册、项目支持、能力发展、党群组织建设等方面予以帮助;对入驻中心的社会组织提供办公、信息、项目、培训、财务管理等服务,并委托第三方评估机构,从项目申报开始介入,督导项目实施过程,评估项目实施成效;结合相关部门对组织规范性建设的要求,建立社会组织评估体系,完善组织评估指标和组织诚信自律规范等标准。

最后,进行信息化管理。建设组织信息化服务平台,为区域内各类社会体育组织加强内部管理、优化资料积累、扩大活动推广等提供服务;做好服务中心网络新媒体平台管理维护,搭建信息共享平台,通过平台进一步整合黄浦区各层级社会化体育发展的信息和数据,一方面提高宣传推广的效率效益,一方面提升数据的深度分析并为丰富体育公共服务产品提供技术支撑。

(四)规范政府购买公共服务流程,使组织公平参与公共体育服务购买

社会体育组织参与公共体育服务提供,是政府与社会体育组织建立合作伙伴关系的方式。社会体育组织参与公共体育服务的提供,一方面获得组织发展资源;另一方面实现组织的公共性价值。政府与社会体育组织合作伙伴关系的建立,需要政府进行职能转移、搭建服务平台、规范服务流程,并且需要

对项目实施进行评估和监督。

首先,需要政府通过第三方机构进行民众需求调研并形成服务项目,并结合政府购买需求,进行公共体育服务目录的制定。

其次,通过社会体育组织服务中心的信息平台,整合教育、文化、总工会等各个部门购买体育服务的需求,为社会体育组织搭建信息渠道。

再次,要规范服务流程,避免购买的"内部化",以公正、公平、公开原则调动组织发展的积极性。

最后,要健全政府购买公共体育服务的评估和监督体系。积极引入并完善第三方评估机制,根据购买内容不同建立健全评估指标体系,完善社会、媒体、民众等多层面的监督体系建设。

参考文献

[1] 刘明生.公共服务背景下城市社会体育组织发展模式研究[D].上海:上海体育学院,2010

[2] 徐芸.社会组织培育的历史逻辑和当今实践[M].南京:南京大学出版社,2016

[3] 徐宇珊.刚性嵌入与柔性融入:社会组织党建工作路径探索——以深圳市社会组织党建工作为例[J].中共党建省委党校学报,2017

[4] 康晓光.依附式发展的第三部门[M].北京:社会科学文献出版社,2011

[5] 唐文玉.社会组织公共性的生长困境及其超越[J].上海行政学院学报,2016

[6] 唐文玉.国家介入与社会组织公共性生长——基于J街道的经验分析[J].学习与实践,2011

[7] 康晓光.依附式发展的第三部门[M].北京:社会科学文献出版社,2011

[8] 丛湖平,卢伟.政府购买公共体育服务的模式、问题及建议——基于苏、浙、沪、粤等省市的调研[J].体育科学,2016

[9] 黄晓勇.中国社会组织报告(2016~2017)[M].北京:社会科学文献出版社,2017

[10] 张心怡.关于上海进一步健全政府购买公共服务的研究[D].上海:复旦大学,2012

[11] 王浦劬,郝秋笛.政府向社会力量购买公共服务发展研究[M].北京:北京大学出版社,2016

[12] 李友梅.新时期加强社会组织建设研究[M].北京:经济科学出版社,2016

[13] 谭海波,蔡立辉."碎片化"政府管理模式及其变革——基于"整体型政府"的理论视角[J].学术论坛,2010

- [14] 许芸.社会组织培育的历史逻辑和当今实践[M].南京:南京大学出版社,2016
- [15] 檀雪菲.关于新社会组织党建研究的若干问题[J].当代世界与社会主义,2007
- [16] 周俊,宋晓清.行业协会的公共治理功能及其再造[J].浙江大学学报(人文社会科学版),2011
- [17] 吴青熹.社会组织培育的三个着力点[N].学习时报,2015
- [18] 施雪华."服务型政府"的基本涵义、理论基础和建构条件[J].社会科学,2010
- [19] 詹国彬.从管制型政府到服务型政府——中国行政改革的新取向[J].江西社会科学,2003
- [20] 孙发锋.从条块分割走向协同治理——垂直管理部门与地方政府关系的调整取向探析[J].广西社会科学,2011
- [21] 叶敏.城市基层治理的条块协调:正式政治与非正式政治——来自上海的城市管理经验[J].公共管理学报,2016
- [22] 池忠仁,等.上海城市网格化管理模式探讨[J].科技进步与对策,2008
- [23] 盛铎,王芳.条块融合的城市管理创新:郑州市网格化社会管理案例分析[J].电子政务,2013
- [24] 孙迎春.现代政府治理新趋势:整体政府跨界协同治理[J].中国发展观察,2014
- [25] 曾维和.西方"整体政府"改革:理论、实践及启示[J].公共管理学报,2008
- [26] 浦东新区人民政府印发《关于"十三五"期间促进浦东新区社会组织发展的财政扶持意见》的通知.[N/OL].http://www.pudong.gov.CN/shpd/InfoOpen/Critericon File.aspx? Id=517
- [27] 孙仲勇.打造孵化培育社会组织的升级样板——深圳龙华新区探索社会组织监管新路径[J].人民论坛,2015

"健康中国"背景下上海医疗康复领域"体医结合"现状与对策研究

郭玉成　李荣薇　邱海洪　张银萍
康　萌　冯孟辉　王　丹　薛更新
王仪伟　范铜钢　王玉星

一、前言

2016年10月25日，中共中央、国务院出台了《"健康中国2030"规划纲要》，标志着促进国民健康已成为国家战略的组成部分。该规划纲要将人民群众的健康问题提到了国家层面，提出"要建立完善针对不同人群、不同环境、不同身体状况的运动处方库"，"要通过'广泛开展全民健身运动，加强体医融合和非医疗健康干预，促进重点人群体育活动'等方式来提高全民身体素质"，把全民健身的重要性提升到国家高度。在此背景下，"体医结合"作为健康促进新趋势，将成为推进健康中国建设，全面提升中华民族健康素质，实现人民健康与经济社会协调发展国家战略的重要措施和依托。

"健康中国"建设是新战略，必然面临诸多新挑战。"体医结合"新型健康管理模式需要专业化、个性化的运动医学服务，目前"体""医"衔接的机制尚未完善，市场运作方案还未成熟，因此，需要对其进一步进行深入调查和分析。本课题就是以"健康中国"为视角，调查上海医疗康复领域"体医结合"的现状，分析上海医疗康复领域"体医结合"模式实施中存在的问题，探讨其不足之处与致因，以提出针对性解决方案和对策，为上海康复医疗领域体育与运动干预

---

* 本文作者单位：郭玉成，上海体育学院；李荣薇，河北科技师范学院；邱海洪，衡阳师范学院；张银萍，上海体育学院；康萌，上海中医药大学；冯孟辉、王丹、薛更新、王仪伟、范铜钢、王玉星，上海体育学院。立项编号：TYSKYJ2017035。

应用提供参考,为医疗康复领域开展"体医结合"提供参考,为"健康中国"战略实施提供依据。

二、国内外研究现状

(一)"体医结合"研究现状

目前,我国学者针对"体医结合"的研究多数还处在一个初级阶段,还没有形成统一的认识,多数研究集中在"体医结合"在教学、健身和社区等领域上,而针对医疗康复领域的相关研究就相对较少。

在"体医结合"教学方面的研究上,相关的研究主要集中在体育教学和医学院校的人才培养上方面上,大多是"体医结合"在体育课程中优化课程结构、改革教学内容和教学模式,加强师资队伍建设,构建具有时代特色的医学院校人才培养模式等方面进行了较为全面的研究,为"体医结合"模式在教学中的应用与开展提供了理论依据;在"体医结合"公共服务体系方面的研究上,相关文献较多,多集中在从公共服务的模式构建上、现状及发展策略上、促进健康的角度对公共服务体系进行了研究,整体来看,这些研究相对不够深入,因此对有关"体医结合"公共服务体系这一新课题尚需进一步做较为深入的研究;在"体医结合"医疗领域方面的研究上,研究相对较少,多数文章都是针对疾病康复方面的研究,这些文章都是从医学角度,从不同的疾病通过运动干预的方式来探讨体育与医疗的结合,为建立行之有效的体医结合方案提供科学依据。

(二)体育与医疗康复研究

缺乏运动和体力活动是21世纪最大的公共卫生问题,早在1994年,世界卫生组织就提出,静坐少动是当今慢性疾病发生的第一独立危险因素。

2007年,美国运动医学会(ACSM)推出EIM(Exercise is Medicine)项目,使医疗系统以及相关系统加深了对EIM理念的认识,美国NPAP将EIM理念纳入临床诊断工具之中,用于强化医疗人员对病人体力活动的评价与促进。目前该项目已进入美国医疗系统,作为医疗处方手段之一,并已在全球15个地区,包括中国、美国、英国、加拿大、瑞典、澳大利亚、新加坡等40多个国家启动。2012年6月,"Exercise is Medicine"项目正式引入中国,中文译为"运动是良医",该项目由国际生命科学学会中国办事处和美国运动医学会(ACSM)

EIM 项目组共同启动。2017 年,我国国家卫生计生委、体育总局等五部委联合发布的《全民健康生活方式行动方案(2017～2025 年)》中提到"体育部门要携手卫生计生等相关部门培养运动康复医生、健康指导师等相关人才,推进国民体质监测与医疗体检有机结合,推进体育健身设施与医疗康复设施有机结合,推进全民健身和全民健康深度融合。"众多的研究表明:将体育运用到康复医疗的实践中,根据病人的实际病情,运用合理的体育运动手段,对疾病的康复有着积极的预防和治疗作用。

(三)民族传统体育与健康研究

民族传统体育是特定民族稳定的体育文化,它是在漫长的历史实践活动中积累而成的。我国古代典籍中的中医理论机制就对民族传统体育与健康的研究有所论述:在《黄帝内经》中导引的论述蕴含着体质健康、不治已病治未病思想,华佗的《五禽戏》模仿动物动作而进行身体锻炼以达到延年益寿的目的;现如今,民族传统体育的健身养生功效已为人们所熟识,同样习练民族传统体育的人群也在不断地增长。有关专家认为,少数民族传统体育项目对增进大学生心理健康具有明显的作用;竞技类民族传统体育项目对改善大学生抑郁、人际关系敏感等方面有显著效果;健身类民族传统体育项目对改善大学生敌对、焦虑、抑郁、人际关系敏感等都一定效果;游戏娱乐类民族传统体育项目对改善大学生敌对、焦虑、抑郁、人际关系敏感有显著效果。由此可知,民族传统体育的健身功效不断被验证,民族传统体育的长期发展不仅使人锻炼身心,而且还能得以传承与发展。

(四)传统养生术在医疗康复领域运用研究

民族传统体育养生是中国传统的养生文化,主要包括服气、行气、呼吸吐纳、导引、按摩、按跷、桩功、五禽戏、八段锦、易筋经、六字诀、十二段锦、太极拳等。民族传统体育养生功具有良好的预防疾病及辅助治疗慢性疾病的功效,在众多的研究中已经得到证明。有关气功方面的研究中,如国家体育总局推广健身气功——健身气功·易筋经、五禽戏、六字诀、八段锦等功法在练习过程中,对改善老年人呼吸系统、心脑血管系统、消化系统以及神经系统等都有着积极的意义,对高血压、高血脂、高血糖等慢性病有着良好的作用。有关专家通过对太极拳的研究,指出太极拳合理锻炼可以控制病患部位的肌力与平衡锻炼,从而达到舒筋活骨、促进肌肉的血液循环和肌力的增长。太极拳对帕金森病人的姿势稳定性的研究通过实验以确定一套适合的太极项目可改善原发性帕金森病患者的姿势控制。对于老年癌症幸存者可减缓癌症治疗引起的残疾、跌倒、心脏病的加速发展的作用。这些研究表明,太极拳对于平衡能力、帕金森症也有显著的疗效。从查阅的大量文献资料中可以看出,民族传统体育养生功在医疗康复领域中有着密切的联系和较高的应用价值。

由此可知,民族传统体育养生主要功效是强身健体、防病治病、延年益寿,在医疗康复健康领域中都有涉及运用。民族传统体育与医疗康复相结合,不仅符合《"健康中国2030"规划纲要》的要求,更有利于中国传统体育文化的传承与发展。

三、相关概念的界定

体医结合,从字面上可以理解为体育与医疗的结合,即体育科学和医学科学的交叉和融合。这种交叉和融合不仅体现在两个学科领域技术手段的相互学习和使用,还包括思想、理论、实践等多方面和多层次的紧密结合,相互补充,相互渗透,相互促进。

关于"体医结合"的概念在不同的研究中有不同的界定。本课题的研究将"体医结合"定义为:运用体育运动方式配合医学治疗方案从而促使身体康复的一种模式,其特点在于综合运用体育学科手段和方法、医学学科的思路和路径,用医学的思维和知识体系将体育运动方法进行总结,使之处方化,更具针对性、实用性和科学性。其优点是将体育和医学专业有关提高居民身体素质、降低慢性疾病、治疗相关慢性疾病的方法和手段汇总在一起,以降低医疗费用和无副作用治疗为主要目标,达到提高人民整体生活水平的目的。

四、上海医疗康复领域"体医结合"的现状

(一)被调查者基本情况

此次研究共涉及上海18家医疗机构,其中均为三级甲等综合性医院,此次调查共涉及内科、外科、肿瘤科、康复科、妇科、急诊科、中医科等科室的临床医生共计180人(表1)。

表 1 医生群体调查基本情况统计表

区	医 院 名 称	医 院 等 级	人 数
徐汇区	上海龙华医院	三级甲等综合性医院	8
长宁区	上海第八五医院	三级甲等综合性医院	9
普陀区	上海市普陀区中心医院（上海中医药大学附属普陀医院）	三级甲等综合性医院	10
虹口区	上海市第一人民医院	三级甲等综合性医院	8
杨浦区	长海医院	三级甲等综合性医院	10
黄浦区（卢湾）	上海交通大学附属瑞金医院	三级甲等综合性医院	11
静安区	上海第十人民医院	三级甲等综合性医院	10
宝山区	上海宝山区仁和医院	二级甲等综合性医院	12
闵行区	上海华东医院闵行门诊部	三级甲等综合性医院	11
嘉定区	上海嘉定中心医院	二级甲等综合性医院	10
金山区	上海市金山区中心医院	二级甲等综合性医院	9
松江区	上海市松江区泗泾医院	二级乙等综合性医院	8
青浦区	上海市青浦区中医医院	二级甲等综合性医院	13
浦东新区	上海市南汇区中心医院	三级甲等综合性医院	8
奉贤区	上海市第六人民医院	三级甲等综合性医院	10
崇明区	上海交通大学医学院附属新华医院崇明分院	二级甲等综合性医院	11
黄浦区	上海交通大学医学院附属第九人民医院	三级甲等综合性医院	12
浦东新区（南汇）	上海第十人民医院	三级甲等综合性医院	10

被调查的 180 名临床医生中，男性 71 名、女性 109 名，三甲医院 120 名（79.4%）、二甲医院 60 名（20.6%），年龄最小 23 岁、最大 60 岁，职称住院医师 97 名、主治医师 67 名、主任医师 15 名，具体分布见表 2。

表2 被调查对象基本情况

变量	变量含义	人数(人)	百分比(%)
性别	男	71	39.44
	女	109	60.56
年龄	20～30岁	105	58.33
	31～40岁	61	33.89
	41～50岁	9	5.00
	51～60岁	5	2.78
职称	住院医师	97	53.89
	主治医师	68	37.78
	主任医师	15	8.33

(二)临床医生对疾病干预方法的选择

如图1所示,在对疾病干预方法的选择上,临床医生普遍都会首先使用药物干预的方式,其次是在药物治疗的同时配合使用饮食控制的方法,而只有不到40%的医生会采用运动干预的方法。这说明临床医生在疾病的治疗过程中,并没有充分采用运动干预的方法,也就是说没有很好地做到"体医结合"。

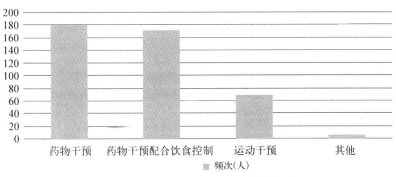

图1 临床医生对于疾病治疗方法的选择

(三)临床医生对"体医结合"干预治疗的主观态度

第一,是否建议患者"体医结合"来进行疾病的干预。从图2的数据中可以看出,在疾病的治疗过程中仅有15.48%临床医生不会建议患者采用"体医结合"的干预手段来进行治疗;而在对患者实施药物治疗和饮食控制的同时,84.52%的医生会建议他们多参加体育活动。这说明疾病干预过程中大部分临床医生对于"体医结合"是持支持态度的,并且愿意建议患者"体医结合"来进行疾病的干预。但是从访谈中发现,尽管大部分医生会建议患者多参加体育活动,但是这种建议仅仅是停留在口头上,只是一些建设性的建议,在实际应用中临床医生并没有出具任何的运动方案。所以说,"体医结合"的临床应用有待提高。

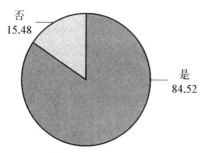

图2 临床医生是否建议"体医结合"来进行疾病的干预

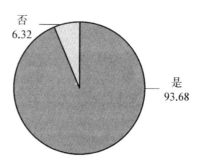

图3 临床医生是否认为"体医结合"的干预方式具有积极意义

第二,是否认为"体医结合"的干预方式具有积极意义。调查发现,93.68%的临床医生认为"体医结合"的干预方式具有积极的意义,而只有6.32%否认"体医结合"的干预方式具有积极意义(图3)。由此可见,绝大部分医生认为"体医结合"的疾病干预方式具有积极意义。

第三,是否认为"无论如何运动都对疾病具有治疗意义"。从此项调查的数据中可以看出,所有医生都认为"运动干预对于改善身体状态具有积极意义",但是其中有63%的临床医生认为任何形式和性质的运动就会对疾病有积极的治疗意义;而只有37%的医生认为在疾病的运动干预过程中,运动目标的设定、运动方式的选择、运动时间的控制和运动强度的把握等方面需要科学合理的手段,并保持长期、规律的科学运动才能够达到所需的效果(图4)。由此可见,临床医生对于运动干预的实施存在着误区,

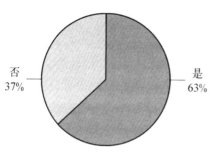

图4 临床医生是否认为"无论如何运动都对疾病具有治疗意义"

其运动干预的方法学理论有待提高。

(四) 临床医生对实施"体医结合"的认知情况

调查发现，对于国家出台或颁布的有关"医体结合"方面的文件和指导性意见，身处慢性病预防、治疗与控制一线的临床医生却不甚了解。其中，有32%和31%的临床医生为一般了解和不太了解，可见知而不详者已超过调查总数的半数以上；仅有4%的人非常了解国家以及上海出台的有关"体医结合"方面的指导性意见(图5)。这说明在上海医疗康复领域"体医结合"理念及模式还有待深入宣传，培训会议等应在社区康复、教育康复的基础上扩大范围，扩大规模。

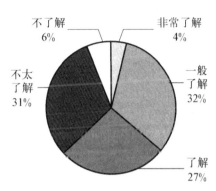

图5 临床医生对实施"体医结合"的认知情况

同时，从图6的数据还可以看出：有96.45%的医生认为国家卫生部门在"体医结合"模式上没能完全发挥其主力军的作用；有75.34%的医生认为社会媒体在采用"体医结合"治疗疾病方面，没有完全发挥出其应有的作用；86.01%的临床医生认为学术组织没有充分发挥其科研的前瞻性，在科研成果的宣传和推广上有所欠缺。由此可见，在"体医结合"治疗疾病的过程中，国家卫生部门、社会媒体和学术组织三方面都不同程度地制约了"体医结合"模式的推广与应用。

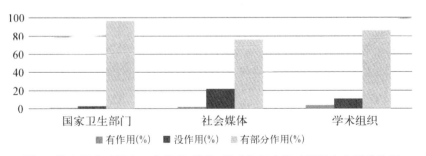

图6 临床医生对国家卫生部门、媒体、学术组织在运动干预中作用的认识

(五)临床医生对"体医结合"科学机理的了解程度

"体医结合"科学机理包括科学机制、适用情况、基本过程、构成参量、注意事项等五个环节。从表3可以看出,对于"体医结合"的科学机制和适用情况,仅有18.33%和13.33%的医生表示"知道",有81.67%和82.78%的医生对这两个方面情况表示"知道一些",在"体医结合"的基本过程方面,虽然有76.67%的临床医生对于"体医结合"基本过程表示"知道一些",但这种了解相对来说较为片面,只是梗概性的了解,缺乏对基本过程中所构成各环节因素清晰的认识。

表3 临床医生对"体医结合"科学机理的了解程度

医生对各方面内容的了解程度	知道		知道一些		不知道	
	n	%	n	%	n	%
科学机制	33	18.33	147	81.67	0	0.00
适用情况	24	13.33	149	82.78	7	3.89
基本过程	15	8.33	138	76.67	27	15.00
构成参量	11	6.11	88	48.89	81	45.00
注意事项	0	0.00	64	35.56	116	64.44

在"体医结合"的构成参量方面,临床医生的了解显得相对薄弱,在完全"知道"不足7%,93%以上的医生处于完全"不知道"或"知道一些"的状态,且这两部分人的数量基本相当,分别为88人和81人;在"体医结合"注意事项方面,高达64.44%临床医生完全"不知道",而完全了解其内容的医生居然在调查中没有发现,这说明"体医结合"在医疗康复领域的实际推广中缺乏科学机理知识的普及。

从整体来看临床医生对于这五个环节的了解程度存在明显的不均衡的现象,上海的医疗康复领域对于"体医结合"科学机理的了解程度不够深入,有待提高。

(六)临床医生开展运动干预的实施能力

在临床上,临床医生的运动干预实施能力是"医体结合"能否顺利成功开展最为重要的前提条件。通过以往的研究表明,慢性病运动干预的科学控制过程是一个由运动评测、运动干预方案制定、运动方案实施与控制和运动整理与恢复四个关键环节组成的一个封闭循环,同样,临床医生开展运动干预的实施能力必然离不开这四个关键环节,见图7。

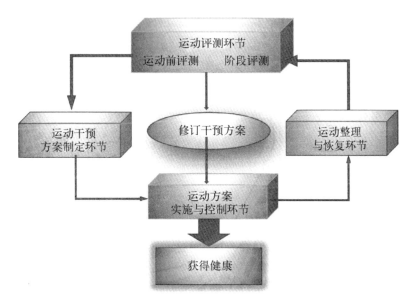

图7 疾病运动干预科学控制流程的构建

而从图8、图9中可以看出,在临床医生开展运动干预的实施能力主要包括:方案制定、运动学指导、监控方案、评价方案、医学指导、运动评价和急救方案七方面的能力,其中急救方案方面的实施能力较为突出,96%以上的临床医生具备这方面的能力;而在运动方案、运动学指导、运动评价等与运动有关的方面,临床医生所具备的实施能力相比之下有所欠缺,这说明在临床医生具

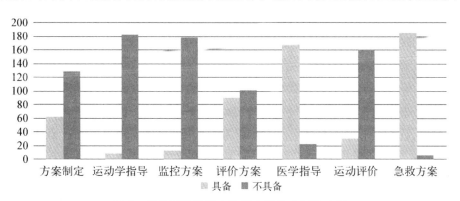

图8 具备运动干预实施能力的临床医生人数

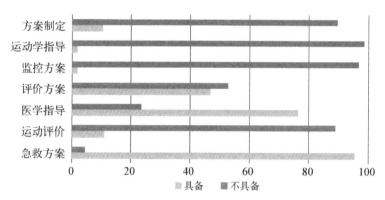

图 9　具备疾病运动干预实施能力的临床医生占调查群体的比例

有较好医学专业相关领域的知识与操作能力,而对于与体育方面相关的一些知识和操作能力相对就较为薄弱,因此,临床医生需要加强体育相关科学知识的学习,以便来提高运动干预的实施能力。

同时,在开展运动干预的相关医学检查和治疗效果评价两个方面,临床医生掌握得也比较好,具备这两个方面的医生数量占调查医生群体的比例分别为75.34%和45.66%。

但是,能够基本掌握高运动干预的"方案制定与修订"和"运动评价"的医生所占比例相对较小,仅有1.66%和3.31%的医生具备对某些疾病针对性地进行运动干预和运动干预监控的实施能力,比例均不超过4%。由此可见,临床医生对于运动学相关知识的掌握相对薄弱。

(七)医疗机构开展"体医结合"的物质条件基础

从表4可以看出,在"场地条件"方面,有65%的医疗机构不具备场地条件,而只有3.33%的医疗机构具备场地条件,31.67%医疗机构具备不完善的场条件,在调查的18家医院中,只有长海医院、上海第十人民医院、上海龙华医院等少数几家有康复科的三甲医疗机构可以提供较为完善的运动场地和场所,这说明虽然调查的大多数为三甲医院中,但完全具备"场地条件"的医院数量有限;在开展运动干预的"监控设备"和"评测设备"方面,临床医生认为具有一定的条件基础的分别占85%和51.67%;在"急救设备"的物质条件基础方面,高达68.89%的医疗机构完全具备开展运动干预所需要的急救设备条件,这说明在所调查的医疗机构中,有关医学、生物学监控和评测设备较为齐全,具有较好的基础,而在运动学监控和评测设备上相对较为欠缺。

表4 医疗机构开展"医体结合"的物质条件基础

物质条件基础	具备		不具备		有,但不完善	
	n	%	n	%	n	%
场地条件	6	3.33	117	65.00	57	31.67
监控设备	10	5.56	17	9.44	153	85.00
评测设备	19	1.05	69	38.33	93	51.67
急救设备	124	68.89	3	1.67	53	29.44

五、上海"体医结合"开展过程中存在问题与致因分析

(一)存在问题

在对上海康复医疗领域"体医结合"现状进行较为深入的调查后发现,"体医结合"模式在上海医康复医疗领域虽有所开展,但在实施过程中尚存在诸多问题。为此,我们必须具体问题具体分析,将诸问题逐一列出,才能从根本上找出"体医结合"模式应用与推广中的问题。

1. 治疗方法选择不合理

众多专家曾指出:一些慢性病(如高血脂等)治疗的一般原则为先行运动疗法和饮食控制,如治疗效果不显著,则同时采用药物治疗。然而,通过调查发现,在上海的医疗康复领域,医生的慢性病的治疗方法却恰恰相反,他们几乎全部使用了药物疗法,并且以药物疗法为主;体育健康指导人员虽然在慢性病的治疗过程中广泛使用了运动干预和饮食控制的方法,但是他们又忽略了药物干预,由此可见,在慢性病的运动干预治疗上缺乏完整性。所以说,上海医疗康复领域治疗方式的不合理是在"体医结合"模式开展中存在的问题之一。

2. 缺乏对运动干预的科学性认识

通过调查和访谈得知,患者、临床医生、体育健康指导人员对运动干预的科学性在认识上存在不同程度的误区。大多数患者认为运动干预就是简单的身体活动,并不了解其科学内涵,更不懂得区分不同的运动形式、方法、内容等

对人体的影响;临床医生、体育健康指导人员等专业人员虽然认可运动干预的积极作用和意义,但是在实施运动干预的过程中,仍有相当一部分专业人员认为运动干预不需要区分运动的形式、性质和时间。众多科学研究和实验表明,必须进行长期、系统、科学、有规律的运动干预,才能获得身体状态的良性改变。由此可见,在运动干预实施过程中,运动干预方案、系统评价和实时监控等都有着严格的科学要求,而上海市医疗康复领域的专业人员需要提高运动干预的科学认识。

3. 忽略了社会学因素对开展"体医结合"的影响

上海医疗康复领域"体医结合"模式开展过程中忽略社会学影响因素是普遍存在的问题。患者、医生、体育健康指导之所以不能了解国家在疾病预防与控制方面的策略,很大程度上是由于对社会学影响因素的忽略。患者及专业人员对运动干预手段不重视,没能将运动干预与医疗较好地结合起来,这与国家卫生部门、新闻媒体、学术组织等社会学因素有关,说明有关部门没有很好地发挥其管理、培训、宣传等应有的作用。由此可见,上海医疗康复领域"体医结合"实施中忽略了社会学因素。

4. 对"体医结合"的科学机理的不了解

通过走访发现,对"体医结合"的科学机理的认知,患者、医生和体育健康指导人员均存在不同程度的欠缺。这就导致了患者凭着主观的认识去进行体育锻炼,随意安排运动的方式方法,缺乏科学性的锻炼在很大的程度上会影响疾病的治疗效果,甚至导致一些患者对运动干预的效果产生质疑;临床医生、体育健康指导人员对"体医结合"科学机理认识上的不足,势必会影响疾病干预的效果,成为"体医结合"模式推广的障碍。

5. 专业人员的"体医结合"实施能力亟待提高

在"体医结合"实施的过程中,专业人员的能力尤为重要。通过调查发现,专业人员实施运动干预的专业技术能力不过硬,已成为制约上海医疗康复领域"体医结合"模式的应用与推广的重要制约因素。专业人员只有提供科学有效的运动干预方案,才能真正地帮助患者,然而从调查中发现,我们的专业人员在"体医结合"的实施能力上,存在着技术水平不过硬、还停留在口头建议上、难以根据患者的不同情况有针对性地提供科学有效的运动方案等问题。所以说,上海医疗康复领域"体医结合"工作的顺利开展离不开专业人员实施能力的提高。

6. 开展"体医结合"物质条件基础的不完善与分布不均衡

上海医疗康复领域"体医结合"的物质条件基础不完善且分布不均衡。通过走访发现,上海的医疗机构在实施上"体医结合"过程中存在场地不足、设置不完善等物质条件欠缺的情况,仅仅在部分有康复科的三甲级医院具备较为完善的物质条件,而其他级别的医院均存在场地、器材、相关监控设备等方面的物质条件不均衡的现象。

(二)致因分析

课题组通过对上海医疗康复领域"体医结合"状况的深入分析,探究其问题所在,总结出以下七个方面的不足:

第一,宣传不足。关于"体医结合"涉及体育与医疗两大部门的宣传,当然也离不开大众媒体和学术组织。从走访调查中发现,目前,不管是体育部门还是医疗卫生组织,在"体医结合"的宣传上存在着一定的不足,导致患者不了解慢性病的危害,临床医生不运用运动干预的治疗方法,体育健康指导人员也不能很好地对慢性病提供科学合理的运动方案,总体来说,源于他们对国家"体医结合"策略的不明确,对运动干预科学性的不清晰,所以说,目前,有关"体医结合"的宣传存在不足。

第二,社会关注和重视程度不足。当前,虽然"体医结合"模式国家在大力推广,但是在康复医疗领域对于运动干预的重视程度还存在很多不足,涉及疾病治疗过程的方方面面。医疗康复领域的重视程度不足,患者对于运动干预的认识不足以及认识的误区,专业人员对于运动干预相关科学性与规律性的欠缺,严重影响了"体医结合"的顺利开展。

第三,资金投入不足。上海医疗康复领域"体医结合"的应用与推广进展缓慢的重要客观因素是资金投入的不足。主要表现在国家卫生管理部门、医疗机构、患者三方面在运动干预方面的资金投入不足。国家卫生管理部门的资金投入不足,导致培训力度不够;医疗机构资金投入不足,导致运动干预所需的物质条件不完善,难以达到良好的运动干预效果;患者由于对运动干预不了解,不愿意为其投入一定比例的资金购买运动干预所需器材。因此,资金投入不足严重影响了"体医结合"模式的进程。

第四,系统性应用研究不足。当前医疗康复领域有关"体医结合"的相关研究较其发展需要相对滞后,从某种程度上又限定了"体医结合"在康复医疗领域的开展。无论是在体育领域还是在医疗领域,都缺少系统的运动干预方案的相关研究,致使专业人士在实施运动干预治疗过程中难以寻找到科学依据作为参照标准,缺乏有关运动干预方案的设计规划及其使用运动参量的构成标准,难以建立起运动干预的系统评价体系,致使"体医结合"的实施过程无据可依。

第五,对患者的运动干预缺乏正确的引导。患者只有在认可运动干预的情况下才能对其进行运动干预的治疗,所以说,"体医结合"的过程中,对患者进行相应的运动干预教育就显得尤为重要。通过调查发现,目前对于患者实施运动干预教育存在不足,这导致了患者对于某些疾病的危害认识不足,对于运动干预的科学性不了解,严重影响了"体医结合"的开展。

第六,对专业人员缺乏相应的业务培训。专业人员对于运动干预缺乏专业性,也严重影响了上海医疗康复领域"体医结合"在实践中的应用与推广。专业人员之所以缺乏专业性的知识,理论知识与技术能力的不足,与其缺少相应的培训有着密切的关系。所以说,对专业人员相应的业务培训不足,影响了"体医结合"工作的顺利开展。

第七,专业人员之间缺乏协同合作。"体医结合"需要体育与医疗人员的通力合作,通过调查发现,体育与医疗两类专业人员在运动干预方面虽然均有所欠缺,但是两者在基础知识、技术能力方面可以取长补短。但就目前来看,体育与医疗人员在进行运动干预的过程中,并没有做到有效的合作,在一定程度上造成目前上海医疗康复领域"体医结合"工作开展不甚理想的状况。

六、上海医疗康复领域"体医结合"的发展对策

(一)加强"体医结合"宣传,提高认知度

根据中共中央、国务院发布的《"健康中国2030"规划纲要》要求,对待疾病应从过去的"治病"为主转向积极"预防"为主,积极倡导"体医结合"的休闲、健康运动方式,进而达到增强全民体质、改善全民健康状况的目的。在健康中国大背景下,应树立全民主动健康理念,将体育健身作为非医疗干预健康的重要内容,全面提升全民健康素养。上海各级地方政府应采用多渠道、广范围的立体化模式加强对"体医结合"政策的宣传,提高卫生健康部门、医疗机构、医务人员、体育管理部门、体育健康行业人员、患者及家属对"体医结合"的认知度,推动"体医结合"的快速发展。

（二）建立"体医结合"的联动管理机制

当前体育与医疗作为保障人民群众健康的两个公共服务机构，它们有各自不同的服务表现形式，又同样具备相同的社会服务功能。长期以来，体育与医疗卫生部门基本处于相对独立状态，它们在为人民群众提供服务的同时并没有形成很好的配合，隶属于不同的部门，使得两者在为人民群众提供健康服务时的质量与效率没有得到充分体现，也造成诸多社会资源的浪费。为保证"体医结合"的顺利进行，发挥它为促进人民群众健康的服务职能，应建立"体医结合"的联动管理机制，研究制定体育与医疗卫生公共服务相结合的具体相关政策法规。通过政策法规对"体医结合"的机构设置、功能任务、设施配备、规划管理、保障措施等方面进行法律规定，从而使"体医结合"公共服务体系有法可依。

（三）加大"体医结合"的资金投入

针对我国"体医结合"从理论研究到实践应用还处于起步阶段，上海在开展"体医结合"过程中，医疗机构软、硬件条件同样存在不足的现象，地方政府首先要加大在基础设施建设、专业人才培养方面的资金投入。其次可以在达到一定条件的医疗机构、体育院校、体育科研院所等开展运动康复治疗项目，将体育部门的国民体质测试中心与卫生健康部门的体检中心进行整合，建立集体质监测、疾病治疗为一体的健康服务平台。再次，地方政府部门应积极将体育与医疗卫生基础设施建设纳入全市国民经济和发展规划中，要划拨专项资金保障基础设施建设顺利进行，并对基础设施建设进行科学布局。

（四）加强"体医结合"复合型人才培养力度

体育的目标是增强体质，促进健康；医学的目标是防治疾病，维护健康。体育与医学在全民健康方面具有较多的相通性。"体医结合"复合型人才需要拥有多元化知识结构，要求医学院校在人才培养过程中既要注重对医学知识的精通，又要对运动知识有所掌握；体育院校在人才培养过程中既要突出掌握体育知识，也要掌握医学的相关知识，让培养出的"体医结合"人才不但懂得医学知识又擅长体育康复治疗。同时，一些具备体育专业与医学专业办学设施的综合性大学可以开设"体医结合"康复治疗专业，在课程设置方面把体育与医疗卫生课程均列为必修课程。

（五）继承并发扬传统体育养生在"体医结合"实践中的积极作用

传统体育养生在我国具有悠久的历史，中华民族拥有丰富的传统体育养生资源，是中医治未病的重要组成内容。传统体育养生在健身、养生、防病、治病方面已经形成了包括原理和方法在内的知识体系，传统体育养生与医学的融通是"体医结合"必由之路。因此，必须以现代医学科学的诊断、检测设备为基础，在得到相应的测定与评估结果基础之上，应把最行之有效的传统体育养生项目与医药结合起来，发挥两者的优势。这样既传承与弘扬了我国传统体育养生文化，又推动"体医结合"的发展。

七、主要结论

第一，中共中央、国务院在《"健康中国2030"规划纲要》中明确提出要建立体医结合的疾病管理与健康服务模式，发挥全民科学健身在健康促进、慢性病预防和康复等方面的积极作用。自此"体医结合"被提升到国家政策层面，在未来体育科学与医学互通融合将逐步从理论向实践跨越，"体医结合"将直接服务于全民健康工程建设。

第二，在我国传统体育与养生文化具有悠久的历史，运动干预治疗方式在学界也得到了广泛的认可。但是，通过对上海医院医疗康复领域临床医生对疾病干预方法的选择调查显示，采用过运动康复治疗方法的医生不足半数。由此可见"体医结合"在临床治疗方面从理论认可到实际运用还有待进一步加强。

第三，上海康复医疗领域大部分的临床医生对"体医结合"干预治疗的方式持肯定态度，但针对病人实际情况，采用什么样的运动干预治疗方式，医生未能提供具体的实施方案。目前，运动处方在康复医疗领域还没有得到广泛的运用。

第四，上海康复医疗领域在实施运动干预患者康复的实际过程中，真正意义上的医学与体育运动融合度不高，医务人员、患者及家属对于国家出台、颁布的有关"体医结合"政策方面的文件了解不够。

第五，上海康复医疗领域开展"体医结合"还处于起步阶段，其相关物质条件基础较为薄弱，大部分医疗机构不具备开展运动康复干预治疗的场地器材条件，少部分医疗机构虽能提供一些场地器材，但设施条件不完善，特别是"体医结合"开展所需的监控和评测设备。

第六，上海"体医结合"工作的推进，应加强"体医结合"宣传，提高认知度，建立"体医结合"的联动管理机制，加大"体医结合"的资金投入，加强"体医结合"复合型人才培养力度，继承并发扬传统体育养生在"体医结合"实践中的积极作用。

参考文献

[1] 中共中央、国务院."健康中国 2030"规划纲要[M].北京：人民出版社,2016
[2] 中华人民共和国国务院.关于印发全民健身计划（2016～2020 年）的通知[Z].国发[2016]37 号,2016
[3] 王少安.发展体育运动是建设健康中国的根基[N].光明日报,2016
[4] 国家卫生计生委办公厅、体育总局办公厅、全国总工会办公厅等.关于印发全民健康生活方式行动（2017～2025 年）的通知,2017
[5] 国家体育总局人力资源开发中心.关于报送 2016 年度卫生系列运动医学专业职称评审材料的通知,2016
[6] 郭建军,郑富强.体医融合给体育和医疗带来的机遇与展望[J].中国慢性病杂志,2017
[7] "健康中国 2030"规划纲要[EB/OL].2016,http://health.people.com.cn/n1/2016/1028/c398004-28815229.html
[8] 中国防治慢性病中长期规划（2017～2025 年）.2017,http://www.nhfpc.gov.cn/zwgk/jdjd/2017/02/34a1fff908274ef8b776b5a3fa4d364b.shtml
[9] 上海市医疗机构设置"十三五"规划.2017,http://www.popinfo.gov.cn/wsj/n429/n432/n1485/n1496/u1ai141627.html
[10] 关于印发《上海市康复医疗服务体系发展规划（2016～2020 年）》的通知.http://www.wsjsw.gov.cn/wsj/n429/n432/n1485/n1496/u1ai139993.html
[11] 成明祥.体医结合：医学院校体育教学改革的发展模式[J].体育文化导刊,2006
[12] 陈栋,曾玉榕.关于运动处方的起源及发展探讨[J].湖北体育科技,2002
[13] 窦蕾,周萍,等.上海市康复医院康复资源与服务开展情况调查研究[J].中国康复医学杂志,2017
[14] 赵彤.我国体医结合健身模式现状与对策[D].北京：北京体育大学,2017
[15] 范旭东.黑龙江省高脂血症运动干预开展状况与应用对策研究[D].苏州：苏州大学,2008

[16] 李晶慧.上海市级公立医院参与健康产业的现状、问题与对策[J].上海管理科学,2017

[17] 李梦斐.我国"医联体"发展现状与对策研究[D].济南:山东大学,2017

[18] 王瑜."体医结合"全民健身进社区背景下社会体育指导员岗位设置的理论与实践研究[D].南宁:广西民族大学,2016

[19] WHO, Making health system work: Integrated Health services-What and Why. Teachnical Brief No. I. May, 2008

[20] 赵丹丹.上海医疗资源纵向整合研究[D].上海:复旦大学,2008

[21] 高解春.医联体如何破题[J].中国医院院长,2013

[22] 王晓迪,郭清.对我国健康产业发展的思考[J].卫生经济研究,2012

[23] 赵刚,甄希成.康复医学现状与运动人体科学专业的重新定位[J].沈阳体育学院学报,2004

[24] 胡鞍钢.卫生与发展:中国基本卫生国情与医疗卫生产业发展[J].卫生经济研究,1999

[25] 王访清.刍议辽宁省体医结合健身模式现状与对策[J].湖北函授大学学报,2017

[26] 董茜.开展体医结合传播与发展我国传统运动养生文化[J].卫生职业教育,2016

[27] 拓明福.健身运动处方在辽宁省健身俱乐部应用现状及对策研究[J].沈阳体育学院学报,2016

[28] 宣海德.我国城市社区体育中"体医结合"问题的研究[J].军事体育学报,2007

[29] 陈永婷,邱全,虎堂."体医结合"健康服务模式在社区体育中的运用研究[J].宿州教育学院学报,2016

[30] 王永,陈琳.全民健身体医结合之太极拳研究[J].文体用品与科技,2016

[31] 邓建伟,林腾,孙从永,刘军,陈丹."医体结合"在职业社会体育指导员发展中的应用[J].体育科研,2013

[32] 刘霞.上海市公立医院与社区卫生服务中心合作模式研究[J].中国卫生资源,2012

[33] 王维,李凯.北京世纪坛医院医疗联合体的实践与展望[J].中国医院,2014

[34] 吕家爱,陈德喜.体医结合模式运动干预对糖尿病患者控制效果评估[J].公共卫生与预防医学,2016

[35] 向芳,张一英,邵月琴,等.上海市嘉定区某社区糖尿病患者运动干预效果评估[J].上海预防医学,2011

[36] 赵淑军,彭江荣,蔡恒.慢性病流行现状与基层防治对策[J].公共卫生与预防医学,2013

[37] 栗玉辉,赵晓英,李军,等.有氧运动对肥胖及非肥胖2型糖尿病患者的影响[J].临床荟萃,2014

[38] 郭建军.健康中国建设中体育与医疗对接的研究与建议[J].慢性病学杂志,2016

[39] 国家体育总局人力资源开发中心.关于报送2016年度卫生系列运动医学专业职称评审材料的通知,2016、2017,htp://www.tyrc.gov.cn/a/rcfw/zhichenpingshentong-zhi/2016/0830.html

[40] 国家体育总局人力资源开发中心,体育总局人力中心关于报送2016年度体育科研系列职称评审的通知,2016、2017,http://www.tyrc.gov.cn/a/rcfw/zhichenpingshentongzhi/2016/0728/3116.html

[41] 王瑜,薛桂月."体医结合"背景下医学体检档案与管理模式研究[J].大众体育,2016

[42] 宋保华,王会勤."以体为主,体医结合"——医学院校体育教学模式的构建[J].教育探索,2006

[43] 莫轶,姚盛思."体医结合"社区慢病管理模式疗效观察[J].2017

[44] 谭惠芬,兰凌.社区慢病管理[J].中国社区医师(医学专业),2012

[45] 王正珍.ACSM运动测试与运动处方指南[M].北京:人民卫生出版社,2010

[46] 郭燕,沈智,田靖,王云峰.体医结合的太极拳实习机制探索——以焦作地区太极拳专业学生为例[J].体育教育,2017

[47] 王访清,王丽丽."体医结合"现状分析[J].教育发展纵横,2017

[48] 郭雷祥,冯俊杰.在社区实施"体医结合"促进健康研究[J].邢台学院学报,2016

[49] 赵仙丽,等.构建城市社区"体医结合"体育公共服务的创新模式[J].体育科研,2011

[50] 宣海德.我国城市社区体育中"体医结合"问题的研究[J].军事体育进修学院学报,2007

基于创新型政府视角下的上海中心城区公共体育场地运行机制研究[*]

姚 岿　薛 飙　由会贞　魏善亮

　　体育场地对构建公共体育服务体系、服务和改善民生有着重要作用,是提高竞技体育成绩和开展全民健身活动的物质基础,在满足人民群众精神文化生活以及日益增长的体育健身需求方面发挥着不可或缺的作用。黄浦区位于上海市中心,是上海的经济、行政、文化中心,随着居民生活水平的不断提高和体育生活化的理念不断深入人心,市民日益增长的健身需求与黄浦区土地资源稀缺、公共体育场地供给不足之间的矛盾将在一段时期内成为本区全民健身事业发展的主要矛盾。另外,在黄浦区20.5平方公里的土地上,户籍人口85万人,常住人口65万人,而工作人口却超过200万人。生活在"城市森林"里的白领人群,有着较高的收入和看似舒适的生活,可是在衣着光鲜的背后承受着巨大的身体和精神压力,身体处于亚健康状态。因此,积极稳妥地推进白领健身是黄浦区贯彻落实《"健康中国2030"规划纲要》的重要任务。

　　《上海国民经济和社会发展"十三五"规划纲要》明确指出:"创新土地利用方式,逐年减少新增建设用地规模,优先保障城乡基础设施、公共服务设施和民生项目用地。"黄浦区公共体育场地的未来发展规划是关系到本区公共服务体系是否完善、民生项目能否得以保障的重大工程。本研究探寻黄浦区公共体育场地的供给问题,调查居民对体育场地服务需求的整体情况并将白领健身的问题作为研究的重要模块,以期为政府改善公共体育场地的供给现状提供理论依据,防止公共体育服务产品短缺、错位。

---

[*] 本文作者单位:黄浦区体育局。立项编号:TYSKYJ2017012。

一、黄浦区体育场地供给现状分析

(一) 体育场地整体情况供给不足

黄浦区作为上海中心城区之一,体育场地发展受到土地面积的限制。从体育场地整体情况来看,场地数量、场地面积、人均场地数量以及人均场地面积都严重低于上海市平均水平(如图1~图4所示)。进一步分析,在1 112个体育场地中,全民健身路径440个,城市健身步道131条,占全区体育场地数

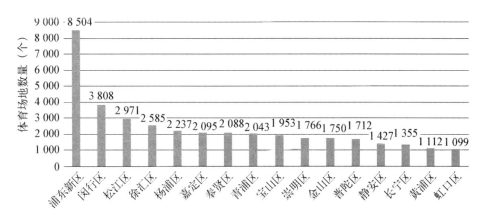

图1 上海市各区县体育场地数量

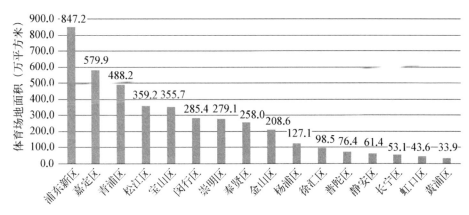

图2 上海市各区体育场地面积

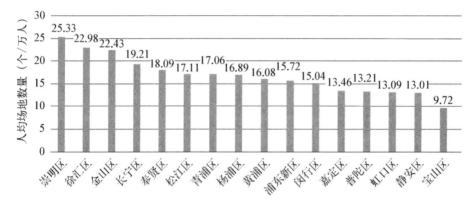

图3 上海市各区县人均体育场地数量

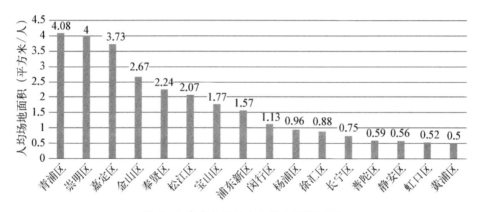

图4 上海市各区县人均体育场地面积

量的51.3%。因此,该区域的小面积健身场地在全部体育场地中占相当大的比重,造成体育场地面积与人均场地面积居上海市最后一位。

值得深思的是《上海市黄浦区第六次全国体育场地普查数据分析报告》中的人均场地数量与人均场地面积是按黄浦区常住人口计算得出的数据,而黄浦区的工作人口远远超过常住人口。因此,黄浦区实际人均场地数量与人均场地面积情况远比图3和图4反映的情况严峻得多。虽然,2004~2013年黄浦区体育场地建设取得了不俗的成绩,但是该区域的场地数量和场地面积的实际增量却不乐观,主要是由于在新建体育场地的同时伴随动拆迁、场地改建、经营性场所变更、教育系统场地变更等,造成原有场地的消失。因此,现阶段体育场地建设速度与市民日益增长的体育健身需求不匹配,体育场地整体情况供给不足。

(二)体育用地面积占公共设施用地比重较低

黄浦区面积为20.5平方公里,建设用地面积约18.6平方公里,占区域总面积的91%。就用地结构来看,以居住用地和公共设施用地为主,居住用地比例最高,占建用地的39.8%,公共设施用地面积约2.98平方公里,占建设用地面积的16%(数据参考《区划调整和转型发展双重背景下上海市黄浦区规划策略探讨》)。根据上海市用地分类标准,公共设施用地包括行政办公用地、商业服务业用地、文化用地、体育用地、医疗卫生用地、教育科研设计用地、文物古迹用地、商务办公用地以及其他公共设施用地。其中,体育用地面积约0.339平方公里,占公共设施用地约11.4%。从各类公共设施用地面积平均值来看,体育用地刚刚达到平均水平,但进一步分析,相当一大部分的体育场地附属于教育科研设计用地、商业服务业用地等,通过表1统计发现,仅附属于教育系统的体育场地面积就达52.3%,政府批复的独立体育用地比重较低,而体育用地过多附属于其他类型公共设施用地必然会造成场地开放受阻、公益性难以保证等诸多问题。

表1 黄浦区各系统体育场地数量、场地面积及占比

所在系统	场地数量		场地面积	
	数量(个)	占比(%)	面积(平方米)	占比(%)
体育系统	21	1.9	33 789.50	10.0
高等院校	3	0.3	9 467.10	2.8
中专中技	4	0.4	2 237.00	0.7
中小学	150	13.6	163 811.36	48.4
其他教育系统单位	1	0.1	1 504.00	0.4
其他系统	926	83.8	127 861.79	37.8
合计	1 105	100.0	338 670.75	100.0

(三)体育场地对外开放和利用程度不够

根据《上海市黄浦区第六次全国体育场地普查数据分析报告》,在黄浦区1 112个体育场地中,不开放的体育场地数量为129个,占全区体育场地数量的11.5%,不开放的体育场地面积为85 040.42平方米,占全区体育场地面积

的 24.8%。在不开放的体育场地中,教育系统体育场地占 58.1%,企业管理的体育场地占 32.6%,两者合计占 90.7%。从体育场地面积来看,不开放的体育场地中,教育系统体育场地占 84.5%,企业管理的体育场地占 7.0%,两者合计占 91.5%。黄浦区对外开放的体育场地中,无论是部分时段开放还是全天开放的体育场地,平均每周接待健身人次最多的均为 500 人次/周以下,体育场地的利用程度远没有达到理想效果。

(四)中大型体育场馆布局不均衡

黄浦区现共有中大型体育场馆四个,包括:卢湾体育中心、黄浦区体育馆、黄浦区工人体育馆和沪南体育活动中心。"寸土寸金"的黄浦区拥有四个中大型体育场馆已经相当不易,为本区域全民健身事业的发展奠定了硬件基础。

首先,中大型体育场馆在区域内发挥出的强大的辐射效应,成为某区域居住、工作和学习的庞大群体从事健身的主要场所;另外,它们是社会体育指导员发挥指导作用的最佳理想场所,便于组织、发动社会体育指导员经常、广泛开展科学、安全、方便、高效的体育健身指导服务。

其次,以中大型体育场馆为中心的国民体质监测站点保证了监测服务的定期举行,也通过大型体育场馆将监测的数据和成果向社会进行宣传,普及科学锻炼知识。

本研究绘制出黄浦区中大型体育场馆及各街道常住人口分布图,如图 5 所示。常住人口分布图的绘制主要参考了全国第六次人口普查数据,另外,以 1 公里为半径绘制出体育场馆的服务供给区域(《2015 年上海市全民健身活动状况调查公报》指出,居民主要选择 1 公里以内的体育场地从事体育锻炼)。通过分析得出黄浦区大中型体育场馆布局不均衡的结论。

首先,坐落于南浦大桥下的黄浦区工人体育馆隶属于上海市总工会,承担着机关、企事业单位职工健身与举办赛事的职能,并且是黄浦区的全民健身技能培训基地。由于其地处黄浦江沿岸,与浦东新区隔江相望,造成其服务供给覆盖范围出现真空地带,造成了场地资源的浪费。白领健身是黄浦区职工体育的重要工作内容,而黄浦区工人体育馆所处的位置并不是黄浦区主要的白领聚集区,它的基本功能作用的发挥受到了限制。

其次,中大型体育场馆在淮海中路区域出现了供给覆盖盲区。淮海中路坐落着 28 栋商务楼宇,虽然常住人口数量比其他区域少,但有 10 多万人的工

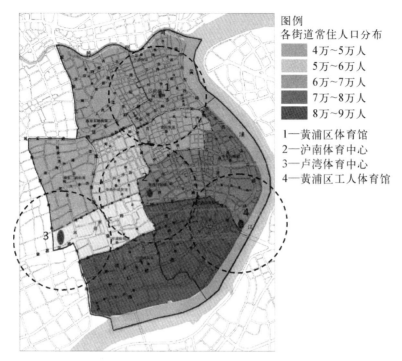

图 5　黄浦区中大型体育场馆及各街道常住人口分布示意图

作人群,是黄浦区白领群体的主要聚集区,而黄浦区体育馆、沪南体育活动中心与卢湾体育中心的辐射效应都不能有效地覆盖到该区域,淮海中路区域健身场地的供给现状不容乐观。

再次,根据图5发现,黄浦区地理位置南端有着庞大的常住人群,但大部分区域没有处于中大型体育场馆的有效供给范围内,必然抑制了该区域居民参加体育锻炼的主动性。

综上分析,虽然四个中大型体育场馆在本区发挥了不可替代的作用,但整体布局不均衡,要激活闲置场地资源,查漏补缺建设新场地。

(五)百姓健身房的覆盖与服务供给范围有限

社区百姓健身房的建设不仅丰富了社区体育的活动内容和健身生活方式,还能提高社区的归属感、文化品位,有利于加强社区成员之间的情感联系。社区百姓健身房是上海市政府2011年开发的百姓健身工程,是依托于社区文化活动中心的政府实事项目。目前,黄浦区下辖的10个街道共建成8家百姓健身房。

当前,本区还未实现百姓健身房在各街道全覆盖,外滩街道和豫园街道迄今没有建造百姓健身房主要是由于场地的问题无法解决。黄浦区常住人口 65 万人,现有百姓健身房的数量不足以支撑起社区居民健身的重任。另外,虽然百姓健身房距离居民居住地点较近,有一定的群众基础,由于百姓健身房位于社区内,使其空间位置上产生闭塞,会使社区外的职工群体与其产生距离感,造成对社区范围之外的群体服务供给不足,浪费健身场地资源。其次,由于百姓健身房是在原有的文化活动中心或者是市民活动中心基础上通过置换、新建和改扩建等方式建设,必然造成各个健身房的布局、器材种类以及配套服务与标准化的健身房相比存在差异。从市民的健身习惯以及对健身场地标准化水平的要求来说,百姓健身房服务的对象主要为周边部分固定居民,而它功能范围的延伸性受限。

表 2 黄浦区百姓健身房汇总表

名　　称	百姓健身房数量(家)
外滩街道	0
南京东路街道	1
老西门街道	1
豫园街道	0
小东门街道	1
半淞园路街道	1
五里桥街道	1
打浦桥街道	1
瑞金二路街道	1
淮海中路街道	1
合　　计	8

(六)商业健身俱乐部收费高

商业健身俱乐部是以提供休闲、娱乐、健身服务为目的,以商业性健身娱乐设施为活动场所,依靠市场机制运转的体育企业。它们在追求经济效益的同时,也承担着全民健身的社会责任。目前,黄浦区约有商业健身俱乐部 130

家左右,是区域内数量较大、覆盖率较高的体育场地。黄浦区内的商业健身俱乐部由于地处上海商业中心区,房租与人力资源成本较高,造成市场价位偏高,一般普通健身年卡在2 500~3 500元不等。根据《2015年上海市市民体育消费分析报告》,上海市健身俱乐部消费人群以中青年为主,且消费水平一般。20~59岁人群中具有健身俱乐部办卡消费经历的占7.72%;在购卡消费额度上,3 000元以下的占到80%;而3 000元以上的仅占到20%。在健身俱乐部的消费人群中,机关企事业单位负责人、专业技术人员、办事员和有关人员、商业、服务人员等职业是目前健身俱乐部的主要客户。因此,在楼宇经济发达、白领群体庞大的黄浦区,这些人群成为商业健身俱乐部的主要目标群体。但是,购卡消费人群比例低,消费水平一般所折射出的是大众群体在商业健身俱乐部参加锻炼的比例偏低,商业健身俱乐部尚未成为有效解决公共体育场地供给不足的有效途径,并不能作为当前全民健身事业发展的有力支撑点。

二、黄浦区公共体育场地服务需求的整体情况分析

(一)调查样本基本情况

由表3可知,在436例调查样本中,男性235例,占53.9%,女性201例,占46.1%。

表3 调查对象性别统计情况表(n=436)

性　别	频　率	百分比(%)	累计百分比(%)
男	235	53.9	53.9
女	201	46.1	100

根据表4得出,在调查样本中,以50~59岁和40~49岁的中老年人群最多,共182例,占比总计41.8%,18岁以下群体最少,共58例,占比13.3%。通过表5可发现,被调查人群中本科或专科人群最多,共185例,占比42.4%,其次为高中或中专,共144例,占比33.0%,博士研究生最少,占比2.8%。由表6可知,被调查对象的职业以离退休人员最多,占比20.0%,其次为学生,占比18.6%,公务员与事业编制人员共占比17.9%,企业员工总计占比28.6%,其中民企员工最多,占比14.4%,外企员工最少,占比6.4%。

表 4 调查对象年龄统计情况表（n=436）

年　龄	频　率	百分比（％）	累计百分比（％）
18岁以下	58	13.3	13.3
18～29岁	70	16.1	29.4
30～39岁	66	15.1	44.5
40～49岁	87	20.0	64.4
50～59岁	95	21.8	86.2
60岁及以上	60	13.8	100.0

表 5 调查对象学历统计情况表（n=436）

学　历	频　率	百分比（％）	累计百分比（％）
初中及以下	52	11.9	11.9
高中或中专	144	33.0	44.9
本科或专科	185	42.4	87.4
硕士研究生	43	9.9	97.2
博士研究生	12	2.8	100.0

表 6 调查对象职业统计情况表（n=436）

职　业	频　率	百分比（％）	累计百分比（％）
公务员	32	7.3	7.3
事业编制人员	46	10.6	17.9
国企员工	34	7.8	25.6
外企员工	28	6.4	32.1
民企员工	63	14.4	46.5
个体私营人员	42	9.6	56.2
离退休人员	87	20.0	76.1
学生	81	18.6	94.7
其他	23	5.3	100.0

（二）居民对健身步道、羽毛球场等场地设施需求较大

调查对象对健身场地设施需求选择最多的为健身步道,个案百分比为32.7%;其次为羽毛球场和篮球场,个案百分比分别为22.8%和20.5%;最少的选项为其他场地类型和网球场,个案百分比分别为8.6%和11.1%(图6)。通过这些数据可以得出现阶段黄浦区市民对健身步道、羽毛球场、篮球场以及操舞房等场地设施的数量上存在较大的需求,间接地表明健步走、跑步、羽毛球、篮球以及操舞是广大市民热衷参与的体育项目,进一步说明这些类型的场地设施还不足以满足大众的需求;另外,对于市民需求较低的排球场、网球场以及其他类型场地可以在保持原状的基础上,减小对该类场地建设的投入力度。

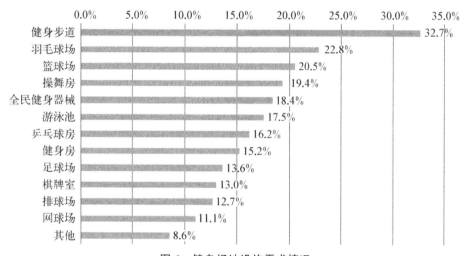

图6　健身场地设施需求情况

（三）居民习惯早、晚参与体育锻炼

调查对象中选择晚上6点至晚上10点的个案百分比为59.7%;其次为上午6点至上午8点,个案百分比分别为43.8%;再次为上午8点至中午12点,个案百分比分别为30.2%(图7)。数据表明上午6点至上午8点以及晚间6点至晚间10点是居民锻炼早高峰和晚高峰,所以体育场地应按需调整营业时间段或者公益开放时间段,对开放时间进行差异化安排。针对老年人一般选择上午参与锻炼的习性,在此时段内降低收费标准或者免费开放,不但能保障

老年人等特殊群体享有参与锻炼的权利,也可以降低晚间场地的人流量,保证其他人群拥有安全和舒适的健身环境。

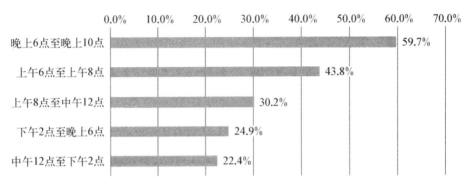

图 7　公益开放时间需求情况

(四)居民对场地预约要求智能化、精确化、高效化

调查显示,选择电话预约的个案百分比为65.4%,选择生活团购平台的个案百分比为49.5%,选择专有场馆预约APP的个案百分比为37.7%(图8)。数据表明,作为最传统、直接的电话预约方式,仍然是锻炼居民首选的场地预约方式。随着科技进步,移动互联网的高速发展,网络线上预约也成为锻炼居民进行场地预约的一种选择,并且占到相当大的比重。当前比较流行的大众点评网、美团网等生活团购平台逐渐添加了体育场地预约板块,体育锻炼成为居民生活的一部分。近几年,各种场馆APP层出不穷,整合了众多体育场地信息,为居民锻炼场地预约提供了便捷渠道。在未来一段时期内,建设区域内的体育场地智能平台,可以让居民了解周边健身场地设施的信息,时时掌握场地的人流量与器材的工作状态,实现提前预约,随到随炼。

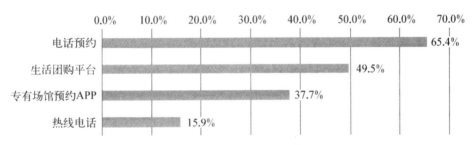

图 8　场地预约方式需求情况

(五) 居民希望安全锻炼并了解自身情况科学锻炼

调查对象最希望场馆为其提供的科学健身指导服务为指导居民如何安全地开展体育锻炼，降低事故发生率，该选项的个案百分比为65.4%；其次为指导居民结合自身情况，选择适合开展的体育锻炼活动，个案百分比为49.5%；再次是为特殊人群提供专门的健身指导服务，个案百分比为47.7%（图9）。数据表明，居民对场馆在科学健身指导服务方面的需求大，希望场馆提供多种类的指导内容，特别是在指导居民如何安全开展体育锻炼，降低安全事故方面，被调查者高度关注自身健康问题，希望场馆能为其提供相应的指导服务，从侧面反映出，场馆提供科学健身指导服务的过程中，应更多的关注居民个人健康和安全锻炼等问题，同时场馆还需考虑锻炼人群的特殊性，为不同人群提供专门的指导服务，使他们亦能享受均等化的服务。

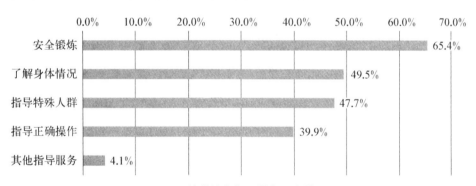

图9　科学健身指导服务需求情况

（六）居民希望场地设施公益收费并免费提供配套服务

调查对象最希望场地运营方在场地租借服务、体育器材租借和体育器材维修服务方面采取公益价格的方式进行收费，在特殊人群场地设施服务、洗浴服务、组织编排活动服务和健身指导服务方面，希望其采取免费的收费方式。据实地调查了解，为响应全民健身计划，多数体育场馆在个别项目上都开设了公益收费时间段，健身项目按不同时段收费，除了免费的健身场地外，绝大多数场馆并未对老年人群、幼年人群实施差别化的收费策略。透过数据可知，锻炼居民希望场馆秉持公益性经营和取之于民、用之于民的原则，在个别项目收费上采取差异化的收费方式，对特殊人群在场地设施、活动编排、健身指导服务方面采取免付费的方式,同时在场地租借、器材租赁及维修等服务方面采取公益价格的方式进行收费。

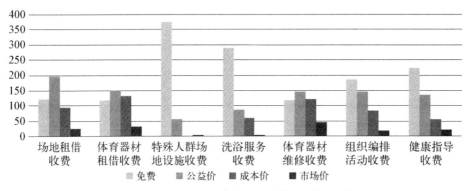

图10 场地各服务收费方式需求情况(单位:人)

（七）白领群体对体育场地服务的需求分析

2015年,黄浦区全区165栋重点商务楼宇完成区级税收97.46亿元,在总体税收中占比为56.6%。在这片空间狭小而楼宇经济滚烫的土地上,白领群体对推动区域经济发展起到了中流砥柱的作用。与白领创造的经济价值所不匹配的是体育锻炼场地资源却相当匮乏,妥善解决该群体的健身场地问题是落实全民健身计划的重要任务,对黄浦区未来经济和社会发展具有深远意义。以下是本研究通过访谈法得出的白领健身需求。

1. 白领习惯在工作结束后参与锻炼

大多数白领一般会选择在结束一天的工作后去参与体育锻炼,一部分选择工作单位的健身场地或附近的健身场地参加锻炼,然后再回住处安排其他工作,这类群体主要以单身青年为主;另一部分则选择先回到住处,处理完日常事务后再出来锻炼,把锻炼作为晚间时光的消遣。因此,应针对该群体按需制定场地开放时间,特别是可以提供健身场所的单位,应安排专门的人员管理场地,延长开放时间。

2. 体育场地与工作地或住处的距离影响白领健身的主动性

白领一般选择小于1公里的场地参加锻炼,还有少部分会选择1~2公里的场地,这主要取决于锻炼者对健身的渴望程度或者对某项运动项目的热爱程度。通过访谈了解到,由于工作繁忙,生活节奏紧张,只有在居住或工作地点附近有合适的健身场地才会愿意克服惰性去锻炼,否则大部分白领选择把有限的闲暇时间用在休息或者陪家人而不会驱使自己克服距离上的障碍去锻炼。除非是这种消极的状态一直持续下去,身体开始出现异样,才意识到自身缺乏锻炼,亡羊补牢。

3. 减肥健身、增强体力、调节情绪是白领的主要健身动因

白领群体一般具有较高的学历与较强的健身意识,在进入职场前大多有经常参加体育锻炼的经历。面对繁重的工作,快节奏的生活,提高身体素质、增加体力活力以及减轻压力并且调节情绪成为大部分白领参加体育锻炼的主要动机。进一步分析,女性对于减肥和健美的诉求要高于男性,而男性则更倾向于把增强体力作为最直接的获得感。体育场地配备完善的健身器械,制定符合白领群体需求的健身课程将会提高白领的参与热度。

4. 白领以参与传统有氧健身项目为主

健步走、跑步、羽毛球是广大白领参与最为广泛的体育项目。除此之外,较多女性还会选择健身操、瑜伽以及舞蹈等有氧运动项目,男性则会从事篮球、足球和力量训练等综合类项目或无氧运动项目。因此,在办公楼宇周边积极推动健身步道、羽毛球、篮球、操舞房的建设将会迎合白领的健身需求。

5. 白领对场地配套服务的需求度较高

首先,相当部分的白领认为洗浴设施应当成为体育场地的标配,在锻炼结束后能及时冲洗并更换衣服能获得更为轻松、愉悦的心情,并且在价格合理的情况下,白领群体愿意自费洗浴,如果场地不能提供洗浴,将成为限制参与锻炼的障碍。其次,积极的组织、指导可以提高白领的参与度。除了缺乏时间、自我惰性、场地受限影响白领参与锻炼,缺少组织以及自我缺乏体育锻炼知识、技能阻碍了他们的参与,由于自身渴望健身的意愿并不是太浓烈,所以不愿自费去请专人指导,造成他们的参与热度在逐渐下降。

综上所述,当前,黄浦区居民对健身步道、羽毛球场等场地设施需求较大,表明居民还是以参加跑步、健步走、羽毛球等传统型的健身项目为主,并且居民健身的时间段主要集中在早上与晚间。随着移动互联网的发展,居民的生活方式变得多样化,不再停留在电话预约场地的单一渠道,而是对场地预约的智能化、精确化、高效化等方面提出了更高要求。居民希望以安全锻炼原则为基本,并希望了解自身情况从而科学地锻炼。另外,场地设施公益收费并免费提供配套服务符合大部分居民的意愿。相当部分的白领能认识到体育锻炼的

重要性，如果在工作单位或者住所周边有距离合适、场地器械满足自身需求、配套服务完善且价位合理的场地，大部分白领群体愿意抽出时间参与锻炼，长期坚持下去，自身惰性也会随之降低。因此，在体育场地服务供给符合该区域人群需求时，可以提高他们的参与率，尤其是对于白领群体而言，有效的供给可以带动他们健身的积极性，改善亚健康状态。

三、黄浦区公共体育场地未来发展与改善路径

（一）大力推进体育场地的规划和建设

根据建成世界最具影响力国际大都市中心城区的总体要求，在"十三五"期间，根据各街道、区域现状和需求，一是积极推进黄浦区大型公共体育场馆的改建、修建和合理定位；二是深入优化社区公共体育设施建设，在"15分钟体育生活圈"理念指导下，加快建设百姓健身步道、社区公共运动场、社区健身苑点；建设社区"百姓健身房"，完善"一街一中心"建设；三是加强对公共体育场地和设施的后续管理与维护，使公共体育设施规划真正落到实处。

（二）积极推进黄浦区滨江公共健身休闲带建设

贯彻落实《黄浦区滨江公共空间实施优化规划设计》，充分利用外滩至卢浦大桥8.3公里的滨江沿线，建设滨江公共健身休闲带。一是科学规划健身休闲带的布局。滨江公共健身休闲带承担着旅游观光、休闲步行、健身慢跑甚至自行车骑行等综合功能，为了能满足各类群体在此地段的不同需求，科学的规划、建设将决定着大众未来健身的便捷性、安全性。二是在有限的空间内尽可能使市民锻炼呈现多元化。根据体育场地、设施的供给现状以及市民健身需求，滨江沿线布置场地、器械，特别是某些占地空间小、市民需求大的设施，例如，全民健身器械、笼式篮球场、羽毛球场等。

（三）加大体育场地的开放力度，重点强调开放时间差异化

一是进一步加大体育系统场馆对社会公益免费开放力度，确保全民健身日、重要节假日期间体育场馆及设施的公益性开放。二是进一步推进黄浦区教育系统，特别是中小学体育场地开放工作。通过组织调查研究，制定

出台校园公共设施对外开放的实施办法,形成一套可持续开放的场地开放管理办法,确保教育系统体育场地有序开放。三是启动对社会经营性场馆公益开放补贴政策。加强社会经营性场馆公益开放的成本研究以及成本补偿机制的研究,在科学评估的基础上,给予合理补贴,鼓励公益开放。四是针对不同群体的锻炼习性,合理安排场地的开放时间,提高场地的全天利用率,保证各类群体能均等享受健身服务,并以公益性为出发点,按不同时段有差别的进行收费。

(四)加强体育场地的信息化和智能化建设

一是形成黄浦区体育场地数据库,并确定体育场地更新数据的申报路径和技术手段,从而实现数据库的实时更新功能。二是加快黄浦区体育场地信息管理平台建设,整合黄浦区体育场地数据库,建设黄浦区体育场地信息管理平台。通过在信息管理平台上体育场地信息的实时发布、动态更新,实现体育场地信息网上查询、网上预约、网上评价等功能,提升体育场地的智能化管理水平。

(五)整合碎片资源,拓展纵深空间,实现小场地大功效

面对人口密度大、土地资源紧张的现状,建设综合功能完善的大型体育场的可行性较低。全民健身活动曾提出"三边工程"的概念,即搞好人们身边的设施、身边的活动、身边的组织,贴近需求,贴近用户,贴近基层,是体育场地发展规划始终坚持的重要方向。体育事业的可持续发展,不能忽略那些"小而美"的场地设施,它们是支撑起整座大厦的坚实基础。黄浦区应从实际情况出发,以建设小型场地,增加场地数量,完善空间布局的措施来提升居民健身满意度,提高主观幸福感。一是整合碎片场地资源,以数量提升整体面积,利用社区、公园、楼宇中的空闲场地,布局"箱式"运动场、健身器械等占地面积小、群众需求大的设施,尤其是"箱式"运动场,它具有可移动性,拆装便捷,可根据实际情况进行位置的更改,使提高场地的利用率成为可能。二是拓展纵深空间,对具备条件的楼顶或者地下空间进行试点改造,使其成为居民最为便捷的健身场所,最大限度地利用一切可利用的资源。

(六)不断提高健康楼宇服务实践科学化水平

针对中心城区体育需求旺盛与体育资源不足的矛盾,结合黄浦区楼宇经

济的特点,不断深化健康楼宇服务实践。一是定期组织体测,配送健身讲座服务,主要让白领人群了解自身状况,引导其参与锻炼,指导其科学健身。二是加强楼宇白领体育比赛活动,组织楼宇白领参与群众基础好、参与度高的体育锻炼或者体育比赛项目,以市场或社会力量运作楼宇体育比赛活动。三是创新楼宇体育健身项目,积极开发楼宇体育建设课程设置,不断扩大健康楼宇服务范围,提升健康楼宇服务质量。

(七)以优惠政策为导向深挖场地资源

2016年,财政部、国家税务总局下发了《关于体育场馆房产税和城镇土地使用税政策的通知》,明确指出符合条件的体育场地可以减免税收。享受优惠政策的体育场地必须是向社会开放,用于满足公众体育活动需要的体育场馆,并且用于体育活动的天数不得低于全年自然天数的70%。同样的,在商务楼宇众多的黄浦区,若以"政府减税,楼宇出地"政策为导向,鼓励楼宇腾出部分空间作为专门的白领健身活动场所,以减免税收作为政府给予楼宇的红利,有利于形成政府与楼宇通力合作拓展健身场地的良好局面,对增加白领的健身空间、健身频率以及对黄浦未来体育场地的发展规划产生深远意义。

(八)高效利用楼宇闲置空间,从源头做好健身场地规划

首先,自2008年全球金融危机后,全球经济下行,由于持续的经济下行压力,造成黄浦区部分商务办公楼宇出现闲置空间,建议政府与楼宇合作,由政府配送器材,楼宇选择合适的闲置空间改造为临时楼宇百姓健身房。一是可以服务"15分钟步行半径"的人群;二是增加商务楼宇的配套服务内容,增加入驻率,提高租金水平。另外,对于正在规划建设的居民楼或办公楼,鼓励开发商增设健身空间,建议政府以保障开发商的商业利益为前提,不将健身场地的建筑面积纳入总建筑面积,不影响建筑容积率(容积率=地上总建筑面积/总用地面积),实现增加居民区或写字楼公共配套设施的目的,并提升楼盘的市场竞争力,实现双赢。

早在2014年黄浦区就开始实践楼宇百姓健身房,其中科技京城百姓健身房为楼宇百姓健身房的探索发展起到了示范作用。上海科技京城管理有限公司以高度的社会责任感,在黄金楼层免费腾出300多平方米的办公用房,按规范进行改造、装修,黄浦区体育局把该项目作为2014年的实事工程,为其配备

价值50多万元的30余件健身器材,并委托具有优良资质的上海星之健身俱乐部有限公司管理,规范运作,周一到周日对白领全天开放(开放时间:周一至周五11:00~21:00,双休日9:00~21:00),晚上和双休日还对社区居民开放,每天配有专业的驻场教练,随时为各位会员提供热情、耐心和专业的健身指导,还能为各位会员提供专业的、定期的体质测试,根据大家的需求每周二、四中午开设瑜伽课程,周五开设舞蹈课,丰富各位会员的运动种类,使各位会员更为积极地参加健身运动。运营方考虑到白领工作的流动性和社区群众的需求,推出年卡(365元)、半年卡(200元)和季卡(120元)三种形式,实惠的价格深受欢迎。截至2016年6月,上海科技京城白领健康俱乐部共吸引1 018名会员前来办理会员卡,共计服务约30 000人次,其中,服务科技京城东西两楼办公室白领超过800人。

(九)拓宽体育场地建设融资渠道

体育场地设施建设资金需要多方筹措,多渠道解决。体育场地建设资金应以政府投资为主体,充分发挥其他资本投向体育场地建设,并在财政、税收、金融和土地方面给予优惠政策。政府投资方向主要是将有限的资金更多地投入到社区的、公益性的体育场馆建设上,建设群众身边的体育场地。对于一些经济效益较强的体育场地,可采取欧美发达国家的PPP融资模式。PPP融资模式也称为"公私合营"融资模式,是指政府、营利性和非营利性企业基于某个项目而形成的相互合作关系的形式。在体育场地建设中,PPP融资模式降低了政府的财政负担,政府授予合作方一定期限的特许经营权,使合作方实现其经济效益最大化,获取投资回报,期限满后将场馆无偿移交给政府。

(十)引进先进理念,优化体育场地管理模式

体育场地要主动设计市民需要的产品,既包括公益型产品,也包括营利型产品。首先,对于公益型、百姓直接参与型的场馆产品,应通过政府购买公共服务的形式解决。例如,百姓健身房、健身苑点以及楼宇健身点的管理更适合外包给社会专业机构进行集团化管理。另外,对于营利型、观赏型的场馆产品,则由市场来消费。一是政府可以把已经建成的体育场馆的一定期限的经营权有偿移交给专门的场馆运营公司,投资方可在一定期限内通过运营管理获得回报。二是大型场馆的怪圈在于政府投资,政府运营,入不敷出,成为包

袱,最终导致恶性循环。要打破怪圈,应从源头治理,在筹建时期就应定位于企业化经营,挖掘最适合的融资模式,鼓励社会力量积极参与,把场馆的养护运营权放手交由社会资本去运作,通过政策引导和指标设定,吸引社会力量参与,最终卸掉政府的包袱,走出恶性循环的怪圈。

参考文献

[1] 陈翔,陈元欣.民生财政视角下公共体育场(馆)发展方式转变[J].体育科研,2012

[2] 陈元欣,徐文强,王健.我国公共体育场(馆)配套制度改革研究[J].体育科研,2009

[3] 方曙光,陈元欣.民营机构参与体育场(馆)市场化运营研究[J].天津体育学院学报,2012

[4] 湖北省体育局.湖北启动体育场(馆)运营管理改革试点3种改革路径[EB/OL]. http://gkml.hubei.gov.cn/auto5472/auto5502/201209/t20120919_398592.html.

[5] 江明融.公共服务均等化论略[J].中南财经政法大学学报,2006

[6] 李艳丽.我国大型体育场(馆)财务运营及对策研究[J].北京体育大学学报,2013

[7] 李艳丽.我国公共体育场(馆)分类改革与资产管理模式探析[C].第4届中国体育博士高层论坛论文摘要集,2012

[8] 刘波,邹玉玲."公共物品理论"视角下我国公共体育场(馆)民营化改革的思考[J].首都体育学院学报,2008

[9] 陆榕.借鉴西方公共资产管理经验加强我国非经营性国有资产管理[J].现代商贸工业,2007

[10] 莫童.国有资产管理与资本运营[M].上海:上海交通大学出版社,2008

[11] 任丽娟.举办体育赛事惠及民生的发展方向思考[J].西安体育学院学报,2012

[12] 谭英俊.中西公共服务市场化改革比较研究[J].商业研究,2012

[13] 王姝雯.美国政府对非营利组织的管理模式及其启示[J].辽宁行政学院学报,2012

[14] 徐文强,陈元欣,张洪武,等.我国公共体育场(馆)经营现状及管理体制改革研究[J].成都体育学院学报,2007

[15] 杨茜,邓春林,黄芳,等.体育场(馆)BOT融资中政府面临的风险及其防范[J].首都体育学院学报,2005

[16] 张静.体育公共服务系统的耗散结构特征及动力机制[J].首都体育学院学报,

2010

[17] 张瑞珙.国有资本经营预算性质与管理研究[D].成都:西南财经大学,2008

[18] 钟天朗,胡宁.我国公共体育场(馆)国有资产管理改革探析——以上海市为例[J].中国体育科技,2008

上海群众体育组织的多元化建设研究[*]

褚蝶花

一、前言

1995年6月,原国家体育运动委员会颁布的《全民健身计划纲要》,是20世纪末我国发展体育事业,尤其是促进全民健身运动广泛开展的纲领性文件。其中提出要充分发挥各群众体育组织和社会团体在开展群众性体育活动中的重要作用,使得群众体育成为各级政府尤其是体育主管部门提供公共服务职能的一项重要工作内容。群众体育是我国体育事业的基础,是我国社会主义精神文明建设的重要组成部分。推进全民健身,意味着能更为充分地释放群众体育的综合价值和多元功能。

党的十八大以来,习近平总书记对体育工作多次发表重要讲话、作出重要批示和指示。2016年8月,总书记在会见凯旋的第31届奥林匹克运动会中国体育代表团全体成员时说到,要充分认识体育对提高人民健康水平的积极意义,落实全民健身国家战略,普及全民健身运动,促进健康中国建设。习近平总书记在全国卫生与健康大会上发表重要讲话,强调"没有全民健康,就没有全面小康","要把人民健康放在优先发展的战略地位,加快推进健康中国建设"。以总书记的重要论述为指引,以总书记的关怀推动为动力,全民健身事业发展呈现出良好局面:全民健身组织网络日渐成熟,全国县及以上地区体育总会平均覆盖率达到72%,单项体育协会、行业体育协会及老年人、残疾人等体育协会数量有较大幅度增加。体育健身场地设施大幅增加,至2015年

---

[*] 本文作者单位:上海开放大学奉贤分校。立项编号:TYSKYJ2017016。

底,我国人均体育场地面积达到1.57平方米。50%以上的市(地)、县(区)建有全民健身活动中心,城市社区、农村行政村50%以上建有便捷、实用的体育健身设施。全民健身活动丰富多彩,各地结合当地传统特色和群众需求喜好,打造"一地一品""一区一品""一行一品",全民健身品牌活动日渐活跃,并且从乒乓球、羽毛球、游泳、跑步等传统项目向健步走、骑行、马拉松、户外运动等时尚新兴项目拓展。

随着2008年北京奥运会的成功召开,2012年伦敦奥运会我国体育健儿取得的境外参加奥运会最好成绩,北京携手张家口获得了2022年第二十四届冬季奥林匹克运动会的举办权,极大地调动了广大群众对体育的热情,《奥运争光计划》得到了有效的落实。2016年10月,中共中央政治局会议审议通过了《"健康中国2030"规划纲要》,习总书记再次强调要树立大健康观念,把人民健康放在优先发展的战略地位,积极倡导健康文明的生活方式,推动全民健身和全民健康深度融合。全民健康被提升为国家战略,公共体育服务体系建设速度加快,全民健身意识极大增强,组织网络日趋完善,活动形式呈多样化,勾勒出从全民健身到全民健康,进而实现全面小康的逻辑链条。由此可见,小康社会不仅是物质上的满足,还需要身体上和心理上的全面健康。让全民身体健康,可以通过全民健身的国家战略去落实。可以说,健康中国建设为新时期中国体育的发展开辟了更加广阔的空间,也对新时期开展群众体育工作提出了新的更高的要求。

在《上海市体育发展"十三五"规划》中提出:到2025年基本建成全球著名体育城市的奋斗目标。市委、市政府高度重视体育工作,上海的硬件建设和软件建设具备了由大向强转变的基础,根据第六次体育场地普查结果显示:全市共有体育场地38 600个,总场地面积4 155.69万平方米,人均体育场地面积1.72平方米。共建有健身苑(点)9 905个,社区公共运动场390处,农民体育健身工程1 033个,百姓健身步道317条,百姓健身房125个,百姓游泳池37个。经常参加体育锻炼的人数比例达到40.8%。区级体质监测中心实现全覆盖。无论是我国的人均体育场地1.57平方米、上海人均体育场地面积1.72平方米,还是到2025年的我们的人均场地面积目标2平方米,和美国、日本的人均体育场地面积15平方米相比,都有一定的差距。

2017年4月,国家体育总局局长苟仲文在国家体育总局全国群众体育工作电视电话会议上强调,要深入学习贯彻习近平总书记关于体育工作的重要论述,真正把群众体育摆到整个体育事业重中之重的位置,实施"六边"工程(即健全群众身边的体育健身组织、建设群众身边的体育健身设施、丰富群众身边的体育健身活动、支持群众身边的体育健身赛事、加强群众身边的体育健身指导、弘扬群众身边的体育健身文化)。由此可见,在实施全民健身国家战略的进程中,从完善全民健身公共服务体系的角度,就是要加强"六边"工程建设。

在国家体育总局提出的"六边"工程中,最为重要和紧迫的任务就是要加强群众身边体育组织的建设。群众体育组织,是群众开展体育健身活动的保障,是群众在健身过程中实现自我管理、自我约束、自我服务的团队和引领。可见群众体育组织在全民健身运动中的重要地位,只有夯实了群众身边体育组织,才能有效地发挥其他"五边"的作用。正是着眼于群众体育组织的重要作用,我们需要对上海群众体育组织的现状、作用和建设进行研究,尤其是在价值观念多元化、社会交往信息化的背景下,要与时俱进地构建适应时代和社会发展的群众体育组织,以引导群众由自发健身走向自觉健身,不断提高群众体育和全民健身运动水平。

本课题运用文献资料法、专家访谈法、问卷调查法和数理统计法,在借鉴经济发达国家群众体育实践经验的基础上,结合上海群众体育工作的实际,从建设服务型政府、增强群众体育组织自我管理能力的视角,梳理上海市已有的群众体育组织发展现状及存在的问题,并从完善群众体育组织建设的视角,探讨在经济新常态、全面建成小康社会和实施全民健身国家战略的背景下,如何完善群众体育组织的建设,以满足大众对体育健身组织的需求,为健康中国和全民健身国家战略奠定基础。

二、国内外群众体育组织发展现状

通过检索查阅社会学、体育学等与本研究相关的专著图书、期刊论文、报章资料等,其目的是对部分经济发达国家群众体育组织的历史和现状,了解和吸收前人的研究成果并不断拓宽自己的知识面,为本课题积累研究。通过专家访谈法和问卷调查法,了解我国和上海市群众健身组织发展现状及存在的问题,并分析其影响因素。

（一）相关概念

1. 组织

在管理学中,组织是指由两个或两个以上的个人为实现共同的目标组合而成的有机整体。组织的成员必须按照一定的方式相互合作,共同努力去实现既定的组织目标。根据组织的有无正式结构,可将组织分为正式组织和非正式组织,组织成员之间的关系没有明确的规定和阐明,成员之间的交往比较自由,只按照一定的行为规范进行的,叫非正式组织。

2. 群众体育

目前我国对群众体育的研究成果较多。《社会体育学》中对"群众体育"的定义为:群众体育是人民大众在闲暇时间自愿参加的,以健身、健美、医疗、消遣、娱乐和社交为目的的内容广泛、形式多样的体育活动。国家体育总局群体司将群众体育定义为以社会全体成员为对象,以增强体质、丰富余暇生活、调节社会情感为目的、形式多样的体育活动。所以,与竞技体育、学校体育等相比,群众体育具有广泛的群众性、明确的健身性、完全的业余性和充分的娱乐性等许多鲜明的特点。现代体育包括群众体育（社会体育）、学校体育、竞技体育和体育产业等四个部分。群众体育在本质上"是指广大群众在余暇时间中广泛开展的,以身体运动作为主要手段,以提高健康水平,进行娱乐消遣为主要目的",在身心健全发展的阶梯上不断超越自我,促进社会物质、精神文明进步的大规模社会实践。综合以上观点,本课题认为群众体育是指以社会群众为主要人群,通过身体运动为主要方式,休闲业余阶段为主要时间,以促进健康、娱乐身心、提高体质为主要目的,内容广泛、形式多样的体育活动。

3. 群众体育组织

目前,学界多数情况下将体育社会组织与群众体育组织交叉使用。体育社会组织是指体育社团（包括项目和人群协会）、体育民办非企业单位、体育基金会、自发性群众体育组织（包括健身活动站点、团队、网络组织等）等以发展群众体育为目的非营利性组织。在群众体育组织中既有正式的,也有非正式的,尤其在当今非营利性组织和政府管理变革的大背景下,体育协会、体育俱乐部、体育基金会等多种形态开展群众体育的组织活跃在世界体育舞台上。尽管这些组织形式有别,名称各异,但却有着一些共性。我国学者对这些组织的称谓有民间体育组织、群众体育组织、大众体育组织等,本文为了便于阐述,将国内这类组织统称为群众体育组织,对国外这类组织沿用"大众体育组织"。

本课题重点研究的是非正式的群众体育组织。

(二)国外大众体育组织的发展

部分经济发达国家的大众体育组织发展的过程,是自下而上的方式,由各种组织直接提供体育服务,自发覆盖到全社会。大量志趣相投的人们志愿组织起来的体育社团构成了大众体育的主要组织形式。

1. 国外体育组织的分类

国外体育组织的分类基本有以下几种:体育联盟(union)、体育联合会(federtion)、体育理事会(council)、体育委员会(committee)、体育协会(associatione)、体育基金会(foundation)、体育俱乐部(club)、草根体育组织(grassroots organization)。

在一般情况下,国外各级体育联合会和体育协会之间的关系是技术指导和业务合作的关系。所有组织和参与者之间是注册机构和注册会员之间的关系。俱乐部可以同时是单项体育协会、综合体育协会,体育联合会的会员,享有章程规章的权利,也承担着章程所规定的义务。各类体育组织的资金来源呈现多样化的特点,但主要还是依靠政府的资助和补助,还有其他一些途径,如公共机构的资助、个人或企业的捐赠、组织成员缴纳的会费等。

2. 部分国家大众体育组织的发展

美国的大众体育组织发展到20世纪中期,数量明显增多,相继成立了许多协会、俱乐部和联盟。体育俱乐部是其主要组织类型,其特点是通过体育社团成立的不同形式级别的俱乐部,参与业余或职业的,各个州、区、国家和国际赛事,作用强大,使美国体育得以很好的发展。美国在大众体育资金上投入巨大,尤其是重点扶持贫困地区和发展滞后地区。另外美国运动医学会对科学健身、高科技运动器械研发设有专门的科室。美国的社区体育组织是另一种重要的大众体育组织形式,一般由公园与休闲委员会负责,其管理有三个特点,即分工协作、层次管理、志愿服务、展现民族精神和娱乐休闲,丰富多彩。

英国的体育俱乐部是大众体育开展最基本最有效的组织形式,这种体育组织形式的数量庞大,俱乐部内成员数量较多。据资料显示,英国约有15.1万个体育俱乐部,英格兰就有960万名16岁以上的人是体育俱乐部会员,约占总人口的22%。英国体育俱乐部组织的类型多样,有单一项目、综合项目等俱乐部,其特点是一般没有自己的体育场地,大多是租借或免费试用学校、社区的体育设施,工作人员基本上是兼职和义务的,没有或只有极少报酬。体育俱乐部的经费来源是通过减免地方80%的强制性税收等一系列免税措施,确保每个人能够接触到社区体育场所与设施。节省的经费用于体育活动,全方位改善了业余体育俱乐部的设备设施。此外,英国各类体育组织在经过严格的业绩评估、管理评估和财务审查后,也可以获得政府或公共体育组织的资助和拨款。英国在大众体育管理上主要是权利下放,区域化权利运行比较明显,同时协调学校和社区,社区公园重点发现有培养天赋的运动员,有一条群众体育与竞技体育互通的渠道,英国中央政府与地方政府责任比较明确。

德国的大众体育很发达,大众健身活动开展非常普及。其主要体育组织形式是体育俱乐部,并且大多数体育俱乐部都是大众健身俱乐部,内部成员为大量普通会员。德国有1/3的人口是体育俱乐部的会员,另有1/3的人口经常在商业体育场所或自发地进行身体锻炼。其特点是以其合理的收费、众多的数量以及丰富多彩的运动项目吸引了大多数经常参加体育锻炼的民众加入进来,同时通过丰富多彩的活动增加会员的归属感和凝聚力。中等偏小的俱乐部有7~8名工作人员,其中兼职的2~3名,俱乐部最主要的经费来源是会员缴纳的会费和向少年儿童会员提供的训练班。政府和体育非营利性组织之间经常形成合作伙伴关系,政府向体育组织购买体育公共服务,体育组织从政府那里获得资金支持。

日本的大众体育组织类型主要是体育俱乐部形式,"综合型社区体育俱乐部"是以社区居民为主体的体育俱乐部形式,与社区紧密结合,便于居民利用身边就近的学校或公共设施开展日常体育活动。在体育俱乐部里精英作用凸显,商业化程度高,体育健身事业发展稳健。在1995年,文部省开始实施"综合型社区体育俱乐部"试点事业,对审批合格的俱乐部提供三年的经费补贴。

加拿大目前已经注册的社区体育组织共有3万多个,同时加拿大有110多种体育活动,体育项目多数是根据自身的资源、兴趣爱好等开展的。部分社区体育俱乐部有自己的规章和制度,但有些是自定的。因此决定了社区体育组织的目标多元化。由于有自己的运作方式和多年的经营经验,联邦政府和州政府的体育政策很难在社区体育组织中实施和推广。

从以上五个经济发达国家的大众体育组织建设情况来看,无论是组织模式、运行和内容,还是经费来源,主要是结合本国的经济发展和大众体育健身需求而各具特色,但在总体上表现为业余性和自我发展的特点。

(三) 我国群众体育组织的发展

通过查阅我国群众体育发展方面的文献资料,综合来看,自新中国建立以来,我国的群众体育组织建设一直是群众体育工作的重点,经历了以下的发展阶段,也呈现出一定的特点。

1. 起步阶段(1949~1957年)

以政府主导为主的群众体育组织建设,数量较多,类型多样,群众体育活动活跃,城乡普遍掀起"体育热"。新中国建立之初,我国确立了发展社会主义新体育,普及群众性体育活动,致力于改善和提高人民的体质和健康水平。1949年中国人民政治协商会议共同纲领明文规定:"提倡国民体育。"1952年,毛泽东主席为《新体育》杂志提写了刊名。在"发展体育运动,增强人民体质"的鼓舞下,全国上下在人民群众中推行广播操、工间操、劳卫制等群众体育活动形式,定期举办全国的工人、农民、少数民族、残疾人和大学生等运动会,同时由于受到当时国情的制约,场地有限,体育设施不够,各级政府从实际出发,主导并组织运动竞赛以推动群众性体育活动的开展。1954年,中华全国总工会和原国家体委制定的《关于开展职工体育运动暂行办法纲要》,对职工体育运动的组织建设、宣传教育、运动竞赛、场地设备的修建、管理与利用、经费和奖励等均做出了明确规定。

2. 前进阶段(1958~1965年)

政府依然主导群众体育组织建设,但已经建立起来的各级体育协会与政府形成合力,推进群众体育组织建设和引导群众开展体育锻炼。由于当时的"大跃进"等全国性运动,在破除迷信、解放思想的号召下,体育工作出现了追求轰轰烈烈、忽视扎扎实实作风的局面,脱离实际,违背客观规律,挫伤了群众运动的积极性。工人、农民、解放军和广大师生被政府体育主管部门和各类体育协会要求踊跃参加锻炼,力争"满堂红",使得各类群众性体育组织如雨后春笋般建立起来,各级各类体育协会和群众性体育组织百花齐放。但"三年自然灾害"后,大部分群众体育活动暂停,不少体育协会又自行消失。

3. 挫折阶段(1966~1976年)

政府和社会组建的群众体育组织,活动异常活跃,但缺乏组织性,内容意义单一。"文化大革命"的十年,在极"左"路线的影响下,已形成的"工间操""广播操""生产操"和武术等体育活动停止了,农村开展的一些民间传统体育活动也被"破四旧",群众体育组织遭到严重的破坏。但1969年之后我国部分地区的群众体育又变得异常活跃,因为在当时各种社会文化枯燥,人们精神世界缺少正确的引导,而体育由于其自身的特点,满足了人们的社会文化需要。

4. 恢复阶段(1977～1991年)

群众体育组织的数量多、类型丰富,极大地推进了我国群众体育事业的发展,但还没有完全脱离原来计划经济的大框架。党的十一届三中全会后,在拨乱反正、解放思想、实事求是、改革开放的思想路线指引下,群众体育工作进入了一个新的发展时期。1979年,国家体育提出了《关于进一步加强群众体育工作的意见》,制定了新形势下开展群众体育工作的方针,从城市开始,群众体育组织迅速恢复,各行业体协、高校体协、机关体协纷纷恢复,依托"文化活动中心"、"活动站"和"青年之家"等,群众体育获得了较快的发展。这一时期内,出现了正式的和非正式的群众体育组织。尤其是有官方背景的群众体育组织大量出现,从中央到地方,各级政府体育部门纷纷建立由政府牵头的体育社团,一些离退休干部也不甘寂寞,抱着从事公益体育的目的加入到体育社团的创建中来。

5. 深化阶段(1992年至今)

以社会力量为主建立的群众体育组织类型多样,形式灵活,规模大小不一,活动内容丰富多彩。随着1993年《关于深化体育改革的意见》的发布,提出体育行政部门要转变职能,将大量事务性工作交给事业单位和社会团体。在此期间,原国家体委在前期试点的基础上,开始了体育协会实体化改革。体育社团的数量和类型大量增加,特别是社区草根体育组织众多。部分地方群众体育组织自我造血功能增强,在市场中取得了生存发展的活力,各种形式的体育类民办非企业单位迅速发展。1995年6月,《全民健身计划纲要》文件法规的出台,在全国范围内开展全民健身系列活动,加强特色体育城市建设,不断满足居民日益增长的体育锻炼需求,初步建立了全民健身公共服务体系。2014年出台的《关于加快发展体育产业促进体育消费的若干意见》中,将全民健身上升为国家战略,各省区市加大宣传,积极增建公共体育健身设施,完善体育健身组织建设。尤其是2016年发布了《"健康中国2030"规划纲要》和《体育发展"十三五"规划》,各省区市开展了形式多样的综合型群众体育运动会、大型群体展示表演活动、城市马拉松等群众性体育健身活动,各类群众体育组织能够在短时间内扩大社会影响,拥有政府作为强大后盾和充足的体育资源,得到雄厚财政资金支持,也增强了群众体育组织的自我发展能力。以个人爱好自发成立的太极拳等民间体育社团、以网络平台自发建立的"跑团"等群众体育组织形式,成为正式群众体育组织的有益补充。同时,随着社会老龄化程度的日渐加深,老年人体育协会应运而生,这些协会虽然没有专业化背景,但是独立性较强,有效地促进了老年体育健身活动的开展。

从以上五个阶段来看,我国群众体育组织的发展,从刚开始的由政府主导,经历了政府主导和社会自发到现在的社会自发组织为主的过程,从不成熟到日趋完善,已经取得了很大的进步。但是随着经济社会的发展、人们日益增长的体育需求和健康意识的不断提高及社会发展的不断变化,仅仅依靠政府力量去满足人民群众日益增长的体育需求,将是杯水车薪。因此,需要加大社会、市场等力量的引入力度,各种类型的群众体育组织既是群众性体育互动的组织者与发动者,同时还是多元化体育服务的生产者与提供者,它们的相互渗透、相互影响,可以为人们提供各种体育服务。

党的十八大提出要"加快形成政社分开、权责明确、依法自治的现代社会组织体制",十八届二中全会进一步明确,要"改革社会组织管理制度,处理好政府和社会的关系",这些都为群众体育组织突破困境、实现发展提供了良好的氛围,创造了难得的历史机遇。群众体育组织应积极回应公众体育需求,根据居民的需求来进行服务内容的设置与调整,提高公共体育服务能力,从而赢得政府和社会的认同与支持,赢得生存与发展的空间。

三、上海群众体育组织的现状

为了详细了解上海群众体育组织发展现状,本课题分三部分进行调查。第一,针对群众体育组织成员进行调查,了解体育组织成员现状,从群众体育组织供给关系解读现状。第二,对群众体育组织发展本身进行数据调查,从根本解读上海群众体育组织发展现状。第三,通过网络调查,分析整个上海群众体育组织建设情况。

"十二五"时期,上海大力开展全民健身,完善全民健身公共服务新体系,《2015上海市全民健身发展公告》显示:2014年上海全民健身总体发展情况令人满意,"健身环境""运动参与"和"体质健康"三个分项指数的差异缩小,区县发展指数的差距逐年缩小,市民满意度较高;市民参与体育健身呈现出需求多样化、运动项目专项化和参与形式团队化的发展特征,体育健身团队增长迅速,市民体质状况继续保持良好水平。"十二五"期间,全面推进"全民健身

365",创新全民健身赛会制度,创办市民运动会和市民体育大联赛。但是,上海群众体育组织,无论在数量还是质量上,都与蓬勃开展的群众体育和全民健身运动水平不相匹配,还存在着一些亟待解决的问题。

本研究运用随机抽样的方法,通过对上海徐汇区、普陀区、奉贤区和宝山区参加晨练和晚练的220位自主参加体育健身活动市民的问卷调查、统计,对相关问项得出以下统计结果。

(一)组织成员参加组织活动的时间分布不均

群众体育组织是群众参与体育健身的团队,对组织成员具有一定的向心力。那么,组织成员参加群众体育组织活动的时间如何呢?通过对200份有效问卷的统计,有77人固定自己参加组织活动的时间,81人只在周末或节假日参加组织活动,23人要根据自己的心情,另有19人并不规律地参加组织活动(图1)。

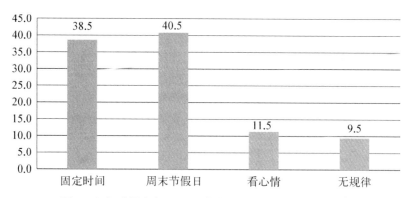

图1 组织成员参加组织活动的时间分类占比(单位:%)

从图1可以看出,组织成员参加体育锻炼的时间,固定时间和节假日参加者占大多数。

(二)成员加入群众体育组织的目的性各有不同

在回答"您加入群众体育组织的目的"这一多选问项时,有130人次选择"为了强身健体",有116人次选择"为了丰富生活提高自身修养",有67人次选择"为了扩大社会交往",再就是有55人次选择"为了美容减肥",另有21人次选择"其他"的理由(图2)。

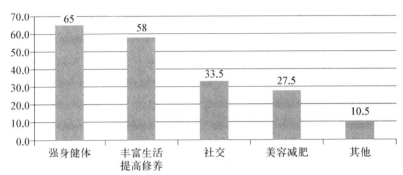

图 2 组织成员加入群众体育组织的目的(多选)分类占比(单位:%)

由图 2 可以看出,选择强身健体、丰富生活提高修养、社交等目的是会员加入群众体育组织的主要选项。

(三) 组织成员文化程度差异较大

加入群众体育组织的城市居民,在学历层次上也有较大的差异。虽然他们的文化程度不同,但是他们对参加体育健身活动的向往都比较强烈。通过对 200 份有效问卷的统计,参加群众体育组织的成员中,高中或中专学历的有 91 人,本科或大专学历的有 81 人,研究生及以上学历的有 22 人,而小学和初中学历的仅有 1 人和 5 人(图 3)。

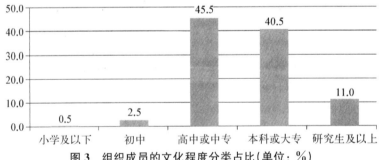

图 3 组织成员的文化程度分类占比(单位:%)

由图 3 可以看出,高中或中专、本科或大专这四类是群众体育组织成员的主要文化结构。

(四) 组织经费不足、专业人士少、难以保证群众体育质量

在"政社分离"的宏观背景下,我国的群众体育组织正在与政府相关部门

脱钩。先前依赖政府拨款的运行模式已经发生了根本性的改变。针对群众体育组织运行经费来源的多选问项,127人次回答的是"会员缴费",67人次认为是获得了"社会捐助",而认为是"个人资助"和"政府资助"的都是31人次,仅有17人次回答是"其他"来源(图4)。

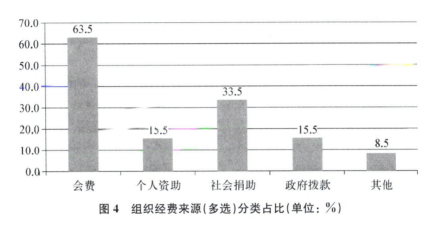

图4　组织经费来源(多选)分类占比(单位:%)

体育经费是发展体育组织的财力保证,也是保证群众体育活动的重要前提之一。从图4可以看出,个人、社会和政府中不同的资金支持是群众体育组织正常运行的重要保障。全社会都在动员力量参与到其中。

群众体育组织管理者在组织中发挥着重要的作用,其是否具有专业背景,关乎整个组织运行是否高效。从图5可以看出,组织管理者中非体育人士几乎占一半(96人),而专业体育人士少之又少(16人)。这就对培养专业的群众体育组织管理者提出了迫切需求。

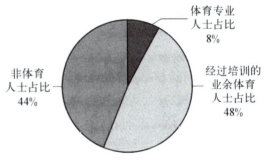

图5　组织的管理者专业性情况

四、适应新时代的群众体育组织多元化建设

党的十九大宣告中国特色社会主义进入了新时代,是决胜全面建成小康社会、进而全面建设社会主义现代化强国的时代,是全国各族人民团结奋斗、

不断创造美好生活、逐步实现全体人民共同富裕的时代,是全体中华儿女奋力实现中华民族伟大复兴中国梦的时代,是我国日益走近世界舞台中央的时代。中国社会主要矛盾已经由"人民日益增长的物质文化需要同落后的社会生产之间的矛盾"转化为"人民日益增长的美好生活需要和不平衡不充分的发展之间的矛盾"。同时,习近平总书记在党的十九大报告中提出新时代体育发展目标:"广泛开展全民健身活动,加快推进体育强国建设,筹办好北京冬奥会、冬残奥会。"这也描绘出建设体育强国的宏伟蓝图。

习近平总书记指出:没有全民健康,就没有全面小康。要把人民健康放在优先发展的战略地位,以普及健康生活、优化健康服务、完善健康保障、建设健康环境、发展健康产业为重点,加快推进健康中国建设。全民健身是全体人民增强体魄、健康生活的基础和保障,人民身体健康是全面建成小康社会的重要内涵,是每一个人成长和实现幸福生活的重要基础。"要以人民健康为中心,推动全民健身与全民健康深度融合","通过全民健身实现全民健康,进而实现全面小康"。但是,我国的全民健身运动的开展,还存在着区域、城乡发展不平衡,群众体育与竞技体育发展不平衡,场地设施利用率不高和供给不足的不平衡,体育社会组织发展不足等各类不平衡不充分的问题。这就需要我们不断健全群众身边的健身组织、建设群众身边的健身设施、组织群众身边的健身活动、举办群众身边的健身赛事、提供群众身边的健身指导、讲好群众身边的健身故事,促进全民健身活动的平衡与充分开展。

现阶段,在决胜全面建成小康社会的时期,广泛开展全民健身活动的首要问题是解决群众体育组织发展不平衡和不充分的问题。因此,在已有的群众体育组织的基础上,围绕广大市民的需要,建设多元化的群众体育组织,满足人民群众对群众体育组织的向往和需要。

(一)单项协会类型的群众体育组织建设

单项协会类型的群众体育组织由运动项目的爱好者以及关心支持运动项目发展的社会各界人士自愿组成,自主管理,为实现会员共同意愿,有计划地组织起来的按照其章程开展活动的非营利性的群众社会组织。因为体育单项运动协会在我国体育管理体系中具有基础性的地位,其组织建设状况,直接影响我国体育事业发展。体育单项运动协会的组织建设主要体现在:正规赛事的举办、各单项体育协会间交流以及相关体育服务的提供。其中,赛事范围主要集中在国家级、省级,尤其是市级的各类群众性体育比赛。体育服务主要是培训、咨询和指导(表2)。

表2 单项协会类型的群众体育组织建设

建 设 类 型	单项协会类型
经费来源	以政府拨款为主
组织主体	运动项目的爱好者以及关心支持运动项目发展的社会各界人士
组织特点	1. 官民二重性:"官"性,必须服从各级体育局的业务主管,即业务展开受限制;"民"性,本身具有一般体育社团的组织性、非营利性、自治性、志愿性、民间性等特点 2. 唯一性:一个区域内,一种性质相同或相似的体育项目,只能有一个该项目体育协会;且成立要经过各级人民政府民政部门的核准同意,并依法登记建立 3. 严格性:必须按照章程开展活动,业务展开受各级体育局的限制
组织建设	正规赛事的举办、各单项体育协会间交流以及相关体育服务的提供。其中,赛事范围主要集中在国家级、省级,尤其是市级的比赛。体育服务主要是培训、咨询和指导

(二) 社会体育指导员类型的群众体育组织建设

社会指导员类型的群众体育组织是指社区内为推进群众体育建设,推广健康体育,宣教运动技能者的群众体育组织。社区指导员通过在群众健身活动过程中传授运动技能和健身方法,意在使社区群众体育健身中可以做到正确健身、合理健身,提高运动技能,增加身心健康,提高社区人民生活质量。因社会体育指导员的服务项目多,服务面广,与社区健身设施、群众体育法制体育利并称为群众体育的三大支柱(表3)。

表3 社会体育指导员类型的群众体育组织建设

建 设 类 型	社会体育指导员类型
经费来源	以政府拨款为主
组织主体	政府组织培训,社区群众、学校教职工、体育系统人员等各界人士均参加

续 表

建 设 类 型	社会体育指导员类型
组织特点	1. 级别特性:社会体育指导员有三级、二级、一级和国家级之分。每次晋级均需参加考核培训。每次培训且考试合格后,方能成为社会指导员 2. 公益性:义务为社区内群众传授运动技能和健身方法
主要活动	在辖区内开展各种公益性运动技巧传授,各种项目的正确锻炼方法宣讲等

(三)民间类型的群众体育组织建设

民间类型的群众体育组织是相对国家部门、私人部门而言的另一个非政府、非营利性的体育社团。该组织以创办、管理辖区内各种相关体育活动而建立起来的一种地域性自主性体育组织。相对其他类型的群众体育组织而言,该组织成立简单,只要是某类人具有相同的体育爱好和共同的健身兴趣,具备相近的意愿和需求,便可形成民间类型的群众体育组织。民间类型的体育组织运行起来没有固定限制,其会费既可以来自会费,如发展性体育俱乐部;也可以来自政府协助,如由街道办或者居委会协助的小区体协会;还可以来自个人资助或者无会费,如晨晚锻炼的居民志愿性体育组织(表4)。

表4 民间类型的群众体育组织建设

建 设 类 型	民 间 类 型
经费来源	经费来源自由,可有可无,可以来自社会捐款,也可来自个人资助
组织主体	某类人具有相同的体育爱好和共同的健身兴趣,具备相近的意愿和需求的运动爱好者
组织特点	自由性:无章程要求,无会费要求,无活动形式要求
主要活动	可开展正式和非正式活动。如:社区内晨晚练性质健身活动,节假日组织公益性健身活动,组织活动比赛等。活动目的:针对组织内部成员,逐步加强社团的实力,增强成员凝聚力;针对组织外部成员,从体育社团所体现出来的核心价值观来影响外部的相关人员。在组织活动中,不仅要照顾组织成员的利益,而且要使自己与外部相关人员共同感受到组织互益的影响力

（四）联盟类型的群众体育组织建设

体育联盟是指由多个体育俱乐部或者其他群众体育组织组成，通过一系列制度安排来促进俱乐部之间竞争实力均衡，以实现整体效益最大化目标的经济组织。体育联盟根据准入制度可分两种形式：一种是封闭式准入联盟，即联盟成员固定，不可更改；一种是开放式准入制度，升降级，联盟成员可以更改。体育联盟类型组织与其他群众体育组织不同，它既可以是营利性的也可以是非营利性的，如各种民间类型的群众体育组织的联盟为非营利性的；但是由独立体育俱乐部组成的联盟类型则是以营利为目的的经济组织。随着联盟类型群众体育建设发展，联盟类型体育组织多以职业体育联盟趋势发展。职业体育联盟是指各俱乐部为了在市场条件下获得更大利润，避免相互之间的恶性竞争，通过合作成立的体育赛事组织。联盟类型组织要贯彻执行关于该体育比赛的规章，以提高体育比赛的完整性和联盟的普及流行程度，并增进联盟内成员的收益（表5）。

表5 联盟类型的群众体育组织建设

建设类型	联盟类型
经费来源	开展业务活动、广告创收和社会商业赞助
组织主体	多个体育俱乐部或者其他群众体育组织组联合组成
组织特点	1. 营利性：通过举行比赛，获得收益 2. 组织性：大型联盟，具有组织性，有章程可循，各种活动须遵循联盟章程规定
主要活动	提高联盟知名度和活动正规度，联合大型专业的体育社团参与比赛，保证体育比赛的完整性和联盟的普及流行程度，以此增加广告收入，获得效益

（五）俱乐部类型的群众体育组织建设

俱乐部运营模式分为纯公益性、半公益性和商业性三种。

纯公益性俱乐部由政府和各地体育局共同投资，为社区居民提供基本的健身服务，收取一定的会费，用于设备及场馆的维护等，而会费的收费标准由政府管理部门根据居民的经济承受能力来制定。

半公益性运营模式，这类社区体育俱乐部是多种经济成分并存，其中私人经营是主体,服务档次高,项目多,经营主要是根据市场进行运作。收费标准主要是根据市场需求,由俱乐部自己决定。因此,收费比纯公益性的体育俱乐部高很多。其部分公益性体现在政府组织群众性体育活动时,可以免费使用其场地及其器材。

商业性运营体育俱乐部纯粹是一个自主经营、自负盈亏的企业,完全根据市场进行运作,以追求利润的最大化为目的。服务的档次比较高,会员会费比较高,大部分拥有完善的软硬件设施和严格的管理。当商业性运营俱乐部向高精尖方向发展,其组织负责人员专业化程度越高,运动设施越优良,环境越优雅,服务越到位,该类俱乐部就发展为精英类型的群众体育组织。当然,精英类型群众体育组织成员的会费也会很高(表7)。

表7 俱乐部类型的群众体育组织建设

建设类型	俱乐部类型
经费来源	以会费为主
组织主体	商业人士为主
组织特点	1. 类型多:有公益性、半公益性和商业性三种 2. 有组织性:内部活动建设依照章程 3. 档次高,服务好 4. 专业性强:专业教练多,可针对不同目的人员提供有建设性的锻炼计划
组织建设	1. 项目建设:根据会员建设目的不同,设置多种项目。如,胸肌锻炼项目、腹肌锻炼项目、完美体形项目及基本健身项目等 2. 档次多元化:提供多种会费档次供不同阶层人员选择。如,健身小组档次、私人配置档次 3. 服务周到:提供咨询、售后等服务

五、结束语

众所周知,群众体育是我国体育事业最为基础的一个部分,是我国社会主义精神文明建设的重要组成部分。加强群众体育组织多元化建设,对于健康中国和全民健身国家战略具有非常重要的现实意义。在广泛开展全民健身活动的过程中,要准确定位上海群众体育组织建设坐标,站在中国特色社会主义新时代的新起点,在群众体育组织建设与发展已有成绩和经验的基础上,以人民群众的需求为导向,以一切为了有利于人民群众的体育健身为中心,整合各类资源,强化群众体育组织建设,促进群众体育组织的多元化发展,破解发展不平衡不充分的难题,实现上海群众体育工作的新跨越、新突破。

参考文献

[1] 夏成前.构建江苏省城市社区多元化体育服务体系的研究[D].南京:南京师范大学,2004.
[2] 刘苹,罗宇锋.论体育单项协会协调管理中的信任与合作[J].安徽体育科技,2006
[3] 赵巍,闫洪刚,毛立源.群众性体育社团组织的现状分析[J].河北体育学院学报,2006
[4] 刘欣然,王广荣,郑世伟.对第三部门在构建群众性多元化体育服务体系作用的思考[J].首都体育学院学报,2006
[5] 周绪栋.对济南市社区体育多元化的分析与研究[D].成都:西南交通大学,2008
[6] 高茂章.河南省城市基层群众体育社团管理体制及运行机制的调查研究[J].武汉体育学院学报,2008
[7] 吴清国.北京市海淀区体育社团组织现状调查与研究[D].北京:北京体育大学,2009
[8] 刘明生.公共服务背景下城市社会体育组织发展模式研究[D].上海:上海体育学院,2010
[9] 黄玉珍.社会阶层分化与多元化群众体育服务体系研究[D].长沙:湖南师范大学,2010
[10] 张云.北京市基层社区体育服务信息化研究[D].北京:北京体育大学,2011
[11] 孙吉.城市社区群众体育管理研究[D].南宁:广西大学,2012
[12] 褚蝶花.上海市群众体育组织模式创新研究[J].体育时空,2014
[13] 沈丽玲.近代江苏省城市体育社团的发展演变(1895～1937)[D].福州:福建师范大学,2014
[14] 王春雷,杨建丰.河北省群众体育社团发展现状、面临问题与解决路径[J].邢台学院学报,2017

创新社会治理背景下上海社区体育健身俱乐部发展研究[*]

祝 良

"创新社会治理"是我国当前乃至今后长期面临的社会环境,国家的创新改革与持续发展都将在此社会背景下展开,各地方在国家政策要求下积极探索区域的改革方案和发展蓝图。2015年1月5日,上海市委"一号课题"重要成果"1+6"文件发布,"1"是《中共上海市委上海市政府关于进一步创新社会治理加强基层建设的意见》;"6"是涉及街道体制改革、居民区治理体系完善、村级治理体系完善、网格化管理、社会力量参与、社区工作者的6个配套文件。聚焦社区共治、培育区域型组织成为上海落实与推进创新社会治理实践的重点所在。

2004年,国家体育总局发起创建国家级社区体育健身俱乐部试点工作。创建工作期间,全国共建有236家国家级社区体育健身俱乐部,创建国家级社区体育健身俱乐部试点工作为城市社区体育的发展奠定了基础,推进了"三边工程"建设,成为全民健身和社区体育组织建设的一项重要内容。但是由于当时对俱乐部定位不够清晰,加上条件还不具备、不成熟,因此社区体育健身俱乐部创建工作处于停滞状态。在这一情况下,上海不断摸索并坚持社区体育健身俱乐部创建工作,通过近十年发展,上海社区体育健身俱乐部成为推动社区体育发展的社会组织载体,在社区体育创新实践中发挥重要作用。

截至2016年12月,上海已成立157家社区体育健身俱乐部,街镇覆盖率超过了70%。在这一过程中,上海已经积累了诸多宝贵经验。本课题通过集

---

* 本文作者单位:上海体育学院。立项编号:TYSKYJ2017022。

体访谈和个人深入访谈的方法,对上海160多个社区体育健身俱乐部进行调研,在此基础上挖掘整理和总结提炼经验与问题。与此同时在创新社会治理背景下,对上海社区体育健身俱乐部的未来方向进行深度思考,对于上海以及其他省市社区体育健身俱乐部的建设和发展均具有现实的参考价值和时代意义。

一、创新社会治理与社区体育健身俱乐部创新

(一) 社会治理的创新点与推进

1. 社会治理的创新点

(1) 参与主体创新。传统社会管理又可称为行政管理,而社会治理创新就是要改政府单一主体为社会多元主体,即通过社会参与,凝练共识,更好地解决社会问题,实现社会公共利益的最大化。那么这个多元主体是谁,如何参与到社会治理过程中去,则需要通过创新来解决。

(2) 治理方式创新。行政多采用硬性(如强制)管控方式,容易引起社会不满,甚至产生矛盾。而社会治理创新就是要改变行政管控方式为社会调和方式,即通过民主协商和多方调节,达到和平解决问题的目的。但是这个治理协商如何进行,调节不成功又该怎么办,则需要通过创新来实现。

(3) 治理过程创新。行政管理讲求效率,重视结果,容易急功近利。而社会治理创新就是要改变追求尽快出结果的管理为追求平稳发展过程的治理。那么如何使得这一过程更加公平正义,如何促使矛盾各方通过沟通互动解决问题,则需要通过创新来实现。

2. 社会治理创新的推进

(1) 从治理含义分析社会治理创新的推进。治理指的是在特定范围内行使权威。即在众多不同利益共同发挥作用的领域建立一致或取得认同,以便实施某项计划。社会治理中的特定范围主要指社会生活领域,所谓行使权威主要指用人们信服的方式解决问题,即非强制的、取得共识的、公平正义的解决问题。因此,由管理向治理的转变,应该由新的组织去推行比较合适,即由社会组织作为推手去创新社会治理。

(2) 从治理形式分析社会治理创新的推进。创新社会治理主要通过自治与共治两种形式推进。自治包括社区自治和基层组织自治,共治包括公共服

务共治和社会管理共治。这两种形式都离不开社会组织,社会组织既是公共服务的承接者,也是社会管理的参与者,是除了政府和市场之外的第三方力量。因此在创新自治和共治的过程中,社区成为重要依托,社会组织成为重要推手。

(3) 从治理方法分析社会治理创新的推进。社会治理的方法注重调和,不能试图用某种强力乃至蛮力去"支配"社会,它是一种柔性管理方式,是相对于行政管理而言的,需要的是一种高超的"治理艺术"。社会组织的民间性、自发性等决定了其具有亲民性,也相对容易融入民众中间。因此,能够更好地运用此方法进行社会治理的必然是社会组织。将民间组织作为推手,用调和的方式解决民间矛盾与问题,是社会治理方法的创新。

(二) 社会治理创新与社区体育社会组织创新

1. 自治模式与社区体育社会组织创新

(1) 社区体育自治与社区体育社会组织创新。社区体育自治主要体现居民在社区体育中的主导性。过去一般由街道办事处或居委会代表居民,或者由社会体育组织代表居民开展社区体育。其代表性如何,颇有争议。社区体育改革就是要变他治为自治,可以通过成立居民体育代表类的组织等形式,由居民自己决定如何开展社区体育。

(2) 基层体育组织自治与社区体育社会组织创新。基层体育组织自治主要体现社区体育组织在社区体育中的自主性。过去社区体育组织多依附社区行政开展活动,其自主性明显不足。社区体育组织改革就是要变依附为独立,保障各级各类社区体育组织的地位及权益,促进其独立自主开展各项社区体育活动。

2. 共治模式与社区体育社会组织创新

(1) 社区体育管理共治与社区体育社会组织创新。社区体育管理共治主要体现既有齐抓共管又有分层分工合作治理模式。过去社区体育管理由行政机构单独进行,存在管不过来、管不了等问题,采用共治模式就是让居民与社区体育组织共同参与社区体育管理。按照以居民为核心的理念,居民代表主要负责对社区体育管理提出要求和评价。社区行政提供政策和资源支持以及对社区体育管理进行监督。参与社区体育管理的社区体育组织则需要对自身改造,创新社区体育治理能力,完成由活动性体育组织向服务性体育组织的转变。

(2) 社区体育公共服务共治与社区体育社会组织创新。社区体育公共服务共治主要体现为社区行政机构通过购买服务的方式把社区体育公共服务交给社区体育服务组织进行实施,而确定社区体育公共服务清单和服务质量的是社区居民。过去由于社区资源有限,社区体育公共服务质量难以保证。采用公开招标方式,社区内外的服务组织都可应标,增加了竞争性,进而促进服务质量的提高。社区体育服务组织必须通过创新提升其服务能力,完成由业余性体育组织向专业性体育服务组织的转移。

二、上海社区体育健身俱乐部的实践路径与问题诊断

(一) 上海社区体育健身俱乐部的实践路径

1. 以两个工作组为依托创建俱乐部

上海在创立社区体育健身俱乐部之初,受到政府的高度重视和支持。一方面,在政策和资金上给予保障,另一方面,委托专家组和中心组(相关人员组成的工作小组),协助社区体育健身俱乐部的创建试点工作。

在2005年和2006年两年中,上海市体育局委托社区体育健身俱乐部试点工作专家组和中心组,分别进行第一批国家级社区体育健身俱乐部创建评估和年终评估,总共组织了四次评估。评估工作由专家组和中心组负责牵头,邀请区县体育局分管干部、试点俱乐部代表参加,分成若干个评估小组,分别深入当时的13个试点俱乐部逐一进行现场评估。评估工作采取各俱乐部自评与专家组评估相结合的方式进行。专家组通过听取俱乐部工作汇报、查看俱乐部工作档案、考察俱乐部场地设施、对俱乐部负责人进行工作访谈、进行评估小结等五个步骤实施评估工作。对完成考评目标的俱乐部及时下拨扶持经费并予一定奖励;对没有达到评估目标的或工作没有实质性进展的俱乐部进行重点督促指导。

通过专家组和中心组的评估工作,既促进了试点俱乐部的建设和发展,也为之后一批又一批俱乐部的创建奠定了基础。目前,上海已经完成了9批市级社区体育健身俱乐部的建设工作。截至2016年12月31日,加上国家级社区体育健身俱乐部14家,上海已成立164家社区体育健身俱乐部(图1),具有法人资质,街镇覆盖率超过了76%。

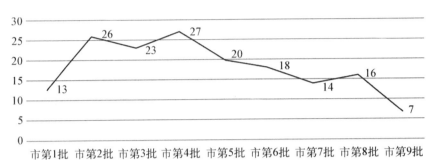

图 1 上海社区体育健身俱乐部创建情况(单位：家)

自 2004 年起至今,上海社区体育健身俱乐部的发展历经了 14 年。可将社区体育健身俱乐部的发展历程分为三个阶段：2004 年为创建国家级社区体育健身俱乐部阶段；2009 年上海拉开了其市级社区体育健身俱乐部的创建序幕；2014 年上海市社区体育协会成立,迎来了社区体育健身俱乐部发展的新局面。

2. 以街道(镇)为单位建立俱乐部

上海是两级政府三级管理体制,街道(镇)作为区(县)政府派出机构具有资源整合的优势,因此与其他城市社区体育健身俱乐部的区域定位不同(大部分城市建立在社区居委会层面),当时上海采取的方式是一个街道(或者一个镇)建设一个社区体育健身俱乐部。另外,随着一些工业园区的陆续建成,逐渐形成有人气有活力的"工业—生活圈",在此工作和生活的人同样需要体育健身,针对工业园区(行政上相当于街道)这一特殊区域也相应地建立了社区体育健身俱乐部。

2005 年初,上海市体育局下发了沪体群〔2005〕32 号文件,根据国家体育总局创建国家级社区体育健身俱乐部的要求明确了上海社区体育健身俱乐部试点工作的具体办法。2006 年,沪体群〔2006〕298 号文件《上海市社区体育健身俱乐部评估标准(试行)》发布,建立了科学的社区体育健身俱乐部评估机制,推动了社区体育健身俱乐部的规范性管理。2007 年,《上海市体育发展"十一五"规划》则提出,上海到 2010 年将建成 100 个街道(乡镇)群众性体育俱乐部(协会)。2008 年以后,国家体育总局关于创建国家级社区体育健身俱乐部工作暂停,上海依然按照原有的要求,继续探索创新,持续俱乐部创建工作。2012 年,《上海市体育发展"十二五"规划》提出,建立社区体育健身俱乐部协会,壮大社区体育健身俱乐部组织。

上海从最初的2家发展到至今已有164家社区体育健身俱乐部,社区体育健身俱乐部的内涵不断得到深化,职能不断得到拓宽,即它不仅仅承担着一个社区健身房的运行和管理,而且还承担着更多的社区体育服务工作。目前,上海社区体育健身俱乐部能够承担的职能包括社区公共体育设施管理和维护、社区学校场地向社会开放协调管理、社区健身团队的组织和管理、社区体育展示和赛事的举办、社区社会体育指导员的培育、社区市民体质监测数据的采集及社区公共体育配送服务等。

3. 以社区体育协会为枢纽服务俱乐部

一方面,随着经济社会的不断发展,社区居民的体育健身需求日益增长,且呈现个性化和多元化趋势。另一方面,随着社区体育健身俱乐部的职责拓展、工作内容增加,对政府的依赖逐渐增大,政府的管理工作也须增加,为了更好地转变政府职能,实行政社分开,管办分离,加强体育社会组织自治、自律,作为社区体育健身俱乐部联合体——上海市社区体育协会于2014年10月成立。市社区体育协会承接了政府职能部门对社区体育健身俱乐部的行业管理工作,从社区体育的专业角度加强俱乐部准入、运行和评估的规范化、制度化和标准化;协调社区体育事务,承接政府公共体育服务项目;组织社区俱乐部之间的交流和比赛活动;开展社区体育宣传,加强社区体育健身俱乐部培训工作;研究社区体育健身俱乐部发展中存在的理论和实践问题,促进社区体育健身俱乐部健康发展,发挥上海社区体育健身俱乐部的整体效应。

上海市社区体育协会积极服务和指导社区体育健身俱乐部工作,每年深入到16个区的街镇,召开社区体育工作座谈会,加强社区体育工作调研,形成社区体育年度工作要点;开展社区体育健身俱乐部主任培训,树立"全民健身基础在社区"的工作理念,明确形势任务,加强社区体育社会组织党建和社区体育业务能力培训;召开阶段工作会议,沟通交流情况,解决问题,推进任务完成;成立了上海社区体育专家组,召开社区体育研讨会,为创新社区体育发展提出前瞻性理念和工作思路;还承接了政府公共体育服务项目,认真做好"你点我送"社区体育配送服务工作,整合了高校、单项体育协会和社会化体育资源,以社区体育健身俱乐部或街镇为配送终端,以社区居民为服务对象,为市民提供免费的公共体育服务产品,把健身讲座和体育技能培训送到社区群众的身边。公共体育服务配送覆盖面之广,服务人群之多,见表1和图2~4。

表 1　2015 年和 2016 年配送项目统计表

年　份	健身讲座	健身技能培训	青少年技能培训	总　计	
	配送场次	配送场次	配送场次	配送场次	服务人次
2015	152	1 492	107	1 751	54 516
2016	135	2 092	87	2 314	88 798

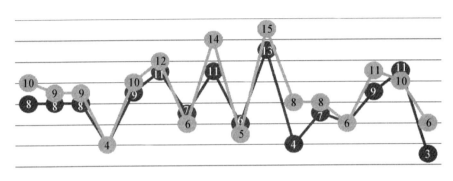

图 2　2015 年与 2016 年各区配送的街道数量（单位：个）

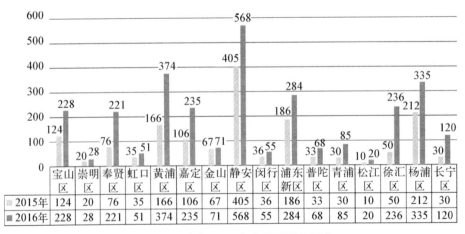

图 3　2015 年与 2016 年各区配送的场次

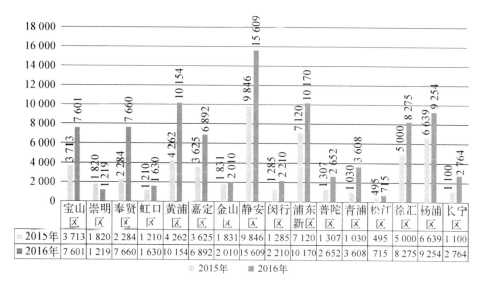

图4 2015年与2016年各区配送的服务人次

上海市社区体育协会积极开展各项群众赛事活动,如上海广场舞大赛、社区联盟赛、城市业余联赛等;积极动员社区健身俱乐部组织广大市民参与上海市市民运动会"社区运动汇"各项比赛和活动。2016年的市民运动会"社区运动汇",共有"66+X"个比赛项目、10大主题活动,其中社区举办运动汇各类社区赛事共计6 942个,主题活动2个,参与人数达450多万人次,竞赛参赛人数超100万人次。

4. 以购买服务为保障扶持俱乐部

近年来,上海结合政府职能转变和公共财政预算改革,围绕调动社会资源、提供公共服务、维护社会和谐和完善社区治理等工作重点,在推进实施政府购买社会组织服务方面进行了一系列改革探索,建立"公共体育配送服务"项目,市体育局委托市社区体育协会承接社区体育服务配送服务,建立规范的配送流程,并负责具体实施和评估。配送的组织架构见图5,配送的流程见图6。

各区、街道也不断努力突破社区体育发展瓶颈,创新工作方式,积极向街道内的社区体育健身俱乐部购买公共服务。街道(镇)向社区体育健身俱乐部购买服务的方式,一方面推进了社区公共体育服务均等化、主体多元化、健身生活化、资源信息化、服务便民化,保障了广大市民参加体育健身活动的权利,满足了市民健身需求。另一方面,它是一种保障社区体育健身俱乐部正常运

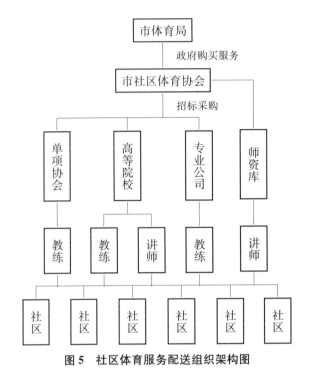

图 5 社区体育服务配送组织架构图

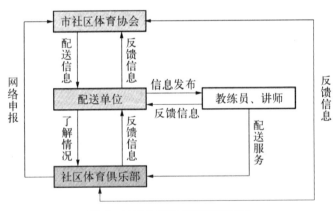

图 6 社区体育服务配送流程图

营的托底方式,特别是在社区体育健身俱乐部实体化的初期,该阶段社区体育健身俱乐部资源少、资金有限、自我生存能力有限,需要政府的政策保障。

目前,上海各街道根据自己的经济社会发展和财政承受能力、居民的体育需求情况以及社区体育健身俱乐部的实际能力,选择性地购买服务。这种选择性既体现在购买方式上,如定向委托或者公开招标,也体现在购买内容上,购买的内容都是以项目形式进行打包。上海大部分社区体育健身俱乐部承担的社区公共体育服务,由所在街道购买。少数社区体育健身俱乐部除了承接所在街道购买的服务外,还会承接到一些区级的服务。如半淞园社区体育健身俱乐部之前就承接过黄浦区体育局购买的项目,名称为"社区体育组织闭环式管理";凌云华理社区体育健身俱乐部2016年则承接过徐汇区教育局购买的服务项目,名称为"徐汇区青少年校外体育活动中心华理学区分中心课程"。

上海各区相继发布了有关政府向社会组织购买公共服务的政策性文件。部分区的一些街道,也制定了有关街道向社会组织购买公共服务的实施意见。如浦东新区陆家嘴街道,于2017年1月发布了关于印发《陆家嘴街道关于购买社会组织服务的实施意见(暂行)》的通知。该实施意见明确指出了购买主体、承接主体、购买方式、购买流程、绩效管理、组织保障等内容,各项内容相对全面且细致。

5. 以多元运作为手段激活俱乐部

上海市社区体育健身俱乐部成立之初,大都是依靠政府的培育和扶持,具有一定的行政色彩,缺乏独立性和自主性。但随着社会力量的崛起和政府简政放权的推进,社会组织发展的空间逐步得到开放。在坚持非营利性、服务性、社会性和公益性的原则基础上,社区体育健身俱乐部立足于自身特点和优势,取长补短,积极探索实体化路径。政府主管部门不搞简单的一刀切,不搞统一模式,而是鼓励各社区体育健身俱乐部根据自身实际情况,积极争取街道、镇领导的支持,努力发挥自身特点和优势,积极探索组织的自治机制建设。通过政府部门和社会力量的共同努力,社区体育健身俱乐部呈现出多元化的运行模式,主要包括同构模式、委托模式、合作模式和民办模式。

上海市社区体育健身俱乐部的主要运作模式是街道将社区体育的具体事务以契约方式购买社区体育健身俱乐部服务。与传统管理模式下的运作方式有所不同,逐步加大民非组织实体化运作,激活俱乐部的活力。有些街道还积极鼓励社会力量办体育,扶持民间资本投入到社区体育组织的建设中,丰富了原有的社区体育组织形式。

在委托模式中,一是将社区体育健身俱乐部部分工作以契约方式委托给专业的体育企业运行,提高了俱乐部专业化运作能力,丰富了社区体育服务内容和形式;二是将社区体育健身俱乐部部分工作委托给个人。即街道采用聘任制的方式,聘用社会专业人士,或者事业单位退休人员作为社区体育健身俱乐部的主任来管理社区体育健身俱乐部。这一委托模式主要集中在黄浦区，多年的实践积累了一些经验。在合作模式中，部分街道与所属社区内的学校进行合作，共同推进社区体育健身俱乐部的运作（如凌云街道与华东理工大学合作共建俱乐部）。这种模式不仅盘活了学校的体育资源，而且解决了社区体育健身俱乐部场馆设施不足的难题，满足了居民参与体育活动的需求，实现了多方共赢。另外还吸收其他民间资本、社会组织力量兴办社区体育。

6. 以品牌建设为抓手提升俱乐部

社区体育健身俱乐部作为社会服务机构，加强自身品牌建设，是获得社区居民信任支持和推动自身持续发展的法宝。上海市的社区体育健身俱乐部在发展过程中，始终坚持品牌的建设，打造符合社区特点的全民健身品牌项目。主要做法是，运用社区自身优势资源，贴近社区居民对体育健身服务的实际需求；巩固优势项目，拓展强势项目，打造精品项目（"一街一品"项目）等。品牌打造以项目为依托，传递源于群众生活中的体育文化，丰富社区体育新内涵，扩大社区体育影响力。

如南京东路社区承兴居委会1988年从三八妇女节的五子游戏小团体活动开始，逐步把老上海石库门弄堂的九子游戏变成体育项目，坚持30年承办石库门弄堂国际运动会。社区体育健身俱乐部传承弘扬，使九子运动成为生动活泼、喜闻乐见、人人参与的弄堂运动项目，最初的5个项目发展到如今的30个比赛项目，弄堂里居民的自娱自乐，也发展到国际友人共享的盛会。如今弄堂运动会已成为上海国际大众体育节的特色项目。再如陆家嘴社区体育健身俱乐部，把源于北方的秧歌，提高设计、海派秧歌编舞等加入江南特色、海派元素，创新表演形式，形成独特的海派秧歌。2008年"上海紫竹调——海派秧歌"入选北京第29届奥林匹克运动会开幕式前表演。现在陆家嘴社区海派秧歌已经名扬海内外。

7. 以评价表彰为导向激励俱乐部

在促进社区体育健身俱乐部的建设方面，打破了体育社会组织由业务主管部门行政式的评价方式。社区体育协会受市体育局委托对社区体育健身俱乐部开展创建评估和年度工作评估。社区体育协会组织有关专家进行创建评估，指标体系涉及五个方面：组织机构、管理制度、宣传和活动、经费保障、工作成果等。以评估结果为参考依据，决定是否批准通过创建。对于没有通过评估的社区体育健身俱乐部，市社区体育协会部进行相应的指导，扶持其在下一年继续申报。

社区体育协会为了提高年度评估效果,保证评优工作的透明性和公平性,制定了《上海市社区体育工作表彰评比办法》,基本内容包括年度优秀社区体育健身俱乐部,社区体育服务配送的优秀组织奖、组织奖和先进个人,社区体育运动汇/社区体育联盟赛优秀组织奖和组织奖,优秀信息员评选办法。每项评选办法都有相应的评价内容、评分细则和权重。每年年底市社区体育协会召开的会员大会上,对获奖的组织和个人进行表彰,颁发荣誉证书,发放物质奖励。

(二)上海市社区体育健身俱乐部的问题诊断

1. 社区体育健身俱乐部自治性缺乏

社区体育健身俱乐部从其发起时就带有了浓厚的官办色彩,成立之后的管理和运行过程中,街道也是通过各种方式持续嵌入其中,主导着社区体育健身俱乐部的发展。可以说,社区体育健身俱乐部的生成,是政府需求的产物,其在发展过程中,又逐渐沦为"二政府"的角色。于是社区体育健身俱乐部被比喻为自上而下的"吊篮型"组织,而非自下而上的"草根型"组织,具有政府"输血"的先发优势而同时存在缺少社会"养料"的先天不足。社区体育健身俱乐部的人、财、物等管理权限都掌握在街道手里,社区体育健身俱乐部的管理行政化、决策运行行政化,领导的选举、会员大会制度、参与决策机制等被"虚置"。从社区体育健身俱乐部的组织定位和运行机制来看,其作为体育类民办非企业单位,其特点之一是民办性突出,即民间举办、民间出资和民间管理。但现实的情况却是,社区体育健身俱乐部这种民办性缺失,其自治性也完全被街道权威所替代。

2. 社区体育健身俱乐部独立性缺乏

社区体育健身俱乐部是以"民办非企业"身份注册,具有法人资格的体育社会组织,是典型的体育民间组织。本是具有连接政府、市场的"第三部门组织"属性的社区体育健身俱乐部,与体育行政结构和市场机制应该是平行的关系,但实际却与街道部门形成了从属关系。一方面是社区体育健身俱乐部的机构设置和人员配制受制于街道。比如社区体育健身俱乐部的法人和主任,一般均由街道社发科(或者文教科)分管体育的领导兼任。这一组织结构和人事安排把社区体育健身俱乐部纳入了街道行政运行体系之中,使其成为街道的附属物。另一方面是社区体育健身俱乐部资金来源主要依赖于街道,即社区体育俱乐部的经费来源构成中,绝大部分的经费来自街道给予的扶持经费,以及区财政通过政府购买给予的适当补贴。

3. 社区体育健身俱乐部社会性缺乏

社区体育健身俱乐部城市社区居民根据共同的目的和兴趣自愿组成的公益性群众体育服务组织,属于非营利体育组织中的一类。非营利体育组织都是根据社会的发展需要而产生并通过为社会服务而存在,即来源社会、面向社会、服务社会,都通过市场来为个人或组织提供服务,是一种社会行为。社区体育健身俱乐部的产生是基于政府和市场在体育公共服务方面的失灵,其存在是要与体育行政部门分工合作,承担社区体育公共事务管理职能,为居民提供体育公共服务。现实往往与理想有所差距,社区体育健身俱乐部因同构在街道的职能部门,其内部外部的各项事务对街道形成了很强的依赖性,不愿意作为独立的社会主体,主动参与到体育公共服务之中,而是更倾向于完成街道提出的目标任务。加之社区体育健身俱乐部是自上而下成立,社会基础薄弱,公益意识淡薄,组织力量弱小,使其社会服务功能萎缩,并逐渐被街道职能所替代。

4. 社区体育健身俱乐部专职人员缺乏

社区体育健身俱乐部在成立的时候,其主任由街道分管体育的领导兼任,工作人员也由街道的体育工作者兼任,由他们来管理社区体育健身俱乐部的日常事务。但随着社区体育健身俱乐部承担的服务内容的不断增多和精细化,完全依靠街道的兼任人员,则根本忙不过来。有些社区体育健身俱乐部就向社会招聘专职人员,基本为1~2人,只有少数的社区体育健身俱乐部招了3人及以上,来专门负责社区体育健身俱乐部的各项工作。但依然存在有些社区体育健身俱乐部连1个专职人员也没有的情形,这样一来社区体育健身俱乐部工作开展的困难就比较大。一方面是街道没有相关的全职人员名额,一方面是有名额了,但由于待遇低等问题,较难招到人。具有专职人员的社区体育健身俱乐部,尽管工作人员数量方面有了保障,但是却面临着另一个问题,即专职人员的流动性较大,这对社区体育健身俱乐部工作的开展也会产生不利影响。因此整体来说,社区体育健身俱乐部还是普遍存在专职人员缺乏的问题。

三、上海社区体育健身俱乐部创新发展思路

(一)内部转型

1. 管理方式上:"他治"向"自治"转变

上海绝大多数的社区体育俱乐部是基于行政化管理下的街道体育辅导站

和体育活动中心等体育组织基础上建立起来的,因此社区体育俱乐部往往带有较强的行政色彩。可见,绝大多数社区体育俱乐部仍然采取自上而下的行政式管理方法,即"他治"模式。这在很大程度上抑制了社区体育俱乐部自身社会化运作的活力,并使社区体育俱乐部脱离其社会的基础。加强和创新社会治理,关键在体制创新。对于社区体育健身俱乐部管理来说,就是要从"他治"向"自治"转变,即由政府主导型的管理模式向组织自治型的治理模式转变。

这一转变既能满足新时期社区体育治理民主化的外在需求,也能回应新时期下社区体育治理的治理主体多元化的内在诉求,这就要求街道将社区体育的管理权让渡出来,将社区体育服务组织能做的交由社区体育服务组织去做,将社区居民能做的交给社区居民去做,从而在社区体育治理过程中,形成多元主体治理的格局。在这一多元主体治理格局中,各主体各司其职,政府主体主要提供资金、制定政策和宏观管理(目标与标准、组织与协调、控制与监督),社区体育服务组织提供各类服务(体育活动开展、健身指导培训、体育信息宣传等),社区居民对社区体育管理提出要求和评价以及监督,参与社区体育公共服务质量评价等。

社区体育健身俱乐部作为服务性社区体育组织,也是社区体育共治主体之一,其实现自治则是参与共治的前提和基础。那么推动社区体育健身俱乐部从"他治"向"自治"的转变可以从这几个方面着手:首先,社区体育健身俱乐部必须加强自身组织建设,增强自身运作和行为的规范性,努力健全组织权责明确、协调运转、有效制衡的法人治理结构,强化章程的核心地位,健全议事、选举、机构、财务、人事等各项制度;其次,社区体育健身俱乐部要主动与企业建立互利互惠的合作交流机制,促进与企业间的资源共享、互动共赢;再次,社区体育健身俱乐部要主动接受来自政府和社会的监督,不偏离公益精神和服务信念的价值轨道,保持足够的理性自律意识。

2. 组织性质上:活动型向服务型转变

社区中的社会体育组织普遍以活动型组织为主,如各种社区体育健身团队,这类社区体育组织,具有较强的活动组织能力,但在社区体育公共服务方面参与不足。社区体育活动型组织向服务型组织的转变是社区体育升级发展的依托和基础。服务型的社区体育社会组织,讲求的是服务理念,追求的是服务质量,注重的是以居民需求为出发点。社区体育服务组织以其鲜明的地域性、群众性、服务性和专业性,可以获得广泛的社会认可,并能够推动社区体育公共服务向较高层次发展。

社区体育健身俱乐部虽然属于服务型组织,但其专业性和服务性依然显得不足。社区居民在性别、年龄、身体状况以及兴趣爱好等方面各有差异,这就要求社区体育健身俱乐部不断提升自身的服务能力,在此过程中,首先要实现组织服务多元化的发展。一是服务的内容多元化,如体育活动项目的多样化和体育活动内容的丰富性,即除了常规性的体育技能培训和体育赛事外,还可以开展一些健身科学讲座,提供体质监测报告与运动处方制定等服务。二是服务方式的多元化,如家庭体育服务模式、楼宇体育服务模式等。三是服务群体的多元化,即社区体育全民化,推进社区体育全民化,就需要政府在购买社区体育公共服务之前,对社区居民的体育健身需求进行了解,或者展开民意调查,然后专家进行论证,最后确定购买清单,而不能采取"一刀切"的方式。服务型社区体育社会组织,不仅仅具有开展体育活动的功能,更重要的是具有提供体育服务的功能,如社区体育赛事咨询、社区体育公共服务评估、社区体育调查报告等。

与此同时,社区体育健身俱乐部还应该发挥其培育的功能,鼓励社区中有条件和有能力的社区体育活动型组织向服务型组织转变,并且登记成具有法人资格的体育社会组织。这是由于政府对承接体育公共服务的体育社会组织具有一定要求,而社区体育服务型组织符合。社区体育活动型组织向服务型组织转变,不仅提升了组织自身的综合能力,而且还能承接更多的政府购买体育公共服务,是组织谋生存和发展的一种方式。

3. 治理能力上:能力不足向现代化过渡

社区体育社会组织,一类是自上而下成立的"吊篮"型组织,这类组织建立之初就与政府关系密切而具有强烈的行政色彩,如社区体育健身俱乐部等;一类是自下而上成立的"草根"型组织,虽然具有政府"输血"的先发优势,但同时存在缺少社会"养料"的先天不足,如由社区居民自发建立的健身团队等。基于这一社区体育社会组织发展现实,不管是哪类组织,都明显存在治理能力不足的问题。"治理能力现代化"主要是指以国家治理体系为依托,借助制度、机制、政策、技术等因素,促使国家多元治理能力保持协调进步、务实高效的一种趋向与动态过程。落到社区体育治理中,就是社区体育组织必须具备的治理能力,并且这种治理能力是以社区体育治理体系为依托,是要借助制度、机制、政策、技术等因素才得以建设。

社区体育健身俱乐部治理能力现代化实则是其在社区体育多元主体共治

过程中,参与社区体育管理和社区体育公共服务的多元能力的一个提升过程,是旨在实现社区体育"善治"的基本能力保障。故而社区体育健身俱乐部治理能力现代化是一个动态过程,更是一个与社区体育现实发展情况紧密相关和相适应的状态。其治理能力要实现由不足向现代化的过渡,可以分三步走:第一步,推进社区体育健身俱乐部与街道"脱钩",包括职能分离、人员分离、财务分离等,转依赖街道为依靠街道,使其获得独立性和自主性;第二步,引导社区体育健身俱乐部社会化运作,转等着街道给钱为主动去社会找钱,从而摆脱资金来源单一的局面,使其实现自我造血功能;第三步,融入现代化的理念和技术,社区体育健身俱乐部根据其自身组织建设情况,将现代化的技术运用到其自治和共治过程中,培养其现代化的治理能力。前两步均由政府扶持推动,到了适宜的时机政府退出,第三步则由社区体育健身俱乐部自己探索,这也是组织自身治理能力建设的一个过程。但不管是哪一步,都需要政府的政策支持和制度保障,以确保社区体育健身俱乐部治理能力现代化的建设在正确的价值取向上。在实际操作中,这三步并没有严格的节点之分,甚至可以同步进行,只是每个阶段要以一项内容为核心,分清主次,以点带面。

4. 服务内容上:体育公共服务和会员服务并存

社区的体育服务,一部分是由政府以准公共服务的形式提供,一部分是由政府向社会购买的形式提供,社会体育组织具有优先被选择权,这也是政府培育扶持体育社会组织的一种手段。在初期,社区体育健身俱乐部需要依靠政府购买服务维持基本生存,在此基础上,走向社会,不断强化自我造血功能。这是由于社区体育健身服务活动的非营利性不仅体现社会的公益性,而且还包含着一种特殊的经营方式和发展机会。非营利组织除了不以赢利为目的外,它在提高服务的质量和追求效率上,和企业满足市场需要一样进行具有经营性质的活动。经营性质的活动的开展则要依托会员制的服务形式。

参与社区体育公共服务,是社区体育健身俱乐部保持其公益性的基石,提供会员制服务,是社区体育健身俱乐部获得经济效益的法宝。然后用获得的经济效益一方面服务于社区体育健身俱乐部的自身建设,一方面服务于社区体育发展,进一步巩固其公益性,最终实现社会效益和经济效益的共赢。因此,社区体育健身俱乐部未来的发展,在其服务内容上需要实现体育公共服务和会员服务并存的形式。体育公共服务和会员服务并存,是社区体育健身俱乐部提供层次化体育服务的重要方式。

在参与社区体育公共服务上,社区体育健身俱乐部要加强内部管理和组织建设,制定规范的服务标准,不断提高服务质量,推出优质的服务产品,争取政府部门更多的项目委托,最终形成以契约形式构成政府购买公共服务的长效机制。在提供会员制的服务上,社区体育健身俱乐部逐渐实行真正意义上的会员制,积极发展个人会员与团体会员,并以自身的优质服务培养会员的归属感与忠诚度,建立俱乐部稳定的客户群。团体会员的吸收,既可以在以社区中老年居民为主的团队组织,也可以在社区以青少年为主和以中青年在职员工为主的团队组织中培养。另外,社区体育健身俱乐部要充分发挥自身优势和特点,进行策划和组织特色赛事活动,以此扩大社会影响,吸引社会参与,吸纳社会资金。社区体育健身俱乐部根据各自的条件,还可以通过租赁场馆、开展培训、组织赛事、场地广告及其他配套经营(服装、器材、饮料等),拓展经费来源的渠道。

(二) 外部建设

1. 发挥社会治理功能:促进社区安全和谐发展

一方面,社区体育健身俱乐部可以通过其特有功能的发挥,从社会公益活动的宗旨出发,为社区成员提供健身服务,并通过健身服务使社区体育需求得以满足。另一方面,社区体育健身俱乐部作为社区治理主体之一,可以有效地参与到社区治理之中,协助社区公共事务的协调和管理,发挥其社会治理功能。两方面对和谐社区和文明社区的建设都具有重要意义。

在社区中,体育活动相对于其他活动,表现出更多的经常性、业余性、民间性和普及性,同时需要的经费相对较少,还是社区居民喜闻乐见的活动形式,因此社区居民大都是自愿参与且参与度也比较高。社区体育健身俱乐部应该以人为本,从居民的体育需求出发,提供多样化的体育服务,培育多类别的健身团队,为居民服务。这样,居民就可根据自己的特长或者爱好加入到一个甚至多个健身团队之中,在这些各色各样的健身组织中,居民不管是作为体育活动的组织者,还是作为体育活动的直接参与者,抑或是作为体育活动的观摩者,都体验到了参与的角色、承担了相应的责任、付出了一定的时间和精力,一定程度上实现了自我参与价值。

社区体育健身俱乐部为居民参与社区体育提供了平台,通过这一平台,居民逐渐养成平等、责任、理性、守法、参与、宽容、互惠互利、必要的妥协及理性公民内心真实的同意等现代公民精神，其亲自到场和自身体验增加了社区认同与归属，加强了彼此的信任与合作，提升了公民的参与效能感。因此，社区体育健身俱乐部既是一个提供优质服务的平台，也是一个提供社区公共事务参与的中介，在居民之间、居民与社区社会组织之间、社区社会组织之间形成合作、信任、关系网络以及制度规范，这种合作的关系形成以及制度规范的建立，可以有效促进社区体育自治和共治局面的形成，进而为社区安全和谐发展打下基础。

2. 承担体育创新角色：推动上海"全球著名体育城市"建设

上海体育2025目标，跻身全球著名体育城市。到2025年，申城人均体育场地面积将达到2.6平方米，经常参加体育锻炼的人数比例达到45%以上。未来，上海将加快建设一批便民利民的场地设施，完善15分钟体育生活圈，逐步实现城市社区、新建社区的体育设施覆盖率达100%。社区体育健身俱乐部是居民参与体育健身的基本组织形式，也是提供基层体育公共服务的重要载体。因此，社区体育健身俱乐部在其建设与发展中，应承担起勇于创新的角色，助力上海市"全球著名体育城市"的建设。

随着现代社会中公民对体育公共服务需求的不断提升，政府大包大揽公共服务的做法，不仅效率不高、提供的服务内容和质量有限，而且因其内容日益庞杂，各级政府已不堪重负。在这样的大背景下，社会体育组织的介入，可以创新公共服务的提供方式，通过合作外包、协议等方式与政府联合或独立提供公共服务，与政府直接提供的体育公共服务互相补充，形成更为健全与科学的体育公共服务体系，促进社会公益的最大化。社区体育健身俱乐部在基层体育公共服务供给中扮演着不可或缺的角色，其与居民走得最近，对居民的体育需求最为了解，是推动社区体育创新的有效载体。

再者，人民群众中间蕴藏着无穷的智慧和创造力，社区体育健身俱乐部通过加强自身建设，提升服务质量，用服务赢得居民的信任，社区体育健身俱乐部就能充分调动居民的积极性，社会体育发展的各个方面就有了取之不尽的源头活水。在这个过程中，社区体育健身俱乐部作为居民实现自我管理和参与社区体育治理的载体，不仅促进了居民自治能力的提高，保证了居民的有序参与，同时，还由于居民意见和想法的表达，提供了多种多样创意成长的土壤。社区体育健身俱乐部将居民的创意进行选择和加工，为其所用，也是对社区体育创新的一种推动。社区体育是城市的一道风景，将在上海建设全球著名体育城市的进程中发挥积极作用。

参考文献

[1] 陈希,戴健,陈伟.服务型政府背景下上海市社区体育发展路径研究[J].山东体育学院学报,2015

[2] 朱晓东,魏俊泽,沈杨千.基于构建综合型社区体育俱乐部的调查研究——以上海为例[J].山东体育学院学报,2014

[3] 董春华,刘兵.上海市社区体育俱乐部建设现状研究[J].成都体育学院学报,2010

[4] 裴新贞,李燕.上海市社区体育俱乐部市场化运作的现状[J].体育科研,2010

[5] 陆前安,张林.社区体育俱乐部市场定位研究——以上海市第一批社区体育俱乐部为例[J].武汉体育学院学报,2009

[6] 王颖.我国社区体育俱乐部创新性产品策划的方法研究[J].体育科学,2007

[7] 唐建军,苏丕仁.我国城市社区体育俱乐部(组织)发展的条件及其特征[J].北京体育大学学报,2004

[8] 于文谦,韩伟,王伟.日本综合性社区体育俱乐部的发展[J].体育学刊,2007

[9] 唐建军,孟涛,等.英、德、日社区体育俱乐部基本状况和存在的问题[J].体育与科学,2001

[10] 汪流,刘国永,等.全民健身活动组织模式选择[J].体育文化导刊,2010

[11] 孙立海,吕万刚,等.我国社区体育非盈利组织的运行机制[J].武汉体育学院学报,2014

[12] 王岩,魏崇辉.协商治理的中国逻辑[J].中国社会科学,2016

[13] 耿昕,李敏义.论城市社区在社会治理创新中的基础性作用[J].理论观察,2015

[14] 孟宪丽.充分发挥社区在创新社会治理中的功能作用——对习近平关于创新社会治理及社区建设相关论述的思考[J].黑河学刊,2015

第 2 篇 竞技体育

青少年足球发展的协同机制研究[*]

杨 琼

一、前言

2015年3月16日颁布的《中国足球改革发展总体方案》(以下简称《足改方案》)是历史性的突破,足球上升为国家战略。其中,中国足协取消行政化,推广校园足球,建立职业联赛理事会,建立足球多元化投资机制是本次改革的核心要点。2015年8月,教育部等6部门联合印发了《关于加快发展青少年校园足球的实施意见》(以下简称《实施意见》),改革推进青少年校园足球发展。如何推动青少年足球发展成为社会广泛关注的热点,也是体育部门和教育部门共同推进足球改革的重点。上海采取多种措施大力推进青少年足球改革与发展,比如上海市体育局命名了10个青少年足球精英培训基地,扩大青少年足球人口基数,提升青少年足球发展水平;《上海市教育委员会等7部门关于加快发展青少年校园足球的实施意见》明确要求,将校园足球工作经费纳入市区县两级财政教育经费予以保障。上海青少年足球改革在稳步推进,但面临一些改革中遇到的现实问题,而这些问题也是国家青少年足球发展过程中面临的共性问题,即原来由体育部门负责的青少年足球工作,转变为以校园足球发展为突破口而形成的新发展模式,其中涉及政府不同职能部门之间、政府与社会以及学校与政府和社会之间的协作问题。这也正是《足改方案》中明确的近期和中期发展目标,即理顺足球管理体制,创新足球管理模式,提高青少年足球发展水平。这无论是对政府的体育主管部门还是对教育主管部门以及学校而言,都是一个巨大挑战。

---

[*] 本文作者单位:上海体育学院。立项编号:TYSKYJ2017003。

如何破解青少年足球发展过程中由于体制转变而带来的突出问题，本研究报告在实地调研访谈基础上，通过文献对国外青少年足球管理体制进行了分析，并基于此提出青少年足球发展的政策建议，力图为完善我国青少年足球管理提供启示和借鉴。

二、上海青少年足球发展现状

（一）上海青少年足球发展的现状

1. 教育部门主导下青少年足球发展迅速

上海青少年足球在教育部门的主导以及体育部门协调配合下，得到快速发展，主要体现在：第一，上海市教育委员会对青少年足球投入经费大幅度增加。以前青少年足球主要由市体育部门投入，现在教育部门主导后每年对青少年足球投入2000万元，投入每年不断增加。第二，校园足球学校数量大幅度增加，从以前的97所增加到现在的300所，参与人数从四五千人增加到1万人。第三，学校参加青少年足球比赛的热情高涨。每年9月到次年1月，校园足球联盟举办青少年足球普及性的比赛，要求各个学校各个班级都要参与。4月到5月，开展青少年校园足球杯比赛，上海每个区选拔出一支球队参赛，这种比赛是提高性的。暑假期间，举行新民晚报杯比赛，这项赛事已经持续了几十年，是青少年足球的重要赛事。之前青少年校园足球在体育部门的主导下，很难调动学校的参赛积极性。教育部门主导后这种局面彻底扭转，各学校参加青少年足球活动的积极性大大提高。

2. 教育部门与体育部门共同推动校园足球发展

教育部门与体育部门分工合作，教育部门负责青少年足球普及工作，体育部门负责青少年足球提高工作。在教育部门主导之前，上海体育部门就重视足球项目的青训建设，现在有了教育部门的参与，青少年足球快速发展。第一，体育部门命名青少年足球精英培训基地。校园足球、社会足球、体育系统内部的培训基地只要达到标准，就可以命名为精英培训基地，逐步形成从校园足球，到发展型俱乐部，再到精英俱乐部，最后到职业俱乐部的青少年足球培训体系。第二，体育部门协助教委建立以足球为主的传统项目学校，足球普及程度得到提高。第三，体育局协助教委进行青少年足球教练员的培训。上海青少年足球的发展需要几千名教练员，而目前只有200名。体育局一方面培训中国足协认可的D级教练员,另一方面进行单独的E级教练员培训,并颁发教练证书,使教练队伍不断壮大。

3. 形成三位一体的青少年活动模式

第一,政府面向全社会购买公益培训服务,培训过程由第三方进行评估。政府给56个培训点投入300多万元进行青少年足球培训,平均每个培训点6万元。有了政府的投入,培训点每个学员只需缴纳300元,就可以参加原本1 500元的足球培训课,并获赠一套球衣。这种培训课主要针对7～14岁的青少年,目的是培养他们对足球的兴趣。第二,政府给社区体育俱乐部投入资金,通过俱乐部培训足球教练并颁发教练证书,再将足球教练分配到社区,对社区孩子进行足球训练。第三,对学校和教练员给予激励。学校内的青少年足球活动开展达到了相应标准就可获得奖金。上海每年评选11位优秀青少年足球教练,奖金由体育基金会提供,奖金政策是上海独有的,在全国范围内起到了很好的示范效果。

(二)上海青少年足球发展中存在的问题

1. 对青少年足球发展理念的理解存在偏差

发展青少年足球的根本目的是通过足球培养全面发展的人,青少年首先是学生,其次才是足球运动员,培养青少年运动员要首先教会他们做人和融入社会,然后再提高他们的竞技水平。《足改方案》发布之后,校园足球成为青少年足球发展的突破口,通过校园足球的开展,可以培养学生的团队精神、提高学生身体素质、培养规则意识、培养未来国民健全的人格。但是目前教育部门、体育部门对发展校园足球的理念认识上存在一定的偏差。

由于当前应试教育体制的影响,许多中小学校长认为进行足球训练会影响学生学习,从而影响学校升学率和教学质量,如果足球比赛不能获得学习名次,那么就不支持足球活动的开展。家长也很看重孩子的学习成绩,许多家长认为足球在孩子小时候可以作为爱好培养,但是到了初中高中就要专心致志考试升学,如果孩子踢球不能给升学考试加分、不能获得升学渠道,那就放弃踢球专心学习。当前我国国民缺乏团队精神、规则意识、客观评价的能力,通过校园足球可以有效培养这些能力。教育主管部门、学校和家长必须认识到发展校园足球的根本目的是为了强身健体,促进学生体魄强健。

2. 教育部门和体育部门分工不明确

根据调研资料,青少年足球的主管部门由体育部门转变为教育部门主管、体育部门宏观指导之后,由于管理体制尚未健全,双方职责没有明确的划分,在许多工作上产生了重叠,甚至出现多年建立起来的培养体系中某些已经做得比较完善的方面被推倒重来,造成本来就不充裕的人力和财力大量浪费。具体表现在几个方面:

首先,配合协调不足。按照我国青少年足球发展的定位以及我国足球的整体规划布局,教育部门和体育部门在青少年足球发展中的职责应该有所区别,虽然都是面对青少年这一群体,但是教育系统的首要任务是做好足球的普及,负责足球基础性训练和培养学生对足球的兴趣,扩大青少年足球参与人口。体育系统则要与教育部门配合,提供技术支持和负责高水平的运动员的提高性训练。但是在实际开展中,教育部门在普及基础上还承担了本应该由体育部门负责的高水平运动员培养任务,甚至在校园足球的联赛中只允许主力队员参赛,忽略了要让全体学生参加足球比赛的理念。而体育部门在实际工作中,也没有形成与教育部门的密切配合。

其次,工作内容重叠。教育部门和体育部门都在进行高水平运动员训练。之前青少年足球在体育系统的主导下,有潜力的足球苗子都由体育系统进行专业化高水平培养。现在校园足球由教育部门主导后,教育部门也想进行高水平球员培养。周末和寒暑假是训练高水平球员的最佳时机,体育部门和教育部门都想在这个时候对有潜力的足球苗子进行训练。现阶段我国教育系统中的体育老师整体水平较低,青少年球员踢球时间也少,一周只能进行一两次训练,在执教水平和训练时间上都无法满足培养高水平足球人才的需要。

3. 青少年足球师资缺口严重

《足改方案》提出我国在2020年要建设2万所校园足球特色学校,要配备5万名足球教师。这意味着每所学校至少要有两名足球教师,然而,目前我国平均每所小学仅拥有0.12名足球专业教师,初中拥有0.34名足球专业教师,高中拥有0.59名足球专业教师,大学也仅仅拥有2.13名足球专业教师。当前我国许多学校中并没有专职的足球教师,很多教足球的体育老师也都不是足球专业的,他们不懂足球、不会踢球,也不会教学生踢球。仅有的少量足球教师大部分水平也不高。很多地方为了解决师资的数量和质量问题,使用大量的校园足球经费送足球教师到国外学习考察,这个方法本身是极有益处的。但是让这些"外行"的足球教师只经过几周的培训就马上回学校当教练,是违背运动规律的。非足球专业人士只通过短时间的培训不可能成为足球教练,必须经过长时间的系统培养和实践,才能成为合格的高水平足球教练。

运动员的培养必须结合本国足球发展的历史和现状,寻找适合当前体制的有效训练方法,而不是生搬硬套其他国家的方法。不考虑本国足球发展实际情况而盲目派体育老师到国外培训,使得很多本身已经优秀的足球体育教师被迫接受另一套训练方法,多年形成的适合本国青少年的训练方法在短时间内就被不一定适合的方法替代了。

4. 青少年足球竞赛体系有待完善

目前我国虽然建立了校园足球四级联赛体系,但缺乏规范的竞赛制度。如果比赛双方水平相差悬殊,比赛就达不到锻炼青少年足球水平和体验足球乐趣的目的,赢球的队员水平不能提高,输球的队员很可能永远丧失了踢足球的信心。经过调研,上海青少年足球比赛在制定竞赛制度的时候,就注重把同一水准的球队放在一起比赛,不允许水平相差太大的对手出现。然而目前开展的校园足球比赛中,还是出现诸如 10∶0 这样比分悬殊的比赛。以普及为目的的校园足球更要重视把同一水平球队放在一起比赛,这样才有锻炼价值。除此之外,参与校园足球比赛的学校比例低,参赛人数、比赛场次都很少。

在我国校园足球布局城市中,各级学校参赛比例最低只有 5%,最高也只有 27%。而且从小学到高中随着学业重要性增加,参加足球比赛的学校逐级递减。比赛整体场地也很少,小学一支球队平均每年参加 6.4 场比赛,初中 5.4 场,高中 4.6 场,大学 5.9 场。在已经开展的校园足球比赛中,低水平的青少年几乎没有上场比赛的机会,即使参赛了也没有多少球赛可以踢,与校园足球"人人参与"的目标相差甚远。而与参赛人数少相对应的,是对比赛关注度小。许多校园足球比赛没有观众,球场上只能听到球员、教练员的喊声和裁判的哨声。

三、国外青少年足球管理体制研究

(一) 管理体制和培养理念

1. 德国

德国俱乐部注册的足球人口有 700 万人,占总人口的八分之一,有 21 个州足球协会,2.6 万个足球俱乐部,54 个职业俱乐部,338 个训练基地(针对 11~17 岁青少年),2.5 万所足球学校。校内体育由教育部门管理,校外体育由体育部门管理,学校与俱乐部、协会合作开展活动。德国政府负责制定政策、项目规划和监督,具体实施交给学校和俱乐部。各州有较大管理体育的自主权,政府介入不多,在其中起协助作用,提供一部分体育经费。德国拥有非常完善的法律和政策体系推进学校体育开展。比如通过减少税收鼓励社会参与、修建大量体育场馆、设立体育基金项目等,为校内外足球活动的开展提供场地和服务保障。德国足球协会制定了《青少年足球训练指导纲要》,在培养理念上明确提出要让青少年在足球训练中享受足球的快乐。学校体育强调学生获得运动体验的快感,形成终身体育的观念。

2. 英国

英国的学校体育由教育部领导,英格兰足球协会是青少年足球的管理机构。足球协会不从属英足总,但是英足总会给足球协会各方面的支持,保障学生训练、教练培养等,确保足球协会的发展。培养理念上,英国注重足球在青少年中的普及和通过足球得到成长,提出了"让所有孩子都有机会踢球,让喜欢足球的孩子不离开球场,不失去任何一个足球天才"。基础教育阶段注重在游戏中培养足球技能,注重孩子们可以快乐地参与到足球活动中。这种理念获得了社会和家长们的支持,家长愿意让孩子通过足球获得快乐,通过体育实现更好的教育。英国通过部链计划,加强学校与体育俱乐部的联系。此外,苏格兰实施体育协调官制度,在各中学任命一名体育教师作为学校体育协调官,每周只有一天教学任务,其他时间负责与附近四个小学的协调官进行联络。四五个协调官选出一名负责人,每周有两天专门从事协调工作。这种制度给校际体育交流和政策实施提供了平台。

3. 日本

日本的青少年足球由文部科学省下设的教育局负责,校园足球的高水平训练由日本各级足协负责,校园足球联赛由足协和初中体育联盟、高中体育联盟、大学体育联盟共同负责。日本通过一系列的法律法规管理学校体育,主要由《宪法》《教育基本法》《学校教育法》《学习指导要领》《学习指导要领解说》等。培养理念上,日本重视身体能力、态度、思考、判断的能力,培养学生愉快、丰富的生活态度,能够自觉热爱并且参与体育,充分体现了以人为本。日本在2006年提出足球发展规划,对青少年足球有明确的规定,要求每年增加100万足球人口,2050年足球人口达到1 000万人。由于日本对青少年足球的高度重视,敢于提出这些看似不可能完成的目标。扩大青少年足球人口是日本发展足球的首要目标,竞技成绩是第二目标。

（二）人员配备和训练方法

1. 德国

德国每个训练基地都有将近 70 个足球俱乐部，为 11~17 岁的青少年运动员提供训练场所，德国足协还安排了 29 名专业足球基地协调人员。每周足球基地都有一次训练，作为俱乐部训练的补充。每个训练组不能超过 30 人，大约有 1 200 名职业教练参与青少年足球执教。德国重视教练培养，教练证书体系多，强调实践能力，倾向于青少年的指导和精英的选拔。获得证书要求反馈和第三方评估。德国足协硬性规定职业俱乐部的青训建设，要求有各年龄段的梯队至少一支。德国要求体育教师必须参加两次资格考试，这样既保证了教师素质，也提高了教师地位。

每个人状况不同，有些人一开始天赋出众，随着年龄增长逐渐平庸，而有些人恰恰相反。德国足协基于这一点，选拔球员不会局限于一个小圈子而忽略其他人才，给每个人充分的机会。在过去，青少年运动员得不到长时间的教练员培训，训练效果很不明显。为此德国足协出台政策延长训练时间，同时开展夏令营、冬令营等活动，兼顾训练与学习。德国足协要求校园足球课堂必须全年开设，每周至少一次，学院至少 10 个，足球课程不能被其他课程取代。足球课程内容丰富，社会人士也可以通过缴纳费用参与学校的课程。

2. 英国

英足总队教练的考核极为严格，教练员分为 6 个级别，每个级别可以培养的运动员都有相应的年龄段。英国的许多俱乐部教练同时也兼任学校的体育教师，尤其是英足总要求中小学足球普及活动的体育老师要非体育学科出身，只有校队教练是体育学科出身。这样的要求保证了每位老师都是因为对足球的热爱而从事教育工作，同时也通过老师不同的专业背景丰富了足球教学内容，培养全面发展的青少年球员，而利用学校场地建设的社会俱乐部，这种情况更普遍。这种方式将学校体育教学和社会俱乐部的训练相结合，一方面促进了专业人才的培养，另一方面提高了学校的训练水平。

英格兰校园足球协会注重孩子们的学业成绩，要求青少年进行足球运动不能放弃学业，球员即使不能走职业化道路，也可以成为教练员、俱乐部管理人员等足球从业者。俱乐部的训练不能影响学校教学，能够进入俱乐部足球学院的都是经过严格考核的精英球员。校园足球培养的运动员可以进入社区俱乐部，选择继续训练还是在俱乐部任教。继续训练的球员有机会走职业化道路,即使没有成为职业球员也可以成为教练。球员满16岁就可以进行教练课程学习,这种培养模式消除了青少年对前途的顾虑,不用担心踢足球没有出路。

3. 日本

教练员培养是日本足协制定的三大任务之一。日本教练员执教资格获取非常严格,包括学习和实践两部分。在获得执教资格后还要继续再培训、再考核。通过严格的考核,各级教练员水平很高且数量很大。在待遇方面,基层教练员的收入和一线教练员差不多,这使得许多优秀教练员愿意从事青少年的培养工作。日本校园足球是培养球员的大本营,2016年日本国家队半数成员来自校园足球。

经过多年的发展,日本校园足球真正做到了人人参与足球。校园足球培养出来的运动员,即使不进入职业队也可以从事足球服务行业,成为职业球员的吸引力减少了许多。职业俱乐部青训系统随着校园足球的发展日益衰弱,现在主要是通过资助等方式,普及足球和服务社会,促进俱乐部和球迷之间的联系。在校外足球方面,日本足协建立了训练中心、足球学院和训练营,此外社会足球俱乐部也会对高水平球员进行专业的训练。

4. 西班牙

西班牙有55万名职业球员,65万名青少年球员,18 680个俱乐部,440个培训基地,足球人口基数十分庞大。西班牙认为在其他条件都具备后,教练是决定国家足球竞技水平的决定性因素,因此对教练进行严格的培训和考核。西班牙各区都有大量的专业教练学校,以相同的足球理念培养大量的教练员到基层执教,保证教练的数量和高质量。教练员必须持证上岗,从低级进入高级需要完成培训和实践。高质量的教练员对青少年进行正确的引导和评价,通过因材施教、扬长避短,使许多球员受益终身。西班牙足协建立了完善的体系,确保教练员之间沟通无障碍,基层发现的人才信息能层层上传并且得到充足重视。此外,西班牙还有退役保障制度,将青少年运动员培养成适应社会的、全面发展的人。

西班牙主要依靠体育俱乐部培养后备人才,各俱乐部都很重视青训建设,各年龄梯队衔接紧密,确保长期、持续的培养人才。培养理念上遵循青少年身心发展规律,俱乐部重视青少年的兴趣和对运动的理解,强调精炼的基本技术。注重儿童的足球启蒙,许多学校俱乐部有针对6岁以下儿童训练的"幼儿组",不仅进行技术培训,还负责儿童的情感和智力开发。青少年10岁以后开始增加实战机会,注册的球员可以参加全国和欧洲范围内的联赛,没有注册的球员也有许多友谊赛机会。球员在 10~20 岁之间至少会参加 500 场比赛,通过大量比赛提高技术和心理素质。球员进入职业俱乐部后,大部分时间用来进行比赛,用通过比赛提高竞技水平的方式代替系统的训练。俱乐部培养后备人才时充分发挥本地优势,比如巴塞罗那发挥地理优势,即使冬季也可以在室外踢球。俱乐部注重青少年运动员综合素质的提高,通过严格的纪律,保证球员学习、身体健康和训练的质量。俱乐部认为学会尊重他人和正确的职业态度是掌握运动技能的前提,青少年球员文化学习与训练并进,在学校完成学习后下午到俱乐部学习,然后进行训练。虽然西班牙重视足球启蒙,但仍然不会拿青少年的学习时间来训练。青训中心都配备有文化课老师,根据球员在校和俱乐部的学习成绩,综合考核。这样确保无法成为职业球员的青少年依然可以通过文化课学习融入社会。

(三)培养体系和竞赛体系

1. 德国

德国足协每年至少向青少年训练投入 1 700 万欧元,德国 U19 共有 185 万人,有 10 个联赛级别。德国的人才培养分为五个层级:第一层是基层选拔赛,目的在于培养兴趣和基本足球意识;第二层在第一层的基础上,选拔有能力的青少年进入职业俱乐部和足球基地训练,基地每周训练一次,其他训练由俱乐部完成;第三层是各州每年在基地和俱乐部的精英中选拔出 20 人组成州队,参加每年在杜伊斯堡的选拔赛,组成 U12、U13、U14、U15 四个级别代表队;第四层是在 15 岁以上完成精英选拔的青少年中再选拔出优秀运动员进入俱乐部精英系统培训,五分之一的青少年进入德甲、德乙、德丙,其他人进入其他行业,业余时间踢球;第五层是在职业俱乐部中选拔球员进入国家队,在这个过程中,3~10 岁的基础训练由幼儿园、学校和社区业余俱乐部完成。训练基地、人才中心、精英学院、地方协会确保有潜力的青少年 11 岁以后能以较低成本得到科学训练,包括头球、技术动作、营养、心理状态等方面的训练。对于天赋很高的青少年,可能得到欧足联教练的一对一训练。顶尖球员在 18 岁之前经过国青队、精英学院和人才中心的培养后,未来可能走职业化道路。

德国足球竞赛体系由有 12 级联赛,除了德甲、德乙、德丙,其他的是业余联赛。德国丰富的比赛极大地推动了足球产业和足球文化的发展。

2. 英国

英国职业球员的培养主要依靠俱乐部,由各级俱乐部进行选拔、培训、竞赛。俱乐部的运动员培养体系分六个层级,包括草根足球、进阶训练中心、精英训练组、发展训练组、足球学院和职业一线队,培养球员的年龄4～23岁。其中足球学院对于俱乐部意义重大,一家俱乐部进入职业联赛的必要条件就是是否有达到标准的"足球学院"。草根足球是足球学院选材的基础,与社区足球一起,向青少年推广足球,开展普及性的假期训练和与校园足球合作。通过不收费的公益性训练,扩大足球人口,从中发掘有天赋的青少年。在训练营中表现突出的运动员有机会参加进阶训练中心的训练,这个阶段训练是付费的,每次课程10～15英镑,进阶训练中心的教练员要有英足总资格证。表现突出的运动员进入精英训练组,也是付费训练,教练员更加优秀。通过这三个阶段的训练,选拔出优秀球员进入发展训练组,进行免费的训练,在此期间会得到俱乐部青年队教练的指导。在此基础上,优秀球员进入足球学院,和俱乐部签约代表俱乐部比赛。俱乐部聘请文化课老师,给球员学习文化课的机会。课余时间由俱乐部优秀青少年教练进行训练,球员年龄最大为18岁。与此同时,俱乐部提供超过16岁的球员教练课程,使球员前途得到保障。18岁以后,经过层层选拔,一部分球员从事其他行业,一部分球员成为足球从业人员,一部分顶尖球员与俱乐部签订正式合约,成为俱乐部23岁以下球队成员,从俱乐部获得报酬,走职业化道路。

英格兰有24个级别联赛,有些级别联赛还细分成了同级的多个联赛。比如14级联赛细分成了73个联赛,联赛球队最少有9支,最多有18支。前11级别联赛的球队可以参加杯赛,这给了业余球队与英超球队比赛机会。英格兰校园足球协会负责全国和地方的比赛,校园足球队达到了22 000支。除了成绩外,比赛更重要的目标是扩大足球运动范围,吸引更多的学校加入比赛。参加比赛的学校要正常上课,不能使比赛和学习有冲突。每周末,英国的社区和学校都有足球比赛,通常上午是校内比赛,下午是校际比赛。在经费上,英国对政府部门的财政支持有明确规定,校内比赛经费由英国教育部提供,校际比赛经费由文化部提供,地区比赛经费由体育局提供,国家比赛经费由国家体育理事会提供。志愿者是英国足球比赛的重要组成部分,志愿者给足球活动提供了充足的人力资源。青少年比赛按年龄分组,一共有13 700支足球队,超过300万青少年参加。

3. 日本

日本各级足球协会管理各级训练中心,让水平高的教练在训练中心指导。教练选拔优秀运动员到国家训练中心训练,国家训练中心再将意见反馈给各地足协,国家训练中心每年通过1、2次集训选拔各年龄段的国家队。近年来,通过人员投入、科学管理、完善的比赛体系,学校成为后备人才的主要来源。

日本足协每年拨款3亿日元(折合人民币2 000万元)用于青少年培养,媒体积极参与使大量企业愿意赞助比赛。青少年普及系列足球赛有三个年龄段,分别是U12小学生联赛,U15中学生联赛和U18高中生联赛。职业俱乐部梯队青少年足球比赛也是U12、U15和U18。这样有利于把普及比赛和梯队竞技比赛联系起来,选拔和培养后备人才。日本18岁以下青少年有6项全国比赛,15岁以下有2项,12岁以下有3项。各地中小学都有足球联赛,联赛获胜者代表地区参加都道府县比赛,县级胜者参加全国总决赛。俱乐部梯队不参加普及性比赛,有单独的全国俱乐部梯队比赛。日本普及性比赛第一阶段在周末进行联赛,三个年龄层次队伍超过32支,全年比赛有60场以上。之后的阶段在春、夏、冬三个假期和五月黄金周进行,采用赛会制决赛。日本各层次足球比赛一般持续6～7个月,全年任何时候都有比赛进行。

4. 韩国

韩国校园足球是后备人才的来源,小、中、大学都有自己的足球联盟,联盟有自己的训练和竞赛体系。韩国以行政手段发展校园足球,有严格的文化学习规章制度,球员从小学就集中训练,半读半训。韩国学生球员准入制度非常严格,只有注册并且文化课达标才能参加比赛。球员培养不注重成绩,以培养高水平后备人才为第一目标。学校培养球员可以提高球员的文化素质,综合素质也能得到提升。韩国人才培养主要是从小学到大学的"一条龙"体系,俱乐部没有青少年队,因为学校提供了足够的后备人才,优秀运动员在学校培养使韩国中学和大学联赛水平成为亚洲最高。学校里优秀球员送到俱乐部培训,进一步提高他们的水平之后再送回学校。这样一方面使足球学校生源得到保障,另一方面对学校人才培养起到补充作用。

韩国球员选拔主要依靠比赛,在各级学校联赛中表现优异的球员直接送到俱乐部培养,国家队从校园选材,90%的职业球员是大学生。足协每年把10%的预算用于青少年培养,累计超过4 000万韩元,和日本一样,媒体的积极参与使青少年足球赛得到了大量赞助。韩国青少年普及系列足球赛和职业俱乐部梯队青少年足球比赛和日本一样,也是U12、U15和U18。韩国有小学、中学、高中足球联赛和俱乐部三个年龄层次的联赛。小学有1个联赛,2个在假期的和5个在学期中的全国比赛。中学有1个联赛,2个在假期的和10个在学期中的全国比赛,职业俱乐部梯队也参与这些比赛。韩国普及性比赛参赛队伍数量根据当年情况而定,在32~48个队伍之间。韩国青少年足球联赛在周末进行,每年场次60~90不等。韩国为了保障学生接受教育,禁止在周中参加比赛。韩国小学、中学联赛每年持续7个月,高中联赛每年持续4个月,但需要两年完成,保证了足球竞赛的延续性。

5. 西班牙

西班牙有完善的竞赛体系,每年都有13~16岁的国家级比赛。15~16岁的比赛竞赛级别更高,17岁进行选拔,开始高强度的专业训练。18岁以下的足球联赛有甲级和乙级,赛季从9月到次年6月,除此之外还有女王杯和超霸杯。通过频繁的比赛,青少年球员的技战术和应变能力得到极大的提升。6~19岁青少年训练体系共有13个等级,从低年级进入高年级时,整个赛季出场时间要大于全赛季比赛时间的40%。这使得每个球员都能得到出场机会,在锻炼自己的同时,也让教练员可以进行全面的评价和选拔。

(四)基础设施和社会参与

1. 德国

德国政府拨款承担大多数场馆的建设,体育场馆大部分在学校内,作为公共资源,其他还有俱乐部和协会的体育场馆。政府每年为场馆维护管理提供专项资金,规定学校要有室内、室外体育设施保障教学需要。政府的财政支持使德国大学、中小学都具备统一高规格的体育场,场馆对外开放,预约方便。各类场馆白天向学生免费开放,晚上俱乐部使用。私人体育场馆向学校开放,政府支付租金。当体育场馆无法满足需求时,则租用体育俱乐部的体育场馆或者公共体育场。

社会参与方面,学校体育发展依靠体育俱乐部和体育协会。德国校外体育活动由体育部门管理,学校与俱乐部合作开展活动,俱乐部提供场地和教练。这样一方面对学校体育教学提供了补充,另一方面也宣传了俱乐部,培养了一批青少年会员。俱乐部会员不分高低,来去自由,设施免费使用。校内外俱乐部采取公益性与非营利性管理原则,会员免费使用但是要提供志愿服务。俱乐部和社团为了得到政府拨款要申报发展计划,形成了竞争关系。学校还与体育协会合作,体育协会提供专业人员指导学生训练和进行比赛。

德国足协提出"DOPPELPASS2020"计划,政府通过资助、宣传,实现学校和俱乐部的市场化运作。通过此计划,德国州协会管理的2.6万个俱乐部与中小学密切合作,资源共享,培养足球人才。政府为每次合作提供2.5万欧元启动资金和课堂启动包,资金申请很简单,只要写清楚学校和俱乐部基本情况、联系方式、课堂时间、训练场、参与人数和教练证书级别就可以。俱乐部和学校根据自身情况资源整合,实现双赢。合作双方首先要确定场地、资金来源。学校需要校长支持,提供生源和硬件设施,没有场地就在学校附近场地训练。俱乐部主要负责人才培养和训练方法。合作范围不仅是体育课,还有课外、校外体育活动。德国足协对俱乐部的青训建设、学校的课堂设置、教师和教练的资格证书有严格的规定,不符合要求不能合作。

2. 英国

英国学校体育设施完备,操场随地就形,球场规模不大但是实用性强,足球场是学校的必备设施,许多学校拥有多个球场。学校体育场馆很多是俱乐部利用学校土地建设的,平时由学校管理使用,节假日和晚上由俱乐部经营管理。这样既解决了学校投入资金问题,又使体育场馆得到了充分利用。在校外,公共球场遍布英国的城市和乡镇,提供青少年足够的足球场地。

校外体育由英国社区足球和足球学院构成,是培养人才的主要阵地,英国体育协会提供资金支持。英国的足球俱乐部几乎都有社区足球基金会和足球学院,承担所在地区的青少年和俱乐部梯队的培训工作。英国青少年校内体育活动以身体锻炼为主,课外的社区体育是真正进行足球训练的部分。在基础阶段的训练之后,俱乐部的足球学院指引青少年走上职业化道道。英国社会力量大力支持社区足球的发展,包括家长、社会财团、校园足球组织等,校园足球为社区足球提供场地。英足总 1997 年推行特许标准计划,促进社区足球发展,使职业足球、校园足球和社区足球共同发展青少年足球。成为特许俱乐部成员可以获得免费的装备、免费观赛、申请奖金等,同时还能获得英足总教练培训资格,发展青少年足球公益事业。社区足球面向青少年,极大减少了青少年学习足球的成本,青少年参与足球活动没有金钱负担,最大限度的体验足球的快乐。

3. 日本

社会俱乐部在后备人才培养中发挥了重要作用。俱乐部采取"走训制",每天放学后训练 2 小时,小学周末训练 4 小时,初中周末训练 7 小时,每月费用最少 12 550 日元。日本媒体对青少年足球比赛报道和宣传非常多,吸引大量企业赞助,使得青少年比赛资金充足,种类繁多。日本校园足球的发展资金有相当一部分来自社会企业、个人、俱乐部和学校校友的资助。媒体还带动了足球的普及,使得更多人参与足球运动、关注足球运动。日本有关青少年足球的报道不亚于日本职业联赛,足球成为人们生活中的一部分。通过媒体报道增加了青少年球员对自身的认同感,激发了更高的足球热情,使他们可以全身心投入。由于媒体的宣传报道,家长对孩子参加足球比赛也非常支持。

四、上海青少年足球发展的政策建议

(一)多途径宣传青少年足球发展理念

青少年足球直接关系到国家足球的未来发展,为中国足球梦奠定坚实的人才基础,因此,需要体育部门和教育部门根据各自的职责权限以及运动人才成长规律进行协同合作,共同促进青少年足球发展。党的十八大明确提出教育的根本任务是立德树人,党的十九大作出落实立德树人的战略部署,足球是立德树人的重要载体,开展校园足球的作用不仅仅在于锻炼身体或提高学生的运动能力,更重要的是通过与其他教育手段的协同作用促进学生全面发展。因此,发展青少年足球,首先是要确立正确的校园足球发展理念,培养青少年足球文化,让青少年爱上足球,并在足球运动中感受到运动的快乐。从这个意义而言,校园足球的根本任务是扩大足球在青少年中的普及程度,让大部分青少年接触足球、学习踢球,而不是成为少数青少年参与选拔足球苗子的活动。

当前"举国体制"和"应试体制"都是不利于校园足球开展的。这种思想的影响下,青少年球员要么在体育系统内过早接受专项化训练,如果最终不能成为顶尖运动员将意味着人生的失败;要么就是在教育系统中花费大量精力接受应试教育,始终保持较低的足球水平。校园足球的发展要学业与训练并重,对青少年球员的学业给予保障,确保青少年球员将来即使不踢球也可以适应社会。一切训练和比赛不能占用学习时间,在周末和节假日进行集中培训,成绩不合格取消训练和比赛资格。对于已经进行精英训练的足球特长生进行教练员和体育相关职位的训练,拓宽青少年球员发展道路。

(二)依法理顺青少年足球发展的协同机制

与西方发达国家相比,我国政府的跨部门协同从本质上来说是高度依赖纵向权威的"人治"协同,跨部门协同机制的法治化要素缺失。探索我国政府的跨部门协同法治化路径需要借鉴西方发达国家的经验,以法律法规的形式明确部门职责权限,以精细化的思路进行制度设计,建立整体性的法律制度协调机制。要解决青少年足球发展的协同机制困境,需要依法理顺相关利益主体以及政府不同职能部门的职责权限,具体而言,足球协会、校园足球联盟、足球俱乐部应该各自发挥优势,并进行资源整合。

上海市足球协会应发挥自身专业特长优势,为上海青少年足球人才发展提供方向性指导和专家人才指导。校园足球联盟可以通过举办或承办各类体育竞赛、体育表演等活动,以发挥校园足球的带头与引领功能。青少年足球俱乐部则利用自身培训特色,不仅要进行精英青少年人才的培养,同时还应引导学生课外参加俱乐部足球活动,从而丰富青少年校外的足球活动。

同时,我们还需依法理顺政府不同职能部门之间的职责权限,理顺部门关系,从而形成部门之间的协同。从西方一些国家的管理机制来看,教育部门负责构建校园足球普及体系、开发足球课程教材、构建特色校园足球赛事体系、构建青少年后备人才培养体系、加强校园足球师资队伍建设,体育部门负责足球人才队伍建设、引进优秀教练员运动员、引进足球赛事、与俱乐部合作建立足球队、与社会机构合作培养青少年球员。对于青少年球员的培养,要注意遵循其年龄特征,避免训练过早专项化。在小学阶段注重足球兴趣和基础技能训练,这个时期可以学习日本,训练一开始就以职业球员的动作标准教学,为以后标准的技术动作形成打下良好基础。初中阶段进行战术教学和个性化训练,增加比赛占比,进行11人制的大场地比赛,根据球员特点进行不同位置的训练。高中和大学阶段强化技术训练,要求动作的标准化,学会自我训练,注重球员的文化学习。由于有天赋的青少年在12、13岁就要进行提高性训练,因此可以在初中之前采取校园足球培养模式,在初中之后对优秀苗子采取在普通学校中学习,到俱乐部、足球班、体校中训练的培养模式。在普通学校中,可以通过设立精英足球班连接专业化训练和普及性训练。在训练费用方面,政府主要负责普及性训练,提高性训练由于专业化程度高,教练和设备等费用高,需要学校和家庭共同承担。日本每个球员每月花费大概1 200元人民币,中国许多家庭也负担得起。

(三)引导社会力量参与青少年足球

青少年足球发展水平高的国家,社会对足球的参与度非常高。在校内足球上,主要由学校进行普及性训练。而在校外足球活动中,可以运用行政手段,对社区和俱乐部进行财政支持,鼓励其对青少年进行校外的足球训练和竞赛,弥补校内训练的不足,发掘优秀人才。校园足球是一个非常庞大的工程,只靠政府、学校出资很难满足发展需要,必须调动一切社会力量参与其中,确保校园足球资金充足。

首先,学校可以通过与俱乐部或者社会企业合作,通过赞助、公益活动、合资建设场馆等方式,为校园足球提供资金。合资建设的场馆学校和俱乐部共同管理,平时向学生免费开放,在夜晚和节假日收费向社会开放。这样既解决了学校的资金问题,俱乐部通过派送教练到学校训练和选材也在一定程度上解决师资力量不足的问题。俱乐部通过与学校的合作,扩大自己的社会影响力,也扩大了自己后备人才的来源。

其次,政府可以通过行政手段调动媒体对校园足球比赛进行全方位报道,扩大校园足球的社会影响力,提高青少年球员的自我认同感和家长的支持力度,以此吸引企业和个人对足球比赛赞助,增加校园足球发展资金。现阶段发展青少年足球全靠政府推进很慢,需要社会参与。第一,政府要给培训机构更好的政策。第二,政府通过购买服务,培训草根教练,培育社会体育组织。第三,政府在一定范围内做公益性普及,超出范围交给市场来做。引导企业做公益,比如赠送装备、足球之类的活动,将公益市场化。第四,学校应该被视为社区的资源,学校场地向社区开放。社区管理委员会与学校合作,共同来建立开放机制,建立社区俱乐部。第五,建设足球学院,促进校园足球普及和教练员水平提高。

(四)进一步完善青少年足球发展政策

青少年足球管理体制的重大转型,一方面需要立法来予以理顺,同时还需要通过政策手段予以保障。上海市崇明区作为国家校园足球实验区,在这方面进行了有益的探索,其做法有推广价值:第一,实施了《学校体育活动期间人身意外保险》方案,对校园足球开展过程中的安全问题给予保障。第二,制定了详细的校园足球竞赛计划,保障校园足球比赛公平、有计划的开展。第三,提出了建设崇明足球县的目标,对体育行政部门、教育行政部门、政府的职责和任务进行了详细分工。体育行政部门负责足球人才队伍建设,引进优秀教练员运动员、引进足球赛事、与根宝基地合作建设青少年精英足球队;教育行政部门负责构建校园足球普及体系、开发足球课程教材、构建特色校园足球赛事体系、构建青少年后备人才培养体系、加强校园足球师资队伍建设;政府负责足球基础设施建设、推动校园足球普及提高、发挥根宝基地作用支持职业足球发展、促进社会足球改革。第四,在组织上成立校园足球工作领导小组,思想上宣传校园足球,扩大知晓率,经费上设立校园足球专项基金,保障校园足球顺利开展。第五,鼓励社会力量投入。鼓励企业和个人投资足球俱乐部、赞助足球赛事、建设足球设施和其他足球公益项目,企业足球队伍冠名费、赛事赞助费和公益广告费等支出,按照国务院和市政府政策,享受税费优惠政策。第六,建立激励机制,市体育局、市教委同社会第三方对崇明社会足球、校园足球发展情况进行年度评估,崇明区政府结合评估标准制定实施意见,建立激励机制,激励先进,树立典型,督促有关部门和单位高质量地贯彻落实工作要求。

参考文献

[1] 潘顶章.中日韩青少年校园足球资源管理之比较[J].浙江体育科学,2015
[2] 傅鸿浩.我国校园足球内涵式发展研究[D].北京:北京体育大学,2016
[3] 贺新奇.我国"校园足球"若干问题再探讨[J].北京体育大学学报,2013
[4] 毛振明.论"新校园足球"的顶层设计[J].武汉体育学院学报,2015
[5] 张辉.我国校园足球未来发展的注意问题——以我国首批校园足球布局城市学校足球发展情况为借鉴[J].北京体育大学学报,2016
[6] 何强.校园足球热的冷思考[J].体育学刊,2015
[7] 毛振明.再论"新校园足球"的顶层设计[J].武汉体育学院院报,2015
[8] 马剑,刘硕阳.中国足球,从头开始从根改起[N].人民日报,2015-03-02
[9] 胡贤龙.武汉市中小学校园足球比赛开展现状及对策研究[D].武汉:武汉体育学院,2015
[10] 张金娇.部分发达国家的学校体育发展方式及启示[J].武汉体育学院学报,2015
[11] 宁柠.中日青少年校园足球活动发展现状与对比研究[D].太原:太原理工大学,2016
[12] 彭玉娟.西班牙竞技体育后备人才培养特点分析[J].体育科研,2016
[13] 陈兴潭.中国与日本校园足球发展的比较研究[J].南京体育学院学报,2017
[14] 孙一.日本校园足球:发展与启示[J].上海体育学院学报,2017
[15] 李杰.从德国足球的成功经验探讨构建中国青少年足球人才的培养体系[J].中国学校体育,2017
[16] 浦义俊.西班牙足球发展回顾及崛起因素探骊[J].体育科研,2017
[17] 谭淼.基于中英比较视角的校园足球人才培养方略探析[J].沈阳体育学院学报,2016

[18] 王莹.中国与西班牙青少年足球培训体系的比较分析[J].吉林体育学院学报,2016
[19] 吉卫平.日韩青少年足球竞赛开展状况的研究[J].运动,2011
[20] 付海涛.日本校园足球竞赛体制分析及其启示[J].体育文化导刊,2017
[21] 张延安.我国校园足球未来发展中应当确立的科学发展观[J].北京体育大学学报,2015
[22] 梁伟.校园足球可持续发展的系统分析与评价研究[D].上海:上海体育学院,2015
[23] 胡庆山.校园足球热的审思——兼论中国青少年足球后备人才的培养[J].北京体育大学学报,2016
[24] 毛振宁.校园足球实施一年来的成绩、经验与问题——论"新校园足球"的顶层设计之四[J].武汉体育学院学报,2016
[25] 教育部官网.校园足球给中国足球开了人才成长新通道[BE/OL].http://www.moe.gov.cn/s78/a17/moe_797/201703/t20170315_299730.html.
[26] 教育部官网.2017年全国青少年校园足球工作研讨会举行[EB/OL].http://www.moe.edu.cn/jyb_xwfb/gzdt_gzdt/moe_1485/201705/t20170527_305952.html.

整合创新上海青少年业余训练体育科技服务资源的探索[*]

裴新贞

一、前言

随着现代科学技术的不断发展,人们对科学技术重要性的认识越来越深刻。"科教兴体"战略的提出和贯彻落实,更是将体育事业与科学技术紧密结合,成为实现"全民健身计划"和"奥运争光计划"的必由之路。青少年作为体育后备人才培养的主力军,是体育运动发展的基石,近年来随着国家高水平体育后备人才基地等平台的不断推进,青少年业余体育训练日益受到各方关注,体育科技服务也逐渐渗透其中,特别是以二、三线为主体的上海市青少年业余训练,依托区属体校逐渐形成业余训练体育科技服务体系。但随着业余训练对体育科技服务要求的不断提升,也暴露出一些体育科技服务资源不平衡、不充分的矛盾和问题,一定程度上限制了业余训练体育科技服务体系的完善。因此,了解和掌握目前上海市青少年业余训练体育科技服务资源现状,排摸影响体育科技服务体系完善的主要原因,进一步提出整合创新发展对策建议,对全面提升上海青少年业余训练水平和科学培养优秀青少年体育后备人才具有重要的积极推动作用。

二、理论研究概况

(一)青少年业余体育训练研究概况

青少年业余体育训练简称业余训练,是指青少年利用业余时间开展系统

---

[*] 本文作者单位:徐汇区第二青少年业余体育学校。立项编号:TYSKYJ2017039。

性、针对性专项运动技术的训练，是培养优秀体育后备人才的重要形式。业余训练作为奥运争光计划的重要基础性工作，既可为竞技体育提供优秀后备人才，亦可通过提供公共体育服务促进体质改善，推动全民健身发展，因此关于青少年业余体育训练方面的研究也较多。从以往有关专家的研究结果看，有关青少年业余体育训练和青少年体育后备人才培养的研究主要以单项研究和全国整体范围的研究为主，其成果主要体现在：对业余训练发展历程和现状进行了明确，提出了存在的问题和解决的对策和建议，特别是在体制改革上提出要进一步深化管理体制改革，大力提倡社会办业余训练；对业余训练的目标设置方面，指出要重新认识业余训练中竞赛与训练的关系，明确提出"淡化金牌意识、多出优秀人才"的观点；提高业余训练运动员文化素质和解决运动员的出路问题以及"体教结合"思路的提出与实践探索也是研究的重要方面；对开办业余训练试点中学、高校开办高水平运动队等进行了研究和探讨。

另外，还对一些具体问题进行了分析研究，如人们对不同单个项目的态度及认识对后备人才规模及培养方式的影响；职业化和非职业化项目在后备人才培养上的差异；不同地区在体育后备人才培养中的现状研究等。但单独围绕青少年业余体育训练中体育科技服务的研究较少，甚至几乎难以查到相关文献资料，说明这个领域还有待进一步研究探索。

（二）体育科技服务研究概况

体育科技实际上是体育科学和体育技术的总称。所谓体育科学，是指揭示体育领域内事物发展客观规律的知识体系。体育科学研究主要包括对体育哲学原理、体育社会科学原理及体育自然科学原理的探讨。其中社会科学原理方面，如体育在现代文明发展中所起的作用和地位、体育的各种功能以及体育团体特征等；而自然科学原理方面则主要聚焦在解释运动员产生最佳竞技状态的条件及如何最大限度延续这种竞技状态的方法等。而体育技术是指人们改变或控制运动训练、竞赛及体育科研、管理等环境（自然环境、社会环境、身体精神环境）的手段或活动。体育技术发明与创新是体育科技的另一个重要内容。

有关专家曾指出体育技术有狭义、广义之分。狭义的体育技术主要包括运动技术、战术等内容。广义的体育技术除了包括狭义的体育技术外，还包括运动训练技术、运动辅助技术、管理技术等内容。从近年来围绕体育科技服务方面的研究资料显示，从最初体育科技内涵、重要性以及服务途径、模式、组织形式等的研究逐渐转入到我国体育科技创新发展现状及对策研究和体育科研协同创新体系的研究上来。体育科技服务也急需进一步细化与深化，不断整合与协同创新。

三、上海青少年业余训练体育科技服务资源现状

（一）组织资源现状

要探讨上海青少年业余训练体育科技服务资源现状，首先要理清支撑业余训练体育科技服务的组织机构。从上海直接负责和间接影响区级青少年业余训练体育科技服务的组织机构框架看，主要由市、区两级政府组织机构组成，如图1所示，市级层面主要由三级组织机构组成：一层为上海市体育局统管，二层主要以市体育局科教处和青少处两个处室为主，三层为各处室分管的直属事业单位或者部门；而区级层面则因区属不同，具有二层或者三层组织结构的差异性，其中多数区属于三层组织管理结构，一层为各区体育局，二层为各区属少体校，三层为业余训练体育科技服务组、室或中心，但也有部分区属

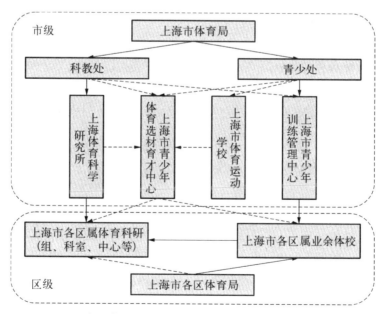

图1 上海市青少年业余体育训练体育科技服务组织框架图

于两层组织管理结构,如徐汇区和黄浦区,其体育科技部门不在服务的业余体校管理,而由区体育局或直属其他事业单位管理,从而形成两级组织管理架构。

从组织资源的管理路线看,单独科技管理一条线或训练管理一条线是比较清晰的(如图1中的实线),但在科技业务指导和服务方面却存在较多交叉情况(如图1中的虚线),特别是在科技管理和训练管理条线外单独成立一个体育科技服务机构,即上海市青少年体育选材育才中心,几乎对上对下都呈现联系状态,但又都不属于直接隶属关系,更似资源整合的雏形,整体呈现市区两级层面在业余训练体育科技方面的多元管理和服务态势。但据调研显示,虽然目前在业余训练体育科技组织资源方面已有多元组织机构,但在具体服务职能定位方面还未出台较完善的内部管理协作政策。因此整体看,上海青少年业余训练体育科技服务组织资源架构较为清晰,层级明显,但市级层面在出现多元组织资源后还缺乏细化的协作管理制度,而区级层面体育科技服务组织资源管理层次和形式的差异,也是影响业余训练体育科技服务质量的重要因素之一。

(二)人力资源现状

体育科技服务人力资源一般有狭义和广义之分。从狭义上讲,它主要指服务体育系统的科研人员,但从广义上讲,它应是所有为体育科研和体育科技服务的人才总称,包括所有科研人员但却又不仅限于科研人员。但由于本课题研究主要针对上海各区的青少年业余体育训练,考虑到科技服务体系完善程度不一,因此仅从狭义视角对各区体育科研人员现状作调研分析。

从来自上海选材测试人员名单库的调研结果看(表1),2017年上海16个区共有14个区47名在编在职体育科研人员入选名单库,还有松江和奉贤2个区没有体育科研人员入库。从各区服务青少年业余体育训练的体育科研人员数量看,最多的是黄浦和徐汇区,体育科研人员可达6～7人,而人数最少的区则仅有1人甚至完全没有体育科研人员,区域间呈现出较大的差异,可见各区对业余训练体育科技服务的重视程度亦不同。

从男女性别角度看,区属体育科研人员女性比例大大高于男性比例,接近1倍。其中6个区还出现仅有女性体育科研人员的情况,这可能与所服务的区属单位性质有关,但这样的比例结果可能一定程度上也会限制业余训练体育科技服务的广度。

从学历水平看,47名服务上海各区的体育科研人员全部为本科以上学历,其中 13 人为硕士研究生以上学历,占比 27.7%,还有 1 名为博士研究生,可见服务业余训练的体育科研人员队伍具有较高的文化层次,其服务质量理论上应还有较大的提升空间。

表 1　上海青少年业余训练体育科技服务人员统计表　　　　单位:人

区名	总数	性别		学历			职称				专兼职		
							专业技术						
		男	女	硕士及以上	本科	专科及以下	科研	教练	教师	医务	行政	专职	兼职
黄浦区	7	5	2	2	5	0	6	1	0	0	0	6	1
徐汇区	6	3	3	3	3	0	4	0	0	0	2	4	2
静安区	5	0	5	1	4	0	3	1	0	0	1	3	2
浦东新区	5	3	2	0	5	0	0	3	1	0	1	0	5
普陀区	4	1	3	2	2	0	1	0	0	0	3	1	3
杨浦区	4	1	3	2	2	0	2	2	0	0	0	2	2
宝山区	4	0	4	1	3	0	1	1	0	0	2	2	2
虹口区	3	0	3	0	3	0	2	0	0	0	1	2	1
金山区	3	2	1	0	3	0	0	3	0	0	0	0	3
闵行区	2	1	1	1	1	0	1	0	0	1	0	2	0
长宁区	1	0	1	0	1	0	0	0	0	0	1	0	1
青浦区	1	0	1	1	0	0	0	1	0	0	0	0	1
嘉定区	1	1	0	0	1	0	0	1	0	0	0	0	1
崇明区	1	0	1	0	1	0	0	0	0	0	1	0	1
松江区	0	0	0	0	0	0	0	0	0	0	0	0	0
奉贤区	0	0	0	0	0	0	0	0	0	0	0	0	0
总计	47	17	30	13	34	0	20	13	1	1	12	22	25

从职称情况看,理论上体育科研人员应该都是科研专业技术人员,走科研专业技术职称之路。但上海各区业余训练的体育科研人员却呈现出多态职称并存现象。47 人共涉及 5 种不同职称,分别为科研专业技术职称、教练专业技

术职称、教师专业技术职称、医务专业技术职称和行政职称。其中主要以科研(42.6%)、教练(27.7%)和行政(25.5%)三种职称比例为主,科研的专业技术职称呈现递增态势。另外,从进一步深入的走访调研中发现,20名走科研专业技术职称的科研人员初、中、高级人数分别为12人、8人和0人,目前只有黄浦、宝山、徐汇3个区设置了副高级科研专业技术岗位,其他区均未给体育科研人员设置高级科研专业技术职称晋升途径,而且目前各区对于中级体育科研技术人员的晋升要求不统一,途径不清晰,一定程度上限制了业余训练体育科研人员的服务热情和服务质量。这点从专兼职不足1∶1的情况也可以有所反映。

(三) 技术资源现状

技术资源亦有狭义和广义之分,狭义的技术资源主要是指服务体育科研的技术手段、仪器设备等,而广义的技术资源除了包括狭义的体育科研技术外还有运动训练技术设备、运动辅助技术设备、管理技术设备等。本文亦只从狭义角度对服务业余训练体育科技的技术资源作调研分析。从走访调研结果看,绝大多数区服务体育科研的仪器设备、技术手段主要以国家高水平体育后备人才基地的要求为标准进行配置(表2),但仪器设备的数量和质量各区间则参差不齐。特别是近年来随着各类统一测试、跟踪测试服务的不断增加,仪器设备使用率大幅提高,加快了仪器设备的老化和损坏。但在更新过程中却发现有些科研仪器设备无处可购,比如测量尺、反应时、注意力集中仪等。特别是反应时,由于原老式反应时受限于过去32位的电脑硬件设施,因此目前市场上新的64位电脑都无法安装老式反应时,导致目前全上海只有5个区共计6台老式反应时可用。虽然近两年已经有企业在准备研发一系列青少年体育科研仪器设备,但较长时间的研发与试用过程和较昂贵的仪器价格仍然是目前限制青少年业余体育训练技术资源储备的主要因素。

表2 国家高水平体育后备人才基地体育科研服务仪器设备标准

类 型	仪器设备名称
形态与素质	全套形态测量仪器
	身体成分分析仪
	学生体适能(或国民体质)综合测试仪

续 表

类　　型	仪器设备名称
生理生化	心率表
	血红蛋白生化监测仪
	血乳酸测试仪
	尿液分析仪
心理心智	运动员心理能力和状态诊断软件
理疗康复	神灯（TDP）诊疗仪
	微波治疗仪
	超短波治疗仪
疲劳恢复	桑拿浴房
	浴室

（四）信息资源现状

信息资源是指在体育科技服务过程中所涉及的一切文件、资料、数据、图表等信息的总称。从对各区的调研结果看，信息资源获取的主要途径基本一致，一般以培训、书籍、期刊、网络为平台。从培训角度看，上海市针对业余训练体育科技服务人员的培训主要以上海体育科学研究所组织的测试服务、骨龄评价培训等实用操作为主，而2017年年底则又出现以上海市青少年选材育才中心组织的以体能为主借力英国体能师的长期系统培训，培训内容有所增加，培训方式也在不断改善，但在理论培训以及长期、系统的继续教育培训方面则极度缺乏，包括书籍、期刊、网络等途径，虽然近几年确实在不断填补完善这片空白，包括由上海体育科学研究所组织业余训练体育科技人员编辑撰写《上海市运动员科学选材工作指导手册》《奥运项目教学训练大纲青少年选材育才研究》《运动员选材模型与评价标准》《青少年选材十大敏感窗口期研究》《上海市青少年运动员选材测试标准化工作指南》等书籍，上海青少年训练管理中心的"第一资讯"网络平台等，但在整合应用、实践创新方面还较为薄弱，这可能还是与目前业余训练体育科技服务体系不够系统和完善有关。

虽然各区间获取信息资源的途径基本一致,但拥有信息资源的内容和模式则大相径庭,调研分析后认为主要有以下三类:

一类是积极获取型,表现为以国家、市、区体育科技信息为主导,通过课题研究、会议研讨、走访座谈等多种途径获取前沿信息,再将理论研究与实践应用相结合,以跟踪服务、培训指导、设备更新等方式反哺本区体育训练,形成较好的良性信息吸收反馈机制。

另一类为被动接受型,其主要的直观表现是信息相对比较闭塞,较少积极主动获取相关前沿体育科技信息,也极少参与任何级别课题研究或学术研讨,只是被动接受市区所要求必须接收的信息,实际有效实用的体育科技信息资源缺失较多。

而介于两类中间的还有一类为全能导向型,所谓全能即指除了体育科技领域外,运动训练领域、行政管理领域统统涉足,态度表现上趋向于积极获取,但信息资源内容方面则倾向于广度,深度上不及积极获取型。这可能与各区体育科技人员的职称岗位设置有关。

(五)财力资源现状

财力投入是任何科技进步的前提保障,无论是科学研究还是技术创新都需要大量经费的支持和保障。纵观上海业余训练体育科技服务的经费投入,近几年有逐步递增的趋势。从科学研究领域,无论国家层面还是市级层面都提高了围绕青少年业余训练方面的课题经费支持力度,如上海市体育局科教处的"体育科技腾飞计划""体育科技雏鹰计划"等,均是倾向于青少年业余训练方面体育科学研究;而在科学技术领域,主要依托国家高水平体育后备人才基地和市级各类精英基地建设,业余训练的体育科技服务经费也日益增多。反观各区业余训练的体育科技服务经费状况,发现各区投入力度无论从科学研究还是科学技术设备方面都大大不同,除与对体育科技服务的重视程度有关外,更与前述所列的组织、人力、技术和信息资源密切相关,如组织管理框架的多重交叉容易造成经费支出单位的不明确;科研专业技术职称上升途径的限制影响科学研究的开展;信息资源的被动接收与缺乏影响经费的使用方向;等等,几类资源环环相扣,任何一类资源的短板都会影响和限制另一类资源的有效发挥,可见整合资源、创新完善业余训练体育科技服务体系已迫在眉睫。

四、上海青少年业余训练体育科技服务资源存在的问题

(一)组织机构多元交叉,职能定位不够清晰

组织机构的合理设置是保证整个业余训练体育科技服务体系各部分正常运行的有效保障。从目前上海业余训练市、区两级业余训练体育科技服务体系看,主要存在以下问题:

一是市级层面存在多元组织机构,且各自职能定位不够明确。虽然市级三层结构清晰,但在科研和训练两条管理链中存在多元业余训练体育科技服务组织机构,且从目前的调研结果看,处于三层的三所单位上海体育科学研究所、上海市体育选材育才中心、上海市青少年训练管理中心都对本市二线、三线的业余训练有体育科技业务指导和服务功能,从职能定位和职责分工上并未明确界定,缺乏责权利明确的协作管理机制,以致服务各区业余训练的体育科技需应对市级多层指导与服务,数据多线上报,监管多方管理,过度占用区级体育科技服务的人力、时间等资源,一定程度上降低了业余体育训练体育科技服务质量和管理水平。

二是区级层面业余训练体育科技服务组织机构设置与市级不同,且各区间在层级和职能方面存在显著差异。多数区的业余训练体育科技服务组织机构为三层机构,科研和训练统一由区体育局下属的业余训练运动学校管理,主要服务业余训练。但也有部分区的科研与训练形似市级构架,分属两条管理链,且其职能多元,除服务竞技业余训练外,还兼顾全民健身或其他行政管理职能,这虽在一定程度上拓展了区级体育科技服务范围,但由于职能的分化也影响了业余体育训练体育科技服务的聚焦。

(二)人才职称多态并存,晋升途径不够通畅

人力资源是第一资源,人才数量的多少、质量的高低将直接影响队伍的整体水平,而人才管理的好坏也直接关系到人才潜力的发挥。从上海业余训练的体育科技服务人才队伍看,整体呈现出总人数越来越多、学历水平越来越高、专业科研技术人员越来越多等良好态势,说明上海在业余训练方面已越来越重视体育科技服务工作,但在逐步重视发展的过程中也出现一些限制人才发展的问题,归纳主要有以下三方面:

一是科研专业技术职称岗位设置不平衡、不充分。调研结果显示,上海目前 16 个区只有 8 个区设置了专职科研技术人员岗位,仍有 8 个区缺乏专职科研技术人员或科研专业技术职称岗位设置,各区之间对业余训练体育科技服务的重视程度不同,各区之间的业余训练体育科技服务人力资源不均衡;另一方面在已设专职技术职称的各区中,只有 3 个区完善了初、中、高科研专业技术职称岗位系列,而更多的区只有初、中两级科研专业晋升岗位,随着业余训练科技人才队伍学历以及能力水平的不断提升,岗位设置的不充分越来越成为限制业余训练科技人才发展的突出问题。

二是科研专业技术职称晋升制度不完善。从走访调研的反馈结果看,虽然有一半的区已设置专职科研技术岗位与职称,但在评聘方面却呈现出不同的标准,如在初级升中级过程中,有的区依托上海市体科所的科研专业机构评定,有的区实行自评之后聘用,而有的区则完全实行只聘不评;又如在同级内部的职级晋升也无完善统一的标准,多数区在参照教练专业技术职称晋升标准来规范科研专业技术职称,市、区两级均缺乏规范统一的体育科技服务人才的科研专业技术职称晋升制度。

三是业余训练体育科技人才队伍分布不均。表 1 数据显示,目前上海各区体育科技服务人才无论在数量、性别还是岗位以及专兼职方面均呈现出分布不均现象。首先在数量上各区之间差异较大,一定程度上也反映出各区对业余训练体育科技服务的重视程度;其次在性别方面,男女体育科技服务人员比例失衡,一方面可能与事业单位具有的高稳定型与招聘考试难等更适于女性录用的特征有关,另一方面也可能与目前业余训练的体育科技服务内容较单一有关;最后是在岗位和专兼职方面也呈现出各区之间分布的不均衡性,特别是在岗位设置方面呈现出"五态"并存现象,且专职科研人员比例低于 50%,专业性、规范性程度偏低,一定程度上也是限制全市整体业余训练体育科技服务质量提升的因素之一。

(三)技术设备趋于老化,特色创新不够凸显

先进、精密的技术设备是体现体育科技含量的另一重要载体和平台。从目前上海各区业余训练体育科研技术设备的统计情况看,主要存在两个问题:

一是现有仪器设备较为陈旧,老化损坏较多。各区之间仪器设备种类差异不大,但数量差异较显著,这可能同样与各区对业余训练体育科技服务的重

视程度有关。

二是新型、高精尖且适用于业余训练的仪器设备的研发与应用推广较少。过去在人们的传统认知中,一般认为新型、高精尖的仪器设备都是应用于专业运动员,而业余训练运动员则不需要任何高大上的科研仪器设备。但随着科学化训练水平的不断提升,针对业余训练的科学选材育才也逐渐受到重视。但目前针对业余训练的高精尖科研仪器设备还相对较少,一方面可能因为专门针对业余训练的研发企业或人员缺乏,或在市、区层面鼓励研发和推广的政策稀缺或力度不足;另一方面也可能与业余训练体育科技人员引进先进仪器设备的意识和使用能力偏弱有关。

(四)信息服务意识较弱,继续教育不够系统

随着国家"互联网+"计划的广泛实施,信息传播途径越来越多元,传播速度也越来越快,知识和信息资源掌握的多少与快慢一定程度上将直接关系到科技发展和应用的好坏。因此纵观目前上海市各区业余训练体育科技服务的信息资源建设,相对其他资源较为滞后,主要表现在以下方面:

一是信息资源意识不足,特别是在获取信息的态度上,各区呈现出较大差异,即使是相对较重视业余训练体育科技服务的部分区,信息资源意识仍然较为淡薄,一定程度上影响了整个业余训练体育科技服务信息资源的滞后。

二是信息内容缺乏系统性,特别是通过培训获取信息的途径方面。无论是市还是各区都缺少专门针对业余训练体育科技服务人才的系统培训,如岗前培训、上岗培训或者继续教育培训等,这与缺少完善的业余训练体育科技服务体系有关。

(五)财力保障市区各异,研究投入不够充足

近年来从上到下纷纷加大了对青少年业余训练的经费投入,在体育科技服务方面也存在递增趋势,但仍存在各区经费投入不均衡、经费使用途径较单一等问题,特别是在经费使用途径方面,主要以测试和添置部分仪器设备为主,而与业余训练相关的体育科技培训以及研究等方面的经费则投入较少,一定程度上也限制了青少年业余训练的体育科学研究和技术创新。

五、整合创新上海青少年业余训练体育科技服务资源的对策与建议

(一) 整合市区体育科技组织机构,明确职能定位

上海业余训练体育科技服务体系呈现市、区两级组织机构,各级在组织架构方面有异同亦有优劣,围绕目前市、区两级组织机构存在的主要问题,从整合视角提出如下两点对策与建议:

一是理顺市级层面各类业余训练体育科技服务组织机构,明确职能定位。由于目前市级三层组织机构均涉及部分业余训练体育科技服务的组织管理职能,因此应逐步完善职能清晰、主副结合、各司其职的组织机构网络。同层之内明确各自职责,主次分明;上下层之间畅通管理层链,条线清晰;而对于介于各种组织之间的资源整合机构,如上海市体育选材育才中心,应进一步明确其在整个组织结构网络中的定位与服务对象、服务内容,并与其他市级业余训练体育科技服务单位如上海体育科学研究所和上海市青少年训练管理中心的职能定位相协调,做到各司其职、优势互补,切实起到将全市业余训练体育选材与体育育才充分连接的桥梁纽带作用,统筹兼顾。

二是规范区级层面业余训练体育科技服务组织机构,分类引导监管。首先应从市级层面鼓励和引导各区加强对业余训练体育科技服务体系构建的重视;其次是引导有条件的区构建与市级三层业余训练体育科技服务组织机构相对应的三层区级体育科技服务组织机构,通过逐渐形成一层区体育局、二层区体校、三层区体育科技服务和区业余训练的组织机构网络,促进市、区上下对口联动;再次是对于情况较为特殊的区,如黄浦、徐汇、宝山等,因均同时具有二层体育科技服务组织机构和三层业余训练组织机构,容易在市区上下层链对接和区内同层选材与育才过程中造成交叉管理和对接不畅,所以应结合各区实际从市级层面制定更加灵活的监管制度和联动政策,确保横向和纵向多网络的业余训练体育科技服务网络的畅通。

(二) 完善市区体育科技职称体系,理顺晋升途径

对于专业技术人员而言,完善的职称评聘制度和规范畅通的晋升途径是影响其工作活力、创新激情和潜力发挥的重要因素,因此若想构建完善的上海

业余训练体育科技服务体系,首当其冲的重要一环是完善市区体育科技职称体系,具体而言有如下两点建议:

一是从市级层面统一制定上海业余训练体育科技服务人员职称评聘制度。首先要从市级层面提升对业余训练体育科技服务人员职称体系的重视度。因为即使在 2017 年国家最新出台的《关于加强竞技体育后备人才培养工作的指导意见》中,除了提到应提高选材育才水平、明确体育科技服务要求外,并未像明确加强教练员队伍建设一样引导重视体育科技人员队伍建设,说明无论是上海还是国家层面对业余训练体育科技人员队伍建设的重视度仍有待提高;其次是制定出台规范统一的上海市业余训练体育科技服务人员职称评聘制度和政策,明确服务各区业余训练的体育科技人员的初、中、高级体育科研专业技术职称评聘标准,出台适用于各区体育科技服务人员职称晋升的指导意见,鼓励和引导各区加强业余训练体育科技人员队伍建设。

二是从区级层面加大业余训练体育科技服务人员的岗位层级设置。首先要完善各区业余训练体育科技服务岗位设置,增设科研专业技术岗位,在层级上要尽量与各区人社部门协调,逐步增设科研专业技术高级岗位,为业余训练体育科技服务人员提供更大晋升空间;其次在招聘业余训练体育科技服务人员时,应从性别、学历、专业等多方面综合考虑,尽量将选材与育才体育科技服务人员相结合,平衡男女体育科技服务人员比例,明确岗位职能要求,逐步实现各区业余训练体育科技服务人才队伍建设的均衡、协调发展。

(三)加快体育科技仪器设备更新,鼓励特色创新

在体育科技仪器设备资源方面,围绕目前调研发现的主要问题,提出如下两点建议:

一是从市级层面鼓励支持科研院校、研究所、企业对体育科技仪器设备加大研发和创新。及时掌握最新仪器设备动态,了解业余训练体育科技服务需求,结合青少年业余训练特点,明确体育科技仪器设备定位,定期制定体育科技仪器设备招标计划,利用多种宣传平台向社会企业或科研院所开展定向或非定向招标;也可通过课题研究途径,引导开展面向青少年业余训练的体育先进科技仪器设备的自主研发,从宏观政策上加强先进仪器设备研发导向意识和宣传推广意识。

二是从区级层面提高对先进仪器设备的应用意识和能力。各区应在国家高水平体育后备人才基地要求的必备体育科技服务仪器基础上,加大对先进

仪器设备的重视和投入,主动积极与市级层面形成互动,在反馈需求促进研发的同时,亦应结合单位实际情况,按比例投入购置先进仪器设备的经费;鼓励本区服务业余训练的体育科技人员外出参加培训或交流,创造先进仪器设备在青少年业余训练中的应用条件与平台,不断提升体育科技服务人员应用先进仪器设备解决选材育才实际问题的能力。

(四)转变体育科技信息服务意识,拓展系统教育

体育系统信息资源的相对滞后与前述组织资源、人力资源、技术资源以及经费资源等存在的问题都密切相关,在逐步解决上述目前上海业余训练中几种体育科技服务资源存在的问题基础上,体育科技信息资源方面还可从以下几方面完善:

一是从市级层面引导提升体育科技信息服务意识,创新信息服务平台。在形式上,应借助"互联网十"、大数据、生命健康大产业等计划,率先整合各行各业的前沿信息资源,开辟"互联网十体育"、数据体育等一系列信息资源路径,创新多种信息推广平台,加大对各区的宣传推广,引导各区加快提升体育科技信息服务意识;在内容上,应开辟主要针对青少年业余训练的信息资源,既要引进青少年业余训练选材育才方面的先进前沿信息,又要搜集整理各区实际选材育才中的真实信息,并与体育科技人员的岗前、上岗、继续教育等系统培训、职称晋升相结合,有计划有步骤地加以研究应用,形成信息双向传递、获取的良性循环。

二是从区级层面应转变传统体育科技信息理念,拓宽信息获取渠道。在市级层面的鼓励引导下,因尽早意识到体育科技信息服务的重要性,及早转变业余训练只需简单测试的理念,拓宽更多信息获取渠道,应用更广阔的科技服务形式,加强更深入的业余训练选材育才研究,形成良性信息环,从而更好地将体育科技服务于青少年业余训练。

(五)提升体育科技服务重视力度,加大研究投入

从经费资源角度讲,无论市、区都应在高度重视青少年业余训练体育科技服务基础上,加大对专项经费的投入力度,具体可从如下两方面落实:

一是在市级层面,首先应制定青少年业余训练体育科技服务经费投入、管理、监督制度,确保区级投入有据可依;其次亦应每年投入一定经费用于全市青少年业余训练体育科技服务体系的完善,鼓励做得好的区,带动做得不好的区,形成长效监管机制,逐渐实现各区业余训练体育科技服务的均衡发展。

二是在区级层面,首先应重视业余训练体育科技服务团队,加大对本区体育科技服务的经费投入;其次是要拓宽本区业余训练体育科技服务经费的使用范畴,除了购置先进仪器设备、开展各类选材育才测试外,也应与市级层面同步加大对业余训练体育科技服务队伍培养的投入,鼓励并支持本区体育科技人员参加各类业务培训,配套支持市局相关立项课题项目或设置以研究本区业余训练选材育才发展为主的专项体育科技研究经费等,多渠道多途径支持市区、区区合作项目,完善本区业余训练体育科技服务体系。

参考文献

[1] 李明.湖北省青少年业余体育训练的发展及改革对策研究[D].武汉:华中师范大学,2004

[2] 王怡.我国青少年业余训练发展困境与对策研究[J].西安体育学院学报,2015

[3] 王焕福,张立.体育科技的内涵及其服务于实践的途径[J].体育科学,1992

[4] 汪俊祺.科学研究与运动训练相结合的组织形式研究(综述)[J].体育科研,2000

[5] 金广江,杜世权.试论培养高级体育科技人才的新途径[J].武汉体育学院学报,2000

[6] 何培森,丛湖平.我国体育科技发展问题研究综述[J].中国体育科技,2005

[7] 董海军.科技对我国竞技体育发展的作用研究[J].体育世界(学术),2015

[8] 卢天凤,司虎克,王恩峰.竞技体育科技服务模式及影响因素[J].体育科研,2007

[9] 赵海兵.对我国体育科技创新发展现状与发展对策的研究[J].当代体育科技,2015

[10] 马运超,纪仲秋,孙晋海.基于开放式创新的我国体育科研协同创新体系及运行机制研究[J].北京体育大学学报,2016

依托移动互联网平台盘活上海校园闲时场馆以发展传统体育赛事的研究[*]

万 芹

一、前言

（一）研究目的与意义

2015年,中国体育人口已达到约4亿人。进入21世纪后,中国体育人口增速明显,这与中国综合国力高速增长密不可分,越来越多的人群参与到体育活动中来。

目前,我国各类体育场地设施已经超过100万个,多数体育场馆是在学校,由于种种原因,校园对社会开放的体育场馆依旧相当有限。2017年2月3日,教育部、国家体育总局联合印发了《关于推进学校体育场馆向社会开放的实施意见》(以下简称《意见》)。《意见》要求,到2020年,要建设一批具有示范作用的学校体育场馆开放典型,通过典型示范引领,带动具备条件的学校积极开放,使开放水平和使用效率得到普遍提升；基本建立管理规范、监督有力、评价科学的学校体育场馆开放制度体系；基本形成政府、部门、学校和社会力量相互衔接的开放工作推进机制,为推动全民健身事业,提高全民身体素质和健康水平作出积极贡献。同时,要求把学校体育场馆开放作为贯彻落实《"健康中国2030"规划纲要》和《全民健身条例》的重要举措。

现如今,随着智能手机以及移动互联网的发展,智能终端技术的不断提升,手机应用APP为人们的生活提供了无限的便利。体育APP是新媒体数

---

[*] 本文作者单位：上海应用技术大学。立项编号：TYSKYJ2017032。

字科技时代下的必然产物,已然成为社会体育人口手机里必然安装并经常使用的应用程序。为了积极响应教育部和国家体育总局的这一号召,针对校园闲时场馆的资源共享、切实提高校园场馆的科学使用率以及吸引社会资源入学校协助承办赛事的研究是当前我国社会体育研究的热点。依托移动互联网平台盘活上海校园闲时体育场馆以发展传统赛事的研究将大力促进校园与社区的密切联系,特别将推动学校、社区相结合的体育公共服务网络体系的建设和发展。校园体育场馆向公众开放将为上海全民健身事业开发新的发展路径,实现我国学校体育资源的深度开发和充分应用,将上海群众体育事业推向一个新的高度。

(二)研究视角与方法

1. 研究视角

本研究立足于我国社会体育多维发展视角,依托移动互联网应用平台,整合上海现有学校体育场馆与社会资源,结合教育部与国家体育总局联合印发的《关于推进学校体育场馆向社会开放的实施意见》,探索适合我国国情、符合上海地方特点的运动与赛事推广模式,为上海乃至全国校园体育场馆的合理高效利用与赛事推广提供一份可行性、决策性的操作建议。

2. 研究方法

通过文献资料法、专家访谈法、理论分析法、案例研究等方法,收集并整理近代不同国家有关校园体育场馆向社会开放的成功案例,对移动互联网体育APP运用现状等方面进行多角度多维度地访谈,整理社会体育资源,对所搜集的相关资料进行归纳整理,相关数据运用Excel或SPSS统计软件进行数理统计分析,最终完成研究结果。

二、基本现状

(一)关于学校体育场馆的开放与管理

经过近阶段大量文献资料检索与查阅发现,学者们针对学校体育场馆对外开放的现状已经有了较深入的调查。关于学校体育场馆对外开放的管理对策的研究主要涉及完善高校体育场馆开放运营的规章制度;引进专业管理团队,推进场馆专业化运营管理;丰富运营模式,提高使用效率和效益;制定合理的开放计划和收费标准;充分利用国家财政支持高校体育场馆开放政策等方面的探讨。

(二) 关于运用于体育方面的手机客户端的调查

国内外学者对当今智能手机的体育客户端的传播优势、发展现状方面做了全面的分析,对推广策略方面也做了内容营销、品牌营销方面的深入探讨。目前,相对主流的手机 APP 功能或是偏重于运动轨迹和数据记录,或是集中于手机观摩体育比赛、体育资讯以及个人运动分析,而涉及智能搜索校园健身场馆并通过手机应用进行场馆预定、参加传统体育赛事的体育类应用却鲜有触及。

(三) 关于校园承接社会赛事的研究现状

我国体育行业赛事资源分析研究显示,上游赛事资源的运营公司整合了俱乐部目标受众与赛事资源,负责常规性赛事的组织以及商业化的运作,如"中超联赛"。社会资源协助学校承办社会体育赛事的研究主要涉及理论分析,如资源优越性、配置的合理性的分析;有的研究在于推广全民健身,促进校园与社会之间的体育文化交流,发展体育文化建设优越性的分析,而针对依托移动互联网平台整合社会资源协助校园承办社会及校园赛事的具体操作研究却也鲜有呈现。本项目的研究必将对校园体育与社会体育的多维合作、学校体育设施与全民健身资源优势互补,以及上海市全民健身的发展起到积极的促进作用。

三、结果与分析

(一) 利用移动互联网平台的优势

说到移动互联网就不得不提到平板电脑。平板电脑也叫平板计算机(英文:Tablet Personal Computer,简称 Tablet PC),2013 年由比尔·盖茨提出。这一年以平板电脑为主的移动便携数码设备的销售量超过了 PC 个人电脑,改变了过去那种 PC 独揽数码消费市场的局面,同时也被称为后 PC 时代的产品。伴随着智能手机功能的提高,逐渐代替了以通话和信息为主的传统手机,如今,智能手机已经成了电脑的浓缩版,几乎与平板电脑功能相似,还可以登陆各种手机 APP 客户端或网站浏览、查询、收发邮件、理财、网购等。

2016 年移动设备总数持续攀升，总数达 10.7 亿台。Android 设备总数从 2015 年的 6.6 亿台提升至 7.3 亿台，iOS 设备总数从 2015 年的 3.0 亿台提升至 3.4 亿台。截至 2017 年 2 月，iOS 应用数量突破 220 万台，Android 应用数量超过 300 万台。

2016 年，在"互联网＋"战略的推动下，移动互联网与越来越多传统行业的结合更加紧密，用户使用移动互联网的工作场景、生活场景、消费场景都在悄然发生着改变，移动互联网产品在智能硬件、医疗、汽车、旅游、教育、体育等市场也都在不断探索新的可能性。

移动互联网为什么发展如此迅速，优势有三：

1. 便携性

现在的人手机等移动设备几乎不离手，移动终端具有先天的便携性，并且以其功能优势吸引着所有的用户，不仅简便，而且易操作。

2. 准确性

在众多的目标人群中，借助手机客户端，APP 下载安装或者关注微信公众号，通过精准匹配将信息实现四维定向（时空定向、终端定向、行为定向、属性定向），传递给与之相匹配的目标群体，可以准确地定位到你所要寻找的目标。

3. 低成本

随着智能手机、4G 网络的普及，移动互联营销的优势日渐明显。通过移动互联网平台整合资源、拓展市场的成本大幅降低，移动手机客户端和微信公众号逐渐成为企业提升竞争力、拓展销售渠道、增加用户规模的新手段，并受到越来越多企业的关注。由于移动终端用户规模大，不受时间和地域的限制，以其快捷、廉价、覆盖面广的特点迎合了时代潮流，并满足了形形色色用户的需求。

（二）移动"互联网＋"时代给体育以契机

1. 体育移动互联网应用的发展

体育类移动互联网应用是为了满足各类体育爱好者需求的移动应用产品。在新媒体数字科技时代下，体育 APP 也逐渐壮大发展起来，优迈体育认为，体育 APP 是智能手机上的第三方应用程序，常见的体育 APP 有新浪体育、腾讯体育等。因为这些 APP 的存在，让体育日益与民众贴合，人们关注的信息方式也得到了改变，逐渐的改善起来，人们能够更及时、更便捷、更自主地接收体育信息。通过在 APP Store 或者安卓系统的应用宝中进行查找可以发现,首个体育 APP 出现在 2008 年 7 月 11 日,是一款名叫 Rallye Timer 的有着赛车计时功能的体育 APP。这款 APP 的主要功能是用于对比赛的计时。目前,各大移动应用商店中,如 APP Store、Google Play、Windows phone 各商城中都包含对体育的分类,成了体育类移动互联网应用的最主要来源。2010~2011 年,体育 APP 数量的增长率为 279.5%,已经大大的超过了移动应用商店整体 APP 的平均增长率。截至 2013 年初,体育移动应用的数量已经达到 44 888 款。

体育 APP"新浪体育"在 2013 年 4 月上线,仅半年时间就累计了 370 万户的活跃用户,成为 APP Store 中排名第一的体育资讯类 APP。随着体育移动互联网应用市场规模的不断扩张,体育移动应用的数量会不断增加,其功能也会更加细分,更好地满足体育爱好者的体育消费需求。

2. 体育 APP 的主要分类

不同用户有不同的需求,在此以用户需求为核心,按照用户需求不同以及自身内容的不同来分类,分成两类:

(1) 新闻类体育 APP。新闻类体育 APP 指的是"新浪体育""虎扑体育"等以体育新闻为主要内容的、多以体育互联网站同一运行的一类 APP,他们大多数是由传统互联网媒体转型而成的,他们拥有丰富的媒体经验和传播基因,所以从大型互联网 APP 转型的媒体,都有统一的风格、相同的特性和用户重复的特点。

(2) 服务娱乐类 APP。服务娱乐类的 APP 又可以细分为搜索引擎类体育 APP(场馆、健身设备)、体育教学类 APP、专业运动类 APP、体育游戏类 APP 等。服务娱乐类的 APP 体育中,搜索引擎类体育 APP,就像咕咚体育,是抓住了用户想要运动场地和需要运动设备的需求,而做的具有定位功能、查找功能、共享功能的 APP。体育教学类 APP 以互联网已经有的视频和百科内容为主,为用户提供体育信息资源,专业运动类 APP 以制作内容为主,将来源于互联网的相关材料整合生产成全新的信息资源,从而用于 APP 传播。

生活节奏越来越快的社会现状,驱使着更方便、更快捷的各类手机工具的推出。以前大多数用户获取信息的手段比较单一,而如今各研发团队都进行大数据分析,洞察市场,抓住用户需求,不断的调整 APP 的发展战略。像有些运动 APP,抓住了用户在户外运动跑步时候的点,这个痛点就是户外跑步路线设置和记录。在此基础上又加上了一些社交化的元素,如手机的定位系统,找附近同伴等等,使得 APP 不但拥有专业性的功能,而且有着更生活化的用户体验,从而有效保持了 APP 的用户增长和良性发展。

(三) 运用互联网管理学校闲时体育场馆的优越性

资源的有效利用和合理分配是体现其使用价值的标杆,互联网技术在体育场馆网络平台的运用,正是为体育场馆资源的有效利用和合理分配提供解决方案。"互联网+"体育的推出使各种运动软件迅速风靡全国,各省市软件开发公司都在积极寻求更好的软件应用于体育行业的发展,政府也看到这一点,期望能找到更好的解决体育场馆资源利用问题的方案,盘活体育场馆资源,实现资源共享。"互联网+"、移动互联网、互联网思维、大数据等的提出,促进了体育产业的发展,也推动着学校体育场馆在互联网背景下的发展。

运用互联网管理学校闲时体育场馆的优越性主要体现在:

1. 便捷性

运用互联网管理学校体育场馆相对传统管理方式,互联网植入体育场馆管理最明显的特点就是便捷性,这样的方式非常有利于合理安排校园闲时场馆。最简便的方法就是开发个微信公众服务号,校方可以在相应公众号上发布校园闲时空闲场地与时间,关注平台的赛事组织方可以看见所有开放的学校场馆信息,了解收费标准,网上完成定金支付,足不出户完成赛事的场地预定;在互联网平台完成支付,操作便捷,不需要专人收款结算。而且,互联网数据可以监控到每笔交易的动向,减少出错率,给学校体育场馆财务管理系统带来极大的便捷性。

2. 实时性

实时性主要体现在以下两个方面:

(1) 场馆预定信息的实时性。可以通过互联网公布校园闲时场馆信息,这样组织方就可以随时看到场馆预定状态,便于选择适合的赛事时间段。

(2) 场馆活动信息的实时性。由于互联网的日益普及与广泛使用,如今相当程度的赛事信息都是通过手机客户端、网站等方式宣传出去,用户不仅可以第一时间获取这些信息,还可以实现网上报名、缴费等。2017 年"卡拉卡尔杯"第一届上海海湾高校羽毛球联赛的报名就是通过微信公众号平台直接录入,赛事信息都是在微信公众号里进行通知和宣传,包括秩序册、成绩等,非常简便,一目了然。

3. 高效性

人民生活水平提高,生活节奏加快,时间也更加宝贵。校园体育场馆互联网的融入给各方都节省了时间,提高了效率。绝大多数企事业单位都会组织员工的运动会以及各种赛事,但总是苦于没有体育场馆,如果建立一个线上渠道,把赛事主办方与有适宜体育场馆的各学校都在同一平台上进行匹配,利于他们双向选择,不仅节约了人力,更节约了物力财力,以及宝贵的是时间,这就是高效性的体现。

(四) 制约当前校园闲时场馆开放的因素

近年来,上海教育部门积极响应国家的号召,在学校场地开放上做了大量的工作,让很多市民获得了就近锻炼的福利。调查数据显示,学校体育场馆的开放已经达到85%以上,但在实际运行管理中还是遇到了一些制约因素。

1. 安全隐患

安全隐患既包括人身安全隐患,也包含财产安全存在的安全隐患。对人身安全的威胁除了因对外开放,校园内可能混进不法分子对在校学生的安全造成威胁外,还包含在具体的体育运动中可能发生的人身伤害事故。这些伤害事故造成的原因可能是锻炼者器械使用不当,也可能是学校的体育设施疏于检修而未达到安全标准,还可能是校外人员由于对运动知识的缺乏而运动不当,再可能是不可预料的身体突发健康状况,等等。另外,在运动时,随身携带的财物会顺手放到场地周边,全身心投入运动之中,或许就给了图谋不轨者以可乘之机,从而造成未来一系列的安全问题。

2. 管理薄弱

学校体育场馆设施对外开放很重要的一点就是管理,有效的管理才能把风险降到最低甚至创造效益。由于学校的本职是教育教学,教师平日已有繁重的教学训练任务,如果由教师担任闲时场地对外开放的管理者的话,教师的工作量将额外增加很多。而且,绝大多数教师也缺乏专业的管理知识与经验,可能不仅不能提升管理运营的效率,还容易让学校陷入事故责任的麻烦之中。目前,上海有相当多的学校已对外开放了体育场馆设施,但在对外开放的管理问题上却鲜有相关制度予以规范。

3. 经费短缺

目前建设学校体育场馆的主要经费是由地方政府财政拨款,上海绝大部分学校的经费预算投入到科研项目和教学成果的比重较大,体育场馆在维护上的投资也远低于教学楼、图书馆等基础设施的投资。而且,学校的体育维持费大都用于教育教学、运动队训练、校内外体育竞赛的参与,以及运动设备的正常维修保养和体育场馆的维持。学校体育场馆设施的对外开放意味着它的使用频率一定会大幅增高,从而导致器械相应的耗损,使用寿命缩短,在这方面,学校则需要投入更多的费用维修甚至更换运动器械与设备。另外,课余闲时间以及节假日开放的话,需要各方人力与水电等额外的能源供给,这将是一块相当大的财务支出。然而,学校体育场馆的维持经费原本就相当有限,势必造成经费短缺。

(五)开放学校闲时体育场馆的必要准备

校园体育场馆向社会开放一定要坚持政府统筹,多方参与。以政府为主导、以学校为主体,加强部门协作,引导社会力量积极参与,形成加快推动学校体育场馆向社会开放的政策体系。根据地方、学校实际情况,加强分类指导、稳步推进,分批分阶段推动实施,形成健康有序的学校体育场馆开放格局。

根据《全民健身条例》要求,公办学校要积极创造条件向社会开放体育场馆,鼓励民办学校向社会开放体育场馆。从操作的具体层面上,必须做好充分的准备,才能在保证安全有序的前提下响应国家号召,切实推进学校体育场馆闲时向社会开放。

1. 闲时开放体育场馆的学校必须具备的基本条件

(1)学校体育场馆要有健全的安全管理规范,明确的责任制度,以及完善的安全风险防控条件、机制及应对突发情况的处置措施和能力。

(2)学校体育场馆闲时有向社会开放的容量。

(3)学校体育场馆、设施和器材安全可靠,符合国家安全、卫生和质量标准及要求。

(4)学校有相对稳定的体育场馆设施更新、维护和运转的经费,能定期对场馆、设施、器材进行检查和维护。

2. 明确闲时场馆开放时间

所谓闲时场馆就是在教学与校内体育活动时间之外时间段的体育场馆。在课余时间和节假日首先优先向学生开放,在保证校园绝对安全的前提下向社会开放,可实行定时定段与预约开放相结合。学校体育场馆向社会开放的时间应与当地居民的工作时间、学习时间适当错开。国家法定节假日和学校寒暑假期间,学校体育场馆可以适当延长开放时间。开放具体时段、时长由各校根据实际情况予以明确规定。

3. 明确闲时场馆使用对象

学校闲时体育场馆的开放依旧主要面向本校学生、学区内学生,同时也辐射到学校周边社区居民和社会组织。学校应根据体育场馆面积、适用范围和开放服务承受能力,合理确定开放对象范围和容量。

4. 统计并报备可用于闲时开放的场馆

无论是室外场地(如田径场、风雨球场等)还是室内场馆,有条件在闲时开放场馆的,由各校统计,并向上级教育行政部门报备确认。对于高危险性体育项目场地,由区级人民政府根据当地实际情况制定开放名录。

(六)依托"互联网+"利用学校闲时体育场馆开展传统体育赛事的实施畅想

通俗地说,"互联网+"就是"互联网+各个传统行业",但这并不是简单的两者相加,而是利用信息通信技术以及互联网平台,让互联网与传统行业进行深度融合,创造新的发展生态。它代表一种新的社会形态,即充分发挥互联网在社会资源配置中的优化和集成作用,将互联网的创新成果深度融合于经济、社会各域之中,提升全社会的创新力和生产力,形成更广泛的以互联网为基础设施和实现工具的经济发展新形态。2015年7月4日,国务院印发《国务院关于积极推进"互联网+"行动的指导意见》。2016年5月31日,教育部、国家语委在京发布《中国语言生活状况报告(2016)》。"互联网+"入选十大新词和十个流行语。

当前,互联网产业已经悄然渗透到了各个领域,包括体育产业。体育产业近年来如雨后春笋般快速成长起来,例如咕咚运动、乐动力等带领的跑步健身方面;还有乐视、爱奇艺、PPTV等体育直播。而在传统体育赛事的组织方面,完全可以依托互联网解决社会场馆少的局限性,通过第三方平台将各校园的闲时场馆与传统赛事无缝衔接,这样既解决了社会场馆的紧张问题,又相应地提高了校园闲时体育场馆的利用率,为全民健身的切实实施开辟了快捷通道。为了保证校方利用闲时场馆安全高效地承接传统赛事,具体实施如下:

1. 实施开放人群准入制度

场馆开放的具体实施部门可以根据情况,实行开放对象信息登记和准入证件发放制度,提出健康管理和安全使用场馆设施的基本要求,明确各方责任,上报教委备案登记。作为赛事组织单位的策划人有了赛事初步构想就可以通过市体育局委托指定的第三方专业组织,由第三方公司与赛事组织方一起协商完成赛程方案,经双方认可签字后由赛事组织方联络员将报名微信公众号推荐给参赛选手,并附上报名流程。进而启用体育赛事微信公众平台录入参赛者个人信息,从而建立其个人档案。采用微信公众号报名的方式非常简便,参赛者只要戳戳手机就能轻松完成报名。对于校方,可以要求参赛者持证入校,做好身份识别,以确保校园安全。微信公众号平台个人信息录入步骤如下:

(1) 打开微信公众号(图一);
(2) 点击右下角"我的"(图二),即看到"个人中心"(图三);
(3) 点击头像,可以看到"个人信息"(图四);
(4) 信息填写完毕后点最下面一行的"保存修改"(图五)。

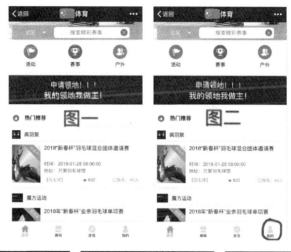

2. 明确赛事报名的收费标准

学校体育场馆可根据不同群体以及不同赛事采取免费、优惠或有偿开放的方式,有偿开放不能以营利为目的。根据《全民健身条例》规定,学校可以根据维持设施运营的需要向使用体育设施的开放人群收取必要的费用,收费标准应经当地物价部门核准,并向社会公示。对青少年学生、老年人、残疾人等原则上实行免费。

在此,以收费赛事为例讲解操作步骤(如果参加的是免费赛事,本步骤可以略过):

(1)进入"个人中心"(图三),点击自己头像下面的"余额",可看到"我的钱包"(图6);

(2)点击"充值",进入"在线充值"界面,按需充值(图七)。

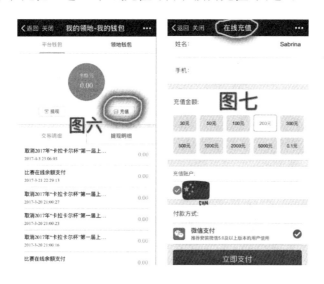

3. 规范赛事报名程序,形成稳定的运营模式

学校要积极探索体育场馆开放的运营方式,建立适合大环境需要的运营模式。对于校内竞赛和兄弟学校的友谊赛以及联赛,鼓励学校开展以学校管理为主的运营模式;社会团体、企事业单位及各俱乐部的比赛,应探索建立通过政府购买服务、委托第三方专业组织运营的模式。有经验的第三方专业平台体育资源丰富,通过一次次承办赛事,把各个体育活动俱乐部、赛事单位成员等注册成为其 VIP 客户,在微信公众平台上构建一站式体育运动配套服务,使该平台不仅仅是个参赛运动员赛事报名的工具,而且以此为切入点,再围绕这个工具开发如体育保险、体育产品、体育培训、体育新闻、经典赛事欣赏、各类体育赛事的报名,以及体育旅游等一系列的各种增值服务,有助于培养运动兴趣,塑造运动达人,使之爱上这个平台,形成相对稳定的运营模式。

现在来看看通过微信公众号进行赛事报名的途径：

(1) 进入微信公众号主页，在最下面一行点击"发现"，就可以看见其主界面(图八)。

(2) 点击第三个图标"赛事"(赛事活动在线报名)，即可看见左上角的"全国"地点选择和"赛事类型"、"赛事状态"两个分界面(图九)。

(3) 点击左上角"全国"，然后会出现地点选择对话框，可以向下滚动选择城市(图十)。

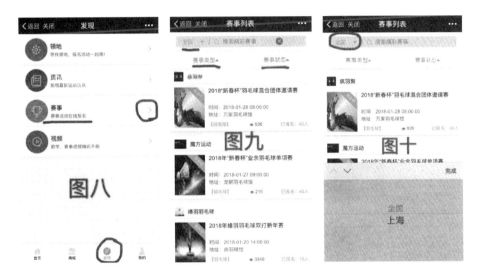

(4) 点击图九的"赛事类型"，可以看到不同项目(图十一)。随着赛事规模的壮大，项目设置会越来越多，网上报名路径就在于此。

(5) 点击图九的"赛事状态"，可以清晰地看到正在报名、正在进行和已经结束的链接(图十二)，想要了解详情的话只要轻轻一点，一目了然。

(6) 报名参赛的具体实例：

点开(图十三)的2018"新春杯"羽毛球混合团体邀请赛可以看到，截至此时，报名人数已经有40人，有941人访问过此页面，我们可以清晰地看到比赛时间和比赛地点，在最下面一行可以看到"报名截止"时间以及一个团体报名参赛的费用。点击右下角的"报名"，可以看到赛事报名信息(图十四)，参赛领队或者教练可以在微信公众号上轻松完成团队的报名和缴费工作。竞赛规程不清楚的话还可以点击(图十三)中间的"竞赛规程"，便会有下拉框呈现。如果还有任何疑问，也可以从(图十三)的界面上电话联系主办方。因此，只要戳戳手机就可以轻松完成。

通过这样的专业团队来协助承办赛事，不论是对于主办方还是承办方来说，都省时省力，且专业高效。另外，预定场馆也可以换个方式，即让用户发出运动项目、时间、地点这主要的订场需求，系统再对用户相应需求智能匹配合适的商家，由匹配好的商家自主回复短信进行竞价，再由用户自主筛选商家，这种方式在满足用户需求的同时也保障了场馆的价值。不过这种方式就需要商家和用户有更积极的互动性和参与性。

四、结论与建议

（一）结论

第一，校园体育场馆闲时向社会开放是大趋势，但安全隐患不容忽视；

第二，校园体育场馆的管理方式依旧传统，管理人才匮乏；

第三，运用移动互联网平台在校园闲时场馆组织传统赛事简便可行，值得大力推广。

（二）建议

1. 积极推进风险防控和安保机制建设

各教育、体育部门要协调当地公安、医疗等部门建立健全有关加强学校体育场馆开放安全保卫方面的工作机制，加强场馆开放治安管理和安全保障。学校要协调周边社区和街道制定具体场馆开放的安保实施方案和突发事故紧急处置预案，落实安全风险防范措施，加强开放时段治安巡查，做好场馆开放后的校园安全保卫工作。要严格按照《教育部关于印发〈学校体育运动风险防控暂行办法〉的通知》（教体艺〔2015〕3号）的要求，根据体育器材设施及场地的安全风险进行分类管理，防范和消除安全隐患。推动人民政府根据国家有关规定为开放学校购买专项责任保险，鼓励引导学校、社会组织、企事业单位和个人购买运动伤害类保险。

2. 加快学校场馆开放管理人才队伍建设

各教育和体育部门应该组织学校体育场馆开放管理人员进行相应的业务培训，发挥其在活动组织、技术指导等方面的优势。高等学校更要加强体育场馆管理人才的培养，为体育场馆开放工作提供人才储备。

3. 加强学校体育场馆设施建设

要加强公共体育设施建设的统筹和规划，积极为学校体育场馆向社会开放创造条件。教育部门要按照要求，加大学校体育场馆设施建设力度，加强规范体育场馆设施在学校的建设，积极为学校体育场馆向社会开放创造条件。

4. 加大学校体育场馆开放经费投入

各教育部门要加大学校场馆设施建设与开放的经费投入，多途径筹措经费，不断改善学校体育场馆设施条件，支持学校体育场馆开放。各体育部门要根据实际情况,安排必要的资金,支持学校体育场馆对外开放所致场馆日常运转和设施设备维修。允许开放场馆学校收取相应的费用,所收取的费用,要严格按照财务制度进行规范管理,主要用于补贴设施运营与值班人员的加班费的发放。

5. 积极推进体育场馆开放信息化建设

要加强体育场馆开放的信息公开工作,通过多种方式,公开场馆开放的时段、区域、项目和相关服务,公告使用体育场馆的程序、途径和办法。建立场馆开放信息统计和上报制度,及时向上级主管部门提供体育场馆开放有关信息。充分发挥"互联网＋场馆开放"技术创新,建立体育场馆开放的信息化综合平台,使信息采集、信息共享、动态监控、用户评价等多种功能一体化,实时显示体育场馆开放工作情况。

6. 通过第三方平台组织赛事报名,并与各校园的闲时场馆无缝衔接

在传统体育赛事的组织方面,可以依托互联网平台将校园与赛事组织单位对接,有效解决社会场馆少的局限性,这样既解决了社会场馆的紧张问题,又相应地提高了校园闲时体育场馆的利用率,为全民健身的切实实施开辟了快捷通道。

参考文献

[1] 周菀菀,罗璇.体育 APP 发展现状与推广策略[J].体育文化导刊,2016
[2] 撒忠伟,等.高校体育场馆对外开放现状分析[J].科学与财富,2015
[3] 钟天朗.体育经营管理[M].上海:复旦大学出版社,2004
[4] 李燕秋.高校体育场馆的经营管理[J].淮北煤炭师范学院学报,2004
[5] 曹可强,俞琳.论体育公共服务供给主体的多元性[J].体育学刊,2010
[6] 张丽丽.论高校体育场馆对群众体育发展的影响[J].体育世界,2007
[7] 蒋金文,孙莹莹.学校体育场馆对外开放的利弊分析与对策[J].科技信息,2010
[8] 盘活资源的重要举措——学校体育场馆向社会开放[N].中国体育报,2007
[9] 付少亮.学校体育场馆开放三难题[N],中国教育报,2007－09－11
[10] 刘璐,李峰.学校体育场地设施向社会开放的困境与现实路向研究[J].沈阳体育学院学报,2016
[11] 辛双双,陈林会.学校体育场馆向社会开放的现状及对策研究[J].西安体育学院学报,2007
[12] 俞富根.学校体育场馆向社会开放的现状与对策研究[J].运动,2010
[13] 2014 年 1 月移动体育资讯类 APP 数据分析 [EB/OL]. [2014－05－01]. http//sports.sina.com.cn/2014－01－23/1711699－4352.shtml.

上海青少年业余篮球俱乐部现状调查与发展对策研究[*]

李欣欣　毕　强　谭晓缨　兰恒进

一、前言

(一) 选题依据

青少年是民族的未来,增强青少年体质,促进青少年健康成长关系到国家和民族的强盛。自1995年国务院颁布《全民健身计划纲要》以来,社会各界非常重视青少年的体育健身活动,明确提出加强体育课和课外锻炼的重要部署,增进学生的身体健康《全民健身计划(2016~2020年)》要求"将青少年作为实施全民健身计划的重点人群,大力普及青少年体育活动,提高青少年身体素质,掌握运动技能、培养锻炼兴趣,形成终身体育健身的良好习惯"。《体育发展"十三五规划"》中提出:"创建国家示范性青少年体育俱乐部300个,国家级青少年俱乐部6 000个"。由此可见,在新时期下,国家依旧重视青少年体质,重视青少年俱乐部的发展。

2015年12月在国务院下发的《关于加快发展体育产业促进体育消费的若干意见》中指出,要使产业体系更加完善,健身休闲、竞赛表演、场馆服务、中介培训、体育用品制造与销售等体育产业各门类协同发展,产业组织形态和集聚模式更加丰富,产业结构更加合理,体育服务业在体育产业中的比重显著提升,体育产品和服务层次更加多样,供给充足。业余青少年篮球俱乐部作为体

---

[*] 本文作者单位:李欣欣、毕强,上海电机学院;谭晓缨、兰恒进,上海体育学院。立项编号:TYSKYJ2017047。

育产业中的中介培训,在促进体育消费层次中也起到了积极的作用。本文通过对"上海市业余青少年篮球俱乐部"开展现状的分析得出结论,提出意见,为上海业余篮球俱乐部今后的健康发展提供理论参考。

（二）研究目的与意义

1. 研究目的

本文通过对业余青少年篮球俱乐部在上海地区的开展现状、管理现状、经营现状、教练员和学员、训练和比赛及场地和收费状况进行调查,分析上海业余青少年俱乐部在创建和发展中存在的问题和原因,提出相应的对策,使俱乐部能够健康持续地发展。

2. 研究意义

（1）提高我国的篮球后备人才的储备,扩大篮球人口数量。据统计,我国有超过2亿篮球爱好者,标准是喜欢看也喜欢参与篮球运动。从这个数据看,我国绝对是世界第一篮球大国。但是,这2亿人绝大多数是没有经正规训练的业余爱好者,他们热爱篮球的原因大部分出于健身、社交和娱乐的目的。

（2）有助于青少年的身心健康,养成终身体育锻炼的习惯。参与篮球训练对于提高青少年的速度、灵敏度、耐力、力量方面有较多的益处,此外,对青少年"超重"现象也有一定的缓解作用。

（3）促进体育产业的发展,增加居民体育消费水平。热爱健身,每周坚持从事两到三次体育运动,已经成为现代每个人的一种生活方式,为了健康而消费,逐渐成为每个家庭的必需品。

（4）缓解高校体育生的就业压力,增加体育工作者的收入。近年来,在体育专业方面,无论是师范类专业,还是运动训练专业的篮球专项毕业生,在就业方面都面临很大压力,通过在俱乐部的兼职增加体育工作者的收入。

二、基本现状

（一）国外篮球俱乐部研究综述

国外的青少年篮球运动主要以学生为基础,以学校为载体,使青少年参与体育运动的机会大大增加,从小学阶段就培养他们对篮球的兴趣和爱好,再加上相对完备的比赛机制,从而使他们养成终身体育的习惯,同时完成青少年篮球人才的发掘与培养。

"篮球王国"美国,篮球运动员都是在中学和大学中进行培养的,相比较而言,他们的篮球俱乐部,多是以学校为平台组织的非营利性机构,小学没有篮球代表队,他们的教师或者体育馆的教练会教他们打球的基本技术,激发他们的兴趣爱好。篮球运动员培养的第一个阶段是在中学期间,每个学校都有一个或者多个自己的篮球队,学校内的篮球比赛非常频繁。学校和学校之间也会进行篮球比赛,对于赛场上表现优异的学生还有机会去大学继续自己的篮球生涯。每年大学都会派人去各个地区挑选有实力的青年篮球运动员。篮球运动员培养的第二个阶段是在大学,大学里的篮球运动员会参加各种赛制,此时就是各个篮球俱乐部选拔后备人才的最好机会,对于有潜力的运动员,就能继续自己的篮球生涯,把打篮球当作是自己的事业。

综上所述,国外的青少年篮球俱乐部多依托于学校和民间自发组织,教练采用选聘的,并且有相对独立的管理和基金支持。国外的培养模式为,在培养人才的方法上要达到思想理念和实施机制一致,要以文化教育为前提,促进运动员的全方位发展,加强运动员的素质教育,以赛制为基础选拔优秀的篮球人才。

(二)国内篮球俱乐部研究综述

国内不少专家学者对篮球俱乐部进行研究并提出许多观点,《西安市青少年参加课余篮球培训现状调查分析》一文表明,参加西安市青少年篮球培训的学员的动机主要是出于个人兴趣爱好,而且学员普遍认为通过培训收获较大,其中以男生为主,女生较少。家长应尊重孩子的兴趣爱好,让青少年选择自己喜欢的体育项目参加培训,更应更新观念让更多的女孩子也参加篮球培训,青少年及其家长选择培训机构应该首先考虑其办学资质、办学能力以及培训班的管理情况,只有选择正规的培训机构,才能保证得到安全、高效的培训。

在《南京市青少年业余篮球俱乐部运行现状调查与对策研究》一文中指出,青少年业余篮球俱乐部作为新型的社会化青少年体育组织是学校体育、社会体育一体化的初步体现。通过对南京市5家青少年业余篮球俱乐部的经营模式、资金来源与运作情况、场馆设施、培训方式与培训形式四个方面来进行研究,发现其在发展过程中存在着资金来源渠道单一、培训场地设施无法保证、培训质量参差不齐等。为促进篮球运动的普及与发展,发现和培养篮球后备人才需要学校、家长、社会各界的大力支持。提出增加比赛,改革招生办法;加大体育工作和设施的投入力度,拓展资金来源;采用多元化的办队模式和科学的训练方式；科学处理文化学习与训练的关系。

《岳阳市业余篮球俱乐部发展现状与对策研究》通过对岳阳市业余篮球俱乐部的基本情况、管理体系和发展中存在的问题，提出切实有效的发展策略，进一步丰富岳阳市篮球俱乐部的理论研究，为岳阳市业余篮球长远发展提供借鉴。

在《河南省青少年篮球俱乐部现状调查与发展对策研究》一文中，对河南省青少年篮球俱乐部现状的调查研究，包括俱乐部的总体情况、经营现状和性质、管理现状、经费来源、俱乐部场地设施、日常训练、比赛交流、教练员及运动员的状态等存在的问题及原因，提出青少年篮球俱乐部健康发展的对策：加强政府的扶持力度和监管力度，改变无序状态；加强俱乐部的内部管理，完善管理制度；引进高素质人才，提高管理水平；转变经营管理理念，拓展经营活动等等。

在《长春市青少年业余篮球俱乐部教学活动现状调查与发展对策研究》中，针对青少年篮球俱乐部师资力量薄弱、教学方法老旧、教学内容单一、受教群体良莠不齐等问题，以全面健身为指导，对俱乐部教学现状进行调查研究，结合长春市实际情况，提出了相关的发展对策，促进篮球俱乐部的发展。

在《对北京市青少年体育俱乐部现状分析与发展模式的研究》中，通过对北京市青少年俱乐部的开展项目、运行模式、发展前景等进行调查研究，研究发现，北京市98家体育俱乐部开展的项目以篮球、田径为主要的活动内容；俱乐部发展模式以依托学校开展活动为主，多种模式发展并存，既要坚持社会公益性原则，又要通过市场发展来运作。加强国内外优秀体育俱乐部的交流与发展，走出一条符合我国特色的青少年篮球俱乐部。

在《济南业余篮球俱乐部少年篮球俱乐部培训开展现状调查研究》中，通过对10家业余篮球俱乐部调查研究，采用调查问卷的方式，对济南业余篮球俱乐部现状调查、培训的时间与频率、规章制度、俱乐部培训对象、年龄、性别、招收学员动机与费用、管理人员及夏令营开展等情况调查，发现俱乐部存在管理分工不明确、监管力度不够；规章制度不健全；培训方法、手段单一；只注重篮球技术的发展，忽略了德、智、美、劳的发展等问题。提出要理清管理部门的分工、加强监管力度、健全俱乐部规章制度、加强师资力量、政府出台收费政策等措施，来促进济南业余篮球俱乐部的发展，带动篮球运动的发展。

在《武汉市青少年篮球培训市场的运行现状及对策研究》中谈到武汉市

青少年篮球俱乐部虽然有广泛的学生基础,但受条件限制,很多学校体育教学和学生的课余锻炼时间都受到影响,使得武汉市以青少年为主的篮球培训机构处于萌芽期,还存在着许多问题,通过对武汉市培训机构的基本情况调查研究,分析培训机构的类型、机制、分布状况和经营情况,并对学员及其家长进行调查访问等,找出其存在的实际问题,针对这些问题,提出相应的解决方案,提高培训机构的服务质量,为武汉市青少年篮球培训机构的发展提供参考。

综上所述,当前国内青少年篮球俱乐部发展模式,一般通过对俱乐部开展的基本情况、资金来源、场地设施供应、经营管理制度、俱乐部教学模式等问题进行调查研究,随着青少年篮球俱乐部的发展,这些问题的存在不同程度影响了青少年篮球俱乐部的健康发展。针对这些问题,我们要采取相应的措施,以及进一步的探索和研究,共同促进青少年篮球俱乐部的普及与发展。

三、上海青少年业余篮球俱乐部现状调查与分析

（一）俱乐部创办情况

根据调查,在这10家俱乐部之中俱乐部性质主要由私人合资或企业创办构成,出现这种情况的原因为上海是人口密集、经济活跃的地区,庞大的市场造就了体育产业和相关培训机构的成长,私人和企业迅速占领市场并扩大规模,这也符合市场经济的规律。"李秋平篮球俱乐部""小飞人篮球俱乐部""YBDL篮球培训中心"起源于上海,而"NBA姚明篮球俱乐部""东方启明星篮球培训中心"起源于北京,"上海宏远篮球培训机构"最初是在哈尔滨创建,"拉维尔青少年篮球培训机构"和"KFFP篮球俱乐部"因为相关人员具有教学资质、注册资金等,在上海工商局进行登记(表1)。

表1 上海青少年业余篮球俱乐部创办、审批调查情况表

俱乐部名称	创办时间	创办单位
李秋平篮球俱乐部	2000年	私人合资
小飞人篮球俱乐部	2005年	企业创办

续 表

俱乐部名称	创办时间	创办单位
YBDL 篮球培训中心	2008 年	企业创办
NBA 姚明篮球俱乐部	2013 年	企业创办
东方启明星篮球培训中心	2009 年	企业创办
拉维尔青少年篮球培训机构	2014 年	私人创办
KEEP 篮球俱乐部	2014 年	私人创办
坚果篮球俱乐部	2012 年	私人创办
上海宏远篮球培训机构	2010 年	企业创办
肯扬篮球俱乐部	2014 年	私人创办

审批部门不统一,主管部门不明确,审批过程不规范,是青少年业余篮球俱乐部的第一个问题。

(二)俱乐部管理情况

有人群的活动就有管理,有了管理,组织才能进行正常有效的活动,简而言之,管理是保证组织有效运行所必不可少的条件。组织的作用依赖于管理,管理是组织中协调各部分的活动,并使之与环境相适应的主要力量。所有的管理活动都是在组织中进行的,有组织,就有管理,即使一个小的家庭也需要管理;从另一个方面来说,有了管理,组织才能进行正常的活动,组织与管理都是现实世界普遍存在的现象,所以管理者的素质直接关乎着俱乐部的兴衰,决定着俱乐部发展。

从图 1 中的数据可以看出,被调查的 10 家俱乐部中的管理人员总数为 82 人,其中专职人数为 32 人,占总人数的 39%;兼职人数为 50 人,占总人数的 61%,兼职人数占比高。

从表 2、表 3 可知,上海青少年业余篮球俱乐部主管人员的总体学历较高,但以前从事的职业大部分和管理无关,俱乐部管理人员专职人员较少,绝大部分是兼职人员。出现这种情况的原因是:管理人员的职能划分不明确,兼职人员要负责平时俱乐部的训练,或是俱乐部的宣传,真正负责俱乐部核心管理的人员较少。

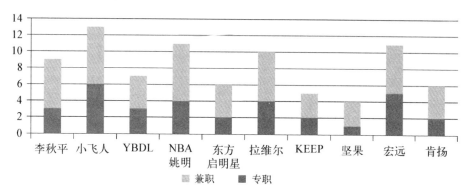

图1 各俱乐部管理人员专职、兼职情况(单位:人)

表2 俱乐部主管学历

学 历	博 士	研究生	本 科
人 数(人)	1	2	7
百分比(%)	10	20	70

表3 俱乐部主管以前从事的职业

以前从事职业	体育管理	行政管理	企业管理	体育教师	其 他
人 数(人)	1	0	2	3	4
百分比(%)	10	0	20	30	40

表4 俱乐部负责人对俱乐部管理情况调查

评 价	很 好	较 好	一 般	很 差
人 数(人)		3	4	3
百分比(%)	—	30	40	30

从表4中可以看出,30%的俱乐部主管人认为有独特的管理模式,经营管理得较好;40%的主管人认为在管理方式上一般,还在摸索中;30%的主管人认为管理方面存在欠缺,经营管理得很差;没有一家俱乐部主管人认为自己的管理经验成熟,经营管理得很好。

（三）俱乐部机构设置

俱乐部机构设置的合理性才能保持较高的效率，并且能充分显示其才能，而在一个结构紊乱、职责不明的俱乐部，其工作绩效就很难保持在一个较高的状态了。合理的结构设置可以使俱乐部的各项业务活动更顺利地进行，即可以减少矛盾与摩擦，避免不必要的无休止的协调，也才能提高公司的效率。组织机构的合理设置，能保证整个组织分工明确、职责清晰，保证每一个部门工作的正常运行，同时保证整个组织管理流程的畅通。由于各俱乐部的基础、规模、特点不同，所以各俱乐部的机构设置也不同，但最基本应有办公室、培训部、人事部、财务部、客服部等几个部门。

据调查（表5），在这10家俱乐部之中，基础较好、规模较大的俱乐部机构设置较合理，但仍不完善。而相对的起步较晚、规模较小的俱乐部则在机构设置上较为混乱，难以提高业绩和工作效率。

表5 俱乐部机构总体数量

机 构	办公室	培训部	人事部	财务部	客服部
数量（个）	10	5	3	6	4

（四）俱乐部营利手段

据调查，这10家俱乐部都是以获取利润为目的的，营利手段对于每个俱乐部来说都非常关键，以下是各俱乐部主要经营手段。

从图2中可以看出，学费收取是每家俱乐部的主要营利手段，各俱乐部通过举办各式各样的训练课程，吸引学员缴纳学费。其中李秋平、小飞人两家俱乐部通过与其他企业、体育用品公司的合作，以广告赞助的形式，收取一定的冠名费用，在场地出租方面，只有一家宏远篮球俱乐部拥有场地并出租，李秋平、东方启明星、宏远篮球这三家俱乐部通过举办比赛扩展营利手段。此外在其他营利手段中，YBDL篮球培训中心和宏远篮球俱乐部在淘宝开设运动商场，出售运动服装、球鞋、体育器械等相关产品。但不难发现，以上在营利方式上有突破的都是具有一定规模和时间较长的俱乐部，学费的收取还是占到其营利的大部分，更别说其他俱乐部在拓展营利手段上的匮乏。

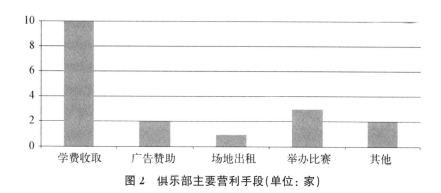

图 2 俱乐部主要营利手段(单位：家)

(五)俱乐部招收学员动机和学费收取情况

1. 俱乐部招收学员动机

据图 3 中所示，大部分俱乐部以获得利润、获得经济效益为第一要素，但同样认为增强青少年体质也十分重要，此外，为热爱篮球这项运动的青少年提供一个良好运动环境也是大部分俱乐部的动机之一。传授篮球技术、培养后备人才等其他动机，则占比较小的因素。

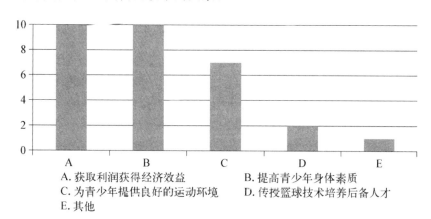

A. 获取利润获得经济效益　　B. 提高青少年身体素质
C. 为青少年提供良好的运动环境　　D. 传授篮球技术培养后备人才
E. 其他

图 3 俱乐部招收学员动机(单位：家)

2. 俱乐部学费收取情况

由于所调查的俱乐部都是以营利为目的的经营性青少年俱乐部，所以学费收取的多少，是高是低也是研究的内容之一，以下是各俱乐部学费收取情况(表 6)。

表 6　俱乐部学费收取情况表(单位：元)

俱乐部名称	周末班	夏令营	冬令营	年　费	平均费用
李秋平篮球俱乐部	2 699	3 600	3 200	6 599	170
小飞人篮球俱乐部	2 229	3 899	3 699	6 296	150
YBDL 篮球培训中心	2 400	6 516	6 400	6 899	160
NBA 姚明篮球俱乐部	4 500	3 600	3 000	6 800	240
东方启明星篮球培训中心	2 400	3 500	3 200	6 200	160
拉维尔青少年篮球培训机构	2 880	6 580	—	7 999	217
KEEP 篮球俱乐部	1 500	4 088	—	4 500	150
坚果篮球俱乐部	2 500	4 599	3 899	5 100	157
上海宏远篮球培训机构	2 700	4 500	4 200	6 799	180
肯扬篮球俱乐部	1 500	—	—	5 300	150

如表 6 所示，由于俱乐部制定周末班、夏令营、冬令营的课次设置的情况不同，有的是以 15 节课为标准，有的是以 10 节课为标准，但大都维持在 150～240 元一次课。夏令营的收费要比冬令营高，原因是夏令营内容要比冬令营更丰富，时间也更长，普遍年费都会有一定的优惠和折扣。

从表 7 中可以得知，俱乐部大部分负责人认为俱乐部的收费标准偏低，而家长则普遍认为收费标准正好。根据和负责人的交谈可以得知，一方面是因为俱乐部的运营成本一直是只增不减，营利的空间在不断地压缩。另一方面，价格因素也是吸引家长报名的原因，同类俱乐部的培训价格相差不大，所以学费一直稳定在一定范围之内。

表 7　俱乐部负责人、家长对学费的评价情况

评　价		高	偏高	正好	偏低	低
负责人	人数(人)	—	—	3	5	2
	百分比(%)	—	—	30	50	20
家长	人数(人)	7	6	55	6	2
	百分比(%)	9	8	72	8	3

(六) 俱乐部宣传方式、场地设施情况

1. 俱乐部宣传方式

俱乐部作为经济单位之一,要想在市场竞争中不断提高竞争能力,就必须依靠强而有力的宣传,强化俱乐部的推广,不断提高知名度,增强其影响力。所以,俱乐部的宣传方式也就成了实现俱乐部经营目标的重要手段和重要工具。

从图4中可见,在调查的10家俱乐部之中,每个俱乐部都选择网络作为主要的宣传方式,网络宣传相比传统的宣传方式具有传播范围广、不受时空限制的特点,并且制作成本低、速度快、关注度高。俱乐部在网络上发布相关信息,一方面便于消费者了解选择,另一方面也提高了俱乐部的辨识度。此外,在高度信息化的社会之下,传统媒体的宣传方式已经不再适合消费者,俱乐部在其他宣传方式的选择上有名人效应、APP推广、电话推销等,这些方式也取得很好的效果。

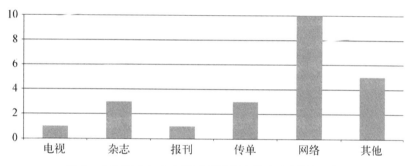

图4 上海青少年业余篮球俱乐部宣传方式(单位:家)

2. 俱乐部场地设施

俱乐部的场地设施是支持俱乐部正常开展训练的基本,而场地是否充分满足俱乐部需要,关乎俱乐部教学点分布是否合理和俱乐部规模的发展。

从表8中可以了解到,俱乐部场地设施基本能满足俱乐部训练课的要求,但根据和俱乐部负责人的交谈,俱乐部场地多为租赁,大部分是各区体育馆或学校场地,由于场地资源十分匮乏,限制了俱乐部的发展前景,另一方面也使俱乐部的成本居高不下。

表8 俱乐部场地的满足程度情况

满足程度		非常满足	满足	一般	紧缺	非常紧缺
负责人	人数(人)	—	2	6	1	1
	百分比(%)	—	20	60	10	10
家长	人数(人)	4	57	9	6	—
	百分比(%)	5	75	12	8	—
学员	人数	24	195	56	—	—
	百分比(%)	9	71	20	—	—
教练员	人数(人)	—	19	17	8	4
	百分比(%)	—	40	35	17	8

（七）上海青少年业余篮球俱乐部学员、家长及教练员情况

1. 俱乐部学员调查情况

（1）俱乐部学员性别、年龄情况：

从表9中可以看出，在抽查的十家俱乐部学员中，男性学员占比为95%，女性学员占比为5%，男女比例严重失调。出现这种情况的原因有以下几个：男生相对女生对篮球这项体育运动的兴趣大，篮球运动是对身体素质、接触对抗性、战术、技术动作、心理等多方面要求相对复杂的运动项目，女生的第一印象就会觉得只有男生才能玩篮球，所以对参加业余篮球俱乐部的兴趣度较低。

表9 俱乐部学员性别、年龄调查情况

性 别	人数(人)	百分比(%)	年龄范围(岁)
男	262	95	6—16
女	13	5	7—14

其次，女生对篮球项目的了解不够，女生对篮球运动知识的了解只是皮毛，比如看比赛只看球星，知道球进了就可以得分，对其中的一些规则、战术、技巧等都一窍不通，不知道进球是按什么来得分，不知道什么是3秒、什么是前后半场等。另外，一部分女生正值青春发育期，心理上的变化使她们

不喜欢在男生面前做动作,这阶段的女生胆小、不自信、不愿意弄脏自己的手或者衣服,不愿意过多地运动。家长的意愿对女生的影响也比较大,有一部分家长认为,篮球这项运动因为有对抗性,对身体素质要求比较高,更适合男生,而选择让自己的女儿参加如羽毛球、游泳、舞蹈等项目,更符合女生的发展。

在年龄方面,抽查的学员中年龄范围在 6～16 岁之间,小学、初中阶段的学生最多,处在这个阶段的青少年正是身体发育的重要时期,系统的青少年篮球培训有助于身体素质、心血管能力的提高,这也是许多家长送孩子来参加训练的目的。

(2)俱乐部学员参加训练的动机:

动机是引起和维持个体进行活动并使活动朝向某一目标的内在动力。所以,学员以一个什么样的动机参加训练,是影响其训练态度、训练质量和效果的重要因素。

从图 5 可知,学员参加俱乐部的动机排在第一位的是丰富课余生活,中小学生如今作业多、课业压力大,参加业余俱乐部训练,有助于青少年缓解压力,调整心态,更好地投入到学习中。排在第二位的是健身娱乐,目前我国青少年身体素质呈持续下降趋势,参加篮球训练可以增强力量、灵敏度、速度等基本素质,并且对青少年骨骼、肌肉、心肺功能都有很好的帮助。排在第三位的是提升篮球技术,从这一条可以看出,青少年对篮球这项运动的热爱,有助于他们养成终身体育锻炼的习惯。第四位是父母意愿,反映了许多家庭对体育功能认识的深化。随着经济的发展和人们的生活需要层次的提高,体育意识也在不断增强,参加体育锻炼既能增强身体健康,又能增强家庭成员的凝聚力,促进家庭的和谐。排在第五位的是减肥,据权威机构调查,2016 年中国青少年肥胖率为 6.4%,超重率为 9.6%,在城市每四个青少年中就有一个超重,消除肥胖的关键是要通过运动将摄取的多余热量消耗出去,定期参加俱乐部训练对青少年减重也有一定作用。排在第六位的是想当运动员,这部分青少年从小就有成为篮球运动员驰骋赛场的梦想,收看篮球职业联赛,关

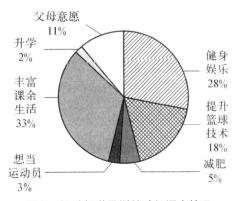

图 5 俱乐部学员训练动机调查情况

注篮球运动是这部分青少年热爱之一。排在第七位的是升学,这一部分的学员处在初中阶段,为了能在中考体育加试中取得好的成绩,来参加业余篮球俱乐部培训。

2. 俱乐部学员家长调查情况

(1) 家长对学员参加俱乐部的态度:

根据调查,学员家长普遍对自己的孩子参加业余篮球俱乐部训练持支持态度,并且认为对孩子的学业有积极促进的作用。家长的目的让孩子锻炼身体,在紧张的学业压力下,缓解压力,调整心态,并且多是独生子女,周末或寒暑假在家,大部分孩子由于没有同龄人的陪伴和玩耍,定期参加俱乐部培训,与同龄孩子的交流不但可以消除孤独感,还可以锻炼孩子的交流能力,增强集体协作和竞争意识。

(2) 家长了解并参与俱乐部的方式:

根据调查,家长了解并参与俱乐部的方式主要是网络宣传、传单、别人介绍这三种。其中,网络宣传占比最大,可见各俱乐部在网络宣传上投入的资金,产生了良好的收益。此外,部分家长是通过亲戚、好友、同事的介绍来给孩子报名参与俱乐部训练的。在传统宣传方式里,传单的作用最大,一张传单就能在很短的时间内,让家长获取足够的信息来了解俱乐部。

(3) 家长选择俱乐部的主要因素:

从图 6 中可知,训练质量是家中选择俱乐部的主要因素,家长更看重孩子能否在参加俱乐部训练后得到真正的提高。其次是俱乐部知名度也是一部分家长选择的原因,知名度越高的俱乐部,无论在各方面都较完善与正规,让家长放心和信赖。最后,是地理位置、距家的远近、方不方便接送孩子也是家长要考虑的因素。而价格则是家长选择的较小因素,在其他方面如场地设施、服务态度方面则最小。可见,一个俱乐部能够得到家长和消费者的青睐,主要原因还是要提高训练质量,只有让家长看到孩子无论在球技还是身心上的全面成长和进步,俱乐部才能得到长远的发展。

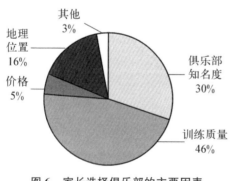

图 6 家长选择俱乐部的主要因素

3. 俱乐部教练员调查情况

(1) 教练员加入俱乐部的目的(表10):

表10 教练员目的情况调查

	兴趣爱好	获取工作经验	增加收入	其 他
人数(人)	4	3	39	2
百分比(%)	8	7	81	4

教练员加入俱乐部的目的大部分是为了增加收入,得到一份不错的报酬。据了解大部分俱乐部开出的一次课的代课费在150~300元之间,待遇普遍不高。

(2) 教练员的来源:

具有良好的道德修养是俱乐部教练员的基本素质之一,教练员不仅是讲授技能的老师,更应当是造就学员灵魂的工程师,教练员的一言一行、一举一动都会给学员以潜移默化的作用。其次,还要具有扎实的专业技能,这样才能做出正确的讲解示范,所以俱乐部教练员的来源十分重要。

从图7可以看出,俱乐部教练员来源于专职教练员为31%、学生为40%、体育教师为16%、其他为13%。专职教练员都经过俱乐部面试考核上任,而学生多是体育院校或体育示范类专业的在读学生,这些学生或是篮球专项、或是具有丰富的教育训练学知识,具有不错的技能水平。在体育教师中,中小学体育教师占多数,他们有丰富的教学经验,也有少量高中篮球教师、校队教练,其他的来源为退役的篮球运动员、体育工作者以及篮球爱好者。

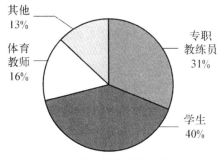

图7 教练员来源调查情况

(3) 教练员学历、运动员等级、执教经历:

通过调查,教练员大部分拥有本科或本科以上的学历文化水平,受过高等教育,普遍是体育教育或运动训练专业出身,无论是在学历还是理论知识方面都符合一个篮球教练员的基本要求。

教练员的篮球运动员等级,代表其运动技能水平,从另一方面来,没有一个较高的运动员等级很难做出正确的示范动作,也难以在训练中有足够的掌控能力。而执教经验更是不可或缺的,有着丰富教学经验的教练能快速地熟悉岗位,了解学员的生理、心理特点,而家长也更放心。

从表11中可知,在抽查的俱乐部教练员中,高水平运动员(一级以上包括一级)极少,普遍为二级或三级运动员,没有运动等级的教练员也占了一部分,出现这种情况的原因是:篮球高水平运动员称号很难获得,即使获得此项称号的一般也在省市专业运动队任教,而作为二、三级运动员也符合业余篮球俱乐部运动等级的要求。

表11 教练员篮球运动员等级调查情况

等 级	健 将	一级运动员	二级运动员	三级运动员	无
人数(人)	—	2	27	3	16
百分比(%)		4	56	6	34

从表12中可以看出,大部分教练员,在进入俱乐部执教之前没有执教经历,这也与教练员中有部分人是在校大学生有关,各俱乐部教练员在进入俱乐部执教之前经验欠缺,即使有过执教经历也不是特别丰富。

表12 教练员执教经历调查情况

经 历	专业队	学校球队	业余球队	其 他	无
人数(人)	1	7	3	9	29
百分比(%)	2	15	6	19	62

(4) 教练员培训:

培训是一种有组织的知识传递、技能传递、标准传递、管理训诫行为。对俱乐部来说,定期对教练员组织培训有助于提升教练员的综合素质、敬业精神、工作能力和积极性,对教练员来说能提高自己的篮球教学手段和方法、丰富理论知识、创新意识等等,可以说无论各行各业培训都十分重要。

从表13中发现,没有接受培训或培训次数在3次以下的教练员占绝大多数,据了解在培训内容中,简单的入职培训占了绝大多数,多数俱乐部忽视教练员培训的重要性,并没有深入系统地组织教练员参加培训。

表 13　教练员培训调查情况

培训情况	没有参加	1次	2次	3次	3次以上
人数(人)	25	12	5	3	3
百分比(%)	52	26	10	6	6

(5) 学员、学员家长对教练员的总体评价：

对教练员的总体评价包括工作态度、业务水平，教练员的工作态度决定了他的积极性和责任心，业务水平直接影响了训练课的效果、俱乐部的竞争力甚至是生存力。而学员、学员家长是评价教练员这两方面的主要客观对象。

总的来说，俱乐部学员和学员家长对执教教练员的满意程度较高，表明绝大部分教练员，对待工作和学员积极认真负责，业务水平也能得到学员和家长的认可。而评价一般和不满意的教练员，主要是以下几个方面：执教经验不足，不能很好地把握青少年的心理特征，批评过多褒奖太少，让学员惧怕和厌倦。教练员多是科班出身，对训练效果要求太高，忽视了学员其实没有较好的底子，反而事倍功半。热情和责任心不够，一堂训练课只是简单地做示范和口头提示，不能调动学员积极性，让学员家长觉得死气沉沉。

四、上海青少年业余篮球俱乐部培训

(一) 俱乐部培训形式、时间安排

根据调查，俱乐部培训主要有以下三种形式：一是常年班，主要以周末班为主，从每周的周五下午开始，利用周末时间开设课程，由于各俱乐部课程安排、教学点、场地等不同，所以在时间安排上并不一样，但主要是利用周末在校学生休息的时间，课程时长为 90 分钟或 120 分钟。二是假期封闭营，主要以夏令营和冬令营为主，实行全封闭式，学员的吃、住、训练被集中在一起，一期封闭营的时间从 7 天到 12 天，训练时间为每天的上下午和晚上，根据俱乐部、学员情况自行安排训练内容，暑假封闭营的开设次数一般多于寒假。三是假期走训班，集中在暑寒假，一期时间在 6～10 天，每天一次。此外，各俱乐部根据自己的办学特色，也推出了如精英营、幼儿班等，本文只对主要形式做研究讨论。

(二)俱乐部训练课情况调查

1. 准备活动

准备活动是一堂训练课的开始环节,人处在安静状态下,如果没有通过准备活动就进行训练往往会感觉到身体不适、身体各器官组织不能充分发挥功能,对于青少年来说准备活动的意义不但在于克服生理惰性、预防损伤,更可以使他们养成良好的习惯。

从图9中可见,慢跑、热身操是教练员选择热身时的主要形式,而球性练习对于球类项目更具有针对性,应在每节课的准备活动中都要勤加练习,让青少年在打基础的阶段培养良好的手感。青少年处在身体发育的快速时期,在热身时应加大柔韧性、协调性和步伐练习,让身体全面发展。另外,体育游戏的加入可以提高学员的积极性,让枯燥的准备活动变得丰富多彩。

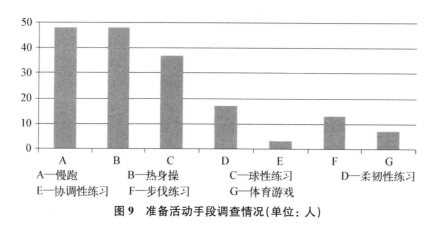

A—慢跑　　　B—热身操　　　C—球性练习　　　D—柔韧性练习
E—协调性练习　　F—步伐练习　　G—体育游戏

图9　准备活动手段调查情况(单位:人)

2. 个人防守技术练习

篮球运动是由进攻和防守两方面组成的,两者缺一不可,相辅相成。而个人防守技术的基础是青少年在篮球训练中练习防守的主要形式,下面是教练员对个人防守技术练习频率的调查。

从表14中可以看出,个人防守技术练习在一堂训练课中的受重视程度不够,直接导致的结果是学员对防守概念模糊,防守动作、姿势不对,在比赛中经常犯规。而由于防守练习本身比较枯燥,运动负荷大,又是无球性练习,学员的积极性不高,注意力不集中,动作不到位以致效果差,教练员更应该加强对防守动作练习的重视程度。

表 14　个人防守技术练习频率

练习频率	每次课都练习	经常练习	偶尔练习	极少练习
人数（人）	—	3	21	24
百分比（%）	—	6	44	50

3. 运球练习

运球是篮球比赛中个人进攻的重要技术，它不仅是个人攻击的有力手段，而且是组织全队进攻战术配合的桥梁。根据作者观察发现，运球练习是各俱乐部训练课的主要内容之一，基础差、年龄小的学员主要以原地运球和简单的行进间运球为主，基础好、年龄大的学员以行进间变向突破运球为主，但无论是哪种方式，效果都不显著。原因是运球练习脱离实战，简单地对教练员的姿势进行模仿，不增加防守强度和身体对抗，这样的结果是在比赛中，学员频繁失误，保护球能力差。因此教练员在进行运球训练时，应从实际出发，多做一对一的攻防运球练习，少做机械重复运球方式练习。

4. 传球练习

篮球传球技术，主要包括双手胸前传球、单手肩上传球、单手侧传球、反弹传球、行进间传球的技术。传球技术是篮球的基本技术，篮球是一项团队项目，练习传球技术是非常重要的。

从表 15 中可知，教练员十分重视传球技术的训练，练习的频率很高。但根据作者的观察，练习传球技术的手段很单一：一是因为学生普遍没有良好的技术，基础差，教练员只能选择基础的传球方式练习。二是因为教练员对传球时技术要求太细，质量要求过高，导致学员做动作达不到要求，只能重复练习。在传球练习中，不应该拘泥于技术动作是否正确，应把握好学员是否能传球到位，并且和实战结合，让学员多培养传球的意识。最后应增加手指手腕的辅助性练习，培养孩子的球性，这样能更好的达到传球效果。

表 15　传球练习频率

练习频率	每次课都练习	经常练习	偶尔练习	极少练习
人数（人）	15	23	10	—
百分比（%）	31	48	21	—

5. 投篮练习

经观察发现,学员对投篮练习的热情度很高,因为在初学者眼里,篮球这项运动就是把球投进篮筐得分。教练员在进行投篮练习时手段也十分丰富,针对技术水平低的学员,从最开始的原地模仿练习开始讲解示范,让学员体会到身体的协调用力、球的抛物线、距离感等,然后是双手胸前投篮,两人一组面对面进行,期间巡视纠错,最后到面框原地双手投篮。对于有一定基础的学员,从单手肩上分解动作开始教起,反复练习出手动作,上下肢的配合,再到完整练习、定点投篮练习、各角度投篮练习。学员在投篮练习上,掌握程度较好,无论是年龄小或者较大的学员,普遍都学会了完整的投篮、上篮技术,这与学员积极性、努力程度和教练员的训练方法有直接的关系。

6. 战术配合练习

篮球战术是篮球比赛中队员所运用的攻守方法的总称,是队员个人技术的合理运用和队员之间相互协同配合的组织形式,同时也是俱乐部训练内容之一。

经过观察发现,战术配合练习在学员技术相对较好、年龄大的班级里练习频率多,深度广,在年龄小、技术差的班级则相反,这些符合各阶段学员训练安排。教练员在进行战术练习时,进攻练习以传切、挡拆、掩护技术为主,防守以关门配合、包夹、半场人盯人为主。

教练虽然对战术配合练习十分重视,但学员在进行演练时积极性不高,思想上重视程度不够,主要原因是现阶段的学员进行正规篮球培训的时间并不长,在思想上认为自己技术好、投篮准、得分能力强就行,忽略团队意识。另外,学员彼此之间篮球技能、思维层次不同,配合不默契,造成配合失败,练习效果不好。教练员应该反复强调战术配合练习的重要性,在进行练习时,要经常在旁提醒,多鼓励学员加强配合。

7. 教学比赛

教学比赛是指在篮球教学过程中,以开展比赛的形式,达到综合教学的目的,一般俱乐部教学比赛时间在 20 分钟到 40 分钟,以下是教练员进行教学比赛的目的。

从表 16 可以看出,教学比赛的目的大多数是为了提高学员的篮球技能水平,巩固本堂课学过的技战术内容。通过观察发现,进行教学比赛时主要的问题为:

场面混乱,犯规违例过多。部分学员对篮球规则不清楚,出现走步、二次运球违例,阻挡、打手犯规频率很高。

技术动作与练习时差距很大,战术配合很少。平时训练时做动作标准,但在比赛中对抗让动作变形,面对防守时不观察队友站位。

个人主义过重。很多身体素质好、技术强的学员在比赛中单打独斗,不选择传球,只顾自己得分。

针对以上出现的问题,教练在赛前应首先要向学员讲明教学比赛的目的,确保他们明确了解,进行比赛并不是为了逃避训练。其次,在组织上应从1对1比赛开始,逐渐扩大到2对2,3对3,4对4有一个循序渐进的过程。最后,教练要时刻在场下进行语言提醒,并鼓励学员多传球、多配合。

表16 教学比赛目的

目的	提高积极性	提升技术水平	演练技战术	其他
人数(人)	8	22	18	—
百分比(%)	17	46	37	

8. 身体素质训练

篮球运动是一个综合素质要求很高的运动项目,身体素质是保证专项能力的关键,以下是教练员进行身体素质训练情况调查表。

从表17中得出,大部分教练员在常规训练结束后都安排身体素质训练,业余青少年篮球身体素质训练以速度、灵敏、柔韧、协调为主,力量、耐力训练为辅。根据运动生理学和训练学知识可以知道,不要进行大强度的力量训练,大强度的力量训练容易使骨骼发生弯曲,对生长发育不利。经观察发现,大部分学员身体协调性差,在身体素质训练时应加强协调性身体素质的训练。

表17 身体素质练习频率

练习频率	每次课都练习	经常练习	偶尔练习	极少练习
人数(人)	4	35	4	5
百分比(%)	8	73	8	11

9. 放松练习

放松练习是指使有机体从紧张状态松弛下来的一种练习过程。放松可以使肌肉松弛、机体活动水平降低,从而保持内环境平衡与稳定,消除心理上的紧张感。

从表18中可以看出,大部分教练员重视放松练习,在每次训练课的结尾,都组织学员进行放松练习。这样学员在紧张的训练结束后,可以更好地调整身心,有利于成长发育,更好地投入学习生活。

表18 放松练习频率

练习频率	每次课都练习	经常练习	偶尔练习	极少练习
人数(人)	31	17	—	—
百分比(%)	65	35	—	—

10. 训练后学员的身体、心理反应状况

每次训练结束时,学员的身体状态和心理状况对培训有十分重要的影响,在一定程度上反映本次训练课的效果,因此,掌握学员的身体、心理状况,对于合理安排训练内容、方法、手段以及训练量和强度都有指导意义。

由表19可以看出,学员在训练后大部分呈现出十分疲劳状况,这与青少年身体机能还未发育成熟有关,但主要是由于训练课有较强的负荷量和运动量,说明基本达到篮球训练的基本目的。

表19 训练后学员身体反应状况

身体反应	十分疲劳	中度疲劳	一 般	轻 松
人数(人)	177	64	28	6
百分比(%)	64	24	10	2

从表20中可以看出,大多数学员在训练结束后,产生较好的情绪和心理状态。因为学员在参加训练时,通过与同龄人的接触,从原来是互相不了解的陌生人,再到后来的团结协作、互相帮助、彼此鼓励、竞争向上而消除了孤独感,增加了社会适应能力。其次,在训练中学会新的技能,能把球投入篮筐,赢得比赛,都让学员体会到体育运动的满足感。最后紧张的学习压力在流汗中得到了释放、不良情绪受到迁移,这些都是业余篮球训练给青少年带来良好体验。

表 20　训练后学员心理状态

心理状态	厌　倦	一　般	有满足感	情绪愉悦
人数（人）	5	7	104	159
百分比（%）	2	3	38	57

五、结论与建议

（一）结　论

1. 监管不到位，管理部门不明确

体育行政部门是业余体育俱乐部的业务主管单位，负责体育类民办非企业单位的设立审查工作，要按照规定依法行使管理权限，切实负起相应的管理责任，要严格监督俱乐部依照法律规定和章程组织开展活动。但是，上海的业余青少年篮球俱乐部的管理涉及不同的部门，由于这些部门各司其职，各部门之间沟通不够、协调不力，所以俱乐部的管理就成了盲区，监督不到位，审核不严格，各俱乐部各行其是、随心所欲，训练不规范，导致俱乐部的持续、健康发展难以实现。

2. 俱乐部规章制度不健全，机构设置不完善，经营管理人才不足，管理水平较低

健全的管理制度的制定，是俱乐部做好管理工作的前提，也是俱乐部正常运转和持续发展的保证。管理人员的素质和能力是保证俱乐部正常运作和创造社会效益和经济效益的重要因素，是俱乐部章程、制度、措施及目标任务得以正确执行和顺利实现的保证。俱乐部的经营运转和各项工作的顺利开展离不开高素质的经营管理人才，据调查，上海业余青少年篮球俱乐部中的经营管理人才现状不容乐观。经营管理人才缺乏，专职管理人员少，很多俱乐部的负责人既抓管理又参与训练。篮球俱乐部要想持续健康快速发展，就必须提高俱乐部管理人员的管理水平，加强科学管理，改变管理低效混乱的现状。

3. 俱乐部营利手段单一，俱乐部相互之间恶性竞争，过分讲究经济效益忽略社会效益

目前，上海业余青少年篮球俱乐部的主要经营活动是常年班、假期封闭

营、假期走训班,经营手段单一。从俱乐部营利手段来看,主要来源于学生缴纳的学费,说明俱乐部的营利能力非常有限。另外,俱乐部之间出现恶性竞争,通过降低价格或挤压别的俱乐部教学点、场地租用时间,来达到在某一地区垄断的现象。在一部分俱乐部负责人的眼里,学员只是赚钱的工具,自己创办俱乐部的原因,就是追求经济利益,而忽略了社会效益。

4. 俱乐部教练员中兼职人员多、专职人员少,流动性大,俱乐部自身疏于对教练员的培训和考核

教练员中超过半数的人员都是学生或者在校体育教师,大都利用课余或闲暇时间在俱乐部兼职,这样的好处是俱乐部可以节约用人成本、学生和体育教师也可以增加收入。但是兼职的数量比例超过了合理的范围,出现的结果是流动性大,有的学生因为学业结束可能没在俱乐部待多久就毕业离开上海,体育教师会因为待遇或个人愿意,更换俱乐部,新的俱乐部教练员不能及时上岗,造成俱乐部在训练课的人员安排上很被动。另外,频繁地更换教练员的弊处是新的教练对学生不了解,还要再经过一段时间熟悉学生的性格和技能水平,家长也会觉得俱乐部不稳定、不放心。经过调查,许多俱乐部很少组织教练员进行培训和定期考核,造成的结果是许多教练员不更新教学方法、业务水平不高、没有创新能力,影响俱乐部评价。

5. 俱乐部训练无明确的教学计划和训练大纲,教学和训练死板,创新能力差

大多数教练员只是一味地按照经验来对学员进行训练,没有制定相应的教学计划和训练大纲,训练缺乏系统新、完整性、科学性,这样导致的结果是:许多理解能力、运动能力较差的学员,经过一段时间的训练后仍提升不大,没有好的效果。教学手段多以直观教学法、纠错法为主,教练员的自主创新能力较差,时代在发展,教学和训练的创新对俱乐部的发展很重要,同时也利于教练员自身的提高。

(二)建议

1. 应明确管理部门,加强对俱乐部的审查和监管,给予一定的政策支持和帮助

首先,应该明确俱乐部的管理部门,要根据相关法律法规做出明确的指示。其次,要严格审查制度,对俱乐部的办学资质、规章制度、经营活动、场地设施、从教人员等设定量化的标准,定期考核评比,对不达标或违反规定的俱

乐部,要停止其经营活动,责令整改,严重者取消其培训资格,改变放任自流的状态。最后,要给予一定的政策支持,如在人力、物力、管理上进行帮助,减少税收。定期组织俱乐部相关人员学习、交流和培训,对新兴和规模较小的俱乐部,在经营管理方面进行指导,积极倡导热爱篮球的青少年,加入到业余篮球部训练中。

2. 建立健全俱乐部规章制度,完善机构设置,引进高素质管理人才,提高管理水平

俱乐部的建设不同于单纯的体育公司或运动训练队,建立健全的规章制度,让管理者能够放开手脚去管理,让教练员能够专注于教学训练。总之,让每个身在俱乐部工作的人,很好地行使自己的权利,并依据规章制度承担相应的责任。而完善的机构设置,能提高整个俱乐部的运转效率,让人力、物力得到有效的利用,并且不会造成资源浪费,使俱乐部走向规范化、科学化。俱乐部要明确了解到管理水平和管理人才的重要性,根据实际情况引进高素质管理人才,如果确实实现不了,应对现有的管理者,进行相关的业务理论培训,规模较小和管理水平差的俱乐部,要积极借鉴别人的管理经验和模式,严格管理,逐步提高管理水平。

3. 转变经营理念,扩展营利手段,根据自身特色,找到适合的道路

对于创办时间长,规模较大的俱乐部,应逐步确立自身的品牌效益,深入探索与俱乐部相关产品的营销,不能只停留在单纯的出售球衣、球鞋、运动器材方面。积极与知名的体育公司、媒体联合举办一系列青少年篮球赛事,有利于学员与其他俱乐部的交流,另一方面可以扩大自己的影响力和知名度。探索在二、三线城市开设分部的可能性,随着二三线城市的经济发展,体育消费能力的提升,对篮球俱乐部培训的需求也逐渐增多,眼光要放眼全国。目前,上海高中体育课专项化改革在如火如荼的进行,俱乐部应积极走进校园,通过和学校签订协议,扩展自己的经营渠道。而规模较小、起步较晚的俱乐部,应积极借鉴成熟的经营理念,扬长避短,找到合适自己的道路。

4. 俱乐部应注重教练员培训和考核,把专职、兼职教练的比例控制在合理的范围

俱乐部必须重视对教练员的培训,拿出相应的资金,积极让教练员参加国家、省、市组织的教练员培训班,或邀请专家、国内外知名教练员,来俱乐部开设讲座,分享心得,现场指导。组织教练与体育教师、外教与中国籍教练员之间的交流,做到取长补短、共同提高与进步。定期对教练员考核,考核的内容

应该包括敬业精神、业务能力、创新能力等,提高教练员综合素质。

5. 教练员要制定相应的训练大纲,科学实施训练,创新教学方法和训练手段,学习国外先进经验

教练员在实施训练时,要有明确的科学依据,不能只依靠经验,随意进行训练,同时重视教学方法和训练手段上的创新,针对不同基础、年龄阶段及性别和身心发展不相同的学员,制定相应的训练计划,引进国外先进经验,从培养学生对篮球的兴趣,身心发展,综合素质等多方面入手,拓展篮球训练课程的品质和宽度。

6. 立足于青少年,更好地服务社会,为我国的篮球事业发展做出贡献

俱乐部应立足于青少年,从内而外、从上到下重视学员在学习篮球这项运动中的感受,让家长看到孩子的进步和享受篮球这项运动带来的乐趣,要有完善的售后服务和电话回访,虚心接受社会、家庭、个人的意见和建议,脚踏实地地办好俱乐部的每一件事。篮球俱乐部不仅在取得良好的经济效益的同时,更要承担社会责任。有条件的俱乐部可以走进聋哑学校、西部地区与希望小学、乡镇政府等,进行免费的篮球训练推广,联合公益组织无偿提供篮球培训和俱乐部相关资源。

参考文献

[1] 全民健身计划纲要[Z].北京.国务院,1995
[2] 国家体育总局1999年度体育彩票公益金用于扶持创办青少年体育俱乐部实施方案[Z].体群字[2000]63号文件,2000
[3] 全民健身计划(2016~2020年)[Z].北京.国务院,2016
[4] 体育发展"十三五"规划[Z].北京.国家体育总局,2016
[5] 全国体育院校教材委员会.篮球运动高级教程[M].北京:人民体育出社,2000
[6] 白喜林等.中国篮球运动的持续发展与篮球后备力量[J].北京体育大学学报,1999
[7] 闫军.我国篮球后备人才培养体制改革研究[J].山东体育学院学报,2009
[8] 翁黎俊.上海青少年体育俱乐部运营现状及对策研究[D].上海:上海师范大学,2011
[9] 葛一秋.中美篮球后备人才培养机制的差异性研究[D].成都:成都体育学院,2014
[10] 孙树勋.河南省青少年篮球俱乐部现状调查与发展对策研究[D].开封:河南大学,2005

[11] 张夏雷.西安市青少年参加课余篮球培训现状调查分析[J].河南科技,2012
[12] 田轲.长春市青少年业余篮球俱乐部教学活动现状调查与发展对策研究[D].长春:吉林大学,2014
[13] 许钊.岳阳市业余篮球俱乐部发展现状与对策研究[D].武汉:武汉体育学院,2015
[14] 王迪.南京市青少年业余篮球俱乐部运行现状调查与对策研究[J].体育科技文献通报,2015
[15] 刘沛,刘英.对北京市青少年体育俱乐部现状分析与发展模式的研究[J].首都体育学院学报,2005
[16] 时守祥.济南业余篮球俱乐部少年篮球俱乐部培训开展现状调查研究[D].济南:山东师范大学,2011
[17] 朱二刚.武汉市青少年篮球培训市场的运行现状及对策研究[D].武汉:武汉体育学院,2008
[18] 卢元镇.世纪之交体育运动发展的回顾与展望[J].体育科学,2000
[19] 陈彦.我国社会体育指导队伍的培训和管理概况及对2010年的展望.全国群众体育论文报告会论文汇编.国家体育总局群体司,2002
[20] 王凯珍.业余体育俱乐部[N].中国体育报,2001
[21] 李相如.我国城市社区实施全民健身工程的现状与对策研究[J].体育科学,2001
[22] 霍红.关于我国社会体育指导员培训工作的思考[J].成都体育学院学报,2000
[23] 苑学芹.我国大众体育开展中的主要问题与对策[J].山东体育科技,2001
[24] 扬风华.武汉市社区居民体育活动项目类型选择的调查分析[J].体育学刊,2002
[25] 虞重干.论社会体育指导员职业资格证书制度的建立与推行[J].上海体育学院学报,2002
[26] 张洪潭.社区体育运行简论[J].体育与科学,2002
[27] 张洪潭.试论社区体育的称谓、特点、及功能[J].体育与科学,2001
[28] 陈琳.日本大众体育管理体制及其运行机制的研究[J/OL].国家体育总局体育信息中心,2000
[29] 李鸿彬.黑龙江省业余体校篮球训练管理现状的调查与对策[D].吉林:东北师范大学,2006
[30] 杨再淮,俞继英.我国业余体育教练员培养现状与对策[J].中国体育科技,2003
[31] 李立坚.浅析娱乐篮球在高校体育教学中的应用[J].教书育人,2008
[32] 孙淑惠.我国城市社区体育发展有关问题的探讨[J].成都体育学院学报,2002
[33] 高瞻,杜俐.对我国职业篮球俱乐部现状与发展对策的研究[J].北京体育师范学院学报,2000
[34] 亢力军.娱乐篮球在石家庄市区中学开展的可行性研究[D].石家庄:河北师范大学,2008

[35] 盖洋,孙鹏.对我国职业排球俱乐部现状的调查及发展对策研究[J].山东体育学院学报,2005

[36] 李树怡.我国社会体育指导员现状调查[J].体育科学,1999

[37] 王虹.试论新世纪我国群众体育管理[J].体育科学,2002

[38] 马志和,张林.非营利体育组织发展前瞻:一个市民社会的视角[J].天津体育学院报,2003

[39] 唐建军等.我国城市社区体育俱乐部(组织)发展的条件及其特征川[J].北京体育大学学报,2004

[40] 刘海元,袁国英.关于开展阳光体育运动若干问题的探讨[J].体育学刊,2007

[41] 鲍明晓.中国体育体制改革综述[J].北京体育师范学院学报,1997

第3篇 体育产业

上海体育产业溢出效应研究[①]

曹如中 郭 华 黄英实
尚珊珊 卢倩芸

一、引言

自20世纪70年代以来,伴随着科技的迅猛发展,西方发达国家经济得到快速增长,人们的闲暇时间与卫生健康意识大大增加,使得体育作为一种产业形态在全球得到迅速发展。研究表明,相比于国民经济中的其他产业门类,体育产业具有可持续发展的巨大潜力,可以为全球经济增长做出巨大贡献,是最具发展潜力的朝阳产业之一。而由体育产业带来的较高外溢效益也逐步引起世界各国的高度重视,体育产业的各种外部功能也被不断开发出来,体育产业成为国民经济增长的重要序列。时至今日,介于体育产业本身创造的经济价值及其关联产业所带来的外溢效应,使许多欧美国家将体育产业列为战略性支柱产业。统计数据表明,2015年全球体育产业年产值超过1.5万亿美元。

在我国,随着近年来经济社会的持续快速增长,国家不断出台各种政策促进体育产业的发展,城镇居民对体育产业的偏好也逐步上升,体育产业得到空前的繁荣与发展。有数据表明,2015年我国体育产业总产值超过1.5万亿元,体育产业增加值占GDP的比例达到0.8%。未来随着供给侧改革的不断深入,"十三五"期间城镇居民对体育产业的消费需求由传统的单一化和低水平的实特型向多元化和高层次的参与型和观赏型提升,整个体育产业将由规模与数量的扩张向内涵与品质发展,产业发展前景十分广阔。2014年国务院印

[①] 本文作者单位:上海工程技术大学。立项编号:TYSKYJ2017063。

发《国务院关于加快发展体育产业促进体育消费的若干意见》,标志着我国体育产业的发展上升到国家战略层面。而根据《体育产业发展十三五规划》要求,我国体育产业未来将呈现出较快的增长趋势,到 2020 年我国体育产业规模将超过 3 万亿元(图 1),从业人员超过 600 万人,产业增加值占 GDP 的比重达到 1%。

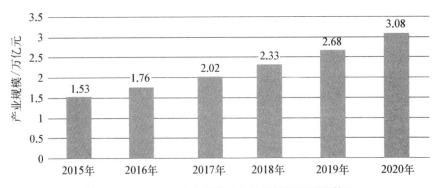

图 1　2015～2020 年中国体育产业规模及预测趋势图

为了响应国家大力发展体育产业的号召,2015 年上海出台《上海市人民政府关于加快发展体育产业促进体育消费的实施意见》,一方面使得上海不断释放体育产业自身的经济功能;另一方面也积极促进与体育相关产业的发展,挖掘体育产业的溢出效应,拓展体育产业的经济规模,逐渐使上海体育产业的外向溢出效应得到较快体现。然而,由于体育产业的溢出效应往往是无形的,不存在相应的价格,这些无形的效果很难赋予货币价值,导致无法客观地对体育产业溢出效应进行衡量和评价。目前社会各界关注的仅仅是体育产业带来的短期效应,而忽视了它对所在城市、区域甚至整个国家带来的长期辐射作用和影响机制。

与国际国内体育产业发达城市相比,上海体育产业外部效应虽然有所体现,但体育产业整体竞争力不强,产业价值链条尚未完善,产业之间的联动欠缺,主导产业与衍生产业发展不明显,体育产业与相关产业的协同发展与溢出效应有待提升。数据显示,2015 年全球体育产值占 GDP 比重约为 2%。其中,美国体育产业增加值占 GDP 的比重约达 3%,欧盟整体的体育产值占 GDP 比重也远高于 2%。

相比之下,据国家统计局数据显示,2010 年全国体育产业实现增加值

2 220亿元,到2015年全国体育产业总产出约1.7万亿元,增加值4 737亿元,占GDP的比重为0.8%。尽管增长速度明显快于国内生产总值的增长速度,但与全球平均水平尚差距甚远,主要在于体育产业溢出效应不强。结合上海的情况来看,尽管上海体育产业的规模与在国民经济中的占比不断提升,上海每年举办的各种大型体育比赛及与体育相关的生产、制造、销售等环节,也为上海体育产业发展做出了巨大贡献,但整个体育产业的溢出效应尚未完全释放出来,有待进一步挖掘与放大。

无论是理论研究还是发展实践都表明,大力促进上海体育产业的社会化程度,提升上海体育产业溢出效应,不仅是一个关系到上海体育产业发展的实践问题,更是关系到上海经济社会整体发展和全局意义的重大理论问题。未来上海体育产业很有必要进一步加强体制机制创新,积极促成产业之间的跨界融合与协同发展,不断提升体育产业的溢出效应。

本课题结合当前世界体育产业和我国体育产业发展趋势,采用实地调研和抽样调查相结合的方法,使用Excel等统计分析工具,展开对上海体育产业溢出效应的分析,统计数据全部来源于全国和上海统计年鉴。

本文选择从体育产业溢出效应视角,基于上海体育产业发展实际,探讨影响上海体育产业溢出效应的各种因素,并提出提升上海体育产业溢出效应的对策建议。本研究的目的既在于促成理论界正确认识和评价体育产业溢出效应,为上海体育产业发展政策、发展方向和产业结构调整提供理论参考,也为进一步发挥体育产业在上海经济增长、社会发展、文化繁荣、增加就业和体质健康等方面的促进作用提供决策依据。

二、体育产业溢出效应理论分析

由于体育产业本身具有发展潜力大、辐射范围广、关联度高、带动作用强等特征,因此通过与经济社会各个领域和多个行业的跨界融合与协同发展,可产生强大的社会扩散效应。从现实来观察,近年来,在信息技术和高科技的催生下,体育与文化教育、高新科技、医疗健康、养老保险、旅游会展等其他产业之间跨界融合,丰富和拓展了传统体育产业的内涵和外延,也诞生了诸如体育旅游、体育服务、体育休闲、体育贸易等全新的产业形态,体育产业所具有的与其他行业(产业)融合发展的特性得到极大体现。

无论是理论研究还是实践发展都表明,体育产业绝不是一个孤立的产业形态,不仅产业价值链条长,而且产业关联效应强,产业溢出效应明显,其上游涉及体育产业的研发设计,中游涉及体育产业的生产制造,下游涉及体育产业的营销与服务,包含了本体产业、消费产业、中介产业和衍生产业等。因此,体育产业内在地具有带动其他产业发协同发展并产生溢出效应的需求。研究表明,全球体育产业通过带动其他关联产业的发展,已经对世界经济产生了强烈影响,特别是发达国家体育产业的溢出效应对整个国民经济的拉动作用日趋明显。在发达国家,体育产业与其他产业的关联成为促进本国经济发展的重要手段,体育产业的发展与消费水平已成为衡量一个社会生活质量的重要标准之一。体育产业的溢出效应迅速带动了周边房产、交通、旅游、会展、酒店、餐饮、通信等关联产业的发展,这种产业之间的联动产生出来的强烈的溢出效应为经济社会发展做出了巨大贡献。

研究表明,传统时代对体育产业的关注较多地停留在强调体育产业占国民经济增长的比重达到多少,而对体育产业溢出效应的认识存在严重不足。体育产业作为国民经济中的重要产业门类,不仅长期扮演着一种"动力产业"的作用,而且还因为其对关联产业的带动作用而发挥着"经济协调器"的作用,这种作用主要源于体育产业的溢出效应。而体育产业自身所具有的文化资源特性和产业资源特性,既决定了体育产业在国民经济增长和社会发展进步中的地位和功能,也决定了体育产业的溢出效应。特别是随着科技进步与经济全球化的发展,传统的单一和静态的产业发展模式逐渐向跨界融合和多元协同的发展模式转变,由此催生出许多新兴业态和经济内涵,产业溢出效应可望为经济发展过程中的许多难题提供解决方案,并在许多关键问题上发挥积极作用。

产业溢出效应理论主要源于美国经济学家华尔特提出的主导产业扩散效应理论,作者认为传统产业向现代产业转型发展过程中,不仅会促成主导产业自身的快速成长,也会拉动相关产业的发展,从而产生巨大的经济效益。通常情况下,溢出效应是在产业主体无意识的情况下诞生的各种出人意料的经济效果,其实质是产业内涵与外延的扩展与延伸,属于典型的价值增值活动。结合主导产业扩散理论,本文将体育产业的溢出效应定义为:体育产业在进行经济活动过程中,除了获得预期的各种经济价值以外,还因为其产业影响力和感应度,对关联产业带来的各种效益。

体育产业的溢出效应主要体现在以下四个方面:一是由体育产业自身所

具有的较高的经济收入而带来的巨大价值,并由此引发新的经济活动,本文定义为经济溢出效应。二是由于体育产业的发展拉动关联产业所呈现出来的巨大的发展空间,并由此产生新的产业部门,本文定义为产业溢出效应。三是由于体育产业发展促成关联产业向特定区域靠拢而产生的区域集聚效应。四是体育科技的发展促成关联产业结构调整和产业优化升级所产生的协同创新效应。

三、上海体育产业溢出效应现状分析

(一) 经济溢出效应分析

研究表明,体育产业作为新的经济增长点,不仅具有环境污染少、资源消耗低、附加价值高、发展潜力大、市场需求强、产业关联性强等诸多特点,而且消费规模持续扩大,在欧洲及美、日、韩等发达国家和地区,体育产业已位列十大支柱产业之中。作为朝阳产业、绿色产业和新兴服务产业,目前体育产业已经成为上海经济社会发展中不可忽视的重要推动力量。特别是近年来,随着经济社会的持续快速发展,上海城市的整体功能正由生产型向服务型转变,再加上上海市委、市政府对体育产业的扶持力度不断增强,和人们的健身意识逐步提升,上海体育产业呈现出一片繁荣发展的现状,体育产业对上海国民经济的贡献率不断提升,体育产业经济溢出效应尤为明显。据上海统计数据表明,2014 年上海全市体育产业总规模达到 767.05 亿元,实现增加值 308.22 亿元,占当年 GDP 比重为 1.3%;2015 年全市体育产业总规模达到 910.13 亿元,实现增加值 351.22 亿元,占当年 GDP 比重为 1.4%。2016 年上海体育产业总规模达到前所未有的 1 045.87 亿元,同比增长 14.9%,实现增加值 421.27 亿元,同比增长 19.9%,占当年全市 GDP 比重为 1.5%,明显快于上海 GDP 的增长速度。近年来上海体育产业的经济规模和增加值都在持续增长,体育产业的溢出效应也在不断扩大,与相关产业的带动效应得到充分体现,体育产业正呈现出较好的发展趋势。

早在 2014 年,上海在国务院发布的《关于加快发展体育产业,促进体育消费的若干意见》背景下,提出围绕建设全球著名体育城市,努力打造世界一流的国际体育赛事之都、国内外重要的体育资源配置中心和充满活力的体育科技创新平台,力争到 2020 年体育产业达到 3 000 亿元的总规模,体育服务业占比超体育产业增加值的60%的目标规划。由此可以大胆预测,随着上海"十三五"期间经济社会的进一步发展,未来上海体育产业将进入一个发展的黄金时期,体育产业将在推动上海经济社会持续发展中扮演着极其重要的角色。

(二)产业溢出效应分析

根据迈克尔波特的产业价值链理论,体育产业是一条完整的产业链条,具有前向效应、后向效应和旁侧效应。体育产业包含众多子产业,如体育赛事、健身休闲产业、体育用品产业和体育服务产业等多达11个门类。体育产业向上可以推动研发、设计、生产、制造等环节的繁荣与发展,向下可以带动消费、营销、服务等环节的繁荣与发展。提升体育产业溢出效应,不仅可以为上海带来各种直接和间接的经济效益,而且对上海市产业结构调整的优化升级具有良好的促进作用,对加快上海社会经济转型发展具有十分重要的意义。

目前,上海体育产业的发展不仅有效地带动了诸如健身体育、休闲体育、体育中介、体育会展等体育服务业的兴起与发展,而且还极大地带动了诸如交通运输业、餐饮服务业、通信业、娱乐业、百货业、建筑业等相关产业的发展。例如,早在2001年,上海市政府根据国际汽车联合会要求的赛道标准,投资26亿元在嘉定区安亭镇东北建设了上海国际赛车场;同时投资大约7亿元建设道路、通信、给排水等基础设施;用于赛车场周边的娱乐和商业设施的建设投资达36亿元。由此,上海国际赛车场投资建设带动了上海的建筑和工程服务、旅店、餐饮、零售、汽车修理和维护、保险、交通、房地产等多个行业的发展。特别是近年来,随着上海F1大奖赛(中国站)的相关设施建设完成,上海每年成功举办的F1赛事给上海旅游相关产业带来了20亿元左右的增加值;而近年来体育与旅游产业的融合,使上海体育旅游得到较快发展,全年接待游客2 000多万人次,旅游直接收入20多亿元;预计到2020年,上海体育旅游接待游客预计近5 000万人次,实现体育旅游直接收入约500亿元。而上海每年举办的各种体育赛事期间,纳入统计的重点商业和餐饮企业消费额整体上升30%。

(三)区域集聚效应分析

以主导产业为核心,促成关联产业向特定区域集聚,对于资源的优化配置和生产要素的合理运用意义重大,产业的规模经济效应和溢出效应将更为明显。2017年上海市政府出台的《上海市体育产业集聚区布局规划(2017～2020)》指出,上海将在2020年前,力争调整优化体育产业的空间布局,构建功能突出、特色鲜明的多层次产业发展体系,在上海创建22个市级体育产业集聚区,40个以上区级体育产业集聚区,并力争创建4、5个国家级体育产业示范基地。到2020年,使上海常住人口比例中的45%能够经常参加体育锻炼。

此外,研究显示,在上海举办的各种国际国内著名体育赛事的集聚程度也非常高,极大地带动了以赛事为核心的相关经营活动,由此产生的溢出效应十分明显。特别是随着体育产业的市场化,足球、篮球、排球等竞技类项目逐步推进职业化改革。一大批国内外有影响力的体育企业逐渐向上海集聚,带动了关联产业的迅猛发展,也极大程度地满足了上海本土人士多元化和高层次的消费需求。如阿里体育正式在沪注册成立,美帆俱乐部正式在上海拓展和推广帆船运动项目,龙珠电竞等互联网+体育也取得了较好的市场前景,虎扑体育在互联网+体育板块内的影响力与日俱增。而东亚集团、东浩兰生赛事、久事赛事、力盛赛车等体育企业,也入驻上海并打开市场,成为上海赛事文化行业和汽车运动行业的领军企业。

而随着上海体育赛事集聚效应的明显提高,赛事呈现出产业化发展态势,为上海产业结构调整优化升级做出了应有的贡献,体育产业在全市及周边的溢出效应更加明显。如围绕上海体育场、上海体育馆、上海游泳馆、东亚展览馆等建筑及其周边形成的近30万平方米室外活动场地及各类配套设施,标志着以徐汇为中心的特色体育产业集聚区已具雏形,以文艺演出、体育竞赛表演、展览会务为核心,以宾馆餐饮为配套的体育衍生产业价值链条逐步完善,并吸引了诸如国际乒联亚洲办事处等国内外知名企业的入驻。

另外,以上海体育学院为核心、以体育科技为特色的体育产业科技园也发挥出应有的产业集聚效应,吸引了大批资本、体育资源和技术资源向园区集聚。而森兰体育公园也依托上海自贸区内优势,引来了英国马术俱乐部和迪卡侬等世界知名企业的入驻。除了集聚区的形成外,还形成了较好的产业要素的集聚效应。未来随着上海经济社会的发展,各种体育产业要素的划分将更加明显,生产性资源和服务性资源将得到更好的优化配置,也进一步为上海体育产业溢出效应的发挥奠定了雄厚的基础。

(四) 协同创新效应分析

研究表明,加强协同创新可以有效发挥体育产业溢出效应,生产性体育资源与创新性要素的协同与重组也成为提升体育产业溢出效应的重要手段。从现实来看,在体育产业发展过程中无论是技术变革还是商业模式创新,都会如磁石般吸引着巨额资本滚滚而来,为体育消费市场提供新的增长点。

在当今"互联网＋"模式的推动下,传统体育产业融入高科技元素,不断地向经济领域的纵深发展,体育产业呈现出明显的协同创新效应。比如乐视通过软硬件结合,促成优质竞赛表演产品的在线传播、内容互动等产业生态链,开始在北上广等一线城市布局,打造产业交易平台,不断整合产业资源。而在体育产业协同创新史上具有里程碑意义的无锡斯诺克世界杯,成为2017年体育产权挂牌交易第一单。而小米和微信等许多知名企业也以生态思维,从技术、资金等角度,开始向体育产业渗透,逐步布局体育产业领域。正是随着体育科技的发展,使传统体育产业的发展方向开始向关注用户需求、多频次人群参与、稳定盈利方式、创新商业模式等转移。以"互联网＋"模式为依托,以资本和技术相配合,以体育人才为引领,使上海体育产业得到快速发展。

同时,在上海体育产业协同创新过程中,体育组织扮演了极其重要的角色。许多体育组织将体育服务业设为主导方向,通过以有形的体育资源为依托,将服务元素注入体育产业,初步形成了以体育组织为关键环节、以体育服务产品为重点的服务型产业形态。而随着近年来上海体育产业的跨界发展,也逐步融合形成并诞生了许多新兴产业业态,使体育服务业得到延伸,极大地释放了上海体育产业潜力,上海体育产业协同创新效应明显。如今天,随着球类、游泳、击剑、跆拳道、帆船等俱乐部的不断涌现,上海各种形式的休闲娱乐健身旅游等服务业方兴未艾。

四、影响上海体育产业溢出效应的问题分析

国际体育产业的发展和国内体育产业政策的出台以及上海市委、市政府对体育产业的支持,为提升上海体育产业溢出效应带来了极好的发展机遇。而上海本身也具有发展体育产业的天然优势,如在经济水平上,上海城镇居民收入相对较高,体育消费和消费结构正面临升级换代。从市场潜力来看,上海

拥有一大批具有消费能力的体育爱好者,引进和开发了一大批西方体育项目;从体育基础设施来看,上海体育基础设施建设相对完善,近年来举办的一大批具有国际影响力的重大体育赛事;从品牌效应来看,上海拥有以姚明、刘翔为首的有国际影响力的本土运动员及知名体育品牌;从消费理念来看,上海多年来形成了东西合璧、多元融合的体育文化,消费理念紧追发达国家;从配套要素看,上海高科技产业与智力资源优势明显,为体育产业溢出效应的发挥提供了巨大空间。然而,由于体育产业受到各方面因素的影响,导致当前上海体育产业溢出效应并不明显,究其原因主要有以下几个方面。

(一) 各分类产业发展不均衡影响了上海体育产业的经济溢出效应

目前,上海体育产业生产制造业所占比重较大,销售和服务业所占比重较小,体育从业人员稳定性较差,极大地影响了体育产业的经济溢出效应。据上海市体育局和上海市统计局联合发布的 2015 年和 2016 年上海市体育产业规模及增加值数据的公告显示,体育产业按照国家体育产业 11 个大类分类,体育服务业中的体育用品及相关产品销售、贸易代理与出租业总产出和增加值最大,2015 年分别为 350.77 亿元和 170.06 亿元,占上海体育产业总产出和增加值的比重分别为 38.5% 和 48.4%,而体育中介服务的总产出和增加值分别仅为 6.81 亿元和 1.42 亿元,占上海体育产业总产出和增加值的比重分别为 0.8% 和 0.4%,其他如体育管理活动、竞赛表演活动、体育健身休闲活动和体育传媒与信息服务等总产出和增加值均未过百亿元,与 2016 年大体相似。

如表 1 所示,在体育产业增加值中,体育用品制造和销售业所占比重过高,而体育服务业(除体育用品和相关产品制造业、体育场地设施建设外的其他 9 大类)发展水平较低。由于相关子产业之间发展不均衡,易导致产业的多元需求与供给不足之间的矛盾十分突出,各产业之间的资源分配不均。

表 1 2015 年和 2016 年上海体育产业总规模比较

体育产业类别名称	总量(亿元)				结构(%)			
	2016 年		2015 年		2016 年		2015 年	
	总产出	增加值	总产出	增加值	总产出	增加值	总产出	增加值
上海市体育产业	1 045.87	421.27	910.13	351.22	100.0	100.0	100.0	100.0
体育管理活动	31.37	18.2	26.26	17.96	3.0	4.3	2.9	5.1

续 表

体育产业类别名称	总量(亿元)				结构(%)			
	2016年		2015年		2016年		2015年	
	总产出	增加值	总产出	增加值	总产出	增加值	总产出	增加值
体育竞赛表演活动	35.71	23.68	23.35	14.95	3.4	5.6	2.6	4.3
体育健身休闲活动	45.66	30.27	40.38	25.84	4.4	7.2	4.4	7.4
体育场馆服务	18.24	12.55	15.59	11.62	1.7	3.0	1.7	3.3
体育中介服务	8.82	1.87	6.81	1.42	0.8	0.4	0.8	0.4
体育培训与教育	17.26	12.58	12.49	10.00	1.7	3.0	1.4	2.8
体育传媒与信息服务	60.48	36.77	31.10	17.49	5.8	8.7	3.4	5.0
其他与体育相关服务	59.89	10.52	41.81	6.75	5.7	2.5	4.6	1.9
体育用品及相关产品制造	350.47	72.16	346.06	71.25	33.5	17.1	38.0	20.3
体育用品及相关产品销售、贸易代理及出租	397.93	197.84	350.77	170.06	38.0	47.0	38.5	48.4
体育场地设施建设	20.04	5.01	15.51	3.88	1.9	1.2	1.7	1.1

(二) 体育产业链条延伸度较短影响了上海体育产业的产业溢出效应

目前,上海体育产业价值链条不长,体育赛事产业的影响力不强,对周边房地产、旅游、会展、通信等关联衍生产业的带动不够,导致上海体育产业的产业溢出效应不明显。虽然上海是众多国际赛事的举办点,各赛事的经济拉动相较于别的城市是比较高的,但是相对于发达国家的体育产业中体育赛事对周边产业的带动效应而言,体育赛事对周边旅游、房产、会展、酒店、餐饮等产业带动效应较低。尽管上海正在努力朝着"现代化国际大都市、国际体育城市"的目标建设,但是体育产业发展能级还比较低,与现代化国际大都市的地位极不相称,体育产业发展政策的针对性有待提高,市场营商环境有待进一步优化,体育消费市场有待进一步培育,体育教育、体育科研及体育企业的科技创新能力等相关配套产业有待得到政府的进一步扶持。与政府对上海国际金融中心、国际贸易中心、国际航运中心、全球科技创新中心等的支持力度相比,上海建设国际体育名城尚待时日。尽管上海拥有一流的体育场馆设施,世博会积累的大型活动优质服务和管理经验,丰富的传媒资源和姚之队等知名团队资源,但上述优质资源缺少整合,体育产业在上游的研发设计和中游的生产制造都取得了一定的成效,但在下游的溢出效应尚未发挥出来,这不符合微笑曲线规律。

未来上海必须盘活诸如八万人体育场及其他各类场馆等闲置的体育资源,要放手让一流的体育设施服务于一流的体育赛事。

(三) 体育设施供应短缺和产品服务结构单一影响了上海体育产业的区域集聚效应

上海体育消费人口众多,消费意识相对超前,消费能力相对较强,但体育服务水平较低,体育用品制造和销售占比过高,群众体育设施供应相对短缺,严重影响了上海体育产业的区域集聚效应的发挥。调查显示,2016年上海全市共新增体育场地面积1 620 113平方米,人均体育场地面积从第六次全国体育场地普查的1.72平方米(2013年末)增加到1.83平方米。体育场地面积的增加,得益于政府的大力投入和保障。2016年,上海市全民健身发展总投入7.7亿元,其中日常工作经费占比46.7%,主要投入在社区体育场地的建设维护和群众体育赛事活动的举办;专项工作经费占比53.3%,主要用于大型体育场馆的建设改造和综合性运动会的举办。虽然政府一直在大力投入资金用于设施建设,但是随着各年龄段体育消费群体人数的逐渐攀升,对体育消费项目要求日渐多元化和新异化,使得群众体育设施供应短缺,而且服务产品结构单一、种类太少,满足不了上海市民新增的体育消费需求,出国和出市进行体育消费的人数正在逐渐增加,导致上海本土的体育消费群众和消费资金的大量流失。

（四）体育产业政策扶持力度不够影响了上海体育产业的协同创新效应

产业政策和政府扶持是促进体育产业发展和提升体育产业溢出效应的重要手段，这样的案例无论是国际还是国内都不在少数。如为了保证优势项目在国际上的领先地位，本世纪初期，国家曾出台向竞技体育优势项目倾斜的产业政策，为2008年北京奥运会的成功举办提供了强有力的政策支持。2009年颁布的《全民健身条例》使体育产业政策侧重点从竞技体育转向全民健身，由此带动体育服务业的发展并引发新一轮全民健身的热潮。

从上海的实际来看，尽管近年来所推行的俱乐部制和行业协会制对上海体育产业溢出效应起到了较好的作用，但上海体育产业尚处于发展不成熟且需要政府政策大力扶持的关键时期，上海体育产业政策没有把重点放在挖掘体育产业巨大空间上，更没有很好地思考如何利用体育产业的发展拉动内需、促进消费、增加就业，造成上海体育产业溢出效应不够，对关联产业的拉动效应不明显，也未能成功引导社会资本向发展潜力巨大的体育产业流转。

此外，上海体育产业生产的产品大多是公共产品和准公共产品，对私人领域的投资还存在许多限制。而市委市政府制定和出台的体育产业扶持政策的主要目的在于建立健全相关法律法规体系和规范产业发展上，而没有将侧重点放在提升体育产业溢出效应上。2015年，上海颁布和实施的关于体育产业消费发展的政策说明政府开始充分重视体育产业对国民经济发展的贡献作用，对提升体育产业溢出效应带来了良好的机遇。

五、提升上海体育产业溢出效应的对策建议

体育产业是一个关乎国计民生的产业，鼓励全民参与体育运动，提高国民身体素质一直是政府工作的重点。回顾上海体育产业发展历史，自改革开放以来，上海不断深化体育产业体制改革，促成体育产业向专业化、社会化、产业化、规范化和市场化发展（图2），不断提升体育产业的溢出效应。随着《关于加快发展体育产业促进体育消费的若干意见》的出台，我国明确提出体育产业到2025年达到5万亿元总规模的宏伟目标，使体育产业成为推动经济社会持续

发展的重要力量和拉动经济增长的重要马车。在这一新的时代环境下,未来上海必须大力提升体育产业溢出效应,促进体育产业成为上海新的经济增长点。而提升上海体育产业溢出效应是一个复杂的系统工程,需要政府、产业和社会等多方面力量共同完成。根据上海体育产业的发展现状和目标任务,要想提升上海体育产业溢出效应,促成上海体育产业再上新的台阶,未来上海必须努力做好以下几个方面的工作。

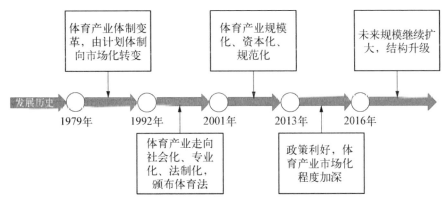

图 2　上海体育产业发展历程图

(一)加强体育产业发展布局,明确体育产业重点领域,形成体育产业规模经济效应

1. 培育发展新兴体育服务业,形成体育产业的服务溢出效应

近年来,上海提出建设全球著名体育城市和国内外重要的体育资源配置中心的目标,为上海体育产业发展指明了方向,体育服务业将成为服务经济的重要突破口。因此,未来上海应该强化体育服务业发展,形成服务溢出效应。

一是打造国内领先的体育传媒品牌,加强体育赛事推广、版权运营的模式创新,大力拓展富有城市特色的体育节日。

二是促进体育金融多元发展,为上海体育产业发展提供金融支持。如依托自贸区优势和上交所、联交所等平台,积极打造体育资本中心,鼓励各类金融机构开发适合中小微体育企业的信贷品种和金融产品,支持体育企业上市。

三是鼓励开展体育用品的个性化定制服务,运用电商等平台不断拓展国内外市场,推动体育用品满足群众体育多方位的消费需求,支撑体育服务业向更高层次发展。

四是以体育场馆服务为重点,明确体育场馆公益性与市场化综合开发利用的关系,积极发展PPP一体化运营模式及体育场馆服务外包,进一步盘活存量资源,提高现有场馆的利用率,培养专业管理团队。

五是以体育总部经济为特色,积极吸引大型体育企业、体育机构、国际体育社会组织的总部、区域总部、运营管理研发中心等落户,鼓励中国体育企业"走出去"选择上海作为桥头堡。

六是以体育中介市场为补充,大力培育上海本土的品牌体育经纪公司,通过政策扶持、资金运作等手段形成若干家有国际影响力的体育中介组织。

2. 适度发展体育高端制造业,形成体育产业的科技溢出效应

近年来,上海提出建设具有全球影响力的科技创新中心和充满活力的体育科技创新平台的战略目标,为体育产业发展提供强大的科技支撑和要素保障;而上海自贸区建设的先行先试,也将为体育产业的溢出效应的提升带来重要契机。

未来上海体育产业发展必须以自贸区建设为引领,对接全球科技创新中心建设,大力促进体育科技创新,将上海打造成为国内外著名的体育研发基地,积极支持体育数据分析、数字健身、运动检测、电子竞技等领域的研发创新,助推"集体育、科技、娱乐于一体"的智能科技体育、体育粉丝社交网络、视频训练平台、体育游戏等初创公司的发展。如积极支持体育智能制造,鼓励发展高端运动装备制造业,促进可穿戴运动设备和智能运动装备的研发、制造和销售。同时大力推进体育用品企业的科技创新和管理创新,鼓励体育制造业培育自主品牌,提高产品科技含量和附加值,加强信息化和工业化的融合创新,进一步释放体育产业的溢出效应。

3. 大力发展上海体育赛事产业,释放体育赛事产业溢出效应

近年来,上海提出打造世界一流的国际体育赛事之都的战略目标,体育赛事产业是整个体育产业的核心部门,体育赛事产业在西方发达国家已经成长为国民经济的主导产业之一,其产业份额已经位于整个经济体系行业排名的前列。从长期来看,体育赛事产业对举办区域有很强的经济溢出效应,对区域经济的发展具有较大的推动作用。近年来,随着上海经济持续快速的发展和人民生活水平的日渐提高,上海开始大量举办或引进体育赛事以满足城镇居民多元化的文化生活需求。

据统计,上海国际体育赛事产业发展迅速,已逐渐形成一定规模。据上海市体育产业发展实施方案(2016~2020年)显示,整个"十二五"期间,上海平均

每年举办136次全国性以上体育赛事,其中,国际性赛事占40%左右。国际泳联世界锦标赛、国际滑联花样滑冰世界锦标赛、短道速滑世界锦标赛、F1中国大奖赛、上海ATP1000网球大师赛、国际田联钻石联赛、上海国际马拉松赛、汇丰和宝马高尔夫球世界锦标赛、世界斯诺克上海大师赛、崇明国际自盟女子公路世界杯赛、上海环球马术冠军赛等品牌顶级赛事已成为重要的城市名片。

研究表明,上海体育赛事产业对上海的经济增长、产业结构升级、区域集聚和协同创新带来了明显的正向效应,不仅可以提升上海经济收入和增加外汇水平,而且可以扩大就业机会和带动城市相关产业的发展,还可以提高城市知名度和国际影响力等。未来上海必须以体育竞赛表演为引领,加快推动赛事运作的市场化,充分挖掘赛事对于城市发展的联动效应,形成顶级赛事表演、职业赛事表演、群众体育表演互为补充、互为促进的体育竞赛表演格局,谋求体育产业发展实现关键性的突破。

同时,为了保障赛事产业溢出效应,必须增强政府部门间合作交流,促进体育赛事产业与经济社会协同发展,充分发挥体育赛事在体育产业溢出中的引领作用,推进体育赛事审批制度改革,调整产业布局,改善产业结构,促进竞赛表演、健身休闲、体育用品与装备、体育培训与中介等业态健康、均衡发展。必须根据城市条件选择适合的体育赛事,把握举办体育赛事的机遇进行城市品牌的营销,加快相应基础设施的建设,保障体育赛事的发展,着力打造世界一流国际体育赛事之都。

(二)发挥体育产城融合功能,培育多元市场主体,形成体育产业区域联动效应

随着全球化步伐的加快与体育科技的迅猛发展,将体育产业与整个城市发展融为一体,依靠体育带动关联产业发展,成为发达国家提升国民经济新的增长点的重要手段。体育产业作为在全球化的社会消费背景中发展起来的"朝阳产业",具有较强的综合性、渗透性和关联性,可以通过与其他产业之间的关联与融合作用,培育国民经济新的增长点,提高产业的经济附加值和外溢效应。

体育产业与互联网、旅游、文化、金融、媒体等相关产业的融合发展,形成"越界、渗透、融合、提升"的发展态势,可以为体育资源的保护、利用与开发提供载体,为体育的传播与交流提供平台,催生新业态,实现体育产业的市场化和规模化。提升上海体育产业溢出效应必须充分挖掘体育产业与城市发展的

联动效应，培育多元市场主体，形成体育产业区域联动效应。

一是围绕上海体育馆、东方体育中心、江湾体育场、上海体育学院等中心地带，构建体育创新创业示范区，充分发挥其以体育赛事表演为主、融时尚娱乐和会展旅游为辅的综合性功能。

二是利用市郊和各区县的资源基础和区位优势，在崇明、松江、长兴、南桥、前滩等地建立各具特色的主题公园，积极开发野外探险、极限运动、水上运动、马术运动、航空飞行等项目，探索体育产业与旅游、休闲、娱乐等产业融合发展全新模式，促进体育产业要素向节点功能区域集聚融合，逐步形成环市中心的体育功能节点区。

三是积极挖掘本土特色的体育资源，推进黄浦江滨江休闲、松江佘山登高、嘉定汽车城赛车、青浦淀山湖扬帆、奉贤滨海观鱼、临港新城观海等特色集聚区建设，逐步形成体育产业特色功能区。

四是整合长三角各省市体育资源，逐步形成环长三角都市圈体育产业功能区，强化人才、项目、场馆、资金和信息的区域融合，发挥区域体育产业协同效应。

（三）搭建体育产业发展平台，优化体育产业发展环境，形成体育产业的产业集聚效应

市场利益的驱动将比行政力量更具动力，推动体育产业跨界融合与协同发展，除了需要依靠政府的推动以外，更需要充分发挥市场在资源配置中的决定性作用，需要依靠更多社会资本、中介机构、市场力量的介入。

一是要着力完善体育产业上下游价值链，巩固体育产品的生产制造环节，推进体育研发设计与体育服务环节。

二是要着力扶持有竞争优势和自主品牌的大中企业，大力培育有比较优势和发展潜力的中小型骨干企业。

三是要创新体育消费政策，探索以消费券和一卡通形式，向体育消费群体直接发放体育补贴。

四是要营造体育消费氛围，提升体育消费理念，不断开发观赏体育消费、娱乐型体育消费和参与型体验型消费等项目，释放体育消费市场活力。如在全市完善10分钟体育生活圈，新建便民利民的市民健身活动中心、中小型体育场馆、户外休闲运动基地、健身步道等场地设施。

五是打造上海体育资源配置和交易中心，建立体育赛事资源平台、体育产

权交易平台、智慧体育服务平台,开放体育活动举办权、体育赛事承办权、体育场馆经营权、无形资产开发权,发挥体育产业功能,激活体育市场效率。

(四)创新体育产业管理体制,优化体育资源配置,形成体育产业协同创新效应

政府在优化产业发展环境和引导市场供给方面具有不可比拟的优势,提升上海体育产业溢出效应必须加强体制机制创新,形成体育产业协同创新效应。

未来上海必须处理好规范管理和市场发展的关系,不断完善政府作为"守夜人"的监管职能,明确划分行政部门、事业单位和项目协会的职能定位和责任,更好地发挥政府服务作用,逐步建成"政府监管有力,市场配置合理,社会组织繁荣"的管理制度和运行机制,促成产业政策和管理制度对体育产业溢出效应的扶持和保障作用。

(1)政府必须创新管理体制机制,协调体育产业协同发展,通过设立多种促进体育产业化的专项资金等,出台体育产业支持政策,不断推进体育重大项目落地。

(2)必须借助信息技术优势,建立体育经济统计制度,使体育产业统计进入常态化。必须建立复合型体育产业人才培育机制,多渠道引进高端体育产业人才,多方位培育经营管理类体育人才。

(3)建立体育人才数据库,允许体育人才自由流动,鼓励教练员、运动员市场化发展。

(4)大力发展体育产业信息咨询机构,积极发挥集体智慧对体育产业的促进作用。

(5)利用自贸区金融政策,建立开放的体育金融服务模式,扶持中小型体育企业繁荣发展,鼓励大中型体育企业海外上市。

(6)允许社会资本进入体育市场,开放体育赛事和体育活动的冠名和标志权,强化体育无形资产的知识溢出效应。如上海体育赛事由市体育局"下放"至专业赛事公司管理,极大地发挥了专业赛事公司的经验和专业优势,体育赛事不仅没有因为放开管理而陷入混乱,体育产业反而获得了更大的发展空间,由门票、赞助、转播等带来的经济收入大大增加。如果能在其他项目上放宽管理,加强商业化运作,允许更多的社会资本来参加,对提升上海体育产业溢出效应必然有更大的帮助。

参考文献

[1] 党挺.发达国家体育产业发展的扩散效应及启示[J].上海体育学院学报,2017

[2] 中华人民共和国国家统计局.2015中国统计年鉴[M].北京:中国统计出版社,2015

[3] 中华人民共和国国家统计局.2016中国统计年鉴[M].北京:中国统计出版社,2016.

[4] 曹可强.上海市体育产业比较优势与布局模式研究[J].上海体育学院学报,2003

[5] 黄海燕,张林,骆雷.把握政策契机,借鉴国外经验,加快推进上海体育产业发展[J].科学发展,2014

[6] 王湘涵.上海大型体育赛事与城市旅游业融合发展分析[J].当代体育科技,2016

[7] 上海统计局.2015上海统计年鉴[M].北京:中国统计出版社,2015

[8] 上海统计局.2016上海统计年鉴[M].北京:中国统计出版社,2016

[9] 肖焕禹.以体育提升都市文化内涵,促进上海体育创新驱动、转型发展[J].体育科研,2011

[10] 王佩芬.上海群众体育开展现状及发展对策研究[J].文体用品与科技,2016

[11] 黄海燕.国际经济中心城市建设中的上海体育产业发展[J].体育科研,2011

[12] 黄海燕,谏言"十三五":上海体育改革发展基本思路[J].体育科研,2015

[13] 上海市体育局.上海市体育产业集聚区布局规划(2017~2020)[N].搜狐新闻,2017

[14] 李荣芝.上海体育设施建设与城市发展研究[J].体育文化导刊,2014

[15] 王自清,蔡皓,夏菊锋.塑造国际一流的上海体育文化环境[J].体育科研,2011

[16] 蔡玉燕,孙淑伟.对我国大城市建设"亚洲一流体育中心城市"的思考——以上海为例[J].现代妇女:理论前沿,2014

[17] 王彦.上海体育更重"金牌人生"[N].文汇报,2013

[18] 刘琦,平萍.上海体育实现新跨越[N].中国体育报,2012

[19] 薛淼焱.用上海体育优质资源服务全国[N].解放日报,2008

[20] 郭恒涛,李艳翎.体育用品产业集聚溢出效应的演变和发展[J].武汉体育学院学报,2015

[21] 王德平.体育用品产业创新能力发展策略研究——基于厦门市体育用品产业现状分析[C]//全国体育产业学术会议,2009

[22] 上海市体育产业发展研究课题组.上海市体育产业发展研究[J].上海综合经济,2000

[23] 赵雯.上海体育产业发展模式研究[D].武汉:武汉体育学院,2006

[24] 上海市体育局.上海市体育产业发展实施方案(2016~2020年)[N].搜狐新闻,2017

[25] 周丽珍.上海体育产业发展的现状与策略研究[J].商场现代化,2009

[26] 李辰云.上海市体育产业发展模式分析[J].运动,2017

[27] 张林,黄海燕.上海体育产业发展报告.2014~2015[M].北京:社会科学文献出版

社,2015
- [28] Milne, G. R, & McDonald M. A. Sport Marketing: Managing the Exchange Process[M]. Sudbury, MA: Jones and Bartlett Publishers,1999
- [29] Trail, G. T. & James, J. D. The Movivation Scale for Sport Consumption: Assessment of The Scale's Psychometric Properties [J]. Journal of Sport Behavior,2001
- [30] Funk, D. C. , Mahony, D. F. Nakazawa, M, Hirakawa, S. Development of Sport Inventory: Implications for Measuring Unique Consumer Motives at Sporting Events [J]. International Journal of Sports Marketing and Sponsorship,2001
- [31] G. Martin Izzo, Comeliu Munteanu, Barry E. Langford, Ciprian Ceobanu, Iulian Dumitru, Florin Nichifor. Sport Fan'Motivations: An Investigation of Romanian Soccer Spectators [J]. Journal of International Business and Cultural Studies,2011

进一步推进上海体育与文化、旅游等产业融合的研究[*]

秦迎林　戴　赟　齐林凯　吴　刚

一、前言

体育产业作为21世纪的新兴产业,能有效地提升国家经济,对改善国际收支、交流各国之间的文化有着重要作用。中国经济的发展随着时间迁移逐渐走上高处,中国体育产业这个新型产业也逐步从各个行业中崭露头角。作为一座国际化大都市的上海需要兼容并蓄体育与文化、旅游等多产业的兼容并进已成为上海经济发展的新动力。推进上海体育与文化、旅游等产业融合发展,对实现"十三五"期间上海进一步建设国际文化大都市、全球著名体育城市、实现全球城市的目标具有重要的战略意义。本课题在研究上海体育与文化、旅游产业发展历程的基础上,厘清上海体育强市面临的新机遇、新挑战,充分借鉴国内外标杆地区和城市的成功经验,提出加快上海体育产业与文化、旅游产业多产业融合发展的思路、对策和建议,为相关政府部门出台有针对性的扶持政策提供科学依据。

本课题是基于上海加快建设国际文化大都市的实际,重点推进上海体育与文化、旅游等产业融合,针对上海体育发展现状的基础上,聚焦上海发展实践,深入研究上海体育与文化、旅游融合中遇到的新机遇新挑战,提出加快推进上海体育与文化、旅游等产业融合的思路、对策和建议。本课题采取问题导向式的路径,围绕"为什么去做"(内涵与意义,经验借鉴)——"难题在哪里"(改革瓶颈)——"怎样去解决"(思路、模式、难点)——"如何实

---

[*] 本文作者单位:上海工程技术大学。立项编号:TYSKYJ2017048。

施"(改革建议和实践应用),综合实用案例、访谈、实地调研等研究方法展开。

二、上海体育与文化、旅游等产业融合的重要意义

产业融合一般是由于技术改革创新、人们需要及管理完善等因素,使产业边缘朦胧化或呈现新业态的形式,从而使产业能够互相触碰、互相交融而渐渐转变为不同产业类型之间的融合发展。为了促进产业的发展,产业融合是不可或缺的重要因素,因为它可以产生创新和动力。体育、文化、旅游这三大产业都是以人们的体验感受为主,并且能够实现经济利益的不同类型产业,这三大产业虽然涉及的范围不一样,但确有个类似的特点,就是能同时在物质和非物质上进行联系。

(一)上海体育与文化、旅游产业的融合机制分析

体育企业、旅游企业、文化企业在内外部动力运作下融合了体育、旅游和文化这三类产业,制度、技术和市场三类环境构成了企业成长所需的内外部环境的主要方面。外部动力简言之是技术革新动力、市场需求动力及政府政策动力,详细来说即消费者随经济发展而提升的需求,政策带来的机遇和网络技术资源共享。体育、旅游和文化企业内在的动力,是为提高市场的竞争力并且降低对环境依赖程度,是获取足够能力和资源的主要动力,而外在动力机制是指有效促进这三类产业有效地进行融合型产品开发。

1. 市场需求动力

人们的日常生活逐渐变得极为丰富,而且随着生活水平的提高,需求也变得极为复杂化。长时间的单一体育锻炼方式,会让人们难以坚持。因为枯燥的锻炼方式吸引不了人们的注意力,而且也会让人们容易放弃。传统的旅游方式也不能长时间地满足人们内心的需求,单纯的文化产品也难以让人有欲望。因此,为了让人们在放松自己的过程中,能够有锻炼的机会,同时也能感受文化的熏陶,并且还可以扩宽自己的视野去感受大自然的美好,符合人们这样的内心所需,集旅游、文化和体育为一体的新兴产业便由此诞生。这种新型产业的产生能够为企业和社会带来了巨大的创新机会,并且能够促进公司整合行为,不断地向外开拓新的产业和产品,为人们的满足感的提升提供基础。现在,已经有越来越多的企业整合体育、文化和旅游这三大产业,开创出新的

道路,进而推动三大产业的融合和发展。

2. 政府政策动力

企业融合体育、文化和旅游三大产业发展基础需要政府政策的支持和推动,政府政策支持与推动对于企业发展新形态产业有着不可或缺的作用,能够加快企业转型和创新的实际举措,为创新型企业提供相关动力。从 2014 年起,政府为了能让相关企业有效地将体育、文化和旅游三大产业相互交融,相继制定并颁布了一系列相关法规政策支持和促进相关企业进行跨界融合,如《关于加快发展健身休闲产业的指导意见》《关于加快发展体育产业促进体育消费的若干意见》《关于促进旅游业改革发展的若干意见》《体育发展"十三五"规划》《关于加快发展生活性服务业促进消费结构升级的指导意见》等,上述政策表明了政府意在支持并大力推进相关体育企业与旅游和文化等相关企业通过交融共通形成融合发展新局面。

上海制定出台了相关的配套措施,从而确保企业跨界融合的顺利实施。许多企业借助政府政策的东风,将旅游、体育和文化这三种产业融为一体。例如,线上旅游企业"去哪儿网"与乐视体育进行合作,发展由体育与旅游相结合的新型旅游线路。凯撒旅游使用了募集的资金,推出体育旅游相结合的滑雪旅游产品。上述企业的案例都表明政府政策的支持是这些企业发展新型产品的重要动力基础。

3. 技术革新动力

技术的改革创新成为现实生产力,企业的跨界产业的融合需要技术革新的支持,技术的改革创新已经渗透到每一个生产要素中。互联网技术将旅游企业、体育企业和文化企业相互联系起来,为这些企业之间交流和融合提供了一个有效持续和稳定的平台。互联网技术能够将跨界企业通过旅游、体育和文化三大产业有效地连通起来,进而推动企业的创新和衍生出融合后的产品与服务。

根据互联网技术革新的支持,虚拟现实技术的产生可以说是刷新了消费者的观点,开阔了人们的视野,受众通过这种新型技术就能阅览世界各地的风土人情,并不需要出去旅游,只需要带上特定的设备。这种技术的出现能够很好地消除了由体育、文化和旅游三大产业融合而产生出的不良问题,如体验感受度不高、安全性差、分享性弱等等。虚拟现实技术的出现,可以很好地解决这些问题,由此技术的改革创新对企业融合这三大产业有重要的影响并且提供动力。

（二）上海体育与文化、旅游等产业融合的重要意义

2010年,《关于加快发展体育产业的指导意见》由国务院办公厅印发。2013年,《体育旅游休闲基地服务质量要求及等级划分》地方标准由上海市旅游局、市体育局和市质量技术监督局三部门联合发布。2014年,国务院发布《国务院关于加快发展体育产业促进体育消费的若干意见》,2016年发布《国务院办公厅关于加快发展健身休闲产业的指导意见》。

体育与文化、旅游的逐步融合是上海建设成为体育强市的必要基础。2017年1月12日,上海市人民政府办公厅发布《上海市体育产业发展实施方案(2016~2020年)》。方案提出,上海加快发展体育产业发展是城市发展的重要措施,是服从国家发展,建设全球著名体育城市的重要抓手。上海应当从完善城市体育设施,保护具有历史意义的旅游文化景点,大力发展体育项目,健全相关的法规政策,促进上海文化、旅游与体育等相关产业深入发展、高效融合。发展体育产业是上海作为文化与体育兼容的国际化大都市的必要的内在需求,有利于塑造先进的城市文化精神,提升上海市民的幸福感;有利于高效配置相关体育健身设施,推进全球体育城市建设。

三、上海体育与文化、旅游等产业融合的国际经验借鉴

（一）发达国家体育产业发展态势

体育产业的发展对各国的经济发展具有重要的推动作用,梳理发达国家体育与文化、旅游多产业融合的成功经验对于课题的深入研究具有重要意义。

1. 体育产业规模较大,对国民经济贡献显著

体育产业的发展能够有效提升国家经济。同时,发展体育产业也能够有效地缓解就业压力,还能够有效地拉动其他领域的经济发展。发达国家主要以专业性体育赛事为主,因为专业性体育赛事非常具有商业价值,形式多样丰富,而且组织形式严谨讲究,内容精彩振奋,非常吸引观众的注意力,进而创造良好的经济收益。鉴于大力发展体育产业能获得可观的经济效益,许多国家衍生出相应专业化的机构,促进体育产业的发展,帮助体育产业开发新兴市场,拓宽产业发展渠道。

2. 体育服务业所占比重较大

体育服务业是一种特殊的服务业，在体育产业中占据领先位置。发达国家非常重视体育服务业的发展，并且为其发展不断加大投入。有些国家的体育服务行业能够产生的效益是十分巨大和可观的，能够占据整体体育产业的大部分。一些发达国家，例如美国，通过体育竞赛模式来获取高额的利润，通过体育赛事的电视转播以及门票、场地租赁的市场化运作带来超高的收入。同发达国家相比，中国的体育服务产业做得尚有许多不足，远远不能达到发达国家的水平。竞赛体育的出现不仅能够创造可观的收益，更能够拉动周边产业。

以美国为例，橄榄球、棒球、篮球、冰球四大职业联赛每年带来约200亿美元的收入。体育用品的长期发展也能够有效地实现体育市场的利润开发，在总利润中占据了极大的收益占比。发达国家中一些企业通过先进的技术改革创新，让企业产品的设计、生产、开发和服务凝聚一起，成为体育企业发展的核心动力。

3. 参与程度高，体育消费需求旺盛

在发达国家，人们对体育项目有着很强的意识，他们对体育项目有着浓厚的兴趣，非常乐意对体育产业类的产品进行消费，并且愿意支付较高的费用。随着体育产业的逐渐完善，日常体育产品和强身锻炼已成为体育产业的基本要素，竞赛体育项目的形成，进一步推动了体育产业的发展。

发达国家的体育产业中，参与体育活动的人数水平都非常高。例如，美国这样的发达国家，体育锻炼这类体育产业在美国很受重视，人们日常开销中有很高的比例都花费在强身健体上，强身健体对美国人来说很重要，并且可以经常为之，进入健身房进行锻炼已被大众广泛接受。

在法国，人们日常出行接近一半都是骑自行车，因此法国体育业相当一部分的经济收益都是从自行车的运动中产生的。相比于我国，人们通常乐意将钱财运用到能够有实际用途的地方，能够实际作用在生活中，对于体育产品的消费主要基于日常实物，而不倾向于消费观赏类、参与类的一些项目。

4. 重视体育与旅游、文化等多产业的结合发展

发达国家的体育产业的开发不仅仅是单一的一个项目，体育产业开发的形式既能让人们能够亲身经历，也能够进行观看。参与型体育旅游项目在一些发达国家十分地受欢迎，人们非常乐意去参加这种类型的体育旅游项目。例如，有些人对于滑雪这一体育项目非常痴迷，瑞士的滑雪旅游吸引着游客，

既能参观瑞士迷人风景同时参与滑雪这一体育项目,瑞士仅仅通过滑雪这一旅游项目就能获得可观的巨大的旅游效益,每年接待旅游人数也是逐年增加,这对瑞士经济发展和社会效益都带来了巨大的影响。

一些西方国家的体育健身休闲朝着组织化、规模化和国际化的方向发展,许多著名的健身房能拓展到海外市场推广商业化的体育健身。

(二)发达国家发展体育与多产业融合的主要做法

1. 市场主导推动发展

国家为推动体育产业的发展不能仅仅是依靠颁布相关的政策,也需要有关企业的帮助。一旦这些企业在涉及体育产业的领域上有了一定的基础和经验,依靠这些手段,就可以有效地推动和推广国家的体育产业市场,而此类运作方式有利于鼓励企业运用自身先进有力的手段来促进体育产业市场的迅速发展。例如,环法自行车赛为沿途城市每年带来10亿美元旅游消费。

发达国家对于旅游产业和体育文化的交融互动十分重视,这些国家的顶尖的体育企业通常各自都拥有独特的专业化的优势,通过将资本注入体育产业进行运转,从而获得强大的发展动力和可观的利润,进而带动相关融合产业的高效、可持续发展。

城市体育文化对于众多人来说是一个比较陌生的词,城市体育文化会在城市的各个角落中显现出来,为什么强调城市体育文化的重要性,是因为大力推广城市体育文化能够加快推进城市实现体育化。

社区健身设施、体育篮球场馆这些居民可以用来锻炼的设施的出现都为居民提供相应的便利,并且能够突显城市的人文关怀,进而提升城市内外在形象象征。城市外在形象通常由本地独特建筑传播,如英国伦敦温布利体育场等一些著名建筑都助于城市形象的传播。

城市体育形象的提升,不仅仅是建设相关的设施就能一蹴而就的,提升城市的体育形象,宣传是最好的手段之一。为了让城市的体育形象能够非常深入人心,发达国家的体育名城通常通过抓住各种能够宣传自己的手段,尤其是举办大型的体育参与型活动,扩大城市在世界范围内的知名度和美誉度。

2. 政府引导产业发展

引导体育产业的发展,需要制定体育产业发展优惠政策。在一些发达国家,会时常发布有效的体育产业政策,进而促进本国体育产业的发展。例如,在美国有些州,政府鼓励私人投资体育场馆,政府会利用国家的联邦税收政策进行干预控制。为了降低体育竞赛业的投资风险,美国政府会对投资额度的60%免征税,进而帮助企业分担竞赛表演业的投资风险,促进产业的良性发展。

发达国家为了促进体育产业的发展,通常会设立相应的基金,扶持体育产业的稳定发展和场馆建设。例如,《国民体育振兴法》是1972年由韩国政府发布的有利于体育产业发展的专项扶持性政策,韩国政府据此设立了相关的体育基金,名为国民体育振兴基金。在2013年,韩国政府针对一些有志于拓展体育行业的企业,尤其是中小型企业成立了共济组合基金。共济组合基金是典型的政府引导性基金,是通过政府指引、由多家商业银行和大型企业联合投资而成立。此类基金通过帮助韩国中、小型体育企业提供有关行业领域的专业支持,来完善韩国体育业务产业相关管理和运营系统,开拓市场,拓宽体育专业人才的培养渠道。

3. 充分发挥非营利组织的作用

非营利性组织对国家的体育产业的发展运作有着特别的地位,尤其在发达国家中,它能有效地推进体育产业的运作和发展。发达国家中的体育产业相关企业如希望实现自身融资,则通常需要与非营利性组织主动地进行市场化和作。如法国的体育社团组织能够帮助开展各项体育赛事。这些体育社团组织可以通过与社会中的体育社团组织签订相关的合同,一起合作开展各项竞赛项目,使体育项目能够顺利进行。

在美国有些组织自发成立不以赚钱为目的公益性组织,会利用自己专业化的操作手段来帮助推动体育产业的发展。如,职业篮球和冰球联盟。

四、上海体育多产业融合发展现状及机遇分析

近年来,为大力支持上海体育产业的融合发展、消费升级,以进一步提升城市功能,上海市政府专门颁布《关于加速发展体育产业促进体育消费的实施意见》等相关文件,从政策上予以支持。

(一)上海体育多产业融合发展现状分析

1. 规模效益持续提升,赛事品牌影响扩大

目前,上海的体育产业规模持续扩大,质量和效益显著提升。2014年全市体育产业总规模为767亿元,2015年为910亿元,年增幅18.6%。体育产业的结构不断优化,发展水平领先于国内其他城市。"十二五"期间,据统计国际

性赛事约占总举办数的39%,国家级以上的体育赛事上海平均每年会举办136次,这其中不乏国际性比赛。国际田联钻石联赛、上海国际马拉松赛、世界斯诺克上海大师赛、上海环球马术冠军赛等的顶尖赛事无形之中提高了上海的国际声誉。

在体育业规模扩大的同时,上海的体育用品制造等产业也得到了巨大的发展空间,同时新生产业也不断涌现,例如互联网体育、体育咨询类服务等新兴产业依托于巨大的市场空间也在不断发展。近年来,体育与其他跨行业的结合也越来越明显,特别是与金融业以及文化业的合作发展使市场繁荣和活跃。

2. 消费需求日益增长,产业主体加速布局

当前,上海的健身消费群体不断扩大,居民的消费需求也在日益增长。随着时代的进步,一些市民的个性需求也逐渐发展起来,击剑运动、乒乓球、快走运动等的具有前瞻性的运动项目也获得了市民体育赛事的青睐。群众体育赛事和体育文化活动不断丰富,尤其是青少年人群的运动兴趣和体育技能进一步提高。全市已有体育场地38 600多个,健身苑点10 040个,学校体育场地开放率达到85%。职业体育俱乐部近年来快速崛起。上港、东浩兰生等一批国有骨干公司正在加速向体育业进军。

3. 高层次资源整合平台逐渐搭建,体育全产业链布局深入

2017年,上海久事集团和上海文化广播影视集团宣布正式合作,同时上海久事集团旗下的体育产业和投资管理公司以增资方式入股五星体育传媒有限公司。这些资源的整合为加快深化国企改革和媒体改革,促进相关产业融合发展起到了积极作用。SMG旗下的五星体育传媒有限公司已然成为如今较有影响力的企业,专业从事体育传媒内容生产、体育活动推广、广告业务经营和品牌授权经营等业务。

通过将五星体育与久事体育的经验、资源以及优势相结合,上海已有效构建"内容创意+渠道传播+赛事组织+场馆运营+产业拓展"的完整产业生态闭环,形成海派特有的紧密高效的经营新模式。

4. 产业发展活力不断增强,多种产业齐头并进共同发展

上海体育产业的发展活力不断增强,多种产业齐头并进共同发展。健身休闲服务业方兴未艾,游泳、球类、跆拳道、击剑、帆船等各种形式的俱乐部不断涌现。职业体育市场化进程加快,上海的足篮排"三大球"男女项目均实现了职业化改造。

一批体育类的骨干企业逐渐集聚上海,发展势头十分迅猛。力盛赛车已

然统领了我国汽车文化、比赛竞技业;虎扑体育的影响力已经非同凡响,尤其是在体育运动业以及互联网行业中;龙珠电竞的市场前景广为看好;美帆俱乐部在帆船运动的推广及市场拓展上的进展令人刮目相看;阿里体育2017年正式注册成立于上海,体育产业在市场中已经成了炙手可热的行业。随着产业活力的增强,带动了体育业的发展。

(二)上海体育多产业融合发展的机遇与挑战分析

上海体育产业总体发展水平处于起步阶段,仍面临诸多不足。例如体育产业规模较小、骨干企业的竞争力待进一步提升、体育场馆利用率较低、体育赛事机构有待健全、健身休闲有效供给不足、大众消费激发不够、体育产业的各项制度还不够完善。"十三五"时期,上海体育面临着发展机遇,也面临着不可避免的挑战。

1. 上海体育多产业融合发展的机遇分析

在机遇方面,体育经济、体育文化、体育民生已成当今世界体育发展的重要驱动力。各大都市纷纷调整体育政策,体育产业渗透到经济发展和社会发展的各方面。通过产业融合发展,体育正抢占国际竞争制高点。纽约、伦敦、巴黎、东京等国际大都市都将体育作为战略性资源进行营销和运作,从战略高度予以关注,从城市战略角度发挥体育的特殊优势。随着我国成功申办2022年冬奥会,党中央、国务院对体育做出了一系列重大决策部署,将体育作为促进经济社会发展的重要内容。

国家实施创新发展为体育多产业融合发展提供了强大的动力。国家连续出台了融合发展、众创空间、"一带一路""中国制造2025""互联网+"、供给侧结构性改革等相关的政策文件和实施意见,为上海的创新驱动和产业融合提供了政策支持。上海体育发展指数位居全国前列,上海高度重视体育工作,上海体育硬件、软件建设正由大向强转变。

上海建设科技创新中心为上海体育多产业融合发展带来重大发展机遇,并依托自贸区开放政策、加快经济转型,推动上海科技创新领域的不断发展。上海创意与设计领域正加快与相关产业融合发展,体育产业迎来发展机遇。体育作为公共服务、社会治理、经济发展、改善民生、文化娱乐的功能对上海城市发展作用深远,上海体育事业发展的良好氛围逐步形成。

2. 上海体育多产业融合发展的挑战分析

当前,市场呈现个性及多元化的消费形势,竞争形势也趋于差异化。供给侧结构性改革为上海体育多产业融合发展带来巨大市场空间。体育产业蓬勃发展,应当顺应经济发展新常态,提升产品质量、产品设计、塑造品牌,朝着国际化迈进,提高有效供给。体育事业发展面临深层次、结构性矛盾,亟须从传统的管理模式向创新管理服务模式转变。因此,必须要加快推进体育的创新转型。

五、新时代上海体育与相关产业融合发展的思路、对策和建议

贯彻落实国家关于体育与相关产业融合发展等文件精神,紧紧把握国家关于长江经济带等战略,以中国(上海)自由贸易试验区和上海科技创新中心建设为契机,以创新融合为发展主线,促进新时代上海体育与文化、旅游等相关产业融合发展,对上海建设全球城市、国际文化大都市、国际体育大都市具有重要意义。

(一)顶层设计:加强组织领导,发挥政府协调作用

建议有关部门深入合作,在此基础上完成顶层设计及系统安排,大力推动体育调查、建立资源库、统计体育数据。将上海体育产业发展成为统计制度标准化及信息资源共享化的行业,并建立上海的体育产业数据统计体系。

制定和完善体育与相关产业融合的扶持政策,开展各类规划对接。通过现有的体育、文化和旅游产业集聚区开展三种业态的空间集聚。提高对高端体育人才的引进及培养,增加更多渠道挖掘综合性的体育业相关人才。鼓励引进高层次体育人才,建设人才流动试点,支持运动员、教练员职业化、市场化发展。创建新兴产业和多产业融合的咨询平台,鼓励上海体育与多产业健康融合。鼓励投资体育相关无形资产和融合产业硬件设施建设,如加强体育比赛、机构品牌形象、文化版权等相关无形资产的建设。按照法律、法规及政策保护知识产权。

(二)发挥优势:利用国际体育赛事,加大体育与相关产业融合的力度

利用国际体育赛事,强化体育与文化、旅游产业融合的力度。促进上海体

育产业主动融入全球化进程,充分发挥体育优势,有效畅通各类国际体育优质资源进入渠道,拓展国际交流合作平台。

培养新兴国际化的体育制度新环境。以国际化的目标为发展导向,稳步开展国际体育相适应的互相通用的服务评价指标制度,在体育发展理念、发展方式、运营管理、评估认证等方面充分借鉴国际惯例和先进经验,分阶段有重点地进行国际化试点。提高体育发展的国际化、市场化和法治化水平,拓展国际体育机构落户的公共空间,协助创建新兴开放的符合国际化的综合服务平台。同时鼓励出台相应的法律法规,把上海塑造成为国际性的体育城市。

提升上海全球体育城市地位。依托上海城市金融贸易、自贸试验区和全球科技创新中心等综合优势,吸引和培育高等级国际知名体育企业总部、区域总部、专业分支机构的集聚;支持科技含量高的创新型体育产品以及新业态、新模式在上海的先行先试。鼓励上海体育类服务性行业的多产业融合发展,以提升上海国际化的体育资源配备力,如:国际体育仲裁、体育保险、体育旅游、体育劳务、体育赛事、体育养生、体育租赁、体育金融、体育培训等。

(三)产业布局:加强空间布局,提升体育与文化、旅游产业融合辐射力

大力促进体育与文化相关产业的融合发展。优化上海体育博物馆建设,发挥体育文化重要的承载作用。多渠道宣传上海知名体育馆的内涵和知名度,加强整体体育空间布局。鼓励上海各区依靠自身地理优势建造体育文化馆,如:中国武术博物馆、虹口精武武术、嘉定武科博物馆等。在加强产业布局中还需加强体育、旅游及文化资源等方面的有机整合,加强对外滩源、江湾体育场、上海体育俱乐部等相关部门体育文化资源的开发。重视对养生、武术、气功、棋类、"三龙"(天龙—风筝、地龙—舞龙、水龙—龙舟)等民俗、民族、民间传统体育文化的整合和发扬。巩固九子、木兰拳、易筋经、手杖操等上海优秀体育项目的继承和推广。

构建智慧体育大平台。开展体育文化大平台的重要手段是建立体育与其他文化门类、新媒体的互动平台。上海公共体育数字平台以体育数字资源库为主要核心,辅以信息资源共享、舆情分析、智能调度等系统建设,以实现全市体育资源库群的资源共享。以公共体育场馆为主体,为市民提供预约场馆、健身指导、活动观赏、信息咨询、在线互动等,形成结构合理、网络健全的数字化服务体系,用户可随时、随地通过电视、手机、电脑等收看、查询、

阅读以获得体育方面的公共服务。通过在各个区开放试点,形成公共数字体育服务,融合趣味、互动、知识为一体,在一定程度上丰富公共体育服务。

建议开辟体育、文化、旅游三产业为主体的多种链式延伸的路径。加强各产业内部三种业态的聚合以及三个产业外部的整合。与此同时,再辅以技术、资讯、创意促进三业共同发展。如延伸体育相关的制造业——产业较多信息资源必然也较多,势必可在一定程度上实现资源互享、共同进步;延伸表演业——在艺术文化之中穿插进体育文化精神;延伸休闲业——在休闲业中融入文化大背景、体育精神、旅游文化为一体的综合性产业;延伸媒体业——通过媒体媒介的传播、制造业背后的支持模式,在一定程度上可拓宽体育文化的新思维、新模式;延伸设施与经营模式——在规划过程中加入创意元素,将景点、设施融入进体育文化精神、体育场馆,开拓体育与多产业融合发展的新兴产业。

(四)突出重点:加快业务拓展,提高体育与文化、旅游产业融合的服务能力

着力发展体育文化,打造体育文化新高度,大力培育本土的体育文化品牌。重点宣传体育公益广告,可通过互联网先进的传播媒介,如网络、平板、电视传播体育文化的精神,在周围营造浓郁的文化氛围。增大体育文化的影响力,重点促进品牌健身活动、品牌俱乐部等活动。在国内打响本土品牌,随后朝国际的舞台前进,逐步在全球占有一席之地。为增大体育文化的影响力、提升辨识度,仍需开发体育文化传媒、体育活动、娱乐健身等方面的新兴文化产业。

依托国际奥委会《奥林匹克2020议程》主旨,积极宣传推广奥林匹克的文化精神,将奥林匹克文化精神与青少年相结合,增加青少年在体育文化方面的兴趣。将更多的体育明星纳入到公益活动中。

推广体育健身休闲产业。建设更多符合时代要求、符合体育用品研发、符合体育创新创业的体育产业自主创新基地。重点打造功能多元化、高度发达的具备体育功能的多产业融合的产业基地。为满足较多市民特殊的体育旅游、体育健身的要求,融入以体育、旅游、健身、休闲为特色的产品,开发拓展综合型、多元化的体育休闲旅游基地。

倡导上海及周边旅游地区开发当地特色体育活动,不断丰富体育活动内容,提升大众在体育文化方面的消费。着力开发带有地域风格的品牌项目,重

点开发徐汇滨江带、杨浦滨江带、青浦淀山湖帆船等体育水上项目。以公益目的为前提,将公共体育设施、场所建设成以健身服务为重点的多元化的综合体育产业。

(五)政策支持：强化政策试点,促进体育与文化、旅游产业融合的创新能力

加快改革进程,实现资源配备。建议有关部门加强合作与沟通,运用各自互通的资源进行彼此协调和辅助,力求在人才、科技、品牌、信息等方面实现资源共享。在建立政府目标考核制度时,将体育和体育产业归入其中;在勾画城市区域经济及社会发展的蓝图时,将体育文化归入其中;在制定城乡、土地规划时,将体育设施的优化布局纳入其中。

创建监管体系,融入社会监督、行政监管、信用监管为特色的综合监管制度。在监管的过程中突出信用管理的作用,将违纪违法个人信息纳入到公共征信信息平台,进一步加大处罚力度。优化各个区域体育工作的评估制度评估各个区域的体育工作实施情况。制定政府购买服务指导政策,在此基础上不断完善政策,建立健全完备的供应商体系。建立择优匹配的机制,把一些事项交由符合条件、设备完善的体育机构及企业完成。

建设法治体育。增强监管力度、加大监管指标,监管高危体育活动、提高体育培训业资格证的获取门槛、优化体育场馆的登记。依据改革发展要求,加强体育部门政府规章、规范性文件依法调整。建立健全体育矛盾纠纷解决机制、创立上海体育仲裁机构,促进体育仲裁的繁荣发展。

(六)优势对接：借力"一带一路"优势,增强体育与文化、旅游融合的国际化力度

将体育文化与旅游相结合,形成多元化的发展态势。着力开发"一带一路"体育文化遗产,倡导把体育文化与建筑行业相融合,建设以体育文化精神为核心的"一带一路"特色城镇,辅以人文环境、创意的体育文化。促进体育产业与"一带一路"旅游业的深度融合,通过体育提升旅游的内涵,通过重大体育赛事,扩大"一带一路"体育文化的传播和消费。开展更多体育竞技活动、体育表演等新兴产业,提倡"一带一路"各个地区以当地特色资源举办体育盛事,促进体育产业与"一带一路"旅游、文化的国际化融合。

提倡体育产业以创新为核心持续发展,辅以多产业融合增值。围绕"建设

具有全球影响力的技术科创中心"的总体目标,将文化和创意元素融入到传统体育产业中,将体育产业融合科技、制造、金融、贸易,共同发展。

增加上海体育品牌的知名度,期许未来有更多参展商来上海举办体育赛事。邀请名士出席上海体育盛会,担任体育文化的大使。举办国际型的体育盛会。

(七)品牌培养:培育体育与文化、旅游融合的优势品牌,提升上海体育国际影响力

搭建体育文化服务大众的综合性平台。充分发挥体育的总效能以及促进作用,促进体育和旅游、文化、教育、传媒等相关产业的业态融合。在先试先行的基础上搭建上海体育产权交易平台。

完善体育技术成果的转化机制,强化关于知识产权的保护意识,提高知识产权的使用率。建议将发展良好的体育产业经营性事业单位转变成为企业,在探索的基础上促进上海国有体育企业的股份制改革。全面加强现有体育市场的监管运营制度,强调诚信建设,做好体彩销售渠道、体彩品种、销售技术和安全的监管把控,保障体育彩票市场的茁壮成长。

重点发展体育竞赛表演市场。围绕市场化、国际化和专业化的发展方向,引进和培育与国际大都市功能相匹配的顶级盛会。对社会团体举行的各种体育活动给予更多的赞助及支持,使赛事体系更具特色。

(八)资金扶持:拓宽资金来源,解决体育企业在多产业融合发展中的资金短缺难题

鼓励增加投入。对民众体育健身消费方面给予积极的支持。倡导低价或者免费的公共体育设施向市民大众开放。合理完善和增加本市的体育发展财政项目资金。建议对公共财政资金和体育彩票福利性基金做合理安排,帮助有前景的、具有较高专业性的体育赛事的发展,鼓励免费开放体育馆供群众使用,鼓励体育社会组织的优化改革。对本市符合条件的体育产业项目给于政策上的大力扶持和合理优化。

(九)人才建设:加强高层次体育复合型人才队伍建设,提供产业融合人才保障支持

重点抓好一线服务人员、专业技能人才和行业领军人才的专业培训。不断推进教练员"百人计划",不断加强教练员队伍建设。

优化体育产业复合型人才评价制度和人才激励机制。鼓励上海相关大学和机构优化体育文化的科普教学,促进体育科学研究的深入发展,形成体育复合型高层次人才培养的规模效应。大力扶持优秀体育人才,倡导和鼓励人才创新创业。对已退役的运动员给予合理的工作安排,优化完善职业运动员退役后的社会福利体系。

参考文献

[1] 刘长秋,李静.推进我国体育产业发展的立法保障研究[J].成都理工大学学报(社会科学版),2014

[2] 黄海燕,张林,骆雷.把握政策契机借鉴国外经验加快推进上海体育产业发展[J].科学发展,2014

[3] 周立华.国内外体育旅游开发的比较研究[J].体育科技文献通报,2005

[4] 杨至刚,张力,王丽娜.上海建设国际体育强市中城市体育文化定位与发展战略的实证研究[J].南京体育学院学报(社会科学版),2015

[5] 孙伟.后奥运时期我国城市体育文化创新的路径选择[J].成都体育学院学报,2010

[6] 陈连华,童慧娟.温州地区滨海体育休闲旅游发展与对策的研究[J].当代体育科技,2014

[7] 康晓燕.提高体育服务业服务质量的策略研究[J].体育世界(学术版),2010

[8] 杨强.体育产业与相关产业融合发展的内在机理与外在动力研究[J].北京体育大学学报,2013

[9] 骆慧菊,陆小成.国外体育产业服务链建设比较研究[J].湖南工业职业技术学院学报,2013

[10] 沈玉婷.福建省文化、体育、旅游三业融合发展的现状[J].宁德师范学院学报(自然科学版),2014

[11] 殷勤.体育强国背景下的上海体育现代化研究[D].上海:上海体育学院,2014

[12] 谢宇.浅析体育对经济发展的作用[J].科技资讯,2007

[13] 张建敏,张建辉.2014年南京青奥会与江苏省群众体育发展研究[J].运动,2014

[14] 张同宽.高校体育休闲旅游专业人才培养研究[J].浙江海洋学院学报(人文科学版),2008

[15] 吴隆基.河南体育竞赛市场发展存在的主要问题及对策[J].管理工程师,2013

[16] 倪京帅.美国体育在近代上海的传播路径及价值探略[J].上海对外经贸大学学报,2017

[17] 周小林,李传奇,周文生.近代上海体育建筑的兴起与可持续发展研究[J].体育文化导刊,2017
[18] 贺蕾,张子翔.上海建设全球著名体育城市的相关研究及策略[J].体育科研,2017
[19] 何丰,张秀萍,王光.上海体育赛事与城市旅游互动融合研究[J].体育科研,2017
[20] 李荣芝,钟飞,李坤,杨皓.体育构建上海形象的途径及机制研究[J].体育科研,2017
[21] 和立新,姚路嘉.基于潜变量发展模型的国际体育中心城市构建研究——以北京、上海体育旅游与体育赛事互动为视角[J].北京体育大学学报,2016
[22] 晏妮,黄聚云.上海成年居民休闲体育活动参与情况的性别比较研究[J].体育文化导刊,2016
[23] 路云亭.体育文化对构建上海城市文明体系的干预[J].体育科研,2016
[24] 董新光,张宏伟,刘兰.近代上海体育纪录电影的发端与演进[J].体育文化导刊,2016
[25] 土湘涵.上海大型体育赛事与城市旅游业融合发展分析[J].当代体育科技,2016
[26] 刘宏森.大都会中的青年:关于把上海基本建成全球著名体育城市的思考[J].体育科研,2016
[27] 郭修金,单凤霞,陈德旭.生态文明视域下城市休闲体育发展研究——以上海、成都、杭州为例[J].武汉体育学院学报,2016
[28] 阚洁.上海航空体育运动发展现状及对策研究[J].当代体育科技,2016
[29] 廉涛,黄海燕.上海居民对本市大型体育赛事感知情况的调查[J].体育科研,2016
[30] 汪艳,王跃,杜梅,陈林华,何久勇.上海建立国家体育产业基地的可行性研究[J].体育文化导刊,2015
[31] 艾永说.2025:上海基本实现全球著名体育城市目标[J].上海人大月刊,2015
[32] 周晓燕.上海体育知识产权保护制度的建设与完善[J].体育科研,2015
[33] 张哲敏,张建新,孙麒麟.近代上海高校的竞技体育发展[J].体育文化导刊,2015
[34] 黄海燕.谏言"十三五":上海体育改革发展基本思路[J].体育科研,2015
[35] 缪佳,刘叶郁.上海竞技体育在"十三五"期间发展路径探索[J].体育科研,2015
[36] 高杰荣,李新卫,丁蔚.上海国际友好城市体育交流研究[J].体育文化导刊,2015
[37] 杨至刚,张力,王丽娜.上海建设国际体育强市中城市体育文化定位与发展战略的实证研究[J].南京体育学院学报(社会科学版),2015
[38] 孙胜男,尹晓峰,杨圣韬,王金鲁,王燕.国际体育强市视角下的上海国际体育大赛对提升市民素质的纵贯研究(2008~2013年)[J].体育科研,2015
[39] 陈旭晖,刘善德.体育教育专业教育实习存在的问题及对策研究——以上海体育学院体育教育专业10级学生为例[J].山东体育科技,2014
[40] 黄海燕,张林,骆雷.把握政策契机,借鉴国外经验,加快推进上海体育产业发展[J].科学发展,2014

[41] 陈毅清,廖祥龙.安徽省体育产业与文化产业、旅游产业融合发展的综合评价研究[J].鲁东大学学报(自然科学版),2017

[42] 刘爽.南京市体育休闲旅游的优势及问题与发展路径研究[J].当代体育科技,2017

[43] 李相如,宝帝·古若米,凯伦·丹尼贾克,特雷西·泰勒,约翰·诺莱特,Anand Rampersad,Martha Honey,陈林会.欧美国家休闲体育发展现状及其对中国的启示[J].成都体育学院学报,2017

[44] 和立新,姚路嘉.北京国际体育中心城市与世界城市融合建设研究[J].山东体育学院学报,2017

[45] 张玉兰.新常态下我国体育产业发展的机遇与路径研究[J].长春师范大学学报,2017

[46] 陈子超.民族体育文化旅游形象的定位与思考[J].贵州民族研究,2017

[47] 夏红民.以改革创新精神推进现代服务业发展——甘肃推进文化、旅游、体育、健康产业融合发展初探[J].甘肃行政学院学报,2017

[48] 陈毅清,杨中民.产业融合视角下安徽省体育旅游产业发展研究[J].曲阜师范大学学报(自然科学版),2017

[49] 王沈策,吴寒.文化体验视角下的体育旅游纪念品设计研究[J].湖南科技大学学报(社会科学版),2017

[50] 焦敬伟,郑丹蘅.休闲体育对上海城市发展的文化价值[J].体育文化导刊,2014

[51] 李荣芝.上海体育设施建设与城市发展研究[J].体育文化导刊,2014

[52] 汪艳,王跃,陈林华,王乔松.上海体育产业在公共产品供给中的作用研究[J].体育文化导刊,2013

[53] 陈林华,王跃.消费城市兴起与上海体育的发展策略[J].体育文化导刊,2013

[54] 冯作龙,陈家云.上海体育文化与建设世界著名旅游城市研究[J].体育世界(学术版),2012

[55] 李毓毅.提高上海体育国际影响力努力为体育强国建设作贡献——国际体育仲裁院上海听证中心设立的必要性及运行[J].体育科研,2012

上海体育资源配置中心建设标准研究*

李荣日

一、前言

为进一步落实《国务院关于加快发展体育产业促进体育消费的若干意见》（国发〔2014〕46号），《上海市人民政府关于加快发展体育产业促进体育消费的实施意见》（沪府发〔2015〕26号）（以下简称《实施意见》）明确提出上海未来体育产业的发展目标是："到2025年，基本实现全球著名体育城市的建设目标，努力打造世界一流的国际体育赛事之都、国内外重要的体育资源配置中心、充满活力的体育科技创新平台。"为实现"全球著名体育城市"的宏伟目标，上海在近年来形成了学校体育、群众体育、竞技体育和体育产业领域的四轮驱动。此外，以高校科技园为平台的体育科技创新也取得跨越式发展。但体育资源配置中心的整体设计尚未落到实处。体育资源问题，依旧是社会各界的热议话题，体育资源浪费、利用率不高、配置结构不合理等问题仍然并将长期存在。而城市建设体育资源配置中心过程中经验不足、定位模糊、功能错位等问题依然存在。可见，设定一套符合我国体育发展的体育资源配置中心建设标准已成为题中之义。

纵观学术界已有研究，关于"体育资源配置中心"的探讨极其薄弱，而针对某一城市特点的体育资源配置中心建设标准的实证研究更是几近空白。鉴于此，本研究系统梳理体育资源配置中心基本理论框架，设定体育资源配置中心建设标准，在此基础上综合评析中心建设主要问题及其肇因，最终得出相关建

---

* 本文作者单位：华东理工大学。立项编号：TYSKYJ2017006。

议与举措。

二、体育资源配置中心基本理论框架：内涵、重点、目标与任务

（一）体育资源配置中心基本内涵与重点问题

1. 资源与体育资源

资源，在《辞海》中的解释为"资产的来源，一般指天然的资源"；在《现代汉语规范用法大词典》中，除了自然资源外，资源还包括劳动创造的物质资源、人力资源等。也就是说，通俗意义上的资源包含自然资源和社会资源两种，随着社会经济的发展，后者在经济增长过程中的作用逐渐显现出来。

对此，我国有关专家指出，联合国经合组织将自然资源定义为：一定时期和地点条件下可以创造经济价值，为人类当下以及今后谋取福利的自然因素和条件。哲学意义上，资源是人们认知和改造世界的必备条件，而经济学意义上的资源是在生产中为创造物质财富而投入的所有要素，恩格斯进一步提出"劳动"与"自然界"的财富源泉论。中国作为一个发展中的人口大国，资源问题，仍是长期制约我国后续发展的主要问题之一，资源的合理利用与优化配置是我国社会各领域亟待深思的眼前问题，此类情况在体育领域更是尤为凸显。

不少专家学者研究指出，体育资源是资源体系中按照使用部门划分出来的一个资源类别，同卫生资源、医疗资源、交通资源等呈并列关系。查阅已有文献，我国对体育资源的研究始于20世纪90年代，发展至今应形成较为稳定的理论体系。其中正式提出该概念并加以界定的文献中，对体育资源的概念主要有三种论调：① 禀赋论，即为增强人民体质，提高体育竞技水平的一切自然资源和社会资源的禀赋状况。② 要素论，即人们在参与体育生产活动中一切可利用的生产要素。③ 投入论，即为提高体育参与率与竞技水平在体育人力、专项经费、场馆设施等方面的投入。

可见，体育资源内涵丰富，涉及广泛，对于体育资源的种类，诸多学者出于不同的研究视角和研究目的，分类方法和内容层出不穷，莫衷一是，本课题根据当下对体育资源分类的主流认识并结合体育资源上位概念"资源"的自身属性将体育资源分类归纳整理如表1所示。

表 1 体育资源分类

分类依据			类型举例
基本属性			体育自然资源
			体育社会资源
综合性程度	单一性体育资源	有形体育资源	体育地理空间资源、体育场馆设施资源、体育人力资源、体育经费资源
		无形体育资源	体育信息资源、体育传统文化资源、体育组织资源
	综合性体育资源	区域性体育资源	社区、农村、西部体育资源
		运动项目资源	冰雪项目、球类项目、民族传统项目资源
		体育子领域资源	竞技、大众、学校体育资源,体育产业资源
市场化和开发程度			未开发或潜在体育资源
			已开发或正在开发体育资源

2. 资源配置与体育资源配置

从经济学家威廉·配第、亚当·斯密和大卫·李嘉图对资源配置理论的奠基之初,至马克思基于劳动价值论的"社会资源配置理论",资源配置相关议题都是经济学研究的重要一环,而随着社会经济发展,人类对有限资源的无限需求更加强烈,资源配置成为解决两者矛盾的有效方式,正是有效的资源配置,使得稀缺性资源最大限度保持合理的用途和配额,以提高稀缺性资源的增量。

有关专家学者指出,具体而言,在资源用途方面,主要是从宏观层次来说,即资源在不同区域、生产单位或部门之间用于不同方向的分配,最终实现经济社会的"帕累托最优",即广义的资源配置;在资源配额方面,主要是从宏观层次来说,即资源在单个地区、部门之间分配的数量比例,最终实现组织或者区域内的资源利用最大化。资源配置主要基于两种形式,一是基于时间轴的动态优化,二是基于空间布局的区域优化,前者遵循周期收益最大化原则,后者遵循比较利益原则,但两者的优化调整方法都适用存量调整法和增量调整法。

还有专家学者认为,依据资源配置理论,体育资源配置是体育资源在体育各领域、各层次、各部门之间用途和配额的调整与使用,以保证体育各项活动或生产的资源利用最优化,最终实现经济社会中"体育"这一环的"帕累托最优"。体育资源的存量是有限的,因此在对现有资源优化配置在结构、扩大资源丰度的同时还需鼓励新生资源的广泛参与,推进体育资源供给侧改革,优化体育资源在学校体育、竞技体育、社会体育和体育产业的合理分配,以实现体育资源在时间发展进程中的动态优化和空间布局上的均衡调配。

3. 体育资源配置中心

有关专家学者研究认为,"体育资源配置中心"最早的官方来源是《实施意见》提出的"四大愿景"之一,目前对于该概念学术界尚无明确定义,对体育资源配置中心建设的研究更是极其薄弱,几近空白。因此,本课题结合"全球资源配置中心""全球著名体育城市""国际体育中心"及相关资源配置中心(如"全球航运资源配置中心"),亦不忽略体育资源的特有属性,总结出以下定义:体育资源配置中心是指基于低配置成本、高配置效率以及城市的体育资源主动、创新、高强度积聚能力,形成的体育人才、资本、物质、信息、组织机构和制度法规等资源的集聚地。国内体育资源配置中心涉及的广度跨越国界就是国际体育资源配置中心。从地区角度划分,体育资源配置中心一般分为国内体育资源配置中心、区域性国际体育资源配置中心、全球性国际体育资源配置中心。国内体育资源配置中心是仅为国内某一地区提供体育资源配置服务并承担国内资源配置功能的市场(如美国的旧金山)。区域性国际体育资源配置中心服务范围跨越至少两个以上司法区域,但未能覆盖全球,有很高程度的国际体育资金、机构与人才的参与,但资源丰度或者资源配置辐射范围、效率受到地理限制,具备一定体育资源配置创新及资源整合能力,但影响力主要局限于某一区域内,并非全球性的体育资源领导者。全球性国际体育资源配置中心属于最高层次,这类体育资源配置中心的主要特征是服务范围覆盖全球,体育资源丰度高,种类齐全,人才集中,是具有高效率和多元配置的体育资源产品与服务的创新配置中心,扮演主导体育资源配置全球市场发展的角色。

(二)体育资源配置中心建设目标与重点任务

在上海正式提出体育打造"体育资源配置中心"之前,早在2009年4月,国务院发布《关于推进上海加快发展现代服务业和先进制造业建设国际金融中心和国际航运中心的意见》(国发〔2009〕19号),正式提出上海打造国际经济、金融、贸易中心、航运中心。有专家认为,在全球一体化背景下,2020年基本建成"四个中心"之际,无疑将会为上海体育资源配置中心建设提供重要依托和全方位保障。

根据全球资源配置中心这一历史发展趋势,体育资源配置中心也应建设体育资源高度集聚、服务功能健全、体育资源市场环境优良、配置方式高效、创新、多元,具有全球体育资源配置能力的国际体育资源配置中心。其中包括体育资源配置规则制定中心、体育信息集散中心、体育产权交易中心、体育资源科技创新中心、体育人才积聚中心、风险管理中心等主要功能。因此,本研究基于全球资源配置中心在体育领域的映射,同时结合我国体育城市发展定位、体育发展目标、体育资源禀赋等特有属性构造出体育资源配置中心建设的概念模型图(图1)。

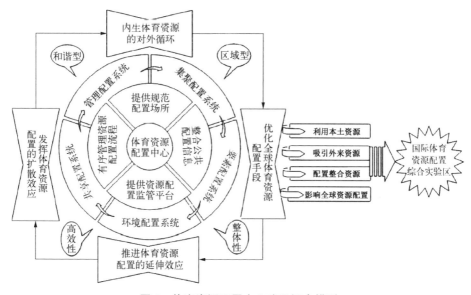

图1 体育资源配置中心建设概念模型

首先,体育资源配置中心主要有四大职责:平台职责,即提供规范配置场所;信息共享职责,即整合公开配置信息,主要依托于信息化平台建设;管理职责,即有序管理资源配置流程;监管职责,即提供资源配置监管平台,以实现政府、社会与资源配置参与主体三维监管。

其次,体育资源配置中心理应是一个全方位、多层次的资源配置系统组合,主要有体育资源集聚配置系统、要素配置系统、管理配置系统、共享配置系统、环境配置系统,在立足于区域资源配置的基础上以达到整体性、高效性,最终形成一个和谐的体育资源配置"生态系统"。

基于此,有关专家研究认为体育资源配置中心的建设目标是一个动态发展的过程:

第一步,实现内生体育资源的对外循环,即落实"体育资源——体育服务或产品——再资源化"的闭环流程;

第二步,实现优化全球体育资源配置手段,该目标是全球一体化背景下体育资源配置中心建设的必经之路;

第三步,推进体育资源配置的延伸效应,以引领全球体育产业资源的流动,带动地区经济的发展;

第四步,发挥体育资源配置的扩散效应,使体育资源配置中心建设融合到城市产业结构和城市发展空间布局的优化中,促进城市整体功能的提升。

根据以上目标,可以看出体育资源配置中心的重点任务落脚于"利用本土资源——吸引外来资源——配置整合资源——影响全球资源配置"的建设思路。最后,为避免我国城市建设体育资源配置中心经验不足、定位模糊、功能错位等问题,应建立国际体育资源配置综合试验区,即城市中心建设的"试验田",以实现对体育资源配置中心的保驾护航。

三、体育资源配置中心建设标准:BSC 理论应用与模型呈现

纵观相关领域资源配置研究,对体育资源配置中心建设标准的学理支撑较为丰富,目前学术界主要有委托代理理论、决策与执行代理理论、资源要素转换理论、BSC 理论等。研究发现,前三者理论主要是资源配置过程中有可借鉴之处,而上海体育资源配置中心不仅仅在于合理、优化配置资源本身,更是一个城市体育发展目标和体育资源供给侧改革的必经之路。因此,本研究结合城市发展定位、体育发展目标、体育资源禀赋等特有属性,最终选取反映企业经营绩效的 BSC 理论作为体育资源配置中心建设标准的学理支撑。

(一)BSC 理论及其应用

平衡记分卡是 20 世纪 90 年代国外专家提出的一种基于财务、客户、内部

业务流程、学习与成长四大维度测评企业绩效的评价体系,国内专家认为现在已经发展为一种组织战略管理工具。BSC 理论超越了传统企业绩效评价体系中具有滞后性的财务量度,更强调实现"长期目标与短期目标""内外部系统""结果和过程""管理和经营"之间的全面平衡,外部和内部的平衡,从而明确组织战略规划,实现组织的健康可持续发展,这与"体育资源配置中心"建设标准不谋而合。

同样根据国外专家研究,建设体育资源配置中心是一个动态的、系统的、发展的过程,在设定体育资源配置中心建设评价标准指时,我们不能只看到体育产品、服务等这些结果性标准,还应该注重体育资源配置效率、体育资源配置社会满意度、体育国际化水平等反映体育资源配置中心建设可持续发展战略的标准,实现体育资源配置中心建设过程与结果、管理与经营、内外部环境等多方平衡。

鉴于此,本课题根据 BSC 理论的核心内容,借鉴其组织发展测评四大维度,确立体育资源配置中心的建设标准。考虑到体育资源配置的最终目的是优化体育资源配置、提高体育资源的利用率、提供社会所需要的体育成果,这就需要将运用于体育资源资配置中心建设评价标准的 BSC 模型进行必要的调整。

(二)体育资源配置中心建设的 BSC 模型

由于上海体育资源配置中心建设总体上处于初步探索阶段,本研究结合上海城市发展定位、体育发展目标、体育资源禀赋等特有属性将体育资源配置中心建设标准分解为投入产出标准、利益相关者标准、组织建设标准、可持续发展标准的 BSC 模型,该模型包括建设使命、基础标准和专项标准三个部分(图2)。

1. 财务——投入产出标准

该标准源于 BSC 评价标准中的财务指标。体育资源配置的主要目的是提升配置效率,优化体育资源的分配和使用,因此,体育资源投入与产出标准就成为描述体育资源配置中心建设直观效果的重要标准,并成为其他三个标准的重要体现和主要支撑。该标准不仅能清晰反映出体育资源供给的社会参与和最终消耗情况,还能准确反映体育资源的利用效率和投入效益比。国外专家认为,投入产出标准的专项评价指标包括体育资源投资占体育总投资比重、体育产品销售收入占总投入比重、体育资源产生的利润率,其中对

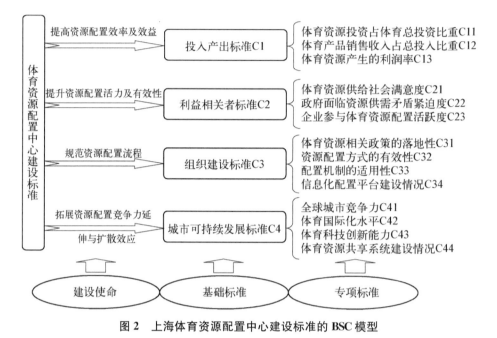

图 2 上海体育资源配置中心建设标准的 BSC 模型

体育资源的投入主要包括在学校、群众、学校体育及体育产业各领域的资源投入,如从事体育活动人员数、R&D 科学家和工程师数、政府财政体育投入、社会经费投入;体育资源产出具体包括体育参与率、竞技体育水平、体育产业规模等。

2. 客户——利益相关者标准

该标准源于 BSC 评价标准中的客户指标。体育资源配置中心的建设是服务于社会、政府、企业等多重主体,这使得体育资源配置中心的"客户"标准错综复杂。国外专家认为,体育资源配置中心建设首先要致力于调和大众对体育资源供给不足、分布失衡、发展不协调等问题的不满,同时目标定位为缓解政府及体育行政部门体育资源供给压力。此外,市场在体育资源配置中发挥决定性作用,体育资源配置中心需激发企业活力,拓宽体育资源供给渠道,实现市场化多元投资。基于以上三点,利益相关者标准中选取体育资源供给社会满意度、政府面临资源配置供需矛盾、企业体育资源配置参与度作为专项标准。

3. 流程——组织建设标准

该标准源于 BSC 评价标准中的流程指标。与一般企业的管理流程不同,体育资源配置中心内部建设主要表现在结合区域发展定位、体育发展目标、体育资源禀赋等特有属性,制定有效的体育政策、培育良好的配置环境。宏观环境主要是体育政策在我国经济体制下具有重要的资源配置导向性作用;中观环境下还需考虑城市在资源配置方式和配置机制方面的有效性与适用性,做到符合区域最优化的配置方式与机制,以计划配置与市场配置的最佳结合作为重要抓手;微观环境中,信息化配置平台是体育资源配置信息集聚、成果共享的重要载体,因此,选取体育资源相关政策的落地性、资源配置方式的有效性、配置机制的适用性、信息化配置平台建设情况作为中心建设专项标准。

4. 学习与成长——城市可持续发展标准

该标准源于 BSC 评价标准中的学习与成长指标。体育资源配置中心只有具备可持续发展的能力,才能创造符合未来经济社会发展所需要的体育成果。城市可持续发展标准是体育资源配置的"强化剂",符合城市发展在体育领域的远景规划。基于此,专项标准包括全球城市竞争力、体育国际化水平、体育科技创新能力、体育资源共享系统建设情况等。其中全球城市竞争力具有国家统一评价标准和每一年度的权威机构排名,体育国际化水平包括国际体育组织落户情况、国际体育交流等,体育科技创新能力包括体育专利、体育创新人才以及体育科技化应用水平等,体育资源共享系统是指某一区域或者全球范围内的体育资源在城市经济、金融、交通、贸易、科技等领域的支持体系建设。

四、基于 AHP–FCE 的体育资源配置中心建设评价模型

(一)基于 AHP 的体育资源配置中心评价标准层次模型

根据上文的建设标准模型(图 2),本研究选取 4 个基础标准(C1—C4)和 14 个专项标准(C11—C44)作为体育资源配置中心建设标准评价体系,并采用 AHP 方法对各级评价标准权重进行赋值。借助 Yaahp11.1 绘制体育资源配置中心评价标准层次模型,生成 AHP 两两比较问卷,并邀请到 5 位体育资源领域专家和 4 位资源配置研究学者进行判断。回收数据输入 Yaahp,运算得出基础标准权重表(表 2)。

表 2 体育资源配置中心建设评价基础标准权重表

	C1	C2	C3	C4	Wj
C1	1.000 0	0.333 3	0.333 3	0.333 3	0.093 9
C2	3.000 0	1.000 0	0.333 3	0.333 3	0.164 5
C3	3.000 0	3.000 0	1.000 0	2.000 0	0.433 0
C4	3.000 0	3.000 0	0.500 0	1.000 0	0.308 5

CR＝0.080 6＜0.10,通过一致性检验,即基础标准权重具有合理性。同理计算出各专项标准权重并通过一致性检验,汇总得出体育资源配置中心建设评价指标权重图(图 3)。

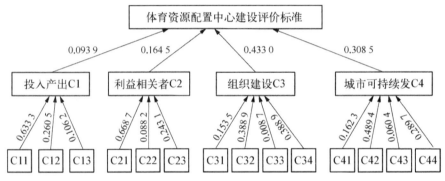

图 3 体育资源配置中心建设评价指标权重图

(二) 基于 FCE 的体育资源配置中心建设评价模型

由于体育资源配置中心缺乏当下国内外建设标杆,使得建设标准本身具有参考意义上的模糊性,加上体育资源配置中心建设标准高低也属于模糊的概念,尚未发展到用确定性数理统计方法进行严格界定的阶段。而有关专家提出,FCE(模糊综合评价法)可以实现包含定性定量标准的模糊评价体系的体育资源配置中心建设专项标准评价。因此,本研究将采用 FCE 方法,并借助 Yaahp11.1 构建体育资源配置中心建设评价模型。具体步骤如下(编者:数学公式略):

(1) 确定标准集,专项标准集则表示每一个基础评价指标的对应若干专项指标。

(2) 确定评价对象的评价集,评价集是对各层次标准状态的直接描述和表征形式,可用等级评价。

(三) 实证分析:上海体育资源配置中心建设评价

实证分析中,本研究对于专项标准中的定性指标,采用等级比重法,将其设计成调查问卷,邀请专家学者和体育行业相关人员对每一指标归属的等级进行评分。综合调查结果之后得出评价指标到评价集的等级比重,也就是隶属度。对于定量指标,则采用频率法,即根据专项指标的历史标值,划分出指标值在不同等级的波动区间(即评分等级标准),然后根据2015～2016年数据落在哪个变化区间进行赋值。

1. 综合评价

根据回收的83份有效问卷及定量指标评价结果来进行模糊评判,得到体育资源配置中心建设专项标准的单因素评判矩阵(表3)。

表3 体育资源配置中心建设标准评价体系专项标准的单因素评价矩阵

专项标准	指标权重	优秀	良好	一般	较差	差
C11	0.6333	0.2	0.5	0.2	0.1	0
C12	0.2605	0	0.1	0.4	0.3	0.2
C13	0.1062	0	0.1	0.1	0.3	0.5
C21	0.6687	0	0.1	0.4	0.3	0.2
C22	0.0882	0	0.2	0.4	0.3	0.1
C23	0.2431	0.2	0.4	0.1	0.1	0.2
C31	0.1535	0.1	0.3	0.3	0.2	0.1
C32	0.3889	0	0.2	0.2	0.4	0.2
C33	0.0087	0.2	0.3	0.3	0.1	0.1
C34	0.3889	0	0.1	0.3	0.3	0.3
C41	0.1623	0.4	0.3	0.3	0	0
C42	0.4894	0.5	0.3	0.2	0	0
C43	0.0604	0	0	0.3	0.4	0.3
C44	0.2897	0	0.1	0.2	0.4	0.3

进行第一级模糊综合评价和第二级模糊综合评价(编者:数学公式略),结果如表4所示。

表4 体育资源配置中心建设标准评价体系基础标准百分制评价结果

投入产出标准	利益相关者标准	组织建设标准	城市可持续发展标准	综合得分
54.558	42.856	37.995	59.904	47.338

2. 评价结果与分析

依据加权平均原则,上海体育资源配置中心建设情况总体评测属于"一般",可见上海在"国内外重要的体育资源配置中心"建设过程中任重道远。从表4可以看出,中心在投入产出标准、利益相关者标准、组织建设标准、城市可持续发展标准的表现存在一定差异:城市可持续发展标准和投入产出标准得分较高,利益相关者标准次之,组织建设标准得分最低。组织建设标准中主要是资源配置方式的有效性、信息化配置平台建设情况两个专项指标拉低分值,可见上海在体育资源配置方式选择和信息化资源共享平台建设方面有待提升。而利益相关者标准的分值较低源于体育资源供给社会满意度、政府面临资源供需矛盾紧迫度、企业参与体育资源配置活跃度普遍处于较低水平,这也显示出上海亟待解决政府、社会与企业之间资源配置参与主体关系问题,即市场与计划在体育资源配置中的作用问题。投入产出标准中上海的相对分值较高但仍处于"一般"水准,可见上海的经济总量优势尚未在体育资源配置中得到有效发挥。

四大基础标准中,城市可持续发展标准是最接近"良好"的一项,可见,上海的城市整体竞争力以及体育国际化水平为体育资源配置中心建设提供重要保障,但仍可以发现,上海作为国际经济、金融、贸易、航运中心,尚未与体育资源配置中心建设形成有效互动,即未能形成上海体育资源配置系统的支持体系。

五、上海体育资源配置中心建设相关建议与举措

(一)建立一个平台

体育资源配置中心首先需要重视信息化平台建设,为体育资源配置各主

体提供一个信息完整、公开透明的配置环境,主要倚靠电子网络工具和前沿科技手段,加快中心信息化配套的设施和软件更新,加强自媒体等信息平台的渠道畅通,做到配置流程更加高效合理。具体流程而言,在体育资源配置前期,体育资源配置中心需要积极开辟网络信息化管理平台,及时将体育产权交易、体育资源丰度调查、政府采购等相关动态整合发布在统一的到信息化网络平台,如城市体育网站、官方微博、微信、电子滚动屏幕等。

在体育资源配置进程中,这也是信息化网络平台建设至关重要的一步,该平台须及时监控体育资源配置项目的进程,并将配置进度做到公开和可控,发现并纠正配置过程中不合理、寻租腐败的配置行为,维护配置秩序、保障信息安全,创造公开透明的体育资源配置环境。同时,注意加强各国和地区体育资源配置中心的信息资源共享,能够形成全球体育资源配置中心的良性互动,提高体育资源配置的广度与幅度。后期完善过程中,主要是积累体育资源配置项目经验,推进体育资源信息数据库建设,及时归档整理资源配置历史资料与动态进展,以供社会和行政监察部门的持久网络化监督。

(二)结合两种方式

体育资源配置中心不是城市体育发展的一个噱头,更不是政府的自我标榜,该城市能否成为国内外体育资源配置中心最终是市场竞争的结果,即取决于市场的发育程度及体育资源积聚程度。因此,必须明确市场在资源配置中的决定性作用,加快实现上海从国际体育市场的"参与主体"到"运作主体",从集聚全球体育资源到配置全球体育资源的根本性转变。然而,由于单一市场配置的盲目性和滞后性,会导致体育资源社会总供给的失衡,从而出现市场秩序混乱等现象。

因此,上海体育资源配置中心建设应在不违背市场在资源配置中起决定性作用的原则下,结合市场、政府两种体育资源配置方式。即首先根据社会体育资源供求关系的变化状况,遵循市场上产品价格信息,在竞争中实现各要素的合理配置,加快市场准入体系建设,增强体育资源配置的市场活力。其次,政府及体育行政部门应深化体育资源配置的行政干预制度改革,简化配置程序、公开配置标准、提高配置效率,从整体利益上协调社会经济发展,集中力量完成重点领域的资源配置,提升体育资源全球配置保障力。

(三) 处理三种关系

首先要处理好区域城市之间的竞争与合作关系,即上海与长三角城市乃至其他体育资源配置中心城市的和谐共处关系,竞争会促进体育资源配置效率的提高、配置环境的改善,但恶性竞争会造成两败俱伤,体育资源配置中心的一大建设理念就是"共享",因此应最大程度与周边城市、区域建立友好合作关系,克制或者淡化城市合作壁垒,在最大化资源配置合作的基础上鼓励良性竞争。其次,处理好市场和政府的关系。在满足体育资源配置市场参与主体需求的同时,政府及体育行政部门应均衡体育资源商业性与公益性的配额,优化体育资源营商环境,致力于缓解体育资源供给不足与体育需求日益增长的基本矛盾。最后,要处理好现实性和前瞻性的关系,上海体育资源配置中心建设要立足上海城市发展定位、体育发展目标、体育资源禀赋等基本条件,顾及体育资源存量和增量发展趋势,紧跟时代发展潮流,致力于打造影响全球体育资源配置的国际体育资源配置中心。

(四) 依托"四个中心"

有专家学者指出,根据上海城市体育发展远景规划,上海对国内外体育资源配置能力的需求应由要素资源配置能力向综合性战略资源配置能力转变,这也对上海体育资源配置中心建设支持体系提出更高要求。

上海已初步形成国际经济、金融、贸易、航运中心,"十三五"时期"四个中心"基本建成之际,无疑对上海参与全球体育资源市场要素的加速流动,掌握全球体育资源配置话语权注入"强心剂"。

因此,上海应依托国际经济中心地位的全面提升,吸引体育跨国公司及国际体育组织总部进一步聚集;依托国际金融中心资源配置功能,增强上海体育金融市场在全球市场份额中的优势地位,鼓励更多的体育公司上市,形成体育资本领域的强力投入;依托国际贸易中心,促进体育服务和产品加快流动,形成体育资源成果共享;依托国际航运中心完备的水上交通便利条件和航运服务体系,加强体育资源配置中心建设的国内外交流。

综合实现上海体育资源配置中心与"四个中心"的联动发展,确保足够的外部系统条件和充分的城市体育资源配置潜力,从而实现上海体育资源配置中心的可持续发展。

参考文献

[1] 上海市人民政府.上海市人民政府关于加快发展体育产业促进体育消费的实施意见[Z].2015

[2] 张忠.体育类国家大学科技园的创新发展研究——以上海体育国家大学科技园为例[J].上海体育学院学报,2014

[3] 任海,王凯珍,肖淑红,等.我国体育资源配置中存在问题及其原因探讨——论社会经济条件变革下的中国体育改革(二)[J].天津体育学院学报,2001

[4] 张大超,苏妍欣,李敏.我国城乡公共体育资源配置公平性评估指标体系研究[J].体育科学,2014

[5] 陈华伟,丁聪聪,陈金伟.全民健身公共体育资源配置效率测度及影响因素分析[J].西安体育学院学报,2016

[6] 李强谊,钟水映.我国体育资源配置水平的空间非均衡及其分布动态演进[J].体育科学,2016

[7] Dittmore S, Mahony D, Andrew D P S, et al. Examining fairness perceptions of financial resource allocations in US Olympic sport [J]. Journal of Sport Management,2009

[8] 杜熙茹.珠江三角洲体育度假的资源类型分布及其发展策略[J].上海体育学院学报,2014

[9] 姜付高,曹莉,孙晋海,等.我国滨海地区体育旅游资源禀赋、丰度与绩效评价研究[J].天津体育学院学报,2016

[10] 游国鹏,刘海瑞,张欣,张春合.基于 DEA－Tobit 模型的我国 2012～2013 年群众体育投入产出效益评价与影响因素研究[J].天津体育学院学报,2016

[11] Lechner C, Gudmundsson S V. Superior value creation in sports teams:Resources and managerial experience [J]. Management,2012

[12] Romer T, Rosenthal H. Political resource allocation, controlled agendas, and the status quo [J]. Public Choice,1978

[13] 洪银兴.关于市场决定资源配置和更好发挥政府作用的理论说明[J].经济理论与经济管理,2014

[14] 刘亮,工惠.供给侧改革视角下我国公共体育资源供需矛盾的消解与改革路径[J].武汉体育学院学报,2016

[15] 朱文彬.打造全球资源配置中心 共建广州全球金融中心[N].上海证券报,2017

[16] 黄海燕.上海建设全球著名体育城市的若干思考[J].体育科研,2016

[17] 宋忠良.国际体育中心城市评价指标体系理论与实证研究[D].福州:福建师范大学,2012

[18] 李蕾.2020 年国际航运中心形成全球资源配置能力[N].解放日报,2016

[19] 张峰.上海国际航运中心国家战略的政治经济学研究[J].中国流通经济,2012
[20] 袁国华.我国的全球资源战略及组织实施中的几个问题[J].中国国土资源经济,2012
[21] Aisbett L,Hoye R. Human resource management practices to support sport event volunteers[J]. Asia Pacific Journal of Human Resources,2015
[22] 林锋.把上海国际航运中心建成全球航运资源配置中心[J].社会科学,2010
[23] 赵立波,朱艳鑫.公共资源交易管办分离改革研究[J].中国行政管理,2014
[24] 曹玉红,尤建新,胡伟.对BSC非财务指标的重新思考——基于智力资本管理角度[J].华东经济管理,2013
[25] Fondevila-Gascon J F,Rom-Rodríguez J,Santana-Lopez E. International comparison of the use of digital resources in digital sports journalism:Case studies from Spain and France[J]. Revista Latina de Comunicacion Social,2016
[26] Aisbett L,Hoye R. Human resource management practices to support sport event volunteers[J]. Asia Pacific Journal of Human Resources,2015
[27] Kennelly M,Toohey K. National sport governing bodies and sport tourism:Agency and resources[J]. Journal of Sport Management,2016
[28] 李明.基于区间数模糊综合评价(IN-FCE)的企业人力资源竞争力测评研究[J].企业经济,2013
[29] 上海财经大学课题组,蒋传海.未来30年上海全球城市资源配置能力研究:趋势与制约[J].科学发展,2016

上海建设世界一流的国际体育赛事之都研究

——基于城市网络的视角*

陈林华

2015年上海市人民政府《关于加快发展体育产业促进体育消费的实施意见》提出,上海将围绕"建设全球著名体育城市"的目标,努力打造世界一流的国际体育赛事之都、国内外重要的体育资源配置中心、充满活力的体育科技创新平台。2017年5月,市委书记韩正代表中共上海市第十届委员会作大会报告,再次重申要加快建设世界著名旅游城市和全球著名体育城市。全球著名体育城市的标准是什么,它与国际体育赛事之都有何关联?本研究旨在从城市网络视角探讨上海建设世界一流的国际体育赛事之都的战略及策略选择。

一、相关概念及基础理论

(一)相关概念

1. 网络、社会网络、城市网络

网络,是指由许多分支纵横交错所组成的网状的组织或系统(现代汉语词典,2012)。本文系从社会学角度来理解网络,它指的是一系列的节点以及把它们连接起来的关系,因此,网络从感官上呈现的是由节点和连线构成的复杂形态,实则表示诸对象及其相互联系。不少国内外专家学者认为:社会网络则是指特定人群之间所形成的正式与非正式社会关系的总和,既包括人与人

---

* 本文作者单位:华东理工大学。立项编号:TYSKYJ2017007。

之间直接的社会关系,也包括通过物质环境和文化共享而结成的间接的社会关系。对社会网络的理解,社会资本理论将社会网络作为社会资本的三大构成要素之一(社会资本、规范、信任);认为社会网络具有一般资本或资源的属性;在社会网络分析中,"网络"可视为行动者的一系列社会关系或社会联系,并具有相对稳定的社会结构。总的来看,社会网络是行动者在互动中形成的相对稳定的关联体系,在共享信息、汲取和控制资源等方面具备优势。

城市网络是社会网络在城市领域的具体呈现,与"城市网络"最为接近、又有区别的概念是"城市体系"。美国城市地理学家发表了一篇对城市地理学具有极为深远影响的论文"城市作为体系存在于城市体系之中",就涉及城市地理学两大研究方向,即城市内部空间结构与城市体系研究,并首先使用了"城市体系"的概念,将城市体系视成"一组相互依赖的城市地方"。还有国外专家较早提出城市网络模式,认为网络并不是平的、单一层次的系统,而是由不同水平和垂直尺度的合作互动组成的;城市网络包含三个层次的空间组织逻辑,即地域(国家)、竞争性(等级)和网络(合作)。再有国外专家在 *Urban Studies* 之"城市网络研究专辑"的导论中提出了"城市作为网络存在于网络之中",这是学者在全球化、信息化、网络化时代对经典论述的回应,也标志着城市地理学研究的网络范式的确立。本研究将城市网络定义为由于主办国际重大体育赛事而产生相互联系的城市之间既包含垂直分工联系,也包含水平分工联系的相互依赖的网络结构。

2. 体育赛事、国际重大体育赛事

关于体育赛事的概念定义,国内专家学者在论文中作了详尽的归纳和论述。也有专家学者指出,具体而言,体育赛事的定义有狭义和广义之分,狭义的体育赛事特指"运动竞赛",即"在裁判员主持下,按统一的规则要求,组织与实施的运动员个体或运动队之间的竞技较量",它具有明确的目的性和鲜明的竞技特征,以及完善的规则和整套竞赛办法。

有专家学者认为,广义的体育赛事则是将运动竞赛所涉及的场外因素纳入进来,从项目管理的角度进行界定,如"体育赛事是特定的组织团体依其本身举办之目的,透过科学化的管理与筹备过程,在特定的时间与地点下,召集运动竞技活动的相关人员(运动员、裁判、工作人员和观众等)及团体(运动组织、运动器材供应商、媒体、赞助商等)共同参与所形成的综合性集会"。国外学者更多地将体育赛事纳入特殊事件从管理学角度进行界定,典型的有两个定义:从组织者视角,"特殊事件是一次性或较少发生的事件,并非惯常的节目,离不开赞助商和组织主体的创新活动";从消费者或客人视角,"特殊事件是个休闲、社会或文化经历的机会,并非惯常范围的选择,超出了日常经历"。

本课题所研究的国际重大体育赛事属于体育赛事的亚类型,根据有关专家学者对国际性重大体育赛事的划分,本课题主要研究的国际性重大体育赛事主要包含三大类,分别是大型综合性体育赛事(即由多个单项组成的大型国际性体育赛事,如夏季及冬季奥运会、世界大学生运动会等)、国际单项体育组织主办的高等级的国际性赛事(包括每隔 2~4 年举办一次的世界单项锦标赛,如世界杯足球赛、世界杯篮球赛、世界田径锦标赛、世界游泳锦标赛;还包括重要的"分站累积制"赛事,如 F1、高尔夫巡回赛、网球大师赛等),以及由跨国公司或知名企业操办的具有重要影响的系列国际性商业赛事。具体赛事范围和名单将在后期的专家德尔菲法研究中细化。

3. 体育城市、体育(赛事)城市网络

体育城市更多地源自城市发展定位或建设实践,学术界尚未形成清晰、统一的定义。字面上理解,体育城市即是具有特色的城市,属于城市的一种亚类型。对于体育城市概念的理解,有专家学者从两个视角进行了解读。一是从城市职能和专业化视角,认为体育城市就是体育产业城市,显著标志就是体育产业总产值在经济中占有较大比例;二是从城市魅力和品牌视角,认为体育城市就是体育品牌城市,体育作为城市软实力,能够向利益相关者提供有持续的、稳定的、值得信赖的个性化承诺,标志着城市的魅力和综合竞争力。

再有国内学者对国际体育城市的特征进行了论述,认为国际体育城市主要特征有:国际国内赛事不断、级别高且影响大;拥有世界知名的俱乐部和运动员;体育基础雄厚、产业活力强;城市具有国际声誉、开放度高。本文所研究的国际体育城市特指的是具有国际声誉的体育品牌城市,其遴选的标准是国际重大体育赛事网络中的节点城市。

体育(赛事)城市网络则是体育(赛事)城市和城市网络的结合。有专家学者指出,城市网络主要源自世界城市网络研究,如联系是"城市的第二本质"和卡斯特尔的"流的空间",是指城市之间通过信息流、资本流、知识流等各类要素流动,在不同空间尺度上形成的城市之间的网络型空间组织结构。

因此,本文研究的城市网络指的是由于举办国际性重大体育赛事而发生的城际间信息流、资金流、人流、物流、知识流等有关国际体育要素流动,并借此所形成的城市之间的网络结构与关系。城市在国际体育城市网络中的地位及关系决定其在国际体育资源配置中的角色。

(二) 理论基础

1. 世界城市理论

(1) 概念及内涵。

世界城市(国际学术界还存在国际城市、全球城市、信息城市等概念),可以说是 20 世纪末以来最前沿的研究领域之一,城市学也越来越成为一门显学。

世界城市的概念最早是杰德斯于 1915 年在其著作《进化的城市》一书中提出的,指的是在世界商业活动中占有一定比例的城市。随后,西方学术界对世界城市展开了系统的研究,到 20 世纪 80 年代,弗里德曼等人正式赋予世界城市研究定义,并将世界城市引入城市与空间研究范畴。20 世纪 60～90 年代,霍尔、弗里德曼、沙森、梅耶等人界定了世界城市的基本内涵与职能,如霍尔认为,世界城市就是对全世界或大多数国家发生全球性政治、经济、文化影响的国际一流大城市;沙森把世界城市定义为发达的金融和商业服务中心。

国内专家研究指出,21 世纪初,泰勒、卡斯特尔斯、史密斯等人则从城市网络视角来研究和认识世界城市,认为世界城市是经济全球化背景下所产生的新空间形式,集聚跨国公司总部和生产性服务中心,具备高级功能并控制全球资源的重要节点。

还有国内学者从三个角度对世界城市概念进行了描述:从个体的角度看,世界城市既是世界经济分工和流动的"物流中心",又是世界经济和地域性的国家政府之间的结合部;从群体的角度看,世界城市是世界经济体系的空间表达,可以分为全球性的世界城市和区域性的世界城市;随着世界经济发展的层次和格局的变化,城市所联结的区域的地位也将发生改变,世界城市的地位和作用是动态变化的。

(2) 世界城市理论的研究脉络。

国内专家研究认为,时至今日,西方学术界在世界城市研究领域取得了丰硕的理论成果,其理论研究脉络主要体现在世界城市案例、世界城市网络、世界城市假说和世界城市层次化与治理模式四个方面。世界城市案例研究主要是以"世界城市"或者"准世界城市"为研究对象的实证分析,主要目标是研究世界城市的定义、内涵及功能,以及创建世界城市的路径、构建评价世界城市的指标体系等。

1986 年,弗里德曼提出世界城市假说,他按照企业总部和大银行的位置来划分世界城市,并建立起世界城市识别的指标,提出18个核心和12个半外围的世界城市等级体系和结构。

沙森则根据生产者服务业来诠释世界城市,强调世界城市"全球性服务中心"的地位。20世纪80年代,沃勒斯坦全球政治经济学思想给世界城市研究带来了新的研究视角,学者们开始从世界城市的空间流量角度来考察世界城市联系性本质。

梅耶研究了欧洲、北美和拉丁美洲城市跨国银行机构总部分布情况,沙森在说明纽约、伦敦、东京在全球城市体系中的主导地位时罗列了大量的城市级与国家级的数据。

英国拉夫堡大学彼德·J.泰勒创立了"全球化与世界城市研究小组和网络",研究小组采用服务值矩阵来表示城市间世界性联系的信息,即描绘全球性服务公司(银行、金融、会计、广告等生产服务业)在全球的办事处网络,然后为每个城市不同级别的办事处赋予不同的服务值,建立起100(企业)×315(城市)的矩阵,结果显示伦敦和纽约在城市体系中的核心地位遥遥领先。

卡斯特尔斯则提出了流的空间,认为城市的本质是联系而非竞争或等级,并将世界城市作为全球网络的节点,从而探寻世界城市之间的协同作用和互利关系,越是联系性强的城市越具有全球性的地位和职能。国内专家学者指出,基于网络的视角,学术界对全球城市体系划分的研究主要集中在航空联系、信息流及其服务设施联系、经济与文化综合联系等方面。

2. 竞争优势理论

1939年英国经济学家首次提出了竞争优势的概念,之后有专家又将其引入到企业战略管理领域,从此,对企业竞争优势的研究成为了战略管理领域的一个主要研究热点。国外不少战略管理学家对此作出过重要贡献,提出了很多具有深刻启发意义的观点。他们的研究主要围绕企业的竞争优势、竞争优势的来源、持续竞争优势的来源是什么等关键问题来进行,他们分别从不同的分析前提和思路出发,各自形成对竞争优势来源的解释。根据前人对竞争优势的论述,本课题总结概括为行业结构观、资源观、集群观、能力观、动态能力观等五种主张。

有关专家学者认为,这些观点归结起来不外乎两类:外生论和内生论。企业竞争优势外生论认为企业是同质的,企业的竞争优势是由外部环境和市场结构决定的,行业结构观和集群观属于外生论。但随着企业面临的环境的动态性和不确定性的增加,这种基于环境相对静态的观点无法解释相同环境下企业之间的绩效差别，于是相继出现了资源学派和能力学派，其实能力学派是对资源学派理论的进一步深化和发展，由于都属于企业的内部资源，统称为内生论。内生论认为企业是异质的，企业的竞争优势决定于企业内部的资源与能力的差异，内生论认为行业对竞争力的影响不是决定性的，只是全部影响的一部分。

即使在缺乏吸引力的行业中，只要企业在长期积累中形成了独特的、不可模仿和替代的资源或能力，同样可以取得竞争优势。国外专家指出，动态能力理论则试图说明企业如何在变化的环境下通过整合、建立与重构组织能力而获取竞争优势，认为企业应采取动态能力竞争战略，根据外部环境变化，通过企业持续的学习过程进行资源重新配置，推动企业不断创新，从而在整体上创造和维持企业的持续竞争优势。

3. 行动者网络理论

（1）概念内涵。

行动者网络理论系由法国社会学家卡龙和拉图尔于 20 世纪 80 年代提出的社会科学方法论。对于该理论的直观认识是，将社会和自然世界中任何事物都视作它们所寓存的关系网络持续生成的结果，这样的一系列工具、敏感力和分析方法都可以叫作行动者网络理论。

行动者网络理论凸显"行动者"本身、聚焦于"转译"、侧重于"网络"。

首先，"行动者"这一基本概念是该理论的建构基础。拉图尔的"行动者"是广义的行动者，既可以指人类，也可以指非人的存在或力量。它具有更为丰富的内涵：召回了"非人"，赋予其以本体论地位；既高度自治又相互影响，因此我们必须去探索使其存在的网络。

其次，"转译"是行动者之间相互作用的根本机制，指的是行动者不断把其他行动者的问题和兴趣用自己的语言转换出来。所有行动者都处于转译和被转译之中，意味着某一行动者的角色是通过其他行动者得到界定的。

再者，"网络"指的是行动者们通过转译链接起来的具有特定功能的物质聚合体。网络暗示了资源集中于某些地方——节点，它们彼此联系——链条与网眼，这些连接使分散的资源结成网络，并扩展到所有角落。拉图尔进一步指出，网络意味着一系列变革、转译和换能，并且认为人类行动者和非人类行动者以同等的身份在网络中相互运动，彼此共生。

（2）理论贡献及意义。

国内专家研究认为，行动者网络理论在方法论基础上的变革主要体现在本体论的突破和认识论的超越。本体论方面,习惯于将世界简单二分为主观世界与客观世界,而行动者网络理论却打破了二元世界观幻象,召回暂时被遗忘的时间并解蔽处于边缘的"物"的存在,进而弥合康德以来所形成的心身二元或人类意识与外部世界之间的断裂;认识论方面,行动者网络理论走向了"事物为本哲学",注重沟通事实与价值,倡导非还原论实质观,如美国哲学家哈曼所说,"就事物自身而言,没有一种事物是可还原或不可还原为任一其他事物的",这就超越了原来一直占据科学哲学核心地位的还原论和整体论思想,重视网络并强调行动者之间的关系。

在具体方法层面,行动者网络理论为研究复杂的社会现象提供了新的研究视角,适用于对全球化问题和复杂社会现象进行描述和分析,如阿纳博尔迪等人通过追踪和描述旅游文化领域"文化特区"概念化的过程,提出行动者网络理论研究的三大原则,即征募行动者、建构事实、传播"转译"。

行动者网络理论为发展社会科学方法论做出了贡献,从而促进社会科学研究的繁荣和发展。其与生俱来携带着反二元论的批判性基因,为概念重构提供了理论基础;其"描述即解释"的基本假设又为文化研究开启了通往微观实践分析的大门。因此,行动者网络理论必将继续在社会科学研究领域内谱写出崭新的篇章。

4. 全球生产网络理论

国内专家研究认为,20世纪80年代以来,随着经济全球化和国际分工的不断深入,全球生产组织方式发生了巨大的变化,国际生产模式由之前的内部化变为外部化,再到网络化的全球生产。国际分工的对象从产品转移到工序,产品生产过程逐渐变得碎片化,形成了以产品内分工为主要特征的崭新的国际分工形态,全球生产网络孕育而生。

(1) 全球生产网络的概念及内涵。

全球生产网络理论脉承于生产价值链理论和全球商品链条理论。国外专家格里芬研究认为,将采购者驱动的价值链与生产者驱动的价值链进行比较,发现市场和企业的二元治理模式掩盖了全球生产组织方式的新变化。

此后,阿尔恩特和凯尔科斯使用"片断化"来描述过全球生产过程的分隔现象,指出同一价值链条的生产过程的各个环节可以通过跨界生产网络被组织起来。

全球生产网络的概念最早是由国外专家学者提出,意指一种介于市场和跨国公司内部、以关系治理为基础的一种国际生产组织形式,并将全球生产网络定义为生产和提供最终产品及服务的一系列企业关系。有国外专家细分了全球生产网络的类型,即跨境生产网络、区域生产网络和全球生产网络,全球生产网络即是产品的生产活动涉及至少两个大洲或两个贸易区以上国家的企业相互联系在一起所形成的生产网络。

国内专家在研究中指出,国外专家分析了价值链与生产网络之间的区别,认为生产网络的概念范畴更加宽泛,指出生产网络是指将一群企业联系在一起形成更大的经济单位的企业相互之间的种种关系。恩斯特以及曼彻斯特大学学派的代表性人物汉德森、迪肯、科尔相继将全球生产网络的基本概念表述为,以某种正式的规则(契约),通过网络参与者等级层次的平行整合进程来组织跨企业及跨界价值链的一种全球生产组织治理模式,并进一步提出了全球生产网络新的研究框架。

对于全球生产网络这种新的国际分工组织形式,国外经济学家们主要着手于"垂直专业化"和"外包"两个角度;借用公司内部化理论、集聚理论和生产分离理论来理解全球生产网络。由此,全球生产网络的内涵可以概括为:全球指的是地理空间布局,并把空间看作提高经济效率的因素之一;生产指的是参与设计、制造、转移和消费产品(包括中间品和最终品)的各种活动;网络指的相互作用的复杂关系,表达了包括生产、物流以及其他各种要素的全球经济交易和分配的事实。

(2) 全球生产网络的结构。

全球生产网络是一种新的国际分工形式,其出现并非完全自发而成,需要在组织模式上发生重大的变化。对于全球生产网络的组织特征,国外专家分析了公司内部等级、公司间市场交易,以及公司、政府、非政府组织和有关国际管理机构等之间的关系,认为全球生产网络中存在大量的除市场和企业两种机制外的中间状态的交易组织。在全球生产网络的组织结构中,品牌拥有者或合同制造商往往具备对关键资源的控制,以及创新、协调和知识交流的优势。

因此,其在网络中处于核心地位,发挥着主导作用,它们的战略与行为对其他参与主体的网络的位置具有直接或间接的影响,决定着后者的成长或战略方向。主要供应商直接与领导厂商进行交易,并且依靠其拥有的自主性技术建立起自己的小型生产网络。一般供应商直接与主要供应商进行交易,他们主要承担价值链的低端环节,低成本以及交货的灵活性和速度是其主要的竞争优势。

(3) 全球生产网络的治理模式与机制。

网络作为一种新型的、介于市场和企业之间的组织形式,其治理机制和模式迥然。市场机制的核心是价格,企业机制的核心是管理,而网络机制的核心则是关系。

首先,从各主体关系和契约类型看,全球生产网络是各主体通过互补互惠的原则、以一种稳定的关系型契约相互联系在一起的生产组织治理模式。因此,各主体之间并非是上下级的关系,而是一种建立在信任基础上、着眼于未来的开放性关系,能有效地克服各参与主体短期的机会主义倾向,使生产组织、交易更有效率。

其次,全球生产网络强调共同治理模式。全球生产网络突破了传统以内部资源配置效率为核心的内部治理机制,强调通过相应的网络决策权和控制权等的安排来提高外部协调效率,将外部资源纳入到了企业自我发展的轨道,扩大企业利用的资源与能力范围。

再次,全球生产网络模型中各参与主体的网络位置决定了其网络地位。领导厂商即为生产网络的核心治理者,他在网络中处于战略性地位,是整个生产网络的发起者、组织者或驱动者,并依据其网络核心地位控制着整个生产网络。

最后,全球生产网络呈现多元化和动态化治理。一方面,随着生产网络的交易类型、交易环境的变化,网络联系方式和程度也会发生变化,领导厂商会不断调整协作和治理方式;另一方面,随着战略环节中的核心资本的重要性和价值发生变化,拥有核心资本的网络领导厂商对全球生产链的控制权也会呈现动态的变化。

二、城市网络视角下的体育赛事主办城市竞争优势评价

(一) 城市竞争优势研究:从"规模与等级"转到"联系与网络"

纵观国内外城市网络的相关研究,主要经历了基于规模—等级的城市等级体系到基于联系逻辑的城市网络体系。20世纪三四十年代,西方发达国家基本进入工业化中期阶段,社会分工由城市内部逐渐转移到城市区域,形成了城市与其腹地之间按照上下游产业等级联系为主的空间发展形态。这时期,以等级为核心的中心地理论就与当时的空间结构体系具有较好的适应性。克里斯泰勒和廖什采用逻辑演绎的方法构建了一个等级控制的空间结构模型,

即蜂窝状的中心地模型,并认为中心地存在等级差异。

中心地理论诞生于德国,并在 20 世纪五六十年代盛行于西方学术界,广泛应用于城镇研究和实践规划中。国外专家研究指出,中心地理论强调城市在城镇体系中的位次关系,普遍采用"位序—规模法则"的研究分析方法得出等级控制的金字塔结构,商品与服务等级的距离衰减特性明显,城镇之间社会流动性不强,之间联系是单性的、非对称的。20 世纪 90 年代中后期,全球化进程加速推进,随着信息技术的进步,尤其是互联网的推广逐渐打破了传统的空间等级,产业结构的重心逐渐转移到服务业,生产转变为国际尺度的分工与合作,城市与城市的合作交流更加频繁,出现了跨国、跨地域的特征。此时,中心与腹地的地域组织关系已经被打破,商品与服务并不一定随空间距离而衰减,中心地理论已经无法解释这些新问题和新特征。

国外学术界广泛寻求新的理论支持,巴滕研究了荷兰的兰斯塔德地区、卡马尼等考察了意大利的北部地区等多中心地区,逐步形成城市网络化发展的理念。如:巴滕认为,城市网络体系更加强调城市在网络中的连接特性,与中心地理论所采用的规模—等级分布体系不同,规模小的城市或许因某项突出职能占据重要地位;尼因曼在分析迈阿密的城市地位后也指出,城市等级的高低并不能代表城市地位,地位更多地取决于其在城市网络中的广泛联系。因此,在理论和方法层面,卡马尼提出"互补"与"协同"的网络分析方法,GaWC 小组提出世界城市网络理论与方法,泰勒则用中心流理论来解释城市之间跨区域、长距离的各种要素的互动关系,尼尔采用"网络基地"理论提出了首位城市模式、"离线"大都市模式、"有线"小镇模式三种等级通道模式,将空间与关系进行了反转。

(二)城市网络视角下的城市竞争力解构

20 世纪 90 年代,波特的钻石模型提出竞争力思想,并在微观企业与宏观区域之间搭起桥梁,竞争力便成为发达国家公共政策系统中的"强势话题",城市竞争力研究开始成为学界的关注热点,相关文献大量涌现。

西方学术界主要通过两种方法来研究城市之间的关系:一是通过城市属性来寻找城市关系;二是通过获取城市间的关系性数据。基于网络视角下的城市竞争力,国内有学者构筑了竞争力概念模型。城市竞争力概念模型,认为城市作为节点嵌入于网络之中,其竞争力强弱由内生竞争力和外生竞争力及其关联效应共同决定。其中,外生竞争力主要取决于城市外部资本,由城市在网络中的位置属性来决定。而城市的竞争优势的来源又是城市内部的行动者的行为及战略,城市的行为主体主要包括企业、政府、第三方组织以及居民个体,城市中的政治、经济和社会活动所产生的人流、物流、资金流、知识流在城市间的流动使得城市网络得以形成。详见表1。

表1 两种视角下的城市竞争力研究比较

相关理论与基本观点	传统视角的城市竞争力研究	城市网络视角的城市竞争力研究
城市理论	城市等级理论	城市网络理论
时代背景	工业社会	信息社会
城市关系	竞争关系	竞合关系
核心资源	稀缺性和边际报酬递减的有形资源	扩展性和边际报酬递增的知识与创新
优势能力	强调资源的吸引、控制和转化能力	网络能力和节点优势
测度指标	城市属性数据	城市属性数据与城市间关系性数据
空间概念	地方空间	流动空间
竞争方式	垂直层级、单向控制、对抗性竞争	水平网络、双向合作、偶发性竞争
竞争优势来源	城市内生竞争力	城市内生与外生竞争力的整合

根据社会网络分析方法和技术,城市网络视角下,城市竞争力可以用函数的形式表达为:

$$UC=G\{f1(En),f2(Ex),f3(Enx)\}$$

其中,UC代表城市竞争力;f1、f2分别代表城市的内生和外生竞争力,f3代表f1、f2的关联效应;Enx代表城市的内生与外生因素的关联效应矩阵。内生因素由经济发展、基础设施、科技支撑与社会和谐四个维度组成;外生因素由经济网络、政治网络、文化网络和社会网络四个维度构成。

(三)城市网络视角下的城市竞争优势评价指标

基于城市发展趋于同质化的现实和数据的可获得性,本研究对网络视角下的赛事主办城市竞争力的评价主要考察城市外生变量,并主要从国际重大体育赛事主办城市网络数据方面进行城市竞争力的评价。具体指标主要包括程度中心性、中介中心性、内聚性和黏性四个指标(编者:数学公式略)。

三、国际重大体育赛事主办城市网络现状分析

(一)赛事数据的来源

根据国际重大体育赛事的概念界定和操作的便利性、数据的可得性,我们主要通过查阅维基百科和各国际体育组织网站确定 2017 年在全球举办的重要体育赛事,并根据赛事在全球各城市分布情况(主办机构为国际公认的专业体育组织,并且该项赛事必须当年在超过 6 个城市举办,其中在西欧、北美和亚太各至少 1 个主办城市,则可认定该项赛事为国际重大体育赛事)进行筛选,最终选择涉及 63 个运动项目,总计 356 项国际赛事作为样本(其中顶级赛事 76 项,次级赛事 108 项,三级赛事 172 项,分别赋权重分 3、2、1 分),分别统计其在全球 68 个国家的 469 个城市的分布情况。课题组同时邀请相关专家对所选样本进行考证,认为符合研究设计要求和现实情况。

(二)主办城市网络的构建

在赛事数据及主办城市信息收集之后,接下来将按照一定的标准来构建主办城市网络。首先我们为同一项目(类型)的不同等级的赛事分别赋予 3、2、1 分等权重分值,然后计算每个城市举办的国际重大体育赛事的分值总数,即为赛事权重分值。因为进入赛事数据的主办城市一共有 469 个城市,为了便于进行网络分析,因此对研究对象的范围进行有效的限定,设定了以下两个基本阈值进行城市遴选:第一,城市主办的国际重大体育赛事的项目(类型)在 5 项及以上;第二,城市的最终赛事权重分值得分至少要大于等于 10 分。经过统计,满足上述条件的城市共有 36 个,本课题将其判定为国际重大体育赛事主办城市。城市具体名单及地区分布如表 2 所示。

从表 2 可以看出,36 个入选城市中,欧洲 13 个、北美 9 个、亚洲 7 个,其余为大洋洲 3 个、拉美 2 个、非洲 2 个。因此,欧美城市占比达到 58.3%,占据了重要位置;随着亚洲经济的崛起,亚洲国家的中心城市也纷纷表现抢眼。从人口规模看,36 个城市绝大多数属于大城市或特大城市(城市人口大于 100 万

人),但一些中小城市(人口小于 100 万人)如曼彻斯特、谢菲尔德、斯德哥尔摩、哥本哈根、鹿特丹、格拉斯哥、拉斯维加斯、印第安纳波利斯、杰克逊维尔,甚至是法国小镇查默尼克斯也跻身于顶级的主办城市。

表 2 主办城市网络入选城市及分布

地区	欧洲(13)	北美(9)	亚洲(7)	大洋(3)	拉美(2)	非洲(2)
城市	伦敦、曼彻斯特、谢菲尔德、柏林、巴黎、莫斯科、巴塞罗那、伊斯坦布尔、查默尼克斯、斯德哥尔摩、哥本哈根、鹿特丹、格拉斯哥	纽约、洛杉矶、亚特兰大、迈阿密、印第安纳波利斯、杰克逊维尔、拉斯维加斯、多伦多、温哥华	东京、北京、首尔、多哈、上海、迪拜、雅加达	悉尼、墨尔本、奥克兰	里约热内卢、布宜诺斯艾利斯	约翰内斯堡、开普敦

(三)主办城市网络现状特征

将上述 36 个城市以赛事举办为线索构建主办城市网络,则各主办城市的相对联系度如表 3 所示。

表 3 主办城市相对联系度排名及分值

排名	城市	国家	联系度	排名	城市	国家	联系度
1	伦敦	英国	1.0000	12	亚特兰大	美国	0.8671
2	墨尔本	澳大利亚	0.9982	13	根本哈根	丹麦	0.8537
3	纽约	美国	0.9766	14	斯德哥尔摩	瑞典	0.8503
4	东京	日本	0.9531	15	洛杉矶	美国	0.8310
5	巴黎	法国	0.9103	16	莫斯科	俄罗斯	0.8287
6	温哥华	加拿大	0.9078	17	多哈	卡塔尔	0.8193
7	柏林	德国	0.9018	18	北京	中国	0.8038
8	悉尼	澳大利亚	0.9003	19	查默尼克斯	法国	0.8011
9	伊斯坦布尔	土耳其	0.8876	20	迈阿密	美国	0.8000
10	多伦多	加拿大	0.8766	21	上海	中国	0.7993
11	里约热内卢	巴西	0.8699	22	杰克逊维尔	美国	0.7931

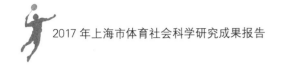

续 表

排名	城市	国家	联系度	排名	城市	国家	联系度
23	首尔	韩国	0.792 3	29	奥克兰	新西兰	0.745 4
24	巴塞罗那	西班牙	0.791 9	30	曼彻斯特	英国	0.731 1
25	拉斯维加斯	美国	0.791 3	31	鹿特丹	荷兰	0.713 1
26	布宜诺斯艾利斯	阿根廷	0.790 8	32	格拉斯哥	英国	0.697 5
				33	约翰内斯堡	南非	0.687 7
27	印第安纳波利斯	美国	0.776 2	34	雅加达	印度尼西亚	0.610 4
				35	谢菲尔德	英国	0.596 3
28	迪拜	阿联酋	0.763 1	36	开普敦	南非	0.567 9

表 3 为 36 个城市的网络联系度测算值。前十位的城市在国际重大体育赛事网络中发挥着巨大的连通与集聚作用,同时也是举办城市网络的指挥中心。如果以伦敦作为各城市联系度指数的基准,设定为 1.00,墨尔本、纽约、东京、巴黎、温哥华、柏林、悉尼、伊斯坦布尔、多伦多则分列第二至第十名,它们的相对联系度分别为 0.998 2、0.976 6、0.953 1、0.910 3、0.907 8、0.901 8、0.900 3、0.887 6、0.876 6。从国别上看,处于主办城市网络前十名的城市大多数都属于发达国家,主要集中在欧洲、北美和澳洲地区,只有日本的东京属于亚洲国家。

表 4 为上海与前十位主办城市网络中心度、中介度测算值的比对情况。从中可以发现,伦敦和墨尔本稳居第一档次,定为 Alpha 级;纽约、东京、巴黎位居第二等级,定为 Alpha⁻ 级;温哥华、柏林、悉尼、伊斯坦布尔、多伦多位居第三等级,定为 Beta 级。上海与上述 10 个城市相比,各个指标上均存在较大的差距。

表 4 排名前十位的主办城市及上海的网络分析测算结果

城市	赛事项目(类型)数	赛事权重得分	网络中心度	网络中介度	等级划定
伦敦	36	79	1 809	216.5	Alpha 级
墨尔本	27	63	1 793	213.5	
纽约	18	49	1 677	197	Alpha⁻ 级
东京	23	48	1 646	195.5	
巴黎	21	46	1 571	190.5	

续　表

城　市	赛事项目(类型)数	赛事权重得分	网络中心度	网络中介度	等级划定
温哥华	15	37	1 485	176	
柏林	13	36	1 406	174.5	
悉尼	21	34	1 379	167	Beta级
伊斯坦布尔	15	32	1 352	165.5	
多伦多	11	30	1 296	161.5	
上海	13	21	783	97.5	

表5显示了上述城市基于连锁模型点度的网络特征,可以发现在各城市的对称矩阵,其中伦敦与墨尔本的链接值最高,为386。伦敦与墨尔本、纽约、东京,以及纽约与东京、悉尼,巴黎与柏林、悉尼,莫斯科与柏林、多伦多,温哥华与多伦多,悉尼与墨尔本之间的链接值均超过300,因此可以看出,伦敦、纽约、墨尔本、巴黎、多伦多5个城市在国际重大体育赛事主办城市网络连锁模型结构中处于非常突出的核心地位。我们进一步在36个主办城市网络中发现,与上海产生的链接值较高的城市为纽约、伦敦、洛杉矶和东京,链接值分别为279、276、255和234,总的来看,上海在主办城市网络结构中还是处于非核心的地位,也体现出上海赛事选择的原则,主要是按照标杆管理的原则参照纽约、伦敦、东京等城市进行赛事举办,没有与其他重要的主办城市建立起广泛的链接。

表5　网络联系度排名前十位的主办城市链接矩阵

	伦敦	墨尔本	纽约	东京	巴黎	温哥华	柏林	悉尼	莫斯科	多伦多
伦敦										
墨尔本	386									
纽约	375	213								
东京	346	307	310							
巴黎	254	235	278	286						
温哥华	276	57	234	203	255					
柏林	289	257	211	201	315	188				

续表

	伦敦	墨尔本	纽约	东京	巴黎	温哥华	柏林	悉尼	莫斯科	多伦多
悉尼	297	367	309	287	304	132	297			
伊斯坦布尔	267	257	163	235	294	279	357	267		
多伦多	157	76	276	293	195	352	283	233	303	

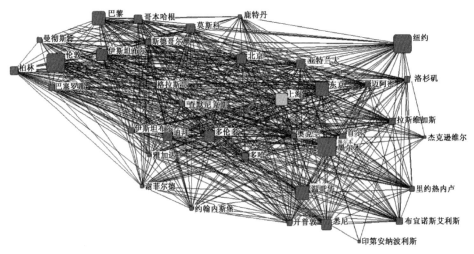

图1 2017年国际重大体育赛事主办城市网络结构图

四、上海与顶级主办城市存在差距的原因分析

（一）上海主办的赛事数量还不够、项目选择匹配性还不高

从表6可以看出，上海大型赛事的选择与对标城市伦敦、纽约、东京、巴黎和墨尔本有着较高的一致性，其中网球、F1、田径、高尔夫、马拉松是上述城市都比较青睐的赛事项目。此外，对标城市都有举办具有本国特色的赛事项目，如伦敦举办的皮划艇、橄榄球，纽约的印地赛车、篮球，东京的棒球、柔道，巴黎的自行车，墨尔本的板球等都是具有民族特色的赛事品牌。上海的斯诺克赛事虽然属于级别较高的国际性赛事，但尚处于小众的赛事项目。

表 6　上海与对标城市举办国际赛事项目数量及名称

举办城市	项目数量	项　目　名　称
伦敦	36	板球、高尔夫、航空、马拉松、摩托车、皮划艇、F1、耐力赛车、斯诺克、田径、铁人三项、网球、英式橄榄球、体操、自行车等
纽约	18	高尔夫、篮球、马拉松、田径、网球、印地赛车、摔跤、拳击、自行车、冰球、橄榄球、足球等
东京	23	柔道、网球、棒球、花样滑冰、马拉松、排球、赛车运动(耐力)、橄榄球等
巴黎	21	场地自行车、公路自行车赛、田径、网球、马拉松、汽车拉力赛
墨尔本	27	F1、网球、板球、橄榄球、马拉松、赛马、游泳、航空体育、冲浪等
上海	13	高尔夫、网球、F1、斯诺克、田径、马拉松、水上运动、自行车、马术、体育舞蹈、射箭、击剑、冰上

项目特性也与上海城市文化不是很紧密。因此建议上海可以扩大项目选择的余地,建议引入铁人三项、自行车等项目的国际性赛事,同时提高上海马拉松赛的国际声誉和级别,此外还可以培育具有群众基础的本土赛事,如乒乓球、羽毛球等赛事,这些项目在中国开展非常普遍,竞技水平也领先世界,容易形成具有本土特色的国际赛事。

(二)上海的网络"控制力""辐射力"较弱,没有很好发挥桥头堡的作用

国际重大体育赛事主办城市网络体系中居于顶级位置的节点城市往往控制着庞大的国际体育资源流量,在全球体育资源配置中发挥着巨大的控制和连通作用。从前述网络分析可以看出上海的"控制力""辐射力"相对较弱,上海主办的顶级赛事数量不足,且赛事级别的权重分值还不高,这不仅导致了上海与伦敦、墨尔本等顶级城市的联系能级较低,而且还导致了上海在体育资源(资本、信息、技术)控制方面与顶级城市相比差距仍然巨大。上海作为我国的经济中心,中国对外开放的桥头堡,在国际重大体育赛事主办网络里面,理应发挥桥头堡的作用,主动连接国内外城市,不断提升网络中介度。

五、对策建议

本课题基于城市网络视角的"复杂网络中心度测算模型",根据由63个运动项目、总计356项国际赛事作为样本在全球68个国家的469个城市举办情况的数据,测算了上海在国际重大体育赛事主办年城市网络体系中的"点度中心度"和"中介中心度"。结果显示,上海的网络中心度和中介度总体排名在全球21位,与伦敦、纽约、墨尔本等顶级主办城市相距较大,说明上海距离充当全球体育"资源配置中心"及"连接桥梁"的地位还有较大距离,要建设成为世界一流的体育赛事之都还任重道远。

(一)上海提升主办城市竞争优势应该从战略层面制定长远计划

在战略层面,上海应该充分发挥城市定位(对外开放的桥头堡、卓越的全球城市)的作用,一方面利用竞争优势占据主办城市网络的中心位置,并成为具有"支配力"的中心节点城市,抓住"上海自由贸易试验区"带来的体制机制创新的重大机遇,大力推进体育制度创新,探索具有包容性、竞争性并与国际接轨的大型体育赛事主办机制,提升体育市场的对外开放度;另一方面,发挥好对外开放"门户城市"的地位与作用,在与国际上顶级的主办城市广泛建立联系的同时,向内地城市积极辐射,占据国际城市与国内城市交流网络的"结构洞"位置,成为国际国内体育资源的"配置中心",并且坚持两条腿走路,即坚持"地方镶嵌"与"网络镶嵌"相结合。

城市作为地方介入国际赛事网络的主体,其发展模式有两种不同路径,即"地方镶嵌"与"网络镶嵌",前者是通过承办国际性体育赛事来推动赛事生产网络镶嵌于地方,赛事版权归属于国际体育组织或跨国公司;后者则是通过国际经贸推动自创赛事产品嵌入全球商品链条中,赛事版权归属于城市当地组织。以前的上海是西方现代体育进入中国的桥头堡,如今的上海作为我国的经济、金融、贸易、航运中心,是链接世界与中国的窗口。

在体育赛事的发展中,上海应该在引进国际著名赛事实施"地方镶嵌"的同时,积极培育本土赛事实现"网络镶嵌"。在"地方镶嵌"方面,上海既可以按照原来的标杆管理原则,继续对比伦敦、纽约、巴黎、东京等城市的国际赛事选择情况,选择相应的赛事项目来举办,从而推动此类项目的国际赛事网络镶嵌于地方,使上海成为此类赛事网络的节点城市之一;也可以根据全球赛事网络的复杂结构选择适当的赛事项目,如职业网球赛事、F1、高尔夫、铁人三项等赛事,其赛事层级越复杂、赛事分站越多的赛事项目所组成的举办城市网络越复杂,城市之间的链接就越多,各举办城市就越容易融入全球赛事网络。在"网络镶嵌"方面,建议上海提升体育赛事创新的能力,研发与培育本土赛事并积极推向国际,比如乒乓球赛事、武术(如精武、散打、套路)、健身健美等赛事可以慢慢培育,制定长远的国际化、商业化发展战略,最终实现此类本土赛事的"网络镶嵌"。

(二)上海在策略方面应该积极把握主动,牵头组建国际重大体育赛事主办城市网络组织

上海可以与其他主要赛会城市联合起来,共同组建全球赛事主办城市网络,使之成为全球赛事城市交流学习、相互促进的一个国际性组织。可以从非正式的论坛开始,慢慢发展促成为包括城市领导人、体育管理部门领导、体育赛事工商业领袖、运动员等正式和非正式的会晤,最后设立秘书处等专门机构,成为体育的国际性组织,致力于发挥全球赛事产业对经济和社会的推动作用,促进世界各城市之间在赛事举办、专业知识生产、知识共享和建立赛事产品国际交易渠道等方面的交流合作。

(三)具体建议

在具体的赛事主办方面的建议是,上海可以利用现有的ATP1000、F1、田径大奖赛、汇丰高尔夫、斯诺克世锦赛、上海马拉松、崇明自行车等品牌赛事举办的优势,在赛事举办期间邀请其他举办城市参与联席会议,一则是沟通信息、相互学习,二则是建立起城市链接的舞台,从而扩大上海与其他国际城市的联系网络。

通过若干年的努力慢慢形成稳定的会晤机制,建立起体育、政治、经济的交流机制和平台,最终形成国际赛事城市网络,力争将会址或秘书处设立在上海,提升上海体育的国际影响力。

参考文献

[1] 周良君.上海市体育竞赛表演业国际竞争力研究[J].体育科学,2006

[2] 丛湖平,罗建英.体育商业赛事区域核心竞争力——一个假设理论构架的提出[J].体育科学,2007
[3] 汪应洛,马亚男,李泊溪.几个竞争力概念的内涵及相互关系综述[J].预测,2003
[4] Porter, M. E. 1980. Competitive Strategy. New York: Free Press
[5] Barney JB. Firm resources and sustained competitive advantage[J]. Journal of Management,1991
[6] 童臻衡.企业战略管理[M].广州:中山大学出版社,1996
[7] 邹邵希.企业战略分析[M].北京:经济管理出版社,2001
[8] 樊纲.论竞争力[J].管理世界,1998
[9] 刘世锦,杨建龙.核心竞争力:企业重组中的一个新概念[J].中国工业经济,1999
[10] 北京国际城市发展研究院.中国城市蓝皮书[M].北京:中国时代经济出版社,2003
[11] 张京祥,朱喜贵,刘增荣.城市竞争力、城市经营与城市规划[J].城市规划,2002
[12] 莫大喜.城市综合竞争力——深圳与京津沪穗之比较[J].特区理论与实践,2001
[13] 倪鹏飞.中国城市竞争力理论研究与实证分析[M].北京:中国经济出版社,2001
[14] Mitchell, J, 1969,"The concept and use of social networks". In J. Mitchell (Eds), Social networks in urban situations. Manchester: Manchester University Press
[15] Allee V. The Knowledge Evolution[M]. Butterworth-Heinemann,1997
[16] Amin A, Thrift N. Globalisation, Institutions and Regional Development in Europe[M]. Oxford: Oxford University Press,1994

环滴水湖体育赛事与临港新城旅游互动发展的研究[*]

袁 锐

一、前言

临港地区的开发建设,是上海市委、市政府基于全局视野、经过精心谋划做出的重大战略决策,具有特殊意义,肩负特殊使命。临港的开发,旨在促进上海产业结构转型升级,提升产业国际竞争力,优化上海城市总体战略布局,支撑上海"四个中心"和建成全球有影响力的科技创新中心建设。依托独特的区位优势,临港充分发挥浦东新区先行先试作用,放大自贸区的溢出效应,率先实现自贸区制度创新成果的复制和推广,助推国家战略的实现。

由于远离中心城区,滩涂建城,平地兴产,临港地区依然面临城市功能不全、产城融合不够、人气长期不足,这些将影响临港开发形象,制约临港持续健康发展。提升临港人气已刻不容缓!临港地区开发建设管委会正在实施"聚人气"工程,出台一揽子扶持政策,三年内有望实现主城区实有人口15万人、年旅游人口600万人的目标。同时,规划建设"一城一带一中心"科技创新空间布局,聚焦高端产业发展,以科技创新助推临港快速崛起。

体育赛事是城市魅力的重要展示窗口,举办环滴水湖体育赛事与临港新城的旅游发展有着天然的契合,通过体育赛事这一窗口,可以吸引赛事及旅游基础设施建设和改善所需要的大量资金,同时还能通过各种大型赛事提升城市的知名度、增强影响力,把临港新城的旅游优势体现出来。体育赛事因其具有较强的参与性,可以作为"人文旅游品牌"而成为城市吸引力的一部分,借此

---

[*] 本文作者单位:上海海事大学。立项编号:TYSKYJ2017060。

可以拉动旅游消费,为展示城市独特的文化魅力提供了平台。

在近几年临港新城所举办的一系列体育比赛和其他主题活动中,都或多或少为聚人气工程提供了帮助。但是究竟什么类型的比赛,什么级别的比赛与临港新城的旅游互动能产生积极的影响?因此通过调查研究得出相关结论是很有意义的,可以为管委会今后体育赛事举办的选择提供帮助,使之实现城市与旅游互动发展的双赢。

二、选题目的和意义

(一)选题目的

1. 理论目标

通过对环滴水湖体育赛事与临港新城旅游互动发展的研究,进一步完善体育赛事的举办与新城旅游发展的理论基础,为以后这方面的研究提供理论补充。

2. 实践目标

通过对环滴水湖体育赛事与临港新城旅游互动的研究,了解不同赛事与旅游互动发展的不同影响,为临港管委会后期赛事举办的选择提供依据,为推动临港新城旅游的发展贡献一份力量。

(二)选题意义

通过对滴水湖赛事的举办与旅游互动的研究,旨在对赛事与新兴城市旅游业之间的互动发展进行探讨,并对进一步完善某一特定地区的体育赛事与旅游业互动发展,具有理论意义和现实指导意义,为政策的制定者提供理论和实践上的依据。

三、文献综述

(一)核心概念的界定

1. 体育赛事

国内外学者对体育赛事的研究有很多,在诸多相关的书籍和专著对体育赛事这一概念进行过释义。主要有以下观点:《体育赛事运作》中指出,体育赛事通常是指在竞赛规程、规则的约定下,人们以体育为主题内容,以竞赛为方式,以技能展示、交流和锦标为目的的集众性活动,它不仅能推动举办地旅游业的发展,提升举办地知名度和改善城市形象,还能对举办地的经济、社会和环境等诸多领域产生影响。

《体育赛事管理》中对体育赛事进行了这样的定义:以体育竞技为主题,一次性或不经常发生,且具有一定期限的集众性活动。它不仅能够推动举办地旅游业的发展,提升举办地知名度和改善城市形象,还能对举办地的经济、社会和环境等诸多领域产生影响。还有很多学者对体育赛事的概念进行了解读。在体育赛事分类上,不同的学者也都做出了不同的分类,一般主要包括这样几种:

《体育赛事运作》中,指出体育赛事按规模的大小主要分为大型体育赛事和小型体育赛事。大型一般又分为超大型和标志性两类。按性质的不同进行划分主要有三类如表1所示。

表1 体育赛事分类

分　类	特　征	案　例
竞技体育赛事	以体育竞技为主要目的	大型综合性运动会:奥运会、亚运会
职业体育赛事	职业化、商业化运作	F1、NBA、世界杯等
社会体育赛事	贴近百姓生活,娱乐性、普及性、参与性强	中欧健身跑、业余马拉松等

《体育赛事管理》中,对体育赛事按赛事规模(主要分为大型和较小型体育赛事)、赛事影响范围、举办地点(室内和室外)、赛事持续时间(一天、两至三天、三天以上)以及参与主体进行了分类。

2. 环滴水湖体育赛事

综合诸多学者对体育赛事的阐述,结合本研究实际,特将环滴水湖体育赛事界定为:在上海市浦东新区滴水湖地区附近所举办的,在特定的规程、规则的规定下,以体育竞技、大众交流活动的集众性活动,从而推动滴水湖地区旅游业的发展,提升滴水湖知名度和改善临港城市形象,能对临港的经济、社会和环境等诸多领域产生影响的体育活动。

3. 城市旅游相关研究

国内学者对城市旅游的研究,伴随着我国经济的高速发展和人民生活水平的日益提高,城市旅游进入了高速发展期,相关的研究日益完善。相关的论文有很多,不同的学者从各个角度对城市旅游额发展进行了相关的研究:

有专家在"城市旅游与旅游城市化"一文中认为:"城市旅游是一种总的称谓,即旅游者以城市本身作为旅游目的地,完成其物质消费与精神消费的各种旅游活动。"

还有专家在"城市规划中的城市旅游规划的新探讨"一文中指出:"城市旅游是以城市作为目的地,只不过是一种观光、商务、会议等一些旅游活动的总称。"

再有专家在城市旅游研究进展中指出,国内外的城市旅游研究尚处于起步阶段,城市旅游尚有大量的问题亟待研究。截至目前"城市旅游"仍然没有公认的定义,然而城市旅游对于旅游产业的重要作用已经在研究者之间达成共识。

(二)体育赛事与城市旅游互动发展的相关研究

随着产业融合理论和实践的兴起,有关体育赛事与旅游产业融合的研究开始受到学者的广泛关注,通过查阅中国知网数据库和中国硕博论文数据库,目前有关专家研究成果主要有如下几种:

《我国体育产业融合成长研究》指出,体育与旅游产业的融合集中体现在体育赛事及户外旅游两个方面,而西部地区山川秀丽、人文资源极为丰富,西部地区的旅游正在发展成为一个潜力巨大的产业。

《四川省体育产业与旅游产业融合模式研究》研究认为,休闲体育与旅游有共同的价值诉求和休闲体育产业与旅游产业在开展项目上有较强的兼容性与互补性,使得两大产业具有融合的可能,而两者融合的瓶颈则在于部门条块分割,休闲体育产业发展滞后等方面。

《2008年北京奥运会对中国旅游业的影响研究》指出,从洛杉矶奥运会开始,商业开发和运作在奥运会中占据越来越重要的地位,主办国政府和企业也相应加大了宣传力度,使得越来越多的人开始聚焦奥运会并且亲自参与到其中来,就这样为举办地带来了数量庞大的客源。在《中国奥运旅游可持续发展对策研究》中认为奥运会等大型体育赛事能促进举办地的游客数量的持续增长。

《大型体育赛事与旅游互动发展的研究——以上海为例》一文中指出,体育与旅游虽然分属两个行业,两者在其产业发展中存在千丝万缕的联系,是有着很大内在协调性和很多内在一致性的两个行业。大型体育赛事对城市旅游具有一定的影响作用,总体来说积极影响大于消极影响。其积极影响主要表现在以下几个方面:对游客人数的影响,对旅游硬件设施的影响,对旅游软件实力的影响,以及对城市旅游结构的影响。同时城市旅游业对体育赛事也会有一定的影响。

综上所述,体育赛事与旅游产业融合是非常受学者追捧的,相关的研究很多,特别是对一些大型比赛的研究相对也比较成熟。从不同的角度进行了分析和研究,笔者受到很多启发。新城的开发作为国家或者是地区重要战略,如何使新区在短时间内得到飞速发展,并导入足够的人口,产生足够的人气一直是一个难点。临港新城作为上海市政府重点开发的一个新区,人气不足、旅游产业单一一直是发展的桎梏。管委会为此出台了大量的扶持政策,而体育赛事作为推动旅游发展的一个重要因素,对其进行研究是非常有必要的。

四、环滴水湖体育赛事的举办与城市旅游互动发展现状

(一)环滴水湖体育赛事举办现状

1. 管委会出台的相关扶持政策

通过对临港管委会的实地调查和访谈,得知临港管委会等相关政府及社会各管理机构,为了推动解决临港地区城市功能不全、产城融合不够、人气长期不足的问题,推出了一揽子计划,从不同的角度去发展临港的经济,其中以体育赛事的举办来推动临港地区旅游业的发展,增加人气,上海市临港地区开发建设管理委员会在《临港新城大型文化体育活动奖励管理办法》中做出相关的管理办法。

现从活动类别、活动主题、活动级别、活动规模、活动地点及活动原则这六个方面进行分析。

(1)活动类别。主要是指国家体育总局、上海市体育局确定的体育运动项目,或国际通行的体育运动项目,或民间约定俗成的体育运动项目。

(2)活动主题。要适当安排临港地区经济、社会、文化、旅游发展方面的宣传内容。

(3) 活动级别。主办方、承办方、协办方及参与单位,应当具有法人资格。

(4) 活动规模。也应达到相应的要求。管委会对群众性体育活动和竞技性体育活动这两类进行了细致的划分:一个是群众性体育活动(表2),另一个是竞技性体育活动(表3)。

表2 群众性体育活动级别及规模的相关要求

规模要求 活动级别	参与人数 (包括参与人员数及惠及群众数)	市级及以上主流媒体数量 (含网络媒体)
国际级活动	1 000人及以上	15家及以上
国家级活动	800人及以上	10家及以上
市级活动	500人及以上	8家及以上

表3 竞技性体育活动级别及规模要求

规模要求 活动级别	参与队伍数量	市级及以上主流媒体数量 (含网络媒体)
国际级活动	10支及以上国家或地区代表队	15家及以上
国家级活动	8支及以上省、市、自治区代表队	10家及以上
市级活动	6支及以上区县代表队	8家及以上

(5) 活动地点。在临港地区南汇新城镇(即环滴水湖地区)。

(6) 活动原则。举办活动坚持政府引导、社会参与、市场运作、兼顾社会效益与经济效益的原则;管委会对达到上述相对要求的比赛给予相应的奖励(表4)。

表4 各级别体育赛事活动所获得的奖励

活动规格	效益评价	奖励金额
国际级活动	优	资金投入总额的50%,不超过100万元
国家级活动	优	资金投入总额的50%,不超过70万元
市级活动	优	资金投入总额的50%,不超过50万元

通过调查,以及临港管委会所颁布的《临港新城大型文化体育活动奖励管理办法》的相关文件,可以看出,政府及相关职能部门以举办体育赛事,来促进临港地区的旅游等产业的发展,提供强有力的政策支持。

正是得益于这些政策上的支持,"聚人气"工程的延续,使临港引八方游客正变得从容。据统计,这两年来临港旅游的人数,每年约有20%以上的增加。临港管委会经贸办相关负责人说,随着迪士尼开园以及临港极地海洋世界公园、冰雪世界、天文馆项目的建设,预计到2020年,临港每年的旅游人数或将达到"千万级"。

2. 环滴水湖体育赛事的举办现状

为了促进临港地区(环滴水湖地区)旅游业的发展,临港管委会近几年每年都举办了众多的体育赛事,从普通的社区级的比赛到世界级水平的比赛,比如2016年所举办的世界水上摩托锦标赛上海大奖赛暨国家杯世界摩托艇大赛上海临港站,以及众多群众参与度很高的带有娱乐性质的比赛,比如泥泞跑、青少年组的迷你马拉松比赛等。对近三年所举办的赛事进行调查,结果如表5所示。

表5 2015～2017年环滴水湖地区举办比赛情况

年 份	比 赛 类 型
2015	"临港·南汇新城杯"公路自行车赛暨环上海公路自行车赛 2015第六届"临港杯"篮球比赛 2015上海大学生环湖接力跑 2015年上海市民体育大联赛——第六届"临港·南汇新城杯"篮球比赛 2015首届临港杯帆船赛 上海"临港杯"全国U16男子篮球集训赛 上海"临港杯"全国U16男子篮球集训赛、奔跑吧、临港青年、铁人三项、中欧24小时接力跑等
2016	临港:滴水湖畔迎新跑 2016南汇新城镇第二届体育节 2016"斯巴鲁杯"环上海国际公路自行车赛 上海市龙舟锦标赛 首届PDM自行车系列赛 冠军跑上海滴水湖国际半程马拉松赛 大学生网球联赛 2016年世界水上摩托锦标赛上海大奖赛暨国家杯世界摩托艇大赛上海临港站 2016STC大铁联赛之"兴全基金杯"大铁113铁人三项赛 上海市民运动会帆船总决赛 "兴全基金杯"滴水湖泳渡、"兴全基金杯"滴水湖泳渡等

续 表

年　份	比　赛　类　型
2017	滴水湖畔迎新跑 浦东职工四季彩虹系列体育赛事——"临港杯"首届春季百团健康跑 "临港·南汇新城杯"篮球赛、海昌海洋风车节 海洋节帆船比赛 泥泞跑 沪台海洋大学篮球赛 全国高校(青年)帆船邀请赛 2017斯柯达HEROS中国自行车系列赛 滴水湖大铁113铁人三项赛等

滴水湖湖上可以赛龙舟,湖畔能跑马拉松。湖面碧波荡漾,环湖路上,良好的绿化环境,俨然一座得天独厚的天然氧吧,使临港成为举办各项体育赛事的风水宝地。在2015~2017年的三年时间里,在环滴水湖地区举办了众多比赛,从普通的社区级的比赛到高水准的世界级比赛。单单2016年4月起举行的南汇新城镇第二届体育节,先后就举办了龙舟、帆船等16项市、区、镇三级的体育赛事,吸引参赛人员超过6 000人次。举行的自行车系列赛,吸引了来自多个国家和地区的近200名车手参赛。在围棋赛,则由上海市棋院、新区体育局和南汇新城镇主办,多位围棋界大咖均来到临港。临港管委会、南汇新城镇在办赛的同时,也注重吸引优质的体育赛事入驻。如世界水上摩托锦标赛上海大奖赛暨国家杯世界摩托艇大赛上海临港站和2016STC大铁联赛之"兴全基金杯"大铁113铁人三项赛的成功举办,不仅培育了临港品牌赛事,同时也进一步扩大了城市影响力、提升了城市文体软实力。

在临港本地区之间的比赛,如"临港·南汇新城杯"篮球赛,吸引了临港产业区联队、港城集团、洋山国检、海事教工等12支机关事业单位、企业球队参加。赛事不仅丰富了员工业余生活,也搭建了临港各单位之间交流的平台。

(二)环滴水湖赛事与旅游互相发展的现状

1. 临港地区丰富的旅游资源

临港是充满生机与活力的滨海新城,规划布局一个中心、四个环带,旅游会展是重点打造的产业之一。拥有滴水湖、滴水湖环湖景观带、航海博物馆、观海公园,以及在建的海昌海洋公园、冰雪世界和天文馆等。这些著名的文化景观作为一种独特资源应该更好地与体育赛事相结合,使之实现共赢。临港地区虽然地处上海偏僻之东南角落,但是交通还是较为便利的,不仅有通往市区的不收费的高速路,而且16号线地铁直达。

例如,即将在2018年暑假开门迎客的上海海昌海洋公园项目,将成为临港最重要的项目之一。该公园将以海洋文化为主题,分为五大主题区和一个海洋度假酒店,展示南北极特色动物以及海洋鱼类,并提供设备娱乐、特效电影、动物科普展示和水上巡游等娱乐活动。日后将成为浦东打造东亚最大的旅游目的地和世界级旅游城市核心区、推动上海市成为世界性旅游目的地城市的标杆性项目。"滴水湖环湖景观带项目"则是临港地区最核心的公共空间和滨水活动空间,以"户外运动"为主题,包括北岛、自然山地、儿童探险、季相花园、艺术花园和雕塑花园等七大功能分区。目前,"滴水湖环湖景观带"总占地82.3公顷,包括环湖一路和滴水湖岸线间约60~80米宽绿带及北岛。其中已建2公里景观带,咖啡馆、运动俱乐部等公共配套设施也将陆续开放。

此外,冰雪之星、天文馆等旅游大项目即将陆续建成,滴水湖环湖景观带、春花秋色城市公园逐步完善,未来临港地区将成为上海乃至长三角地区新的旅游目的地,并助力浦东打造东亚最大的旅游目的地和世界级旅游城市核心区,推动上海市成为世界性旅游目的地城市。

据统计,这两年来临港旅游的人数,每年约有20%以上的增加。临港管委会经贸办相关负责人说,随着迪士尼开园以及临港极地海洋世界公园、冰雪世界、天文馆项目的建设,预计到2020年,临港每年的旅游人数或将达到"千万级"。

2. 体育赛事与旅游互动发展的现状

第一,政策上的大力支持,提供强有力的办赛保障。通过对临港管委会的实地调查和访谈,得知临港管委会等相关政府及社会各管理机构,为了推动解决临港地区城市功能不全,产城融合不够,人气长期不足的问题,制约临港持续健康发展的问题,临港管委会推出了一揽子计划,从不同的角度去发展临港的经济,其中以体育赛事的举办来推动临港地区旅游业的发展,增加人气,积极推出了《临港新城大型文化体育活动奖励管理办法》。

第二,积极引进品牌赛事,提升城市影响力。临港管委会、南汇新城镇在办赛的同时,也注重吸引优质的体育赛事入驻。2016·世界水上摩托锦标赛上海大奖赛暨国家杯世界摩托艇大赛上海临港站和2016STC大铁联赛之"兴全基金杯"大铁113铁人三项赛的成功举办,不仅培育了临港品牌赛事,同时也进一步扩大了城市影响力、提升了城市文体软实力。在南汇新城镇第二届体育节,先后举办了龙舟、帆船等16项市、区、镇三级的体育赛事,吸引参赛人员超过6 000人次。

第三,逐渐形成了以"跑、骑、游"为特色的与城市景观契合度高的体育赛事。从对近三年所举办赛事的研究中可以看出,以跑步、自行车、游泳这三个项目所开展的体育赛事,所占比是非常高的。这得益于环滴水湖地区良好的地理条件和自然资源。比如上海各界青年公益迎新跑活动上,共有181支参赛队伍报名参加,近2 000名青年跑友在前奥运冠军乐靖宜、前申花足球队队员孙吉领跑下,开始了8公里绕浦东新区滴水湖的爱心公益跑。此次活动按照"1+100"团干部直接联系青年的工作要求,完全采用线上社会化动员报名的方式进行,吸引了近5 000人到场,其中既有市青联的27个会员团体,也有会员团体的亲友团和拉拉队。

第四,有效带动旅游等周边产业发展。临港地区成功举办的体育赛事,不仅给体育产业的长远发展带来了商机,也为临港带来了良好的经济和社会效益。在所调查的比赛中,凡是较大型的比赛,能吸引包括参赛选手在内的人员都在两千人以上。有的比赛能吸引五六千人参与到一个赛事中来。这不仅对临港这座新城有推广作用,而且对餐饮、酒店、旅游相关的其他产业都有很好的推动作用。

五、环滴水湖体育赛事的举办与城市旅游互动发展存在的问题

(一)体育设施及相关配套层面

大型体育赛事成功举办,需要赛事组织者良好的组织和协调能力。从人员接待、引导、交通梳理、观赛人员的维护、志愿者及服务人员的素质都是至关重要的。而且赛事的举办会带来人流的短时间聚集与疏散,赛事所需的暂时交通管制,包括停车难等都是举办体育赛事中面临的难题。

首先,环滴水湖地区缺乏专业的比赛场地,只能以滴水湖天然的湖泊、环湖的公路进行相关的比赛。在赛事场馆设施上虽然有着天然的优势,但是也有先天不足。比如缺乏室内的场地,在天然场地一旦遇到天气不好的时候,滴水湖由于地理位置临海,海风巨大,对赛事的举办有着很大的挑战。

其次，相关的配套不足，从赛事停车场地到娱乐休闲、食宿都还存在着非常大的不足。当遇到参与赛事人员较多时，由于交通管制，以及缺少大型的停车场，停车难是一个非常大的问题。虽然在赛事期间，管委会和交警、警察等工作人员维持秩序，开辟有临时停车场，但是缺少有效有序的疏导，停车被贴条现象相对较多，这也是游客抱怨较多的地方；娱乐设施严重缺乏，食宿分散，可选择性小。人们在参与体育赛事的空闲之余，很难找到相应的娱乐游玩项目。

（二）赛事结构及赛事组织中存在的问题

首先，纵观近三年环滴水湖所举办的体育赛事，虽然形成了以"跑、骑、游"为特色的与城市景观契合度高的体育赛事，但是赛事规模都相对较小，单场参与人数大多都在几千人的范围，大型的、具有高影响力的比赛占比太小，缺乏大型而持续的品牌赛事。大型的、有影响力的比赛不能持续举办。中小型的体育赛事占比很大。

其次，缺乏专业的赛事组织和维护，比如赛事志愿者，大多都为临时召集的临港大学城的在校大学生，虽然大家热情高、服务较好，但是缺乏为赛事服务相关的经验，有的甚至对赛事都不了解。因此，需要更加专业的服务团队。

最后，大型体育赛事与其他大型文化活动（滴水湖音乐节等）之间具有较高的竞争性和可替代性，因此需要更加合理的布局，争取实现其他重大节日活动与体育赛事，在时间与空间上的合理错位，从而促进各重大类节事活动的协调发展，也为体育赛事的旅游发展提供一个更为有利的空间。

（三）体育赛事与旅游互动结合中存在的问题

通过调查得知，环滴水湖体育赛事的举办与旅游互动发展有待加强。大多参与者都随着比赛的进行和离场，短时间的聚集和离散。这一现象再结合临港地区进城和出城的交通路线相对单一，不仅会造成交通堵塞压力，而且很难为临港地区旅游业的发展提供持续强有力的推力。现阶段，环滴水湖文化旅游景观相对较少，大多赛事参与者及赛事观看者都只能围绕滴水湖、观海公园、航海博物馆这三个主要的旅游地进行游玩。相关的衍生产品严重缺乏，商业配套设施缺乏，不能吸引和满足不同游客对食宿、娱乐的要求。半日游、一日游普遍，缺乏能更大限度挖掘旅游市场的能力。

六、环滴水湖体育赛事的举办与城市旅游互动的发展对策

(一)进一步完善体育设施及相关配套

首先,政府及相关部门,要站在更加长远的角度对临港滴水湖地区的体育设施及相关配套进行规划,要以建立以滴水湖自有品牌的体育赛事为目标,并以此来促进旅游业的发展。进一步完善环滴水湖地区的体育基础设施,争取建设以滴水湖天然的湖泊、环湖的公路为依托的,更加有利于比赛和观赛的专业比赛场地,突出临港办赛的特色。其次,要完善相关的配套设施,如使停车场更加规范,举办比赛时交通管制更加合理等。

虽然现阶段已有山兰路步行街(美食广场)、定期举办美食节,有百润时代广场、新天地、进口超市等相关配套设施,但是这些配套都还存着很大的先天不足,有待进一步提高和完善;进一步开发相关的娱乐游玩设施,建设更多参与性强、趣味性强的旅游项目,而不仅仅是把游客和赛事参与人员停留在只看湖的美丽风景之上。

(二)进一步优化赛事结构,创立品牌赛事

首先,更加清晰明确地发展以"跑、骑、游"为特色的、与临港城市景观契合度高的体育赛事,使所办体育赛事与环滴水湖地区良好的自然生态环境相结合。并在赛事举办期间,推出与之相关的旅游活动,进一步丰富参赛人员和游客们的赛会游玩体验,最终达到提高举办城市的旅游号召力。组委会还应邀请了更多的国内外新闻媒体参与赛事的报道与宣传,扩大赛事的影响力。

其次,争取创立以临港新城或滴水湖冠名的、延续强的大品牌赛事。通过整合诸如临港发展等这些上市公司的资源,实施地区联动,扩大与企业、赛事举办者之间的深度合作。形成特色体育赛事,打造有超级影响力、群众参与性高的体育节。

(三)与旅游互助发展的对策

密切结合即将开放的更加有吸引力的海昌海洋世界、冰雪世界等大项

目的优势,打造依托滨海水域及滴水湖资源,突出水上运动特色,带动路跑、自行车等特色体育休闲项目,打造成为以"跑、骑、游"为特色的体育产业集聚区,成为体旅结合的一站式体育旅游目的地。国际旅游度假区体育产业集聚区将凭借主题乐园所具有的强大吸引力和号召力,在国际旅游度假区拓展区积极引入相关体育项目和运营主体,建设一批体育场馆设施和户外运动功能性载体,构建形成特色突出的体育旅游产业生态圈。

七、主要结论和建议

(一)结论

第一,环滴水湖体育赛事在管委会及各级职能部门的组织下了取得了良好的成绩,基础设施取得了大跨步的发展,初步具备了举办特定赛事的能力,但是缺少专业的体育设施和场地,比赛受自然天气的影响较大。

第二,环滴水湖体育赛事近几年在如火如荼地开展,初步形成了以"跑、骑、游"为主要特色并与临港城市景观契合度高的体育赛事集群。但是赛事结构还欠合理,尤其是缺乏连续性大型的、有大影响力的品牌赛事。

第三,环滴水湖体育赛事的举办,为滴水湖短时间内聚集了大量人气,有效地带动了临港地区旅游的发展。但是由于商业、娱乐、餐饮、住宿配套不齐全,具有人气聚集时间短、离散快的特点。

(二)建议

第一,进一步加强和完善基础设施建设,增加专业的体育场馆和设施,建设以滴水湖自有品牌的体育赛事为目标,从来促旅游业的发展。

第二,进一步以环滴水湖地区良好的自然条件为依托,打造以"跑、骑、游"为主要特色的赛事集群,重点引进和打造具有滴水湖地标属性的品牌赛事,并加强赛事组织能力的培养,打造更加专业的办赛团队。

第三,加强与旅游相关的基础设施建设,形成商业、娱乐、游玩、餐饮住宿相配套的产业。打造成为以"跑、骑、游"为特色的体育产业集聚区,成为体旅结合的一站式体育旅游目的地。

参考文献

[1] 程绍同.运动赛会管理:理论与实务[M].台湾:扬智文化事业股份有限公司,2004
[2] 沈桂龙.产业融合及其对产业组织的影响[J].上海经济研究,2008
[3] 肖锋,姚颂平,沈建华.举办国际体育大赛对大城市的经济、文化综合效应之研究[J].上海体育学院学报,2004
[4] 陈亮.旅游视角下的上海 F1 大奖赛[J].旅游科学,2004
[5] 王志宇,王富德.F1赛事对上海区域旅游经济的影响浅析[J].北京第二外国语学院学报,2005
[6] 郭瑞华.2008年北京奥运会对中国旅游业的影响[J].集团经济研究,2007
[7] 罗秋菊.大型事件活动提升举办地旅游形象评价研究[J].旅游学刊,2009
[8] 刘彦.大型体育赛事对城市经济和社会发展的推动作用[J].南京体育学院学报,2008
[9] 陈祥奎,张垒.大型体育赛事对城市旅游的负效应及其控制[J].体育成人教育学刊,2008
[10] 楼师予.大型体育赛事与城市旅游互动发展的研究——以上海为例[D].上海:上海体育学院,2011
[11] 张玲.城市旅游与旅游城市化[J].网络财富,2009
[12] 刘岚,郑雅惠.城市规划中的城市旅游规划的新探讨——以武汉城市旅游为例[J].艺术与设计(理论),2007

第4篇

体育改革

上海公共体育服务绩效评价体系研究[*]

吴 莹 齐林恺 杨天宇

一、研究背景、意义及主要内容

（一）研究背景和意义

1. 公共体育服务发展背景

基本公共服务是政府主导下的保障全体公民生存和发展基本需要的，且与经济社会发展水平相适应的公共产品。目前，我国已初步构建起覆盖全民的国家基本公共服务制度体系。公共体育服务是国家基本公共服务的重要内容之一，2014年10月，国家在《关于加快发展体育产业促进体育消费的若干意见》中明确提出"全民健身"成为国家战略之一，时隔两年，2016年10月，再发《"健康中国2030"规划纲要》，全民健身上升为顶层国家战略。2017年3月，国家推出了基本公共服务清单制，其中包括81个基本公共服务项目，涉及8个领域，作为政府履行职责和公民享有相应权利的范畴，这项制度性安排以统筹协调、财力保障、人才建设、多元供给、监督评估等五大实施机制为支撑，将基本公共服务制度作为公共产品向全民提供，满足全民基本需求。其中，"公共体育场馆开放"以及"全民健身服务"是基本公共体育服务领域的项目，其发展指标为经常参加体育锻炼人数，这是指每周参加体育锻炼3次及以上、每次体育锻炼持续时间30分钟及以上、每次体育锻炼的运动强度达到中等及以上的人数。

---

[*] 本文作者单位：上海工程技术大学。立项编号：TYSKYJ2017073。

此外,国家在《"十三五"推进基本公共服务均等化规划》中,将群众体育列为重点任务,推行《国家体育锻炼标准》,推动公共体育场馆向社会免费或低收费开放,重点支持足球场地设施、中小型全民健身中心、县级体育场、农民体育健身工程、社区多功能运动场、冰雪运动设施、科学健身指导服务平台等建设,充分利用体育中心、公园绿地、闲置厂房、校舍操场、社区控制场所等,拓展公共体育设施场所。党的十九大报告中也提出了"广泛开展全民健身活动,加快推进体育强国建设"的要求。全民健身国家战略的提出对上海市公共体育服务事业的发展带来了机遇与挑战。

2. 公共体育服务发展新阶段

政府由管控向"赋能"转型的过程中,决定了其执政过程中必然要统筹规划公共服务体系,履行经济发展、市场监管、社会治理和提供公共服务等基本职能。据国家统计局公开数据,2013年我国第三产业增加值首次超过第二产业,2015年我国服务业增加值的GDP占比达到50.5%,2016年这一比值升至51.6%。

2016年上海第三产业增加值占比为70.5%。2017年前三季度,上海第三产业增加值占全市生产总值的比重为69.0%。意味着不仅我国产业结构由制造业为主向服务业为主转变迈出重大一步,上海的服务业也成为上海经济结构发展的主体。另一方面,从资金投入看,上海财政用于教育、文化体育与传媒、社会保障和就业、医疗卫生、城乡社区事务等民生发展和公共服务方面的支出,实现了持续大幅增长(图1)。

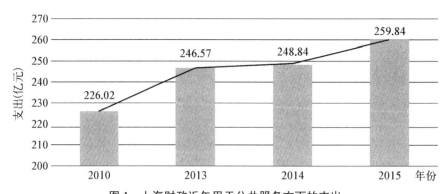

图1 上海财政近年用于公共服务方面的支出

数据来源:上海统计年鉴2016。

从消费结构看,当前我国居民消费观念逐渐发生变化,从物质型消费向服务型消费转变特征明显,消费结构升级的趋势越来越明显,据上海市统计局最新数据,2017年上海居民人均可支配收入为58 988元,人均消费支出为39 792元。国内外实践均表明,居民收入提高的同时,体育消费水平的增加速度会非常明显。20～40岁人群是社会的中坚力量,具有旺盛的文体消费需求。在居民健身状况调查中,88.6%的受访者表示在2016年发生了体育消费,体育消费的中位数为1 500元,41.3%的受访者消费金额在1 001～5 000元。

从大众健身趋势看,随着经济发展和生活水平的提高,对科学文明健康生活方式的追求成为人们的重要诉求,目前我国经常参加体育锻炼的人数为4亿人,近年稳步提升,《全民健身计划(2016～2020年)》提出目标,到2020年每周参加1次及以上体育锻炼的人数达到7亿人,经常参加体育锻炼的人数达到4.35亿人。

综上所述,经济新常态、人均可支配收入的提高、消费结构的升级、大众健身受众面广、公共体育服务投入增加、设施供给增加等宏观环境为上海公共体育服务发展建设提供了良好的契机。同时人们对公共体育服务价值的理解也由单一的强身健体、体育比赛向观赏性、竞技性和娱乐性等经济社会多元功能转变。服务型政府的建设需要重视公共体育服务的广泛性和基础性,整合财政、卫生、文化和教育等多部门的力量,整合政府、社会多方资源,推动公共体育服务的持续性发展。

3. 公共体育服务的有效性是建设公共体育服务体系的内在要求

从现实需要看,随着经济的发展,城乡居民收入水平的显著提高,体育逐步成了公众日常生活和民生诉求的组成部分,同时随着政策导向的凸显,满足公众的体育运动需求成为公共体育服务的最终归宿。随着公共体育服务设施的广泛建成和公共体育服务制度体系的完善,公共体育服务的主要问题已由供给不足向供给质量不高转变。政府如何合理利用资源、有效配置资源,对保障公平公正导向的落实具有重要意义。用"钟摆原理"比喻公平与效率的关系非常恰当,极端注重公平与极端注重效率,均会导致向两者的平衡点回归,公众的公共体育利益并非个体公民的公共体育利益叠加,当注重公民个体利益诉求,坚持公平原则的时候,才能找到"效率与公平"的平衡支撑点。因此,公共体育服务能否满足公众的体育诉求,如何评价公共体育服务绩效,成为一个亟待解决的问题。

从发展历程看,公共体育服务绩效评价命题的提出是国家进步、人民生活不断改善的逻辑必然。我国公共服务的理论与实践大体始于2002年,迄今不过十余年历史,目前在理论和实践层面上都处于不断探索阶段。国家体育总局专门制定和颁发了《全民健身计划(2016~2020年)》实施情况的评估标准。关于公共体育服务绩效评价体系的研究,正成为政府部门和研究者的关注重点,目前存在很多相关研究。

4. 公共体育服务的有效性研究对于公共服务治理有重要的现实意义

绩效评价在推动管理体制改革过程中有重要意义,近年来,国家体育总局积极推进公共体育设施建设,加大体育社团组织建设力度,提高公共体育服务科技含量,努力扩大公共体育服务覆盖面,促进公共体育服务均等化、城乡服务一体化,努力形成各方资源共享互补的有效机制,扩大面向基层群众的公共服务体育供给,逐步实现行政部门和社会组织的良性互动。从国家层面看,绩效评价体系作为公共体育服务系统的重要组成部分,在提高体育公共服务机构的运作效率和治理水平,加快建立公众满意的服务型政府,推动管理向治理的体制转型过程中作用突出。从社会和公众来看,公共体育服务绩效评价不仅有助于提高公共体育服务质量,而且也是公众表达诉求、参与体育公共服务管理的一种重要途径和方法。然而目前我国公共体育服务在理论和实践层面上都处于不断探索阶段。因此,分析当前上海市公共体育服务绩效评价中存在的问题,并提出建议,对于提高公共体育服务的质量,解决群众日益增长的公共体育需求,促进公共体育服务治理体系的建设,具有重要的现实意义。

(二)公共体育服务基本概念

公共体育服务指政府为满足公共体育需要而提供的公共物品或混合物品,着眼于提高公众身体素质和生活质量,既给公众提供基本的体育文化享受,也提供并保障社会生存与发展所必需的体育环境与条件的公共产品和服务行为的总称。对公共体育服务的理解需要有着公共体育服务的基本认知,了解公共体育服务的职责与供给,是全面、系统和综合性的服务管理体系。许多研究者对公共体育服务体系有较为深入的研究,其基本内容一般包括政策法规、场地设施、体育组织、体育活动、体育指导等方面。

从系统组成看,公共体育服务体系是一个复杂的社会系统,是由相关的人才储备、技术支持、管理流程、评估监督、政策法规、服务体系、营运设施、规范标准、资金投入等要素密切配合、相互协同、有序衔接组成的有机整体及运作机制;从系统运作看,公共体育服务体系是为保障公民基本体育权益、满足其基本体育需求的过程,由公共体育产品生产与加工、接受与利用等一系列活动组成。

综合上述两个方面,从一般意义上看,公共体育服务包括三个基本组成部分:公共体育服务运营环境、公共体育服务基础保障、公共体育服务组织管理(图2)。

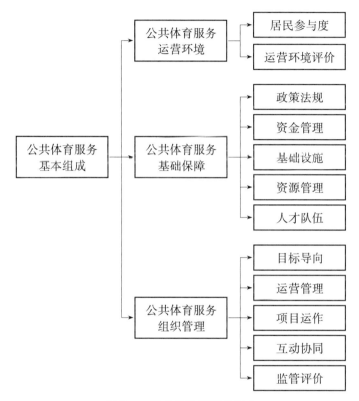

图2　一般公共体育服务组成

1. 公共体育服务运营环境

运营环境与公共体育服务体系彼此关联、相互影响。从外部条件来看,主要包括经济发展、人义素养、社会稳定等方面的内容,如人均GDP、失业率、平均寿命等;从居民参与度来看,主要有体育消费、公共体育参与等方面的内容,如人均公共体育消费、公共体育设施利用率、体育活动频率等。

2. 公共体育服务基础保障

公共体育服务基础保障主要包括政策法规保障、资金管理保障、基础设施保障、公共体育资源保障、人才保障等。

3. 公共体育服务组织管理

依法设立公共体育组织机构,是现代体育服务组织建立一般遵循的制度。相关法律直接或间接地规定组织的法定特征,包括主要负责人的任命程序、组织规模、资金来源、管理目标、职责及与相关机构的关系、主要业务范围等,并受有关机构条例监管,尤其要加强透明性与合法性的监督。公共体育服务的组织管理主要有目标导向、运营管理、项目运作、互动机制建设、监管评价等五个方面。公共体育服务是公共服务的基本内容之一。世界银行在其发布的 *China: Public Services for Building the New Socialist Countryside* 研究报告中采用的是 Paul A 等在 2003 年的观点,即公共服务是为大量公民提供的服务,其中存在显著的市场失灵(既包括公平方面也包括效率方面),使得政府有理由参与——不论是生产、融资或监管。

(三) 研究主要内容

随着新兴互联网和公共文化体育服务的发展,居民需求特征日益多元化,需要不断提高公共体育服务供给水平,紧紧追踪公共体育服务主体或载体等前沿趋势,了解公共体育服务新兴载体以及新兴内容的特征规律,以期完善公共体育服务绩效评价体系的理念、方法和指标。

为此,首先进行研究对象概述,即公共体育服务绩效基本概念、上海公共体育服务基本发展情况。其次,梳理绩效评价的主要内容,包括公共体育服务的主体、服务内容、对象结构、服务载体与功能定位、内涵特征等方面,以确定绩效评价核心维度。再次,增加对新兴互联网公共体育文化服务载体、非政府体育组织、城乡基层体育服务机构等的关注,对绩效评价体系进行提炼归类和创新拓展。最后,从不同评价理念、评价目标、评价主体等角度,构建上海公共体育服务绩效评价体系。

二、国内外公共体育服务绩效评价的研究及实践经验借鉴与启示

科学合理的公共体育服务绩效评价体系,可以有效地监控和纠偏公共体育服务水平。一般而言,绩效评价体系包括以下基本组成部分:评价目的、评价主体、评价指标、评价周期和评价方法等。本节主要总结目前国内外相关的研究及实践现状。

（一）公共体育服务绩效评价相关研究

评价指标体系的建立是绩效评价的重要内容，这方面存在相当多的研究。在指标体系的建立过程中，过程指标与结果指标、主观指标与客观指标、个性指标与共性指标均有了较为充分的体现，具体的评价方法有 DEA 方法、聚类分析、层次分析、德尔菲（Delphi）法等方法。

——以西南区 10 个城市的公共体育服务为研究对象，并借助于 DEA 模型深入检验了公共体育服务的相对有效性；

——将公共服务质量和水平、公众对服务的满意程度以及在公共服务方面的资金支持力度作为 3 个一级指标，并借助于层次分析法，科学理性评价公共服务工作；

——基于武汉两型社会建设的大环境下进行的，从所投入的资源、政府在其中所担负的责任、社会的影响力、服务所发挥的效能以及价值目标等五方面评价湖北省公共体育服务；

——将资金的支持力度、服务功能的实现、公共体育服务的产出和绩效等作为一级指标；

——以我国环珠江口地区大众体育组织为例，提出了由 5 个子系统构成的大众体育服务体系的基本构架：关于场地设施的建设、管理、研究与宣传教育、大众健身的组织指导、经费支持等相关的子系统，并采用层次分析法对大众体育服务体系评价标准进行模糊评分，实现对大众体育组织服务的评价；

——采用三轮 Delphi 法，将我国公共体育服务体系的结构分为 3 层 10 要素（产品），其中核心层是体育场地设施；

——将 10 种要素（产品）进一步细化为 20 项具体的服务项目指标，回答了我国公共体育服务的内容、水平以及质量要求等问题；

——对广州公共体育服务绩效评价方法进行了研究，虽然文中并没有出现广州市共公共体育服务绩效评价的指标，但是对广州现有的共公共体育服务评价方法的不足以及改进方法进行了研究，对于公共体育服务绩效评价体系的建立具有很大的帮助。

还有的研究了公共服务设施在社区的发展，例如设施具有什么样的特征以及什么样的设施才能够满足居民的需要，通过层次结构模型构建了十分完整和全面的综合评价指标体系，该体系中既有关于公众生活状况的指标，同时也有生活舒适度的评价指标,通过这些指标对社区公共服务设施性能进行较为科学、公正的评价;用问卷调查法,从期望值和满意度评价两个方面,对广州公共体育服务评价对象和评价客体进行调查研究,通过对公众的评价结果进行综合分析后发现,在群众性体育事业经费投入方面公众的期望值最高。

还有的则选取了河南省体育中心为研究对象,研究了体育场指标评价体系的构建。

在《构建体育健身场所服务质量评价指标体系的研究》一文中,以浙江省体育健身场所为研究对象,以服务质量为评价目标,确立了对应的评价体系。

——在对地方政府公共体育服务绩效评估指标体系的研究中,将体育公共服务分为社会体育、学校体育、竞技体育和体育科技4个维度,每个维度按照投入、产出和效果进行指标设置,采用德尔菲法最终确定37个具体评价指标,并运用层次分析法确定各指标权重。

——在武汉城市圈"两型"社会建设背景下,构建了体育公共服务绩效评估的五个维度:政府责任、资源投入、价值目标、社会回应和服务效能,采用德尔菲法最终确定具体指标体系,并运用层次分析法确定了各指标的权重。

——有的认为公共体育服务绩效评估从三个方面进行,即公共体育服务的投入、公共体育服务功能的落实和公共体育服务的产出和绩效;

——从设施、活动、场地、组织和效果等方面针对公众满意建构了指标体系。

(二)一些国家和地区公共体育服务绩效评价实践经验借鉴

当前,国际上还没有专门的公认一致的衡量政府公共体育服务绩效的指标体系,但与此相关的研究中有许多是与政府公共服务绩效评估相关的实践。

1. 美国

美国在"健康公民2020年"计划中的一个项目是体育活动,其下面的子项目有15个,比如:鼓励更多的成年人在休闲时间参加体育活动、使更多的成年人符合国家锻炼要求的标准、使青少年符合国家锻炼标准的比例有所增加、使更大比例的公立和私立学校加入到常态化的日常体育锻炼中、使更大比例的青少年学生加入到每天的体育活动当中、使更多的青少年能够在屏幕限制时间上做到严格遵守、使公民中参加步行的人数比例有所上升、使公民中依靠自行车出行的人数比例增加等内容,对于美国国民健康计划而言,以上较为明确的体育锻炼计划对其所产生的推动作用是十分巨大的。

另一方面在管理方式上,美国靠市场和社会力量共同调节,即政府一般会通过制定一些相关法律法规、政策,或者由民间机构或中介间接管理体育产业。政府不直接对体育的发展进行管理,也不对公共体育服务效能进行专项评价,而是让其在市场或民间机构团体中自由成长与发展,是一种比较开放的市场策略,政府只为体育活动发展提供必要的外部环境,同时给予一定的法律保障,保障其正常运行。

2. 英国

英国是国际改革公共领域的先驱,由其独自开创的各种评价政府绩效的方法得到了其他国家的高度认可,包括:全面绩效考核法,以及最佳价值法,等等。在推行公共体育服务时,英国政府认为,在提供公共体育服务时要注意如下事项:

第一,要与有关部门一起协商讨论体育服务规则的制定;

第二,要时刻反思现有的体育服务水平;

第三,要通过竞争方式获得最佳效果;

第四,要与绩效目标进行纵向与横向对比。

英格兰体育委员会在对地方政府绩效进行评价的时候所设计的相关指标共计 51 项,其中有 6 项指标代表性最强:① 在过去一年内,青少年在课余时间参与过包括步行在内的 10 次 3 项体育活动的比重;② 地方政府所制定的计划是不是和英格兰体育部门所作出的规范相一致;③ 不同阶层成年居民自愿加入到体育服务的人数占比;④ 对于当地体育服务质量和效率,不同阶层成年居民的评价;⑤ 在过去一个月内,社区居民参与 4 次体育活动的比重;⑥ 社会各阶层的成年居民和青少年居民至少参加 1 项体育活动的比重。除此以外,还有一些辅助性的指标,比如:体育事业对社会的推动作用如何,服务的质量,人才储备的深度,青少年与学生的比重,体育设施的完善程度,当地政府与其他部门的配合默契度,等等。

3. 日本

日本学校体育在体育事业中扮演着十分重要的角色,中小学拥有完善的体育设施,而且很多对外开放,每一个都、县、府至少有一个泛区域体育中心,每一个市、町、村至少有一个综合型区域体育俱乐部。综合性区域体育俱乐部的特征包括:

第一,拥有各种各样的活动场所和体育设施,面向广大公民开放;

第二,所拥有的场地可供开展各式各样的运动项目,以满足人们的个性化运动需求;

第三,无论是初学者还是专业运动员,无论是青年还是老者,所有公民都可自由地选择体育活动项目与时间;

第四,所有的体育场所内都配有专业的体育指导员,以便为公民答疑解惑,提供相应的帮助;

第五,以上所有体育场所的运营权均归属于区域居民,由他们自主管理。

而泛区域体育中心的特征则包括:

第一,集体育科学和运动医学的力量支持区域体育活动的发展;

第二,定期召开区域体育交流大会(市町村规模);

第三,有力地推动了区域内相关俱乐部的成立和不断壮大;

第四,配合俱乐部的管理者培养体育人才;

第五,面向全体公民提供完整的体育信息(市町范围内);

第六,协助泛区域市町村培养优质的运动员。

由此不难看出,社会成员可在泛区域体育中心和综合性体育俱乐部内享受到各种各样的体育服务,为日本实现"至少有50%在过去七天内参加过一次体育活动"的目标打下了良好的基础。

4. 我国香港

我国香港特别行政区十分重视公共服务效果的评估。一般政策的制定或落实通过事务署来负责,通常对整个地区的公共服务的数量与质量进行监管,并进行公众意见调查,每年一次,每次要进行数月。这些调查一般是委托给专门的调查公司来具体执行,它们会根据活动的不同来采用不同的调查方式,以便最大限度地收集民众的意见,来了解民众是否满意现在的公共服务,以便能及早发现问题,并及时解决,提高公共服务的质量。

从上述一些国家和地区公共体育绩效管理实践看,倾向于市场化的优点在于政府财政负担降低,鼓励社会各界都来支持公共体育服务效能评价,提高社会参与率,民间资本易于流入公共体育建设;不利的一面为存在市场机制的唯利性,往往关注的是经济利益,而对于当前利益低或无利可图甚至亏本,再或者投资周期长风险大的公共服务方面,市场往往不愿意投资或提供服务。同时,过于市场化可能会使得公共体育服务效能评价缺少专家人才的引导,缺乏科学的战略规划、监管和评估。

（三）绩效评价研究与实践启示

1. 较多地侧重评价指标与评价方法，评价目的、主体和周期同样重要

在绩效评价体系相关研究和实践中过于侧重评价指标与评价方法，然而评价目的、评价主体以及评价周期对绩效评价的影响也非常重要。

首先，不同的绩效评价目的，反映着管理者的价值倾向和行为引导。如果仅以纠偏监控和导向指挥为评价目的，绩效评价往往带来压力，甚至会出现在目标压力下采用造假方法营造绩效数据，最终使得公共体育服务绩效评价工作流于形式。

其次，评价主体不够多元化。就现阶段而言，公共服务评价的主体多为政府体育管理部门，尽管已经越来越关注顾客的满意度，然而在构建公共服务评价体系的时候，有机会参与其中的公众仍然较少。

在一些满意度评价实践中，为突出参与导向，常常会随机抽样选择居民作为评价者，然而这也会产生问题，如果参与评价的居民对于公共体育服务提供的工作内容与工作绩效知之不多，会凭主观印象打分，或者随机选择的非体育爱好者群体，那么既无体育服务消费动机也无相关经验，也就无从知晓公共体育服务绩效水平与效果。故而，如果能采用360°主体选择法，纳入多元评价主体将能够降低随机误差。

2. 绩效评价的程序性有待规范，操作性有待加强

目前无论指标设计还是绩效评价方法比较缺乏通用性较强的标准设计原则、内容规范以及操作程序和灵活适用规定。现行的评估，大多是来自政府的行政性要求，指标多为具体的行政任务完成程度，缺乏科学的标准化设计和评价依据。这样以分散点为单位的评价，难以反映出整体的绩效水平和可能存在的共性或个性问题，对体系建设的整体投入规划、政策决策等难以提供准确的有价值的信息反馈与参考。在绩效评价实践过程中，过分注重对输入环节的评估，对过程、输出和结果的内容评估较为欠缺，难以实现评价系统的功能。

3. 有待建立系统化的绩效评价体系

"政府强主导、公众弱表达"的绩效评价现状的系统化改善，需要建立相应的多元主体的参与机制与渠道、评价机制、评价保障机制、评价结果的反馈与应用机制等。

目前的绩效评价集中在程序化规定阶段，由评价时间、评价基本内容、评价主体及一般追责方法、风险机制等环节组成。在实践中存在许多不能灵活适应和对应解决实际问题的一致性规定与技术方法指导,难以保障公共体育服务体系实现自我矫正并不断完善。

另一方面,现代绩效评价方法与新兴信息技术方法结合较为紧密,需要评估人员具备一定的专业技能。此外,对评估结果的应用也同样缺乏有效的反馈机制与管理办法,缺乏有效提高公共体育服务体系效率与效益、保障公平的科学有效的绩效评价反馈机制,从而较难发挥绩效评价的作用。例如对公共体育服务体系建设的存在问题、需求预测、风险预警等有效信息与参考,从而使得决策更加科学有效,在促进实现公共体育服务体系的自我改良与效能提高方面尚存不足。

三、上海公共体育服务绩效评价体系基本框架设计

(一) 公共体育服务绩效评价及其作用

绩效是组织为实现其目标而开展的活动在不同层面上的有效输出。绩效会随着环境的变化而变化,影响公共体育服务绩效的因素有很多,在某一时期和环境下,绩效评价关注的是对目标完成有明显直接影响的因素。

公共体育服务绩效评价的作用在于创新发展,通过绩效评价将公众、政府和利益相关方进行有效的整合,同时将学术界的成果转化为实践指导、参考和指南。然而由于公共体育服务活动的社会属性,存在不确定性,评价体系也当存在动态性,这对绩效评价研究构成了挑战。在此过程中,如何能够不断创新发展,理顺供给与需求两方面的过程,关键在于绩效评价和反馈,以达成共识,推动体系的良性循环,形成长期的阶梯式上升发展(图3)。

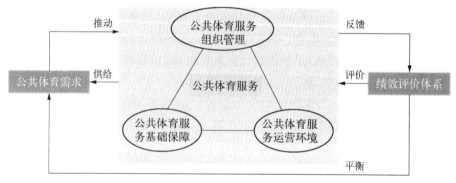

图 3 绩效评价对公共体育服务的驱动作用

（二）上海公共体育服务体系基本情况

上海市政府于2016年12月发布的《上海市基本公共服务体系"十三五"规划》中，关于上海公共体育服务的主要目标是"为全体市民提供便捷、可及、多样的全民健身设施。同时，要着力提升全面健身设施的管理水平和市民科学健身的水平。"上海公共体育服务发展水平始终处于国内领先地位。

1. 上海公共体育服务基础环境

2017年10月底发布的《上海2016年上海市全民健身发展报告》显示，设施建设与财政投入方面，2016年，上海共新增体育场地面积1 620 113平方米，人均体育场地面积从第六次全国体育场地普查的1.72平方米（2013年末），增加到1.83平方米。体育场地面积的增加，得益于政府的大力投入和保障。2016年，上海全民健身发展总投入7.7亿元，其中日常工作经费占比46.7%，主要投入在社区体育场地的建设维护和群众体育赛事活动的举办；专项工作经费占比53.3%，主要用于大型体育场馆的建设改造和综合性运动会的举办。全民健身人均日常工作经费为17.7元，连续五年稳步提升。

公众参与方面，大多上海市民经常参加体育锻炼以改善体质、增进健康，人数比例从2015年的40.8%，增加到2016年的42.2%。数据表明，跑步、快走（健步走）、骑自行车、羽毛球、游泳、篮球、力量健美、徒步登山攀岩、乒乓球、舞蹈类位居市民参与的体育项目前十名。

公共体育服务方面，2016年，上海创新举办第二届市民运动会，开展各级各类赛事9 703场，群众体育活动8 052场，赛事和活动参与人次超千万，大力助推了市民的运动参与。市体育局积极探索"政府、社会、市场三轮驱动"办赛模式，赛事活动丰富多样，市民获得感和幸福感增强。区级体质监测中心实现全覆盖。国民体质综合指数连续三次蝉联全国第一。

这些为上海公共体育服务发展提供了良好的客观环境支撑，也为上海公共体育服务的发展提出了更高的要求。上海市政府已经出台过许多体育领域的制度，包括《上海市全民健身实施计划（2016～2020）》《上海市人民政府关于加快发展体育产业促进体育消费的实施意见》《上海市市民健身条例》等等政策文件，为上海公共体育服务的发展提供了理论支撑和现实借鉴。

2. 上海公共体育服务组织建设基本情况

随着经济社会的发展，上海体育社会组织发展迅速。根据2015年数据，上海体育组织包括市级总会下辖的93家市级体育社团、50家民办非企业、3家体育基金会和1家国际体育组织分支机构。基层组织包括各区县体育总会及其300家体育协会、250多家各类体育俱乐部,以及大量已备案社会体育组织,如体育俱乐部、社区体育指导站等。这些体育社会组织形成了有机联系的组织网络,在全民健身活动开展、体育赛事组织、体育业务培训、体育对外交流等方面发挥着重要作用,已成为上海体育事业和体育产业发展的生力军。

另一方面,上海基本形成了对于体育社会组织综合服务监管体系,市民政局、市体育局委托体育总会对体育类社会组织实施规范化建设评估,达到相应等级才有资格参与政府购买服务和享受相应优惠政策。同时,定期召开社团会议,组织社团管理人员培训,帮助社团做好换届工作,建设上海体育公共服务信息平台,借助信息技术,加强社会监督,逐步建立起社团自律、社会监督、政府监管相结合的综合监管体系。

3. 上海公共体育服务体系

通过对上海公共体育服务基础环境以及公共体育服务建设基本情况分析,可以将上海公共体育服务体系分为服务运营与服务主体两个部分,在公共体育服务建设中,对于人力资源、投资资源、公共设施资源的分配和配置由政府主导,需要有针对性地使用和调节,使得公共体育服务均衡发展,最大化社会效益。

从图4中可以看出上海公共体育服务体系特点如下:

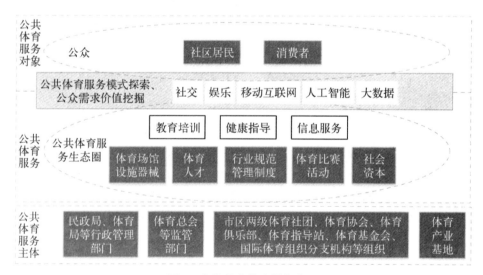

图4 上海公共体育服务体系

一是上海公共体育服务主体多元化,是以政府为核心的所有公共体育服务组织;

二是服务客体是社会公众;

三是以保障公众体育权利为目的,以满足公共体育需求为导向,以实现社会公平为内在要求;

四是服务方式与途径具有多样性,实质是构建服务型政府的必要组成部分;

五是以为公众提供优质的、差异化的但相对均等的公共服务体育服务为价值取向。

(三)上海公共体育服务绩效评价体系设计

1. 上海公共体育服务绩效评价关键维度

公共体育服务绩效评价作为一种特殊的评价,在设计思路上应当更多地关注并力求真实反映公共体育服务水平与质量。公共服务作为政府提供的主要公共产品往往是无形的,难以清晰界定和描述,其非竞争性和非排他性特征,也决定了缺乏来自市场的反馈信息和可比较的成本效益方面的数据。在绩效研究理论中,绩效要素是一个"三 E"结构,即经济、效率和效果。随着新公共管理运动的深入,质量也日渐成为评估的主流范畴,围绕质量形成的指标数量不断增加。此外,公平、责任等指标,也逐渐成为建构绩效体系的基本要素。2011~2015年中国社科院连续发布公共服务蓝皮书,更加关注主观评价指标——公众满意度,从公众的主观感受对地方政府的基本公共服务水平进行评价,这非常符合公共服务管理的本质要求。

结合绩效研究理论以及本节对上海公共体育服务体系的梳理,在构建上海公共体育服务绩效评价体系的研究过程中,运用文献法,搜集了近年来有关公共体育服务的文献数百篇,得到如下结论:

(1)公众需求是公共体育服务绩效评价的逻辑起点。在政治学范畴中,公共服务是一种公民权,公民拥有获得优质高效的公共服务的权利,政府有义务保障该项权利。因此,公共体育服务必须基于公众需求设计和提供。同时根据桑德尔的民主公民权理论,公民具有一种"公共道德",能够超越私利而关注公共利益。因此,以公共利益为目的的公共服务不但要关注公共需求,还应该允许公民通过参与公共服务来表达其公民权。基于以上理论,公众需求是公共体育服务绩效评价的逻辑起点,公共体育服务绩效评价并非行政意志。同时,在绩效评价体系中公众需求的反映与参与应当成为必要部分,在该部分中,政府作用更多地表现为清楚界定并向公众解释公共体育服务的范围与具体内容,保证公众能够在公共体育服务的适当范围以及相关内容下表达需求并主导指标的选择,以确保社会公共利益的实现为己任。这意味着绩效评价的参照系是社会公众而非政府及其工作人员。

(2)公共体育服务绩效评价应以结果为导向。以公众需求为起点的公共体育服务绩效评价是政府职能运作的指导,对于公众所关注的效果、质量等评价,本身是对政府职能运行效果或影响的评价。因此,公共体育服务绩效评价显然应当包括公共体育服务的质量测量内容,是结果导向的评价体系,即是否实现了特定的公共价值,但并不是指只包括结果指标。公众对于不同的公共体育服务有不同的需求偏好,以结果导向指标为主而辅之以其他类型的且明显反应公众偏好的指标,能够为全社会公众提供的高效服务。此外公众是否得到公平的对待也应当成为绩效评价的核心取向。

(3)公共体育服务的基础与保障方面的人力物力财力及信息资源的投入是改善公共体育服务的基础保障。作为公共服务,"追求的是使投入、活动、产出、结果这几个重要方面之间关系的价值最大化"。因此,公共体育服务的运作效能方面的评价是一个必要维度。该维度不能重蹈组织内部部门绩效评估的庞杂之弊。普通意义上,绩效评价指标之间遵循如下逻辑关系:"投入"—"过程"—"产出"—"直接结果"—"间接结果"—"最终结果",该过程的真实意义为产生了怎样的结果,如果能够评估结果,可以无须评估投入和产出等指标,因为结果可以迫使主体对投入、过程、产出和直接结果进行监督和控制,从而避免对过程评价的复杂性。

综上所述,结合服务管理相关理论,构建上海市公共体育服务绩效评价关键维度(图5)来源于三个界面:

一是公众使用公共体育服务的需求管理界面;

二是公共体育服务主体供给保障界面;

图 5　上海公共体育服务体系绩效评价维度

三是公共体育服务的服务管理界面。

在公众需求管理界面,作为公共体育服务的消费者,公众的满意度是侧重点;在供给保障界面,绩效评价侧重于资源保障以及各主体之间的执行度、标准度、可持续发展度与合作度;在公共体育服务的服务管理界面,服务质量作为服务主体和服务对象共同参与过程的结果,其绩效评价要点侧重公众需求满足程度、公众参与度与公众权益实现度等方面。

2. 公共体育服务绩效评价的设计基本要求

(1) 目标一致性。评价指标是公共体育服务目标实施的分解,评价指标的很好完成能够保证服务目标的实现,公共体育服务组织中各个部门、团队和员工达到绩效评价指标要求的过程,就是实现公共体育服务目标的过程。

(2) 客观性及准确性。公共体育服务的绩效评价应当尽可能以可验证的资料作为评价依据,从而保证绩效评价的客观性。尽管总存在一些指标难以获得客观资料,例如衡量能力的指标难以以绝对客观的资料为依据。为确认实际的绩效是否符合原先预期,所收集的信息必须是准确的,并且需要清楚界定评价什么以及如何评价。

(3) 可接受性及可控性。任何评价系统只有为人们所接受才会起到作用,公共体育服务绩效评价体系应尽可能得到使用者的认可,往往需要经历设计、试运行、调整以及再次运行的反复过程。所选择的绩效评价指标应当是可控因素,而不会过多地受其他影响。在公共体育服务组织中的每个个体、部门、组织之间都可能存在着相互配合、相互协作的关系。可控性能够使得评价结果充分体现被评价对象的实际绩效表现。

(4) 及时性与动态性。评价信息只有被及时地获得才能够更好地发挥效用,滞后的信息可能导致不适当的反应甚至带来误导。因此,整个评价体系所包含的时限信息是评价体系有效运行的重要因素。

良好的绩效评价体系应当能够对外部环境的变化因素非常敏感,并能够及时作出反应和调整。因此评价体系本身应当包含及时应变的机制。当公共体育服务体系中发生变化或者被质疑时,需要针对情况进行具体分析,及时采取调整措施。

3. 公共体育服务绩效评价中的基本关系处理

(1) 可控与不可控因素的处理。需要明确划分可控因素与不可控因素。可控因素是指组织能够依靠自身力量控制的因素;不可控因素是指组织自身难以控制,但又与组织本身有关,可能会影响到对绩效评价的因素。例如有关公共体育服务信息的公开度和可信度是可控因素,本市的经济发展速度等社会变量是不可控因素。这里的不可控因素其实是相对的,因此划分应当视情况而定,但不意味着可以忽视这种划分在评价系统设计中的意义。对于相对不可控的因素,往往可以通过权重等方面的调整使得评价对象承担与其控制能力相当的责任。

(2) 量化与非量化指标的处理。量化是指能够使用数量表示的评价指标,常见的量化指标一般可以用数量、百分比等形式体现。然而并非所有评价指标都可以被量化,例如关于某公共体育服务功能的实现程度就是比较难以量化的指标,虽然可能存在将此类指标进行量化的方法,但是量化过程本身可能会损耗原始数据,从而影响评价的准确性。因此并不主张绝对的量化,在绩效评价体系中应能很好地处理量化与非量化的关系。

(3) 单一性与多重性指标的处理。对于不同的评价对象,由于评价目的的不同,需要不同的评价指标,但在一个完整的评价体系中,存在一些可以将评价结果用于特定用途的单一指标,由于事物的复杂性本质,也常常需要通过对多重指标的综合评价来实现评价目的。

(四)上海公共体育服务绩效评价体系框架

上海公共体育服务体系是以满足公共体育文化需求为目的,以政府、市场、非营利组织的协同合作为基础运行的体系,其管理的绩效目标是使得各项工作效益最大化、成本最低化,提供公众满意的公共体育服务,从而获得公共体育服务的可持续发展,最终提高公众健康指数和生活的幸福指数。评价活动一般包括如下基本内容:评价目的、评价指标体系的设计、评价主体的确定、评价标准与评价方法、收集相关信息、形成价值判断、评价反馈与应用,因此,上海公共体育服务绩效评价体系构建框架如图6所示。

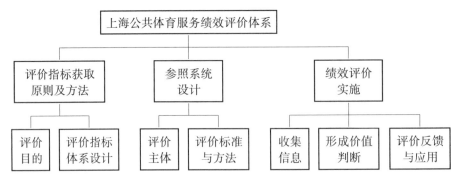

图6 上海公共体育服务绩效评价体系框架设计

1. 评价指标获取原则及方法

绩效评价指标是构建公共体育服务绩效评价体系的重要内容,为保证其科学性和客观性,应遵循以下原则:

(1) 全面性和特殊性相结合。公共体育服务涉及的供给侧、需求侧以及运营过程方面都应得到体现和同样的重视,并且兼顾经济效益,将公平性和公正性的考核纳入指标体系,相对比较完备,作为一个整体应当能够从科学的角度系统地反映公共体育服务水平。

(2) 定性与定量相结合。体系中的指标数量不宜过大,但应当相互独立,结构清晰,以易于操作为准。本文对文献研究中的绩效评价指标进行了总结和梳理,对于难以量化的指标采用专家问卷调查方式,之后经过具体分析,确定了绩效评价的初步指标。

(3) 动态性和稳定性相结合。绩效评价指标应保持在一定周期内的稳定性。然而公共体育服务环境不断变化,故而在评价指标体系设计中保持一定的弹性,在绩效评价的循环基础上,可以根据评价结果对绩效指标进行相应的调整。

公共体育服务的绩效衡量的是该项公共服务的总体质量(图7),有三个层次的含义:一是以合适的成本投入取得较好的效益,用于衡量服务的供给侧

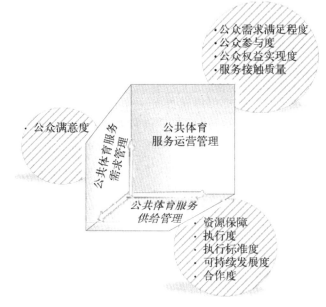

图7 上海公共体育服务体系绩效评价指标体系设计

绩效,以效益最大化、成本最低化为目标;二是任何服务产品质量的评价标准都是满足顾客需求的程度来衡量,公共服务也不例外,顾客满意度,用于衡量服务在需求侧的绩效;三是服务运营过程本身的绩效,是指公众在使用服务的过程中,存在各个接触面,在这些接触面上的绩效评价。前两层较为宏观,后一层较为微观。从而推动公共体育服务的可持续发展,最终提高公众健康指数和生活的幸福指数。

2. 参照系统设计

(1) 评价主体。评价主体的选择上,最好采用360°主体选择法,秉承"知情人评知情事"原则。总体上可以分为内部评价与外部评价两个部分(图8):

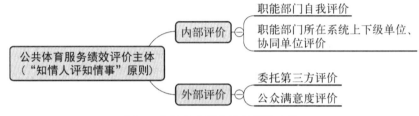

图8 公共体育服务绩效评价主体

一是公共体育服务供给部门的自我评价;二是公共体育服务系统内的上下级单位、协作单位、内部员工的内部评价;三是外部专家、服务对象以及其他利益相关者的评价。这三类评价不能互相替代,不但能够体现公众意愿,同样也是公众参与决策的渠道之一。

对于"知情人评知情事",可以事先建立公共体育服务体系相关涉及主体的样本数据库,在调研过程中可以从数据库中抽样,并且借助信息系统,自动剔除不了解的样本以及全满分或全零分的样本,提高样本的有效性。这样能够保证绩效评价覆盖主体范围广、调研对象配合程度高,获得较为客观真实的评价数据。

(2) 评价标准与评价方法。在进行评价标准考量的时候,会考虑到三类标准:① 绝对标准,在于以固定标准衡量水平,多用于衡量基本的公共体育服务,例如体育场所开放条件和技术要求;② 相对标准,是将评估对象按照某种向度作顺序排列,或者归入事先决定的等级内,这类标准多用于评价保障性质的公共体育服务,例如社区的体育设施设置等;③ 客观标准,是在评定量标上每一点的相对基准上予以定位,以帮助评价,多用于衡量实际提供的服务水平,例如评价公共体育服务组织、指导、监测、活动等方面的内容。

3. 绩效评价实施

（1）收集信息。收集信息的方式可以来自现场观察，来自工作记录、客户反馈数据等，其目的是作为评价或改进绩效的事实依据，并发现优秀绩效和问题绩效背后的原因。在收集信息过程中，首先，可以让公共体育服务干系人参与其中，并采用相对结构化和规范化的方式，一方面减少选择性收集信息；另一方面减少信息处理负荷。其次，收集信息需要知道为什么收集这些信息，才能选择比较有代表性的样本。最后，要区分事实数据和推测数据。

（2）形成价值判断。单纯对公共体育服务进行评价并非绩效评价的目的，能够通过评价进而对绩效进行管理才是最终目标。

（3）评价反馈与应用。进行绩效评价的作用是尽快找到短板，在短期难以改变的情况下，有效发现缺失并提供改善的建议。此外，不能因执着于解决问题而忽略时效性，因为公共体育服务的社会环境千变万化难以预测，如果忽略时效性，也会使得评价效用大打折扣。

四、上海公共体育服务绩效评价现状调研

本节根据前述绩效评价体系设计过程分析和评价原则及方法，参阅大量国内外公共体育服务绩效研究相关文献和资料，通过网络及实地调研访谈初步了解上海公共体育服务体系现状。

（一）调研说明

本项目重点在于绩效评价体系构建研究，着重于体系构建的科学与全面性，故而着重文献研究二百余篇，辅之以实际调研访谈，在有限的条件下尽可能覆盖了小部分市区及郊区，主要进行了三类：

1. 居民调研访谈

主要通过晚间锻炼高峰时段、周末以及常驻年轻人常用的媒体和平台，实地走访杨浦区、宝山区、普陀区以及虹口区的居民约70人，网络媒体等调研约200人。

2. 公共体育供给保障职能相关工作人员调研访谈

主要走访虹口区、徐汇区及宝山区财政部门、体育部门、公共文化部门、督查部门等，调研相关工作情况若干次；

3. 公共体育场馆工作人员访谈

主要为虹口区、徐汇区以及宝山区的公共体育场馆工作人员访谈若干次。

因条件所限未集中进行大范围分发回收问卷,对公众的调研走访时间多为工作日早晚以及周末,走访区域为公园、绿地、广场、健身步道、学校的体育场馆、体育中心等公共锻炼空间以及区级体育馆,对相关职能部门的调研走访时间多安排在年度当中的工作进度节点。持续半年左右随机调研和收集数据,因此所有受访人员并非完全相同的数据样本。

(二)对公众的调研走访情况

受访公众主要分为三类:中老年居民,受访年龄范围40~70岁,大约120人;年轻家庭,受访家庭70家左右;青年,受访年龄范围19~39岁,大约210人。

受访居民基本为城市居民,主要为企事业单位员工、家庭主妇、自由职业者与失业者。

工作日早晚公共锻炼区域中老年居民为主,区级体育馆以中青年以及年轻家庭为主。参与体育锻炼的时间多集中在30~120分钟,工作日多以晨晚为主。更加喜欢简便易行的体育活动,以走跑类为主,其余依次是舞操类、球类、武术(气功、太极等)类、游泳、钓鱼类。34%的受访居民对于上海市体育公共服务相关政策法规有所了解,28%的居民知道《上海市全民健身实施计划(2016~2020)》。接受访谈的中老年居民中43%参加了社区体育团队,如太极拳、腰鼓、气功、骑行、棋牌等团队,这些社区团队在街镇备案登记,各区体育团队众多,例如2015年杨浦社区体育团队共计1 938个,徐汇区社区体育团队共计1 177个,为当下公共体育服务供需之间的重要传递渠道。

在受访年轻家庭中,学前婴幼儿家庭占70%,中小学生家庭约占30%。婴幼儿家庭的体育活动多集中在公园、游乐场所、体育旅游,中小学生家庭多以体育旅游和青少年培训活动为主。

在受访青年(受访年龄范围19~39岁,大约210人),商业健身房和体育场馆长期打卡坚持的6%;家居锻炼、瑜伽、椭圆机、跑步机、仰卧起坐、健身操等以背部、腰腹塑形为主,每周一次以上的约为31%,并以年轻女性居多,延伸出健身街舞、拉丁舞、普拉提等多个种类,成为很多女性缓解不良情绪、放松身心以及健身的最好选择;户外活动较为普遍的为跑步、骑行、攀岩、高尔夫、滑板、球类等,一周能坚持三次以上的占比约为7%;受访人员中不常运动的占比56%,其中69%的原因是"工作忙,没时间",很多受访年轻人因为工作加班熬夜无法坚持锻炼,很多是偶尔进行一次体育活动,身体状况不适合运动的占比约4%,不喜欢运动和缺乏运动技能等的占比27%。然而受访青年中手机安装了Keep、Nike+、FitTime等健身APP软件的大约占比78%,可见还有很大的潜在体育服务需求。

总结不同类型的公众参与体育活动的需求,主要有两类:

一是身体健康的需求,主要为强身健体,提高运动技能;

二是休闲娱乐的需求,一方面通过闲暇时间进行体育活动,从中获得较好的情感体验,愉悦身心、缓解疲劳。另一方面可以在此过程中满足社交需求。另外,与家人共同参与休闲体育活动也是这类活动的重要内容。

(二)对相关职能部门的调研情况

受访工作人员有两类:一类是公共体育服务职能部门相关工作人员,主要为区级财政部门、体育部门、公共文化部门、督查部门等工作人员,主要调研内容为公共体育服务财政投入、资源保障及政策法规等内容;另一类受访人员为区级公共体育场馆工作人员,主要调研公共服务运营模式等内容。

2016年,上海人均体育场地面积1.83平方米,中心城区人均体育场地面积平均不足1平方米,面向市民公益性开放、可开展多个运动项目的社区市民健身中心等室内体育设施十分稀缺,不仅低于广东、江苏、北京等地,与欧洲与美国、日本等国家和地区相比差距也较大。美国、日本人均体育场地面积分别为16平方米和19平方米。

第六次全国体育场地普查数据显示上海共有体育场地3.86万个,而法国体育设施及场馆总量超过32万个,德国拥有体育设施共计约23万处,其中运动场约6.6万个、室内体育馆约3.6万个以及长达37万公里的运动健身路径,汉堡市规定,居住小区每6 000户必须有一处公共健身场所。瑞典每个社区配有体育活动场所,包括网球场、足球场和篮球场等,室外场地基本上免费向公众开放。

为此,上海近年不断完善体育设施,连续多年将社区体育设施列入政府实事工程。2017年超计划完成了市政府体育实事工程项目,全年共新建、改建市民益智健身苑点210个、市民健身步道75条、市民球场65个,其中健身步道使用高,非常受公众欢迎。益智健身苑点较之过去功能更加齐全,增加了益智项目,如军棋、象棋、围棋等,也增加了力量型练习器材,可以测试弹跳力、爆发力,各年龄段都可能找到适合练习的器材。同时加快推进公共体育设施向市民免费或公益性收费开放,并会同教育部门推进学校体育场地向社会开放。春节、元旦等假期,500多处公共体育场馆、社区公共运动场、市民体质监测中心等各种类型的场馆设施坚持向公众开放,提供良好健身环境。2018年计划建设80条市民健身步道、60个市民球场和300个市民益智健身苑点。根据《上海市体育设施布局规划》,到2020年底,全市体育场地面积应达到6100万平方米,人均达到2.4平方米。

2018年,将陆续开工或竣工体育相关项目工程,例如:以建立大众体育乐园、赛事中心和体育文化地标的徐家汇体育公园项目计划2019年底基本建成;作为上港足球俱乐部主场的上海浦东足球场,将于2018年初开工建设,观众座位数3.37万座;上海市民体育公园总占地280公顷,近期主要设置户外运动项目,远期作为上海举办重大赛事的储备用地;崇明国家级体育训练基地将于2018年建成并投入使用;源深专业篮球馆、马术公园、帆船帆板训练基地、自行车馆等重大体育设施项目也正在积极推进中;2017年底,黄浦江两岸从杨浦大桥到徐浦大桥45公里公共空间实现贯通开放,在滨江区域将布局更多健身休闲设施,联合有关部门在滨江绿地、空地等区域推进建设更多嵌入式体育设施,在重大节庆等时段适时举办特色体育赛事活动,开展健步、跑步、骑行等市民喜爱的健身项目以及帆船、摩托艇等水上运动项目,打造便民惠民、健康时尚、充满活力的世界级亲水健身休闲带。

在特殊人群服务方面,体育运动场所针对行动不便人士、老年人等特殊群体的需求出台实施了相应的服务措施。

在场馆公共服务运营方面,为了提高现有体育场馆的利用效率,目前在试点探索"互联网+社区体育"的运营管理模式,公众可以更加便捷地通过手机客户端预定场地和租借器材与设备,场馆方可以通过大数据分析公众的不同需求,恰当灵活安排场馆用途,并提供相应的指导。

在青少年培训方面,2016年数据显示,上海体育系统有26家公共体育场馆(其中市属场馆6家,区属场馆20家)面向全市青少年公益性开放,学生凭其电子学籍卡至场馆刷卡健身,可享受免费或优惠票价。此外,随着攀岩、滑板、冰球等项目的普及,今后有望纳入比赛项目,并通过体育联赛等赛事吸引青少年,并为市运会输送人才。

在公共体育服务行政管理方面和体育产业融合方面,随着经济的发展,体育与科技、文化、医疗、养老、会展等相关行业日益融合,也亟须完善公共体育服务组织架构,升级体育产业公共服务平台,推动相关产业研究、经纪、创意设计、传媒文化等人才进入公共体育服务行业,完善体育服务链。

五、上海公共体育服务绩效评价指标体系的构建

通过对公共体育服务概念的界定,对国内外公共体育服务绩效评价的研究及实践经验梳理借鉴,研究评价体系构建的理论框架以保证指标体系的科学合理性,对上海公共体育服务职能部门以及公众的调研走访,评价指标体系的构建有了基本支撑。本节初步建立上海公共体育服务绩效评价指标系。

（一）一级指标确定

基本公共体育服务绩效衡量的是总体质量,根据对关键维度分析,包括服务供给绩效、公众需求满足绩效、服务过程绩效,结合调研情况,一级指标设置如图9所示。

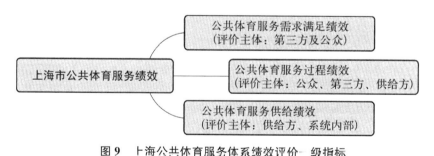

图9　上海公共体育服务体系绩效评价一级指标

（二）二级指标确定

二级指标的确立在一级指标基础上通过逻辑分析演绎分化。

首先,对于公共体育服务需求满足绩效,具体可以从公众满意度评价、公众期望评价、公共体育服务形象评价三个方面进行衡量(图10)。

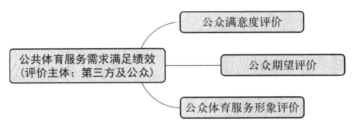

图 10　公共服务需求满足绩效指标

其次,对于二级指标公共体育服务过程绩效的观测点的确定,主要以服务管理理论中的服务质量作为依据。过程绩效本质是"互动"的绩效,包括服务过程中的可靠性、移情性、响应性、保证性和有形性(图 11)。

图 11　公共体育服务过程绩效指标

再次,对于二级指标公共体育服务供给绩效的观测点的确定,主要评价公共体育服务相关职能部门的管理绩效(图 12)。

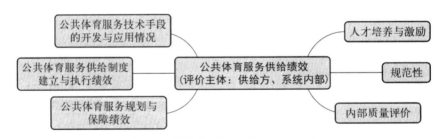

图 12　公共体育服务供给绩效指标

(三)上海公共体育服务绩效评价指标体系及权重确定

依据可操作性原则确定二级指标以下的观测点,以保证在衡量公共体育服务评价绩效过程中的具体可操作,这样才有实际意义。经过课题组讨论及咨询专家,最终确定了 54 个具体观测点,确定上海公共体育服务绩效评价指标体系。指标的权重是指该指标在整个指标体系中的相对重要程度。通常来说,设置权重的方法有主管经验法、主次指标排队分类法和专家调查法等。本研究采用专家调查法,聘请相关专业人士,对绩效评价指标体系的指标设置权重,然后对每个指标的权重取平均值(表1)。

表1　上海公共体育服务绩效评价指标体系(初步)

一级指标	二级指标	三级指标	权重
A1 公共体育服务需求满足绩效(0.3)	B11 公众满意度评价(0.5)	C111 对公众的重视程度	0.2
		C112 对服务质量的重视程度	0.1
		C113 公众宣传的意愿程度	0.2
	B12 公众期望评价(0.2)	C121 对理想期望的满足程度	0.1
		C122 对可接受期望的满足程度	0.1
	B13 公共体育服务形象评价(0.3)	C131 受众面	0.1
		C132 对现有服务水平下的价格合理性	0.1
		C133 抱怨与投诉频次	0.1
A2 公共体育服务过程绩效(0.4)	B21 可靠性(0.15)	C211 服务执行的可信任性	0.05
		C212 服务设施、器材的安全可靠性,如安全警示清晰	0.05
		C213 区域内导向标识完整,无障碍设施完善,交通组织顺畅等	0.05
	B22 有形性(0.16)	C221 公共体育服务环境评价,包括空气质量、整洁、气氛等周围因素评价;布局、陈设、感官舒适性、功能分区科学、人流控制合理等设计因素评价;公众素质、服务人员素质等社会因素评价等	0.04
		C222 服务设施规范化,如符合相关标准	0.03
		C223 服务设施硬件技术,如自助化程度高	0.03
		C224 服务人员形象及服务行为一致性	0.01
		C225 服务人员具备基本专业技术和技巧	0.04
		C226 服务其他有形载体如表格、宣传册、指南、纸笔、包装材料等辅助材料本身质量及创新程度评价	0.01

续　表

一级指标	二级指标	三级指标	权重
A2 公共体育服务过程绩效(0.4)	B23 响应性(0.19)	C231 及时有效地回应公众诉求	0.07
		C232 合作共治,例如公众能够在事前、事中、事后参与公共利益的实现过程	0.05
		C233 回应制度化、透明化	0.01
		C234 回应吸收率,即对公众的诉求与利益反映在后续公共服务的利益体系之中	0.01
		C235 信息获取便捷、准确	0.05
	B24 移情性(0.3)	C241 能够从公众的立场设计和运营服务	0.05
		C242 有效理解公众潜在需求,并能视情满足。如健身场地设施、场馆预约方式、公益开放时间、健身指导服务、老人与儿童配套服务、特殊人群需求、收费方式、信息获取渠道、科学健身推广、体育健身技能培训等服务需求	0.25
	B25 保证性(0.15)	C251 时间方面,服务提供过程中的及时、省时和准时性	0.05
		C252 对公众的健康、精神、生活及财物的保障程度	0.05
		C253 公众能够准确了解服务的内容,服务人员能清楚地明白其工作目标和职责	0.05
	B26 省部级以上行风测评(0.05)	C261 年度行风测评等级	0.05
	B31 规范性(0.17)	C311 服务、安全、卫生、信息公示、监督考核等制度健全,执行规范,档案台账完整	0.02
		C312 水电、燃气、消防、安保、供热、应急设施和疏散系统、急救系统配置合理,设施完备,维护完好,经有关部门检验合格,符合正常使用要求	0.05
		C313 设施齐全,设备完善,维护完好,符合正常使用要求	0.03
		C314 大型活动有风险控制办法	0.02
		C315 符合场地、面积、时长等开放要求	0.05
		C316 因维修、保养、安全、训练、赛事、天气等原因,不能向社会开放或调整开放时间,应提前公告	0.02

续　表

一级指标	二级指标	三级指标	权重
A3 公共服务供给绩效（0.3）	B32 内部质量评价（0.14）	C321 员工满意度	0.03
		C322 机构设置健全，管理构架清晰，运营团队满足服务运营需要	0.05
		C323 足额配备具备专业资质的工程设备、健身指导、医疗救护技术人员	0.04
		C324 年度突发事件频次	0.02
	B33 人才培养与激励绩效（0.09）	C331 建立自然灾害、重特大事故、消防、环境公害及人为破坏等突发事件应急预案，开展定期培训、模拟演练	0.02
		C332 明确各类体育服务人才队伍的组织关系、工作职责、劳动保障及评价监督	0.03
		C333 有合理的理论提升、技能培训和专业培养机制	0.04
	B34 公共体育服务供给制度建立与执行绩效（0.3）	C341 公共体育服务年度工作计划制定与执行情况	0.06
		C342 宣传策划与市场推广等活动	0.03
		C343 设置公共体育服务评级标准和评估体系	0.03
		C344 有与其他部门的联动机制与保障措施	0.06
		C345 公共体育服务宣传及标识系统推广及应用情况	0.07
		C346 公共体育服务监督管理制度的建立与执行情况	0.02
		C347 公共体育服务分析评估制度建立情况与执行情况	0.03
	B35 公共体育服务规划与保障绩效（0.15）	C351 制定公共体育服务发展规划，并组织实施、检查落实	0.05
		C352 对公共体育服务的资金投入持续合理增加	0.07
		C353《体育法》《全民健身条例》《体育发展规划》落实监督	0.03

续 表

一级指标	二级指标	三级指标	权重
A3 公共服务供给绩效（0.3）	B36 公共体育服务技术手段开发与应用绩效（0.15）	C361 信息服务平台接入的组织数	0.02
		C362 年度经费投入	0.07
		C363 平台维护与更新制度化,如信息内容全面、准确、及时、透明	0.06

六、进一步提升上海公共体育服务绩效的建议

（一）创新供需匹配方式,建立公共体育服务产品评级标准,丰富供需对接渠道

公共体育服务以人为本,提高公共体育服务产品供给和公众需求匹配的有效性,建立需求表达机制是其核心内容。服务、产品和需求有效对接匹配,难点首先在于怎样精准识别需求。

第一,面对不同类型的公众,公共体育服务供给绩效评价的侧重点不同。例如,面向本地居民的公共体育服务重点关注"均衡",面向弱势群体的公共体育服务供给重点关注"保障",面向流动人口的公共体育服务供给重点关注"公平",面向外籍人口的公共体育服务供给重点关注"交流",面向特定人群的公共体育服务供给重点关注"品质"。再如,依照服务对象的年龄层次划分,面向老年人的公共体育服务重点关注"强身健体",面向年轻人的公共体育服务供给重点关注"运动技能",面向中小学生家庭的公共体育服务供给重点关注"运动方法和技能",面向婴幼儿家庭的公共体育服务供给重点关注"便捷和氛围"等。

第二,通过对公共体育服务产品进行评价定级,有利于创新群众需求对接方式,能够便于建立公共体育服务产品自选机制、定价机制,让公众直接参与到公共体育服务运营活动中。如在产品评级体系下,有利于吸引和鼓励企业和民间参与,能够丰富公共体育服务产品。

第三,结合新兴媒体技术,通过体育服务热线和数字化平台,或者邀请第三方机构对公众需求进行调查与反馈;充分利用各级网络、微博、微信公众号、报纸杂志、电视、宣传栏等多种渠道,适时公开体育服务及各类体育活动信息。

（二）引导和鼓励社会力量参与公共体育服务的产品与人才供给，加强评价机制建设

第一，出台有关激励政策，例如公共体育设施捐赠政策，给予企业或个人税收优惠。加强评价机制建设，一方面对参与的企业和个人实施监督。另一方面给予适当的社会荣誉。

第二，引导和鼓励企业加大对其内部体育设施的建设投入，并鼓励其向社会公众开放，以提高企业体育设施的利用率，同时实现企业的社会责任。

第三，为保障体育活动高效优质开展，可以创新性地拉动民间资本，如冠名赞助等方式，同时也有助于赞助方扩大其社会影响力。

第四，以适当方式引导民间体育专长人员，使其积极参与到体育培训、指导等公共体育服务活动中，并给予相应的荣誉或物质反馈。

（三）做好人才保障，培养公共体育服务专业人员

为公共体育服务能够可持续健康发展，相关职能部门需要加强对公共体育服务工作的指导，为协会、社团培养一批有专长的基层骨干和志愿者。

第一，建立健全人才培养及配备机制，严格把握专业人才队伍的准入标准，通过专业培训和实践，加强对公共体育服务专门人才和业余体育人才的培养。

第二，建立健全公共体育服务人才的考核机制，对体育服务工作人员进行科学考核和管理，以提升公共体育服务的绩效水平。

第三，需要建立健全公共体育服务人才的激励机制，对于优秀的公共体育服务人才给予知识产权、技术要素等，参与收益分配，对优秀的专业的体育管理人才予以重用，委以重任。

（四）引导鼓励公众参与，培养群众参与公共体育服务管理决策的自觉自主意识

坚持公共体育服务的需求导向和结果导向，以人为本，贴近公众。

第一，充分发挥名人效应，例如发挥本区域的体育名人、专家以及群众体育社团负责人的影响力，激发公众的参与度。

第二，需要充分挖掘蕴藏在群众之中的体育创造潜能，唤醒更多的公众内在需求，使其自觉参加到体育活动中来，用身边人、身边事来感染和激励更多

的公众投身到体育公共服务的建设中。

第三,需要建立健全公众参与机制,例如体育职能部门通过调查研究、建立咨询委员会等方式方法建立和健全公众参与机制,培养基层公众参与公共体育服务决策的兴趣,逐渐培养参与决策的自觉意识。

(五) 依托新兴信息技术,进一步深化公共体育服务共享模式

为跨部门、跨区域、跨时空整合开发公共体育资源,需要依托互联网、卫星网、有线(数字)电视网、移动通信网等多种传输技术渠道,整合体育数字资源,实现公共体育服务资源与现代信息技术的深度融合。

另一方面,多种方式共用的信息平台体系建立,需要做到层次分明、互联互通,有力提升系统末端协会和团体的信息化水平、资源数字化能力,从而提升公共体育服务能力,才能够实现公众的基本体育信息服务供给,实现公共体育服务的保证性、公平性和均等性。

(六) 重视公共体育服务绩效评价

科学规范、制度化的绩效评价对于改善公共体育服务水平和绩效起着关键作用。

第一,建立健全适合公众参与的绩效评价体系,使其知晓所参与的绩效评价行动、过程和结果。

第二,建立科学合理的绩效评价主体体系,除了建立以上下级部门和群众相结合的考评主体体系外,还可借助上海高校科研力量,通过项目合作、委托评估或专家研讨会等形式加强合作,增强公共体育服务绩效评价的科学性。

第三,开展公共体育服务绩效评价信息公开机制建设,定期及时发布和更新绩效评价信息,与新闻媒体合作宣传绩效评价工作的进展和成果,实时接受公众监督,从而切实促进公共体育服务水平的提升。

参考文献

[1] 赵聂.基于 DEA 模型的公共体育服务绩效评价研究[J].成都体育学院学报,2008
[2] 宋娜梅,罗彦平,郑丽.体育公共服务绩效评价:指标体系构建与评分计算方法[J].体育与科学,2012

[3] 盛明科.服务型政府绩效评估体系构建与制度安排研究[D].湘潭:湘潭大学,2008

[4] 刘亮.新公共管理视角下体育公共服务绩效评估研究——基于武汉"1+8"城市圈的调查与分析[J].武汉体育学院学报,2011

[5] 王淑英,朱艳英.公共体育服务绩效评价指标体系研究[J].科学大众(科学教育),2012

[6] 周德书,文建传,刘刚,等.小康社会大众体育服务体系评价标准研究[J].武汉体育学院学报,2009

[7] 张宏,陈琦.我国公共体育服务体系服务项目标准研究[J].成都体育学院学报,2012

[8] 范冬云.广州市大众体育公共服务研究[D].上海:上海体育学院,2011

[9] 陈秀雯.城市居住社区公共服务设施评价指标体系探讨[D].重庆:重庆大学,2007

[10] 陈琦,吕树庭,范冬云,等.广州市体育公共服务公众评价现状调查及启示[J].上海体育学院学报,2011

[11] 周丽蓉.河南省体育中心体育场服务能力评价指标体系研究[D].武汉:武汉体育学院,2009

[12] 赵钟华.构建体育健身场所服务质量评价指标体系的研究[J].浙江体育科学,2008

[13] 周兰君.美国大众体育管理方式管窥[J].体育学刊,2010

[14] 何文璐,张文亮."健康公民"的美国社区体育设施[J].环球体育市场,2009

[15] 俞贞.美国女性迈向教育机会平等的30年历程——以美国《教育法第九篇修正案》为背景[J].中华女子学院学报,2005

[16] 凯文·希尔顿.体育发展:政策、过程与实践[M].北京:北京体育大学出版社,2007

[17] 汤际澜.英国公共服务改革和体育政策变迁[J].南京体育学院学报(社会科学版),2010

[18] Sport England. Performance Measurement for the Development of Sport—A Good Practice Guide for Local Authorities [M]. London,2001

[19] 佐藤臣彦,周爱光,陆作生.日本社会体育的新进展[J].体育学刊,2007

[20] 周爱光.日本体育政策的新动向——《体育振兴基本计划》解析[J].体育学刊,2007

[21] Bill Bellew, Stephanie Schöeppe, Fiona C Bull, Adrian Bauman. The rise and fall of Australian physical activity policy 1996~2006: a national review framed in an international context [J]. Australia and New Zealand Health Policy,2008

[22] 林晓斐.国务院印发《"十三五"推进基本公共服务均等化规划》[J].城市规划通讯,2017

[23] 国家统计局上海调查总队.消费升级全方位展现新消费发展潜力巨大[EB/OL]. http://tjj.sh.gov.cn/html/fxbg/201712/1001280.html,2017

[24] 平萍.《2016年上海市全民健身发展报告》发布[EB/OL].[2017]http://www.sport.gov.cn/n317/n344/c830898/content.html

[25] 王才兴,等.上海市体育公共服务的实践与探索[J].体育科研,2008
[26] 陈文娇.我国体育公共服务的供给模式研究——基于北京、上海、广州的实践[D].北京:北京体育大学,2016
[27] 蒋志华,杨诚.需求导向的体育公共服务绩效评估指标研究[J].北方经贸,2016
[28] 颜培宇.老年人公共体育服务评价指标体系研究[D].广州:广州体育学院,2015
[29] 王梦阳.政府公共体育服务满意度绩效评估指标的构建——以上海市为例[J].体育科学,2013
[30] 王亚奇.公共体育服务绩效考核引入第三方评估的案例分析——以上海浦东新区为例[J].体育时空,2016
[31] 侯惠勤.中国城市基本公共服务力评价[M].北京:社会科学文献出版社,2011
[32] Michael J. Sandel. Democracy's Discontent[M]. Harvard University Press,1998
[33] 西奥多·H.波伊斯特.公共与非营利组织绩效考评[M].北京:中国人民大学出版社,2005
[34] 裴立新.论全面建设小康社会的全民健身体系[J].中国体育科技,2003

品牌输出管理在上海公共体育场馆市场化改革中的应用研究*

伊 晟

一、引言

（一）问题的提出

体育场馆是体育活动开展的载体，是国家公共体育服务体系建设的重要内容，在体育事业的发展中发挥着重要的基础作用。体育场地的数量和质量，直接关系到体育活动开展的广度和深度，更关系到人民群众的健康水平和生活质量的提高。随着我国经济社会和体育事业的不断发展，各地相继建设了一批包括大型体育场馆在内的体育设施。上海作为我国体育产业与体育事业发展的先锋，在全市范围内建设了一大批公共体育场馆。与我国大部分其他地区类似，上海的公共体育场馆也大都由政府投资，存在着固有的体制弊端，这造成了场馆的经营效率低下，这不仅造成了体育资源的浪费，还使得广大人民群众日益增长的体育健身需求无法得到有效满足。因此，对上海公共体育场馆实施市场化改革，寻求新的运营方式激活场馆资源是未来上海公共体育场馆改革的一个重要方向之一。

2016年5月《体育发展"十三五"规划》正式发布。《体育发展"十三五"规划》提出未来我国要积极创新体育场馆运营，推进体育场馆管理体制改革和运营机制创新，引入和运用现代企业制度，激发场馆活力，探索大型体育场馆所有权与经营权分离。完善政府购买体育场馆公益性服务的机制和标准，健全

---

* 本文作者单位：上海体育学院。立项编号：TYSKYJ2017050。

体育场馆公益性开放评估体系。推行场馆设计、建设、运营管理一体化模式，将办赛需求与赛后综合利用有机结合。鼓励场馆运营管理实体通过品牌输出、管理输出、资本输出等形式实现规模化、专业化运营。增强大型体育场馆复合经营能力，拓展服务领域，延伸配套服务，打造城市体育服务综合体。2017年1月上海市人民政府办公厅印发了《上海市体育产业发展实施方案（2016～2020年）》（以下简称《方案》）。

《方案》指出要加强场馆资源开发，鼓励体育场馆扩大品牌输出、管理输出和资本输出，提升规模化、专业化、社会化运营水平。

从上可以看出品牌输出和管理输出是上海公共体育场馆市场化运营的一种新模式，是上海公共体育场馆进行市场化改革，适应新的市场竞争环境，全面提升运营效能的一种有效模式。然而在全国体育场馆运营中，品牌输出和管理输出的实践案例并不多，对于应用于公共体育场馆市场化改革的具体操作模式尚不清楚。因此，本课题的主要目的就是研究品牌输出管理模式在上海公共体育场馆运营中的应用。

（二）研究意义

1. 理论意义

本课题将品牌管理理论应用于体育场馆管理研究，拟探讨品牌输出和管理输出模式在上海公共体育场馆运营机制创新中的应用，拓展了品牌管理理论在体育研究领域的应用。

本课题中的品牌输出和管理输出模式是在体育场馆原有的委托经营模式和合资合作经营模式基础之上的改进，融合了委托经营、合资合作经营等模式的优点，是对上海公共体育场馆运营模式的创新探索，对于补充场馆经营模式具有一定的借鉴意义。

品牌输出和管理输出应用于公共体育场馆改革，会形成公共体育场馆所有者（政府）、品牌和管理输出方与场馆实际经营负责人之间的三重委托代理关系。委托代理关系由传统的自主经营模式中的政府对个人转向政府对企业、企业对个人和政府对个人（品牌和管理输出方派出的负责人）三重委托代理关系，使得场馆所有权与经营权进一步分离，并使政府与实际经营者之间的委托代理关系进一步复杂化，这对于探索上海公共体育场馆的激励约束机制也具有一定的意义。

2. 现实意义

通过研究本课题可以理清品牌输出和管理输出的具体经营方式有哪些，尝试引入品牌和管理输出方对场馆的参股合作模式，探析上海公共体育场馆在实施品牌输出管理中混合所有制改革的可行性。

本课题将研究品牌输出和管理输出模式中合作双方需要解决的一些关键性问题，通过对这些关键问题的研究和梳理可以帮助上海公共体育场馆在后续改革中有的放矢，加快市场化进程。

本课题将研究品牌输出和管理输出模式会在哪些方面对上海公共体育场馆运营体制进行革新，这些也将对全国公共体育场馆引入和建立现代企业制度，推动场馆市场化提供有效借鉴。

二、国内外研究现状综评

（一）国内研究现状综述

1. 场馆运营模式研究

目前我国学者对公共体育场馆运营的研究主要可以分为运营管理模式、场馆运营管理体制改革和场馆运营管理绩效评价几个方面。

（1）对于体育场馆的运营管理模式，主要有以下方面：

一是将目前国内公共体育场馆运营模式分为传统事业型、事业单位企业化管理、事业企业双轨制、委托经营和企业化运营五类。

二是按照不同的分类标准，目前国内体育场馆运营模式各不相同，并按经营者、资金来源、单位性质分别进行了分类。

三是将我国体育场馆服务业的经营模式分为自主经营、委托经营、合资合作经营和承包租赁经营四类。

（2）我国公共体育场馆市场化运营与管理体制改革一直是学者关注的热点问题：

一是从"公共物品理论"视角分析了我国公共体育场馆民营化改革问题，认为进行产权制度改革，引进私人资金，同时把市场机制引入到公共体育场馆运营中是今后公共体育场馆民营化改革的方向。

二是就我国大型体育场馆市场化供给的内涵进行了研究，提出政府主导、市场参与、第三部门补充应是大型体育场馆供给的可行性模式。

三是认为公共体育场馆民营化主要是引进市场竞争机制，实施所有权与经营权分离。

四是认为公共体育场馆改制分为两方面：一是事业单位企业化，二是国有产权多元化。

五是我国民营机构参与体育场馆市场化运营问题，认为民营机构大都以承包租赁的形式参与，市场中缺乏专业的民营运营机构等。

六是我国公共体育场（馆）运营改革过度市场化问题，认为场（馆）运营改革过度市场化主要表现在场（馆）服务价格难以体现公益性、服务项目和资源配置未能考虑公共利益、场（馆）管理机构被推向市场、创收成为主要筹资渠道等方面。同时分析造成过度市场化的主要原因。

2. 体育场馆服务外包研究

有专家学者采用问卷调查等研究方法，对服务外包模式在体育场馆中的应用问题进行初步研究，分析了服务外包模式在体育场馆中应用的必要性与积极意义，归纳出体育场馆服务外包的主要形式。还有的采用文献资料、案例分析等研究方法，就服务外包在场馆经营管理中的应用问题进行研究。认为服务外包在场馆经营管理中的应用可分为内部管理服务外包和业务运作服务外包，并提出积极推进场馆服务外包、逐步推进场馆业务运作外包等建议。认为在国内公共体育场馆市场化改革进程中，国内体育场馆市场"市场失灵"+"政府失灵"双重困境。认为公共体育场馆服务外包是改革的趋势之一，构建服务外包风险识别与规避机制有利于减少相关风险。

还有采用文献资料法、比率分析法等方法对体育场馆服务外包的比较优势进行定量和定性研究。也有采用文献资料法、实地调查法，从行政生态学视角对公共体育场馆服务外包运营的现状与问题进行研究，认为选择和规范场馆外包方是非常重要的环节。认为我国体育场馆服务外包存在过度信赖问题。在分析大型体育场馆服务外包的程序与特征的基础上，探究体育场馆服务外包运作中的风险形成因素。认为公共体育场馆服务外包管理是一个全程的管理问题。

（二）国外研究现状综述

在国外大型体育场馆的经营管理上，委托经营管理模式占据着较大的比重。在美国，政府部门多将大型体育场馆委托给较有实力的专门从事体育场馆设施管理的公司进行经营管理，例如有关专家就委托经营后场馆设施的效益进行了追踪研究,认为多数场馆在委托经营后收入状况明显改善。还有通过统计得出,截至1995年,美国33%的大型体育娱乐设施主要采取委托给民营企业经营管理。再有的分析了不同的政策导向对体育场馆开发利用的影响。

(三)小结

从上述文献综述可以看出,对于公共体育场馆运营改革,专家学者普遍认为应以市场化为导向,引导社会资本和力量参与公共体育场馆运营,提升场馆经营效益。但是对于具体的运营方式,仅有少数学者从委托管理的视角进行了相关分析。体育场馆品牌输出和管理输出可以有效实现所有权和经营权的分类,克服公共体育场馆的一些固有弊端,提高运营效率,实现规模化、专业化运营,但是目前国内外很少有学者进行过相关研究。

本课题认为除了委托管理方式之外,品牌输出和管理输出还有很多其他模式。另外,对于品牌输出管理的具体操作模式,对体育场馆带来的影响等,这些问题目前尚不得而知,这也正体现了本课题研究的意义。

三、上海公共体育场馆运营模式现状分析

(一)发达国家大型体育场馆运营模式分析

西方国家私有制的经济管理体制,在大型体育场馆及设施经营管理方面较早引入了市场化机制,积累了很多成功经验。我国应积极吸收国外体育馆的先进运营模式,结合中国实际情况,探索适宜的场馆运营模式,优化市场营销策略,培育市场和社会力量,来提升体育场馆的运营效率。

目前,政府主导的体育场馆管理模式主要有强制竞争招标模式(CCT)、公共基金管理模式、政府部门管理模式(事业部模式)。其中基金管理模式根据基金的主体性质,又可以细分为政府公共基金管理模式和社会基金管理模式。市场化主导的体育场馆管理模式包括PPP公私合作模式、委托经营、服务外包模式、职业俱乐部运营模式和体育场馆酒店运营模式(图1)。

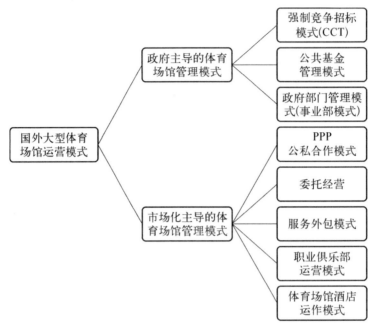

图 1　国外大型体育场馆运营模式

（二）政府主导的体育场馆管理模式

1. 强制竞争招标（CCT）

强制性竞争招标（CCT）起源于 1988 年撒切尔政府引入的公共服务竞争性招标体系。随后在 20 世纪 80 年代和 90 年代，强制性竞争招标在加拿大、澳大利亚等英联邦国家被采用，并应用于体育场馆设施等公共设施的管理中。强制性竞争招标的法律要求政府对于公众体育设施管理要向社会招标，商家可以参与竞标并获得公众体育设施管理权。体育设施管理的合同要有具体的社会目标和财政目标，约定场馆提供的公共服务时间，运营机构要接受政府确定的相关标准（包括每个体育消费者的消费成本、消费满意度、政府补贴额度、场馆的使用率、服务对象及特别需求群体等指标）进行经营评估，并根据评估结果不断调整和修订服务内容与服务对象。竞标者并不奢求丰厚利润，事实上只有那些能够减少公众设施资金补贴、同时又能满足社会服务需求的竞标者才能获胜。商业的介入对于公众设施管理的影响是巨大的。无论是商业公司还是公众设施管理者，他们竞标获胜后都意识到应该使用一种更加商业化的管理方法管理公众设施,以确保在与对手的竞争中获胜。

2. 公共基金管理模式

基金会管理模式是指设立一个独立于政府的公司,专门负责体育场馆的管理和运营。

(1) 政府公共基金管理模式。在基金管理模式中,如果基金是由政府或者地方议会发起,对体育场馆进行管理,提供相应的公共服务,那么这类基金就可以称为政府公共基金。如英国非常著名的谢菲尔德体育设施管理集团就隶属于城市基金会,是政府公共基金的典型代表,是非营利性质的。在英国一般的基金会注册为慈善机构,相比其他性质的基金会拥有税率上的优势,并可以得到政府的补贴。

(2) 社会基金管理模式。社会基金管理模式是指独立于政府体系之外的以运营体育场馆,提供娱乐休闲设施,提高人们的生活水平,在提供最好的公共服务产品的情况下,获取最大的经济价值。在澳大利亚、加拿大和英国都有这样的基金管理组织存在。

3. 政府相关部门管理模式(事业部)

在澳大利亚、加拿大、英国、德国等发达国家中,以国家或地方政府体育部门或政府直属部委对体育场馆进行管理也是比较常见的模式之一。在英国,根据英国非营利组织建立方式,机构由政府直接管理,许多公园与社区的体育场馆设施是市属的公共设施,机构中的负责人由政府公务员担任,主要为社区居民提供体育健身娱乐、社区文化和技能培养等服务。在澳大利亚,大型体育场馆的管理,政府负责体育场馆管理的事业部同相关政府部门以及服务机构共同努力为本地居民提供整合的和长期的服务。通过举办顶级比赛和提供运营管理社区体育、娱乐和休闲场馆场所,为当地居民提供高质量和普及性的服务,进而不断提高居民的生活质量和健康。一般情况下,这类体育场馆的所有权归政府所有,政府会通过财政手段对事业部管理下的体育场馆的竞技体育和大众体育进行财政补贴。

(三) 市场化主导的体育场馆管理模式

1. PPP 公私合作模式

这部分与我国一样,美国大多数体育场馆的融资方式已演化成私人参与模式。在旧金山丹佛、华盛顿特区、波士顿等地,新的体育场馆建设完全由私人资本进行投资;而在其他城市如哥伦比亚、波特兰以及费城等地,也只有少量政府资本介入新体育场馆的建设。自 1990 年以来,美国政府资本对体育基础建设的投资约为 104 亿美元,而私人资本投资约为 76 亿美元;已经有超过 21.7 亿美元用于 95 个专业的体育场和体育馆的建设和计划,公共资金接近占这一数额的三分之二。在 1980 年之前,私人资本较少介入体育场馆融资,随着 20 世纪 80 年代后期美国出现融资形式的多样化及市场化程度的提高,私人资本对体育场馆建设的兴趣增加,在美国体育场馆融资总额中所占比重也逐年上升,并占有越来越重要的地位。

2. 委托经营

在西方发达国家,由政府投资兴建的体育场馆越来越多,在建成以后移交给私人机构管理,政府不负责体育场馆的运营管理。政府主要采取委托经营方式,将体育场馆的经营权交给私人机构进行经营管理,政府根据与经营者签订的委托经营合同对私人管理机构进行监管,基本上不干预体育场馆的日常经营和管理,私人管理机构根据委托经营合同享受较充分的经营自主权。

3. 服务外包模式

服务外包在西方发达国家体育场馆的经营管理中得到了广泛、全面的运用,全球知名的体育场馆运营商 SMG、AEG、GLOBAL SPECTRUM 等均为服务供应集成商,整合、管理体育场馆运营产业链上的饮食供应、票务、停车管理、特许销售等方面的专业服务供应商,为其受托的体育场馆提供全方位、系统、专业的运营服务。

在西方发达国家体育场馆的经营管理中,绝大多数的体育场馆的卫生清洁服务是外包出去的,在饮食和纪念品销售方面,由于饮食供应的责任和风险较大,绝大多数体育场馆为了规避风险,也是采取服务外包,由专业饮食供应商提供饮食服务,在纪念品销售方面则根据自身的情况,采取服务外包或自我服务。例如,目前 Etihad 体育场馆由墨尔本场馆管理公司负责运营,场馆拥有 80 名全职工作人员负责场馆日常的行政工作,包括销售、财务和赛事运营活动,而 Etihad 体育场馆的餐饮服务是长年外包给合作公司 Delaware North Group,外包公司拥有 38 名全职工作人员为场馆提供餐饮和宴会服务。

在美国体育场馆停车场管理中,主要采取自我服务和外包两种形式,但自我服务的成本过高,责任很大,而且前期投入也比较大。因此,多数场馆倾向于将停车服务外包,与停车服务供应商共享收益。虽然服务外包后体育场馆的停车收益获得很小,但其将责任全部转嫁出去。如纽约扬基球场的停车管理纳入全市的标准管理,由市政府委托的企业统一管理,扬基则无须担心停车服务的管理问题,亦无须相应的投入。

4. 体育场馆酒店运作模式

顶级的体育场馆都设法使他们的资产更好地发挥效益,其中包括很多酒店的投资,这可以被看作是一个商业运作的自然发展。如今,体育场馆的酒店正朝着四星级或者仅提供有限服务的方向发展,增加专门建造的艺术级的最先进的会议和宴会服务以及康乐设施等,包括综合的酒店,这些设施可以为举办商业销售和商业会议提供食宿。此外酒店还可以开发与日俱增的休闲业市场。

典型的经营模式包括:

(1) 内部管理——体育场公司开发和经营的酒店,如旅馆(板球场)由切尔西俱乐部自己管理。在接受切尔西俱乐部管理之前,是由千禧国尊经营的。

(2) 特许经营——体育场公司拥有和经营的酒店,向品牌酒店支付一定费用后,使用该品牌酒店的品牌。例如西汉姆联队的厄普顿公园球场 Choice 酒店。

(3) 合同契约管理——体育场公司对酒店公司经营的宾馆行使所有权,酒店管理公司获得收入的提成和经营利润,如考文垂的理光竞技场(康乐)、瑞丁(千禧国尊)、切尔西的斯坦福桥(千禧国尊)、博尔顿锐步球场(诺维奇的)。

(4) 租赁——体育馆/物业公司拥有酒店所有权,但租赁给一家酒店经营公司经营,如珠瑞斯的柯罗柯公园饭店(盖尔语田径协会)。

5. 职业俱乐部体育场馆运营模式

欧洲和美国的职业俱乐部体育场馆发展较为成熟,运营状况良好,在规划设计和运营管理等方面有着成功的经验。体育场馆能够帮助足球俱乐部带来可观的收入,并且成为俱乐部收入可持续增长的强劲平台。体育场馆是足球俱乐部创收的主要资产,也是俱乐部赖以生存和发展的基础。即使是顶级俱乐部之间,由场馆相关服务带来的收入数目及所占比例也有很大差异,这种差异与场馆运营管理模式有较大关系。

(四) 上海公共体育场馆运营模式现状分析

由于我国体育场馆数量众多,其中大型体育场馆规模大、功能多,为民众健身提供的服务相对健全,在我国体育事业和体育产业中占据着重要的主导地位。因此,本课题对上海公共体育场馆运营模式现状的分析主要是以大型公共体育场馆为例。

1. 上海大型体育场馆基本情况

截至 2013 年 12 月 31 日,上海共有大型体育场馆 28 个,其中体育场 5 个、体育馆 19 个、游泳馆 3 个,跳水馆 1 个。大型体育场馆面积共 17.9 万平方米,观众席位(座)31.18 万个。

2. 上海体育场地运营模式分析

上海体育场地中,自主运营的体育场地数量最多(占上海的 97.7%)、体育场地面积最大(占上海的 90.8%);其次是委托运营的体育场地;采用合作运营模式的体育场地数量最少,体育场地面积最小。

同时,自主运营还是上海所有区(县)、所有系统、所有隶属关系、所有单位类型、所有分布类型体育场地采取的最主要的运营模式。

上海自主运营的体育场地数量最多,为 37 612 个,占 97.7%;其次是委托运营的体育场地,为 610 个,占 1.6%;合作运营的体育场地数量最少,283 个,占 0.7%。参见图 2。

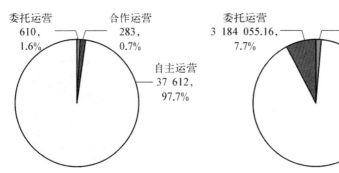

图 2 上海各运营模式体育场地数量(个)及占比结构图

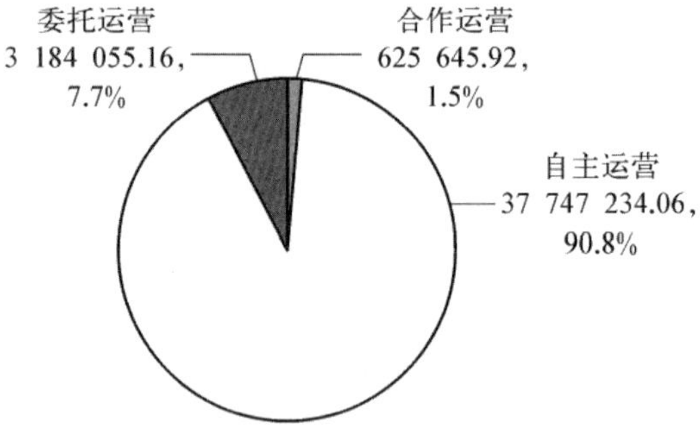

图 3 上海各运营模式体育场地面积(平方米)及占比结构图

上海自主运营的体育场地面积最大,为 37 747 234.06 平方米,占 90.8%;其次是委托运营的体育场地,场地面积 3 184 055.16 平方米,占 7.7%;合作运营的体育场地面积最少,为 625 645.92 平方米,占 1.5%。参见图 3。

上海各运营模式体育场地数量、面积、投资额及占比参见表 1。

表 1　上海各运营模式体育场地数量、面积、投资额及占比

运营模式	场地数量		用地面积		建筑面积		场地面积		投资额	
	数量（个）	占比（%）	面积（平方米）	占比（%）	面积（平方米）	占比（%）	面积（平方米）	占比（%）	金额（万元）	占比（%）
自主运营	37612	97.7	60 195 844.23	88.7	5 308 190.11	84.3	37 747 234.06	90.8	3 231 051	80.6
合作运营	283	0.7	774 008.51	1.1	223 392.05	3.5	625 645.92	1.5	140 053	3.5
委托运营	610	1.6	6 866 613.21	10.1	764 805.80	12.1	3 184 055.16	7.7	637 876	15.9
合计	38 505	100	67 836 465.95	100	6 296 387.96	100	41 556 935.14	100	4 008 980	100

3. 上海体育场地运营模式结构分析

根据对各区县、各所在系统、各隶属关系、各单位类型及各分布类型体育场地的运营模式进行结构分析，所有区县、所有系统、所有隶属关系、所有单位类型、所有分布类型的体育场地均以自主运营为最主要的运营模式。自主运营的体育场地数量最多，场地面积最大。

4. 上海大型公共体育场馆运营模式分析

上海公共体育场馆运营模式主要有行政事业单位自主运营模式、企业化自主运营模式、企事业并轨（BCO）运营模式、合作运营（PPP 模式）等几类。

（1）行政事业单位自主运营模式。行政事业单位自主运营模式是我国大型体育场馆的主要运营模式，其主要特征是体育场馆由政府投资建设，政府设立专门的一级或二级事业单位负责对场馆实行自主运营管理。根据政府对事业单位财政补助方式的不同可以把行政事业单位自主运营模式分为：全额拨款管理、差额拨款管理及自收自支管理。

全额拨款运营模式是指大型体育场馆的一切运营费用（包括场馆维修费）都由国家财政经费全额支出，并由政府设立的事业单位对场馆实行自主经营管理。采用这种运营模式的主要目的是发挥场馆的社会效益，满足体育事业发展需求，保障运动队训练，服务全民健身，完成体育竞赛。目前采用此种运营方式的大型体育场馆多为国家及地方体育部门直属的专业队训练基地，如何探索新的运营模式，盘活这部分资产已经成为我国大型体育场馆业亟须解决的问题。

自收自支运营模式是指在政府不再提供财政资助的前提下,公共体育场馆完全通过自主经营活动获得场馆运行的所有经费,体育场馆实行收支相抵的运行模式。这种模式受行政事业单位性质影响,没有办法设立灵活的激励机制和运作手段,致使在市场竞争中无法良好的运转,任务繁重。例如上海市宝山区体育中心就是自收自支运营模式场馆的代表。

(2) 委托经营。委托经营模式是指大型体育场馆的产权单位(一般指政府),按照效率最优、成本最低的原则,通过公开招标等市场机制,将大型体育场馆的经营管理权让渡给专业公司或其他专业机构,再由该机构对场馆实施经营管理的模式。

5. 上海大型公共体育场馆的业务模式

业务模式指可以在某种问题情况(环境)中执行和应用,以解决一个或多个固有问题的通用方案。大型体育场馆的业务模式主要是指场馆通过何种方式保证其更好地提供公共体育服务和实现经济效益。根据调查,上海公共体育场馆特别是大型体育场馆运营模式按业务模式可以划分为商业综合体模式、健康综合体、体育商业地产模式等模式(图4)。

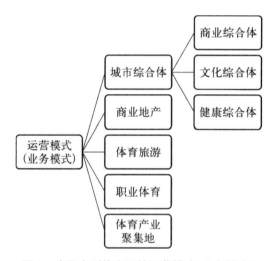

图4 我国大型体育场馆运营模式(业务模式)

1. 城市综合体模式

(1) 商业综合体模式。商业综合体模式是指具有鲜明时尚性,现代气息浓厚,以体育产业运营为基础,融体育、酒店、演艺、美食、酒店、SPA、商贸、购物、娱乐等元素为一体的场馆运营模式。在这一模式中，大型体育场馆往往形成商业街区的中心设施，其他商业设施成为配套或附属设施，使大型体育场馆成为这一商业街区发展的核心动力，例如上海东亚体育文化中心商圈等。

（2）健康综合体。健康综合体模式是指以大型体育设施为支撑，以满足低、中、高档收入群体多元化、多层次运动健身与休闲娱乐需求为目标，以健身会员开发与管理为主要方式，集合运动健身、休闲娱乐等服务于一体的体育商业服务模式。

（3）文化综合体模式。文化综合体模式是指拓展大文化概念，依托大型体育场馆资源开展演艺、会展等文化活动，使场馆成为当地文化中心。上海八万人体育馆、东方体育中心等大型体育中心在承接国内外体育赛事之外，最主要的活动就是各类演艺活动。

2. 体育商业地产模式

20世纪90年代以来，我国许多实力雄厚的地产商就积极探索将大型体育场馆的建设与房地产项目发展紧密结合，努力将体育的主题融入到房地产项目的建设与开发。例如常州奥体中心的商业运营模式就是典型的体育商业地产模式。

3. 体育旅游模式

体育旅游模式是指以大型体育场馆为旅游吸引物，开展以体育旅游观光为核心，延展体育旅游产品链的商业运作模式。在体育旅游商业模式方面，上海的徐家汇体育公园是典型的代表。

四、上海大型公共体育场馆运营模式存在的问题

（一）上海大型公共体育场馆运营模式选择单一

上海大型公共体育场馆的建设资金主要来源于上海本市的财政资金，对于这些大型体育场馆的管理一直通过建立行政事业单位来完成。这种管理思路致使目前上海行政事业性质大型体育场馆占了绝大部分。然而随着社会和经济的发展，人们对于大型体育场馆的需求已经发生了变化，大型公共体育场馆除了进行竞技体育训练外，大众日常健身、休闲的需求变得愈发强烈和多样化。但是目前我国行政事业单位自主运营的大型体育场馆在接待运动员人

数、天数、接待健身人数和开放天数等指标上均低于企业自主运营的大型体育场馆。

(二) 上海大型公共体育场馆管理效率低

由于大部分大型体育场馆采用行政事业单位自主经营模式,导致场馆自主经营权缺失,这使其在与其他企业等机构进行相应的合作中,对场馆资源的深度开发与场馆的市场化运营受到了一定程度的限制,难以实现经营方式与内容的多元化。虽然近几年上海公共体育场馆进行了相关改革,场馆自主权得到了释放,但根据本研究的访谈可以看出,很多场馆享有的经营自主权只是局限在一定的范围内,要突破现有的经营范围,开展或引进新的项目均需要请示上级体育行政部门,只有经过批准才能开展。

(三) 上海大型公共体育场馆人事制度不灵活

在现行管理体制下,场馆沿用的是行政事业单位的人事管理制度,由体育局人事部门和所在地的人事行政部门统一管理,场馆无用人自主权。同时,上海大型公共体育场馆在场馆利益分配方面也缺乏自主权,这进一步抑制了场馆工作人员的积极性。

(四) 上海大型公共体育场馆市场开发程度低

大型体育场馆的收入来源应该是多方面的,包括旅游收入、场地租赁收入、赛事收入、赞助收入、特许权收入、冠名权收入、广告收入、转播权收入、会员收入、商品销售收入等。而在我国大型体育场馆特别是行政事业单位大型体育场馆主要依靠财政拨款、依托场馆的门面房、附属用房及体育场地的出租获得收益,很少开展其他方面的经营。

在场馆服务内容上,我国大型体育场馆虽然从业务模式上,已分为城市综合体、商业地产、体育旅游、职业体育和体育产业集聚地五大种类,但是大部分场馆还是以体育健身服务为主要业务,且仍有场馆存在空置和闲置问题。这就说明运营方并没有根据自身情况对场馆及周边资源进行充分的整合开发和利用,解决运营困境。

(五) 上海大型公共体育场馆投资依赖于政府

根据调研可以看出,上海大型公共体育场馆主要投资渠道为政府。场馆运营模式的选择很大程度上受制于政府管理部门,只有多样化的投资渠道,才能更好地推进上海市大型公共体育场馆采用多元化和更有效的场馆运营模式。

(六) 大型体育场馆运营模式不能有效发挥经济效益

对于企业运营、企事业并轨运营、委托运营和合作经营的大型体育场馆,虽然与行政事业单位自主运营模式的大型体育场馆相比经济情况要稍好,但是场馆巨大的运营和维修成本,依旧制约其充分发挥运营模式的优势。在调研中,场馆运营成本除了人员费用外,水电费、维修费和税费是占比最大的三类。

(七) 运营模式不成熟,缺乏成功经验

通过分析,上海大型公共体育场馆已经从组织模式和业务模式两个角度形成了行政事业单位自主运营、企业自主运营、企事业并轨运营和城市综合体等多种运营模式。但是目前上海主要的大型场馆运营模式还是行政事业单位自主运营模式。采用委托运营、合作运营等运营模式的大型体育场馆还只是少数。

在业务模式上,对城市综合体、商业地产、体育旅游等模式的探索也刚刚起步。这与发达国家已形成的委托经营、合作经营、职业体育等成熟大型体育场馆运营模式相比,在稳定性和效益上仍有不小的差距。在调查中,发现由于我国幅员辽阔,各区域经济社会差异较大,每个城市都有自己独特的体育文化和消费习惯,这导致大型体育场馆成功的运营模式很难简单复制,需要每个场馆根据自己的实际情况加以改造。特别是在东部地区,经济相对发达,人民的消费习惯与中、西和东北地区有很大不同,同样是采用健康综合体运营模式,在东部就可以与大健康、互联网+等产业更多的融合,而在西部地区则更多的要考虑激发人民的体育运动热情,开展全民健身项目。

此外,在运营模式的选用上,不可避免的出现有些场馆对他人成功的运营模式生搬硬套,而没有认真研究自身场馆的特点和该运营模式成功的背景、适用的条件的情况,致使场馆无法摆脱运营困境。还有些场馆没有根据自身条件和社会环境的变化及时对运营模式进行修正,导致从成功走向衰败。复杂的经济社会环境对我国大型体育场馆运营模式的探索提供了更高的难度。

五、上海公共体育场馆实施品牌输出和管理输出的优势分析

品牌输出和管理输出模式是上海公共体育场馆市场化改革的一种重要途径,是探索体育场馆所有权与经营权分离的一种有效模式,有利于体育场馆引入和建立现代企业制度,实现场馆管理企业化、经营规模化、品牌专业化、服务社会化。

(一)管理企业化

公共体育场馆实施品牌输出和管理输出模式,接受品牌和管理输出方的管理模式,按照输出方的标准设置组织架构和运行机制,其运营模式从之前的事业单位资助运营转变为企业化模式。企业化的管理模式可以使得公共体育场馆的资源得到充分利用,有效降低体育公共服务的供给成本,提高场馆的运营效率。

(二)经营规模化

品牌和管理输出方属于专业化的运营团队,通过品牌和管理的输出运营多个体育场馆可以实现规模化优势。品牌和管理输出方通过对人才的集中培训可以实现管理人才的快速培养,为公共体育场馆的人才供给提供保证。品牌和管理输出方的规模化经营还能有效降低成本,提高利润率,扩大市场份额。

(三)品牌专业化

品牌和管理输出方接受公共体育场馆的委托,管理经营场馆,同时将自己的品牌和管理经验传输给场馆。品牌和管理输出方之所以能够对外输出品牌和管理,主要在于其属于专业化的运营团队,其在市场中的品牌效应。品牌输出方可以通过连锁经营等形式扩大自己的品牌输出,提升整体的规模化和专业化。品牌与管理的输出有助于场馆内部管理的标准化与专业化发展,对输出品牌形成一种正向效应。

(四)服务社会化

公共体育场馆由于其固有的体质弊端对市场反应不敏感,对于群众的体

育运动需求变动难以有效发现和回馈。品牌和管理输出方基于其市场主体的特性对于市场信息更加敏感，能够迅速觉察市场需求的变动并快速做出回应，以市场需求为导向改进服务产品和质量，为广大民众提供更加优质的场馆服务产品。政府作为场馆所有者不再是具体的管理者，而是转变为场馆运营和公共体育服务供给的监督者和保障者。

六、品牌和管理输出方与上海公共体育场馆的具体合作模式分析

党的十八届三中全会发布《中共中央关于全面深化改革若干重大问题的决定》，指出未来要积极发展混合所有制经济，国有资本、集体资本、非公有资本等交叉持股、相互融合的混合所有制经济是基本经济制度的重要实现形式。因此，公共体育场馆在实施品牌输出和管理输出模式时，应积极推进场馆混合所有制改革，引入品牌和管理输出方参股场馆。

国内有关专家认为，混合所有制改革是解决我国公共体育场馆运营难题的一种有效手段。目前我国的公共体育场馆通常都为政府所有，具体由地方的国有资产监督管理委员会或者地方体育局作为股权持有人。部分公共体育场馆已经实施了企业改制，成立了专门的公司负责运营场馆，公司形式为国有企业，股权所有者仍然为政府。但是大部分公共体育场馆仍然无法脱离政府财政补贴实现独立自主运营。场馆活力不足、利用率低、管理机制不健全等问题仍旧制约着公共体育场馆的发展。

公共体育场馆实施品牌输出管理，实现了场馆所有权与经营权的分离，目的在于激活场馆活力，完善场馆的治理机制。根据委托代理理论，委托方与代理方之间存在着利益冲突。因此，合作双方需要设置恰当的激励机制和约束机制。公共体育场馆可以对品牌输出方符合场馆利益的行为进行激励，对于代理人违背场馆利益谋取自身利益的行为倾向进行监督约束。公共体育场馆在实施品牌输出管理模式时可以与场馆混合所有制改革相结合，引入品牌和管理输出方入股体育场馆，即政府将场馆部分股权让渡给品牌和管理输出方，通过入股的形式将双方的利益绑定，从而形成对品牌和管理输出方的有效激励。目前，我国已经在江苏、浙江和重庆等省市的部分体育场馆试行混合所有制模式。

本课题认为品牌和管理输出方与公共体育场馆的具体合作模式按照品牌

和管理输出方是否参股体育场馆分为两大类:参股与不参股,每一大类按照不同的合作方式又可以分为不同的运营模式,具体分类如图5所示。

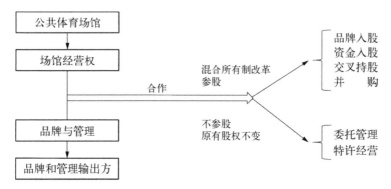

图5　品牌输出与管理输出具体运营模式分类

(一)品牌入股

品牌入股指品牌输出方以自有的品牌和管理作为股本参与公共体育场馆的经营。政府拥有公共体育场馆的所有权,但是缺乏专业的运营和管理经验。品牌和管理输出方具有先进的经营管理理念、科学的管理办法、标准化专业化的操作流程和市场上有号召力的品牌,这些都是输出方的无形资产。品牌和管理输出方可以将这些无形资产作为资本入股公共体育场馆。公共体育场馆让渡了部分股权,但是获得了专业的管理,从而可以有效提高场馆经营效益。

(二)资金入股

资金入股指品牌和管理输出方以自有资金参股公共体育场馆,成为股东之一。资金入股是品牌和管理输出方用资本换取公共体育场馆的股权,公共体育场馆通过出售自己的部分股权,不仅可以将品牌和管理输出方的利益和场馆利益绑定到一起,而且通过出售股权可以实现资产的变现,可以为场馆解决融资难题,有利于场馆资金的盘活。

(三)交叉持股

交叉持股指品牌和管理输出方与体育场馆进行换股,互相持有对方的股份。交叉持股是公共体育场馆与品牌和管理输出方的深度融合,不仅仅是品牌和管理输出方持有场馆股权,同时体育场馆也用自有股权交换了对方的部分股权。通过交叉持股，公共体育场馆不仅可以有效降低代理成本，而且通过持股品牌输出管理方，实现了国有资产的多样化投资，对于实现资产保值增值、盘活国有资本活力起到了助推作用。

（四）并购

并购指品牌输出方可以凭借自己的资金优势与技术优势，并购其他体育场馆。对于某些对全民健身关系不大，经营效益低下，短期难以快速盈利的体育场馆，政府可以考虑将其出售。品牌和管理输出方可以参与并购此类体育场馆，对于场馆原先承担的全民健身功能，政府在出售场馆时可与收购方进行相关约定。

（五）委托管理

委托管理指品牌和管理输出方接受公共体育场馆的委托，由其负责场馆的经营，并向场馆方收取一定的管理费用。委托管理模式中场馆和品牌和管理输出方不涉及股权交易，仅仅是委托代理的关系。在这种模式中，公共体育场馆方需设置合理的激励和约束机制，消除品牌输出方的机会主义行为。

（六）特许经营

特许经营模式指公共体育场馆将场馆经营权转让给品牌和管理输出方，由品牌和管理输出方负责场馆经营。有关专家指出，公共体育场馆方会向获得场馆特许经营权的品牌输出管理公司收取一定的特许经营费。

七、上海公共体育场馆实施品牌输出与管理输出模式需解决的关键问题

由于大部分公共体育场馆属于事业单位，一旦接受外来的品牌输出管理，现有的利益格局、人事制度等都会受到很大的冲击。因此，体育场馆必须与品牌和管理输出方就以下问题进行协商确认。

（一）股权关系

公共体育场馆在与品牌和管理输出方合作时可以同时进行场馆的混合所有制改革，也可以保持原有股权不变。长期以来我国公有制经济一直占据主

导地位,国有资产的混合所有制改革进程较慢。虽然我国的各项政策提出要推动国有资产改革,积极鼓励社会资本参与公共体育场馆运营,但是公共体育场馆所有权改制方面进程仍旧十分缓慢。品牌和管理输出方入股公共体育场馆不仅仅是对场馆运营的影响,更是对场馆所有权的变更。因此,体育场馆与品牌和管理输出方之间必须确定双方合作中是否会有股权关系的交易,因为股权关系会影响到利益分配、经营决策权的归属等问题。

(二)收益分配机制

品牌输出方向体育场馆提供品牌和管理,相应的需要以一定的利益作为回报,因此,体育场馆与品牌输出方之间需要明确场馆经营利润的分配问题。收益分配机制的设计不仅关系到双方合作成功与否,而且对于激发品牌管理和输出方的积极性,充分挖掘场馆资源都具有重要影响。公共体育场馆可以根据与品牌和管理输出方具体的合作方式,商谈收益分配机制。双方间的收益分配机制既要充分激励品牌和管理输出方的积极性,同时又要保证国有资产的收益和公众利益不受侵害。

(三)经营决策权的归属

品牌和管理输出方与公共体育场馆合作过程中,品牌和管理输出方有可能仅仅提供品牌无形资产和管理技术,不参与实际经营,也有可能参与到体育场馆的日程经营管理中,因此,场馆运营中最高决策权的归属双方必须协商确定。另外,政府作为公共体育场馆的所有者,长期以来对场馆重大事项拥有绝对的决策权。一旦将场馆交由品牌和管理输出方进行经营,政府就需要彻底改变自己决策者的身份,这一过程对于公共体育场馆需要慢慢适应。

(四)体育场馆现有工作人员的安置问题

公共体育场馆接受外来品牌输出方的管理后,原有的场馆人事管理结构需要做出相应的调整,品牌和管理输出方会派驻管理人员进入场馆,参与场馆的日常经营。品牌和管理输出方派出的人员可能会与公共体育场馆现有的工作人员产生人事冲突,特别是在某些重要的领导岗位,品牌输出管理方可能会派驻自己的工作人员,对于公共体育场馆原有工作人员的安排问题是一个非常关键的问题。品牌和管理输出方和公共体育场馆在人事安排上需要协调好,既不能全盘否定原有的工作人员,也不能因为场馆原有工作人员而降低对场馆的经营权。品牌和管理输出方应依据场馆管理人员的经验、特性、专长等，选择恰当的岗位予以安排，同时对于不适合场馆后续运营的工作人员，品牌和管理输出方应和场馆原有管理者协商，予以调动岗位或者转岗。

（五）体育场馆营利性与公益性的均衡性问题

公共体育服务是我国公共服务体系的重要组成部分。公共体育场馆是满足人民群众运动健身的重要公共设施，是政府提供公共体育服务的重要物质资源基础。公共体育场馆在服务民众、发展体育事业方面承担着重要作用。如果由品牌和管理输出方经营公共体育场馆，品牌和管理输出方作为市场主体，追逐利润最大化使其经营的根本目标，因此，对公共体育场馆公共体育服务功能的重视程度自然而然会下降，如果完全按照市场规则运营公共体育场馆，场馆的公益性将难以实现。

因此，公共体育场馆实施品牌和管理输出模式时，场馆的公益性与营利性必须同时得到兼顾。公共体育场馆方与品牌和管理输出方应对未来场馆公共体育服务供给功能进行详细约定。需要设计合理的机制既能保证公共体育场馆社会公益性功能的发挥，又能有效激发场馆经营潜力，确保品牌和管理输出方的合法利益。例如，场馆采取多种措施扩大公共体育服务范围，拓展公益性体育服务项目，可在场馆日常经营中选择特定时段免费或者较低价格向广大民众开放，也可以在场馆经营中增加更多的公益性健康培训项目。

八、品牌输出与管理输出模式对上海公共体育场馆原有管理体制的革新及可能带来的问题

（一）品牌输出与管理输出模式对场馆原有管理体制的革新

品牌输出和管理输出模式是我国公共体育场馆运营机制的一种创新，是场馆管理体制改革的重要步骤，是场馆市场化运营的重要体现。公共体育场馆实施品牌输出和管理输出模式需要在人员招聘、绩效考核、决策机制、激励约束、服务规范和法人治理几个方面进行改革。

1. 人员招聘

公共体育场馆实施品牌输出管理应改制现有的人事制度，尤其是事业单位性质的场馆应脱离事业编制，建立起市场化的人事聘用制，规范和完善人员

聘用政策、聘用程序和聘后管理。

2. 绩效考核

公共体育场馆实施品牌输出管理应创新场馆的绩效考核制度,以效率优先、兼顾公平为原则,建立切实可行的量化考核方案,根据员工的实际工作贡献为依据,实施绩效考核。

3. 决策机制

体育场馆管理改制应遵循政事分开、事企分开的原则,按照市场原则运行。因此,场馆接受品牌输出方的管理后,应建立科学的决策机制,对重大事项决策、重大项目安排应当实行集体决策。

4. 激励约束机制

实施品牌输出管理应理清政府、品牌和管理输出方、实际经营负责人三者间的委托代理关系,应根据责、权、利相结合和激励与约束相对等原则,精心设计激励约束制度,提高场馆经营效率并对各方形成有效约束。

5. 服务规范的标准化

公共体育场馆运营单位应按照场馆所加入品牌的标准制定服务规范,明确服务标准和流程,配备专职服务人员,向社会公众提供专业化、标准化、规范化服务。

6. 法人治理结构

场馆运营单位应完善法人治理结构,建立科学化、规范化的现代企业组织制度和管理制度,配备专业运营团队,完善运行管理体系,运用现代企业制度加强对场馆的管理,提高经营效益。

(二)品牌输出与管理输出模式可能带来的潜在问题

虽然公共体育场馆实施品牌输出和管理输出模式是对运营机制的创新,但是新的模式会对场馆原有管理体制带来冲击,带来一系列潜在的问题。本课题调研了上海等地部分公共体育场馆的负责人、场馆馆长等。通过调查和研究,发现大部分场馆管理者都认同公共体育场馆实施品牌输出和管理输出模式,认为场馆实施此种模式有利于加快场馆的市场化改革,但同时也认为如果不能很好地设计双方的合作细节,也会带来一系列潜在的问题。具体如下:

1. 削弱公共体育场馆原有员工的士气

公共体育场馆实施品牌输出和管理输出模式,将场馆原有的管理权转让给了品牌和管理输出方。这对于公共体育场馆原有员工而言,有种"被收购"的感觉,会在潜意识中认为自己的场馆转让给了他人。这种感觉会引致员工对自己未来职业发展前景的怀疑,员工会担心自己的职位将被品牌和管理输出方所带来的"外来人员"所挤压,这有可能影响场馆原有员工的士气,导致工作效率下降。

2. 滋生腐败问题

公共体育场馆实施品牌输出和管理输出模式,是场馆由传统的自主经营转变为市场化经营。政府出让公共体育场馆的经营权,属于出让国有资产经营权,品牌和管理输出方通过获得公共体育场馆的经营权,配以恰当的经营管理可以获得市场利润。对于某些位置好、场地齐全、周边居民较为集中的公共体育场馆,其经营权必然会带来市场的激烈角逐。在竞争过程中不排除一些竞争者为了获取场馆经营权,采取一些非市场手段参与竞争,在这一过程中就有可能滋生腐败问题。

3. 服务提供成本上升,服务质量下降

品牌和管理输出方对公共体育场馆经营权的激烈竞争自然会推高市场价格,最终获得经营的经营方会将成本转嫁至场馆的服务产品价格中,这必然会导致服务产品价格的上升或者变相的降低服务质量。

4. 破坏公众对政府的信任

品牌和管理输出方经营场馆如果是完全按照市场规律经营公共体育场馆,就会造成对场馆公共体育服务供给功能的忽视,这会导致民众对公共体育场馆认知的改变,进一步会影响政府在公共服务供给方面在民众中的形象。

九、公共体育场馆实施品牌输出与管理输出模式的对策建议

(一)建立和完善公共体育场馆实施品牌和管理输出模式的法律制度

制度是保证市场规范运行的基本保障。公共体育场馆实施品牌和管理输出模式是场馆提供公共体育服务的一种新模式,这一新模式必然需要与之相匹配的法律法规和政策制度,使得公共体育场馆在推行改革时有法可依。法律法规的健全为公共体育场馆市场化改革提供了制度保障,同时也为品牌和管理输出方进入公共体育场馆、开展市场化经营提供了法律依据。

(二)积极培育和促进品牌和管理输出主体

虽然品牌输出和管理输出模式具有良好的前景,国家也在大力推动这一

模式的发展。但是目前市场中仍旧十分缺乏能够具有一定品牌知名度和丰富场馆运营经验的场馆运营主体。由于长期以来对国家队体育事业的偏重而忽略了场馆运营主体的培育,市场中参与场馆经营的市场主体又因为资金、人才、政策支持等问题难以快速成长。政府对体育场馆的垄断也限制了市场运营主体的发展。社会资本运营主体只能在狭缝中艰难生存,规模得不到扩张,品牌效应也难以形成。因此,市场中能够拥有资格实施品牌和管理输出的场馆运营主体并不多。为此,政府应在资金、竞争环境等方面给予社会资本运营主体更多的支持,扶持其发展壮大。同时,社会场馆运营机构也要加强自我管理,不断推陈出新,提高自己的运营水平,打造自己的品牌,形成具有市场影响力的品牌效应。

(三) 健全品牌和管理输出方的市场准入规则体系

公共体育场馆实施品牌输出和管理输出模式不仅仅是关系场馆经营效益的提高,同时也要保障场馆所提供体育服务的质量。完善的质量监督和运营方资质的评估机制是公共体育场馆实施牌输出和管理输出模式进行市场化改革的重要保障。政府应建立公正、公平、科学的市场准入规则。政府可以聘用高校体育方向的老师、场馆研究专家、体育场馆经营负责人、政府相关体育管理部门工作人员参与市场准入规则的制定,这样既能保证规则制定的客观性,又能保证规则制定的公正性。通过制定严格规范的市场准入规则可以有效控制品牌和管理输出方的经营资质,确保获得场馆经营权的市场主体能够拥有足够的管理能力,保证场馆高效的运营。

(四) 构建以公开招标方式为核心的品牌和管理输出方选择方式

公共体育场馆应通过公开招标的方式选择品牌和管理输出方。公开招标可以通过透明公开公正的方式在竞标方中进行选择,可以有效保证投标过程的合理性,确保最终中标者资格能够到达公共体育场馆预期的标准。虽然我国已经有《招标投标法》《政府采购法》等法规对于公开招标有了一定的政策指导和法律约束,但是对于公共体育场馆招标品牌和管理输出方尚无相关规定。政府应尽快完善有关公共体育场馆品牌和管理输出方选择的公开招标体系,完善招标流程,规范各类细则,为市场参与主体提供公平的竞争环境。

（五）完善品牌和管理输出方场馆经营效益的监管评估机制

首先，政府应加强对品牌和管理输出方经营效益的监管和评估。为确保监管和评估的客观公正，政府可以引入第三方监管机构。除第三方监管之外，政府还应建立多途径的监管路径，例如建立社会公众、媒体等社会力量的监管和反映路径，对品牌和管理输出方形成多途径监管体系。其次，政府应完善对品牌和管理输出方经营绩效的评估机制。绩效评估不应仅仅包括财务绩效、服务质量等方面的评价，还应包括场馆公共体育服务供给方面的评价，以此保证品牌和管理输出方不仅仅要注重场馆经营绩效的提供，同时也要保证场馆公共体育服务的质量和效率。

十、基本结论

本课题通过研究得出如下结论：

第一，品牌输出和管理输出是上海公共体育场馆市场化改革的一种重要路径。

第二，品牌和管理输出方与公共体育场馆的具体合作模式按照品牌和管理输出方是否参股体育场馆分为两大类：参股与不参股。具体而言，参股的方式可以分为品牌入股、资金入股、交叉持股和并购四类；不参股的方式可以分为委托管理和特许经营两类。

第三，上海公共体育场馆实施品牌输出和管理输出模式会对场馆的人员招聘、绩效考核、决策机制、激励约束、服务规范和法人治理等几个方面带来革新。上海公共体育场馆实施品牌输出和管理输出模式也有可能会削弱公共体育场馆原有员工的士气，滋生腐败问题，造成场馆服务提供成本上升，服务质量下降，从而破坏公众对政府的信任等一系列问题。

第四，为了完善品牌输出和管理输出模式，推动上海公共体育场馆市场化改革进程，政府应建立和完善公共体育场馆实施品牌和管理输出模式的法律制度，积极培育和促进品牌和管理输出主体，健全品牌和管理输出方的市场准入规则体系，构建以公开招标方式为核心的品牌和管理输出方选择方式，完善品牌和管理输出方场馆经营效益的监管评估机制。

参考文献

[1] Adams, M. O. and L. D. Smith. New Public Management And Service Science: Preparing Students For The 21st Century. Journal of Service Science,2011

[2] Fama, E. F. Agency Problems and the Theory of the Firm. Journal of Political Economy,1980

[3] Farazmand, A. and R. V engroff, et al. Public enterprise management across nations: privatization or reform? Implications for public management: theory and practice,1997

[4] Gold, A. J. Book Review: Bureaucracy and Representative Government. Public Finance Review,1975

[5] Grossman, S. J. and O. D. Hart. An Analysis of the Principal-Agent Problem. Econometrica,1983

[6] Hansen, J. Ø. and H. Schütter. The Resource-Based View and Transaction Cost Economics in Managerial Decision-Making: A Sequential Approach,2012

[7] Huque, A. S. Contracting Out and Trust in the Public Sector: Cases of Management from Hong Kong. Public Organization Review,2005

[8] Iversen E B, Cuskelly G. Effects of different policy approaches on sport facility utilisation strategies [J]. Sport Management Review,2015

[8] Martinez, J. Reinventing Government: How the Entrepreneurial Spirit Is Transforming the Public Sector by David Osborne; Ted Gaebler. Urban Lawyer,1993

[9] Neiman, M. Privatization: The Key to Better Government. By E. S. Savas. Chatham,NJ: Chatham House, 1987. American Political Science Review,1989

[10] Painter, M. Transforming the Administrative State: Reform in Hong Kong and the Future of the Developmental State. Public Administration Review,2005

[11] Smart, B. The sport star: Modern sport and the cultural economy of sporting celebrity. Contemporary Sociology,2011

[12] Vyas, L. Contract Management from the Perspectives of Bureaucrats and Contractors: A Case Study of Hong Kong. International Journal of Public Administration,2016

[13] 陈斌,韩会君.公共体育服务外包的政府责任及实现机制论析[J].天津体育学院学报,2014

[14] 陈元欣,王健.公共体育场(馆)运营改革过度市场化问题研究[J].体育科学,2014

[15] 邓金兰.政府选择公共体育场馆服务外包承接商的决策机制研究[J].当代体育科技,2017

[16] 冯维胜,曹可强.公共体育服务与体育产业的作用机理——基于替代效应和收入效应的分析[J].沈阳体育学院学报,2016
[17] 雷厉,肖淑红,等.我国大型体育场馆运营管理:模式选择与路径安排[J].北京体育大学学报,2013
[18] 李荣日,刘宁宁.体育公共产品服务外包:风险识别、监管与规避[J].武汉体育学院学报,2016
[19] 李艳丽.市场化改革下我国大型体育场(馆)资产证券化研究[J].中国体育科技,2014
[20] 李艳丽.我国体育场馆国有资产混合所有制改革研究[J].体育与科学,2016
[21] 刘杰.大型体育场馆市场化运营的体制性障碍研究[J].武汉体育学院学报,2011
[22] 陆亨伯,张腾,等.公共体育场馆服务外包风险识别与规避机制研究[J].北京体育大学学报,2014
[23] 屈胜国,屈萍,等.公私合作伙伴关系模式在我国公共体育场馆市场化改革中的应用——以广州体育馆为例[J].武汉体育学院学报,2014
[24] 唐立慧,郇昌店,等.我国公共体育服务的市场化改革研究[J].西安体育学院学报,2010
[25] 王宏俊.我国体育场馆建设现状与对策研究[J].沈阳体育学院学报,2010
[26] 王一力,霍家兴,等.公共体育场馆市场化改革研究[J].运动,2014
[27] 杨风华.对我国城市公共体育场馆服务民营化改革的认识[J].首都体育学院学报,2008
[28] 杨京钟,郑志强.城市公共体育场(馆)运营:财税激励模式及中国思路[J].体育科学,2013
[29] 玉聚成.公共体育场馆市场化运营模式研究[J].当代体育科技,2015
[30] 张梅.服务外包理论下我国体育公共产品供给模式研究[J].体育与科学,2012
[31] 郑美艳,孙海燕.公共体育场馆服务外包运营的困境与治理路径[J].体育文化导刊,2015
[32] 柏贵喜.民族认同与中华民族认同浅论[J].西南民族大学学报(人文社科版),2011
[33] 曹亚东,程亮,等.辽宁省大型体育场馆项目运营服务外包研究[J].当代体育科技,2016
[34] 陈学彬.论金融机构激励约束机制[M].上海:复旦大学出版社,2006
[35] 陈元欣,易国庆,等.服务外包在体育场馆经营管理中的应用[J].上海体育学院学报,2013
[36] 程燕飞,张文亮,等.大型体育场馆服务外包运营的初步探究[J].南京体育学院学报(社会科学版),2009
[37] 霍亮,边萍,等.公共体育场馆特许经营方式探析[J].体育文化导刊,2011

[38] 李艳丽.我国体育场馆国有资产混合所有制改革研究[J].体育与科学,2016
[39] 李震,陈元欣,等.体育场馆服务外包运营模式比较优势研究——基于财务数据的分析[J].成都体育学院学报,2013
[40] 刘荣.试论涂尔干和马克斯·韦伯的宗教社会学思想[J].科学经济社会,2003
[41] 陆亨伯,车雯,等.大型体育场馆服务外包风险形成因素调查与分析[J].宁波大学学报(人文科学版),2015
[42] 万宝莉,陈元欣,等.我国体育场馆服务外包的过度信赖问题及对策[J].体育科研,2014
[43] 郑美艳,孙海燕.公共体育场馆服务外包承接商选择决策机制研究——一个尝试性理论建构与解释框架[J].沈阳体育学院学报,2015
[44] 郑美艳,孙海燕.江苏省公共体育场馆服务外包运营存在的问题及应对策略[J].四川体育科学,2015
[45] 郑美艳,王正伦.我国公共体育场馆服务外包项目多元监管模式发展研究[J].中国体育科技,2016
[46] 方曙光,陈元欣.民营机构参与体育场馆市场化运营研究[J].天津体育学院学报,2012
[47] 冯振旗.基于平衡记分卡的体育场(馆)运营绩效评价研究[J].中国体育科技,2011
[48] 刘波,邹玉玲."公共物品理论"视角下我国公共体育场馆民营化改革的思考[J].首都体育学院学报,2008
[49] 谭建湘,周良君.我国公共体育场馆企业化改革的基本特征与制度设想[Z].国家体育总局政策法规司,2009

两权分离背景下上海公共体育场馆 PPP 运营模式的应用[*]

卢天凤　冯琳琳　张文佳　王恩锋
王　玥　王乐军　王敏敏　秦黎黎

一、前言

在我国体育场馆中,公共体育场馆是其重要组成部分。不仅数量众多,而且还肩负着大众体育健身和竞技体育的重要任务。从 20 世纪 80 年代开始,上海公共体育场馆已经开始出现了经营管理活动,经过多年的探索和发展,小部分的公共体育场馆的运营创造了较好的效益,但大部分的公共体育场馆却呈现出运营管理水平低下、绩效偏低的现象。PPP 模式作为公共基础设施中的一种项目运作模式与目前上海公共体育场馆及其运营管理的发展和创新具有相同的价值取向。

本课题以 PPP(Public Private Partnership)模式在上海公共体育场馆的应用为切入点,借鉴其成功思想及实践经验,突出上海自身的优势和特色,推进上海公共体育场馆两权分离的科学模式,使上海在公共体育场馆的运营管理与绩效等方面领先于全国其他地区。

二、文献综述

(一)上海公共体育场馆运营模式

从整个体育产业的发展来看,公共体育场馆无疑是其中一个重要组成部

---

[*] 本文作者单位:卢天凤,冯琳琳,张文佳,同济大学;王恩锋,复旦大学;王玥,王乐军,王敏敏,秦黎黎,同济大学。立项编号:TYSKYJ2017014。

分。研究发现，从20世纪80年代开始，上海公共体育场馆开始寻求变革，经营管理活动已经初显。历经多年的发展和深入探索，一小部分公共体育场馆在运营过程中创造出了较高的效益，但对于整个上海公共体育场馆而言，效益较好场馆可以说是寥寥无几。绝大多数的公共体育场馆依旧呈现出运营管理水平低下，营利困难，完全依靠政府拨款才得以维计的现象。

通过阅读大量的文献资料发现，近年来，国内学者对公共体育场馆的研究呈下降趋势。而对于其运营模式及管理方面的研究则主要集中在以下几点：早期的研究大部分集中于公共体育场馆运营管理与国民经济社会发展的相互关系；后期研究较多的则是大型体育场馆运营的多功能开发以及公共体育场馆运营管理模式改革，从不同的角度寻求公共体育场馆在运营管理模式上的创新。

研究表明，当前上海公共体育场馆在运营模式上普遍存在着运营模式落后、场馆资源配置不合理的问题，导致其公益性与商业性的失衡，直接影响到公共体育场馆的发展。如何兼顾公益性与商业性，历来是公共体育场馆的一个大难题，这也促使公共体育场馆不断地寻求运营模式的转变和创新。目前我国公共体育场馆运营模式主要分为委托管理模式和承包经营责任制模式两种运营模式。

当前包括上海在内的整个长三角地区，其公共体育场馆在管理模式上主要分为：完全事业单位管理模式、事业单位企业化管理模式、委托经营管理、两权分离（所有权与经营权分离）的管理模式。

关于上海公共体育场馆运营模式方面研究的主要点包括以下三个方面：首先，明确公共体育场馆的定位并制定运营方的进入和退出标准。其次，完善场馆委托受托契约体系以及协同运营方统筹公益性服务与经营性服务。最后，规范FGT引入机制，做到有步骤和层次的引入模式。总体来说，目前国内的公共体育场馆的运营管理模式已从早期的传统事业型逐步向企业型过渡。

国外研究方面，由于国外体育场馆资产性质和运营模式的不同，国内专家学者对于国外公共体育场馆及其运营模式等问题的探究较少。研究表明，对于公共体育设施的建造和维护，西方国家与我国的情况极为不同。大部分的公共体育场馆是由政府部门、民营企业、公益基金会以及其他民营组织共同投资的，只有极少数的公共体育场馆和设施是由国家出资建设的。而国外体育场馆在经营管理上主要分为两种模式，分别是俱乐部经营管理的休闲式公共体育场馆和由民间财团经营管理的竞技式商业性公共体育场馆。以美国为例,通过长期的实践经验证明,对于体育场馆的运营管理正在慢慢的向私人化模式靠拢和转化。私人化的模式能够大大提高运营管理效率。而西方的许多发达的国家也有完全将公共体育馆投入市场经营的情况。

(二) 两权分离

2016年5月,《体育发展"十三五"规划》中提出了引入和运用现代企业制度,探索大型体育场馆两权分离,推进体育场馆管理体制改革和创新运营机制的战略部署。其目的在于进一步提升公共体育场馆资产权利的运用效率。

对于两权分离这一概念在不同的情境下也有着不同的解释,在本课题中的"两权分离"指的是公共体育场馆经营权和所有权的分离。其中的所有权我们可以理解为对公共体育场馆的管理权。从宏观的角度看,我国公共基础设施传统上分为三权,也就是我们所说的经营权、管理权与产权。也有分类是产权、所有权和经营权。国内也有学者曾对公共基础设施(公园、景区)的三权分离问题进行过研究。结合本文主题,则主要对公共体育场馆的经营权和管理权进行阐述。

经营权分为生产经营权和资产经营权两个类别。对经营权的理解可以从广义和狭义两个不同的角度来看。经营权在广义上的理解是指人们利用物资,从事经营活动的物权形态,它是一种经营的法律形式。狭义的经营权则指的是,由资产所有权所衍生出的,具有商品经营职能的法人他主物权。

所有权可以理解为一种绝对权,具有排他性,是最完整的物权。同时,所有权又具有永久性、平等性等特征,所有人依法对其个人财产享有的占有、使用、收益以及处分的权利。因此,所有权主要反映的是一种财产关系(归属关系及物质属性),其财产主要指的是现金和有形资产,表现在财产经营过程中的收益,包括利息和分红等。

在商品经济中,两权分离被划分为三个阶段:首先是经营权和资本财产所有权在企业内部的相对分离。其次是法律与经济所有权的分离,这一阶段表现为企业从内部分离延伸到外部分离。这两个阶段具体化表现为,从承包制到股份制的转化。第三阶段则是原法律上资本的实际经营者变成了企业资本的所有者。这种阶段性的过渡也赋予了两权分离不同层次的意义。国内学者也对两权分离的必要性及其带来的影响进行了研究。

两权分离是社会生产力发展的要求,直接影响到了社会经济的生产。其次,企业承包、租赁后使得经营权的机制发生了变化。主要表现在双方利益明确,生产经营权以及少量的资产经营权转移到了个人的手中。总体来说,社会公共基础设施的所有权与经营权的分离是一个必然发展趋势,也是当下政府部门所提倡的。而如何吸纳民营资本的进驻,与政府部门共同承担对公共体育场馆的经营管理责任及其所带来的风险,是目前上海市政府与体育局需要重点考虑的问题。

(三)PPP模式及其在公共体育场馆中的运用

PPP项目运作模式在国际上被广泛应用于城市基础设施领域,对上海公共体育场馆运营模式改革研究有着很强的指导意义和应用价值。

对于PPP模式,同样也要分成广义和狭义两个层次理解。广义的PPP指的是政府与社会资本,也就是我们所说的与民营企业及民间资本之间的合作。一般分为外包、特许经营和私有化三类,包含了BOT模式、TOT模式以及DBFO模式等,是一种在公共基础设施中极为普遍、应用甚广的项目运作模式。狭义的PPP模式则更强调合作过程中项目的资金价值原则以及风险分担机制。PPP模式鼓励民营企业及民间资本与政府部门的合作,共担风险,共享收益,共同参与公共基础设施项目的融资和建设。PPP模式对其应用于中国基础设施建设,使之逐渐地转向民营化,进一步实现两权分离,有着极其重要的作用和意义。

表1 PPP模式分类

类别	内容	模式
外包	由政府部门投资,私营资本承包整个项目中的一个或几个项目职能,通过政府付费实现收益	模块外包、整体外包
特许经营	政府特许私营企业运营公共基础设施,期间私营企业拥有项目所有权和经营权,并在特许经营期满后将其交还政府	TOT、BOT及其他模式
私有化	政府将公共产品出售给私营企业	完全私有(PUO、BOO)部分私有(股权转让)

世界各国不同的机构对于PPP一词的定义有着很大的差异。联合国培训研究院将PPP模式定义为:涵盖了不同社会系统倡导者之间的所有制度化合作方式。目的在于解决当地或区域内的某些复杂问题。欧盟委员会则提

出，PPP模式是指政府公共部门与私人部门之间形成的一种合作（经营）关系。其目的是为了提供传统上由公共部门提供的公共项目或服务。

加拿大PPP国家委员会提出，PPP模式建立在双方各自经验的基础上，通过适当的资源分配、风险分担和利益共享机制，最好地满足事先清晰界定的公共需求。美国PPP国家委员会认为，PPP模式是一种介于外包和私有化之间并结合了两者特点的一种公共产品提供方式，充分利用私人资源，也就是民营资本对公共基础设施进行设计、建造、投资、经营和维护，并提供相关服务以满足公共需求。

国内学者近十年来对PPP模式的研究逐渐增多，其中大多数的研究内容都集中在PPP模式符合市场化发展规律、风险分配等方面。在一个合理的PPP合作风险分配机制中，合作方承担风险的能力与分配风险的能力成正比。目前，我国公共体育场馆完全应用PPP模式的极少，并且鲜有成功案例。2008年北京奥运会主体育场鸟巢，在前期规划和建造时采用了PPP模式。南京奥体中心在建设期初也想要采用PPP模式，但由于民营资本不愿与政府共同投资而落空，最终南京奥体中心仍由政府独立投资建设。

有学者提出，PPP模式有利于吸引民营资本和企业的投资，进而促进公共体育场馆管理体制改革。公共体育场馆应用PPP模式，将使大量的民间资本通过各种渠道进入公共体育场馆的融资、建设以及运营管理中，大大激发民间资本参与我国体育事业的积极性。

而目前对于大型体育场馆PPP模式应用的对策，分别是建立科学的风险分担机制，政府部门主动转换角色以及设立专门管理咨询机构。PPP模式是提高公共体育场馆融资、建设以及运营效率最有效方式。因此，政府部门要积极采取有效措施，为PPP模式创造健康良好的运行环境。

通过对外文文献的阅读和整理发现，国外很多学者都对公私合作制在场馆中的应用进行了研究。有学者曾对美国七个最具代表性的城市进行了研究，认为运用PPP模式引入民间资本，可以更有效的实现公共服务供给。具体则应按照当地的政治、文化及经济情况选择相应的PPP合作方式。另有学者认为，PPP模式在欧美的发展和应用中可以减少公共基础设施项目的运营成本，降低各方合作的风险。这一观点也得到了国外学术界的一致认可。

（四）小结

公共体育场馆属于一种国有资产，那么公共体育场馆为公众所提供的服务则属于一种准公共的服务产品,属于非营利性资产,应该由政府和市场来提供。但当前上海的公共体育场馆受到了自身运营管理模式的限制,在场馆运营上存在着绩效低下、监管措施不力等不足,公共体育场馆的功能设施没得到很好地发挥,国有资产增值保值的目的也没有得以实现。因此,想要改善目前上海公共体育场馆在运营模式上的缺陷,提高公共体育场馆绩效,促进竞技体育的发展,从而更好地实现全民健身,对于公共体育场馆运营模式进行深入的研究是非常重要的。

本课题的研究立足于从项目需求的角度出发,首先定量分析上海具有代表性的大型公共体育场馆运营模式的现状及其存在的问题,并进行归纳和总结。通过实地调研的数据和信息反馈来深入了解上海公共体育场馆运营模式的优劣势,为今后上海公共体育场馆运营模式方面的研究提供重要的理论支撑。

三、上海公共体育场馆概况

(一) 基本数据

从上海市体育局及上海市统计局联合发布的《2016年上海市体育产业规模及增加值数据》中可以看出,2016年,上海体育产业总产出为1 045.87亿元。其中,体育场地设施建设20.04亿元(1.9%),增加值5.01亿元(1.2%),在11个体育产业大类中排在第八位。上海体育场馆服务总产出18.24亿元(1.7%),增加值12.55亿元(3%),在11个体育产业大类中排名排在第九位。从数据中可以看出,目前上海体育场馆服务以及体育场地设施建设的总产出及增加值均处于低位,远低于其他体育产业(表2)。

表2 上海体育产业总产出和增加值

排名	体育产业类别	总量(亿元)		结构(%)	
		总产出	增加值	总产出	增加值
1	体育用品及相关产品销售、贸易代理及出租	397.93	197.84	38.0	47.0
2	体育用品及相关产品制造	350.47	72.16	33.5	17.1
3	体育传媒与信息服务	60.48	36.77	5.8	8.7

续 表

排 名	体育产业类别	总量(亿元)		结构(%)	
		总产出	增加值	总产出	增加值
4	其他与体育相关服务	59.89	10.52	5.7	2.5
5	体育健身休闲活动	45.66	30.27	4.4	7.2
6	体育竞赛表演活动	35.71	23.68	3.4	5.6
7	体育管理活动	31.37	18.02	3.0	4.3
8	体育场地设施建设	20.04	5.01	1.9	1.2
9	体育场馆服务	18.24	12.55	1.7	3.0
10	体育培训与教育	17.26	12.58	1.7	3.0
11	体育中介服务	8.82	1.87	0.8	0.4
	合 计	1 045.87	421.27	100.00	100.00

数据来源：上海市体育局、上海市统计局网站汇总。

根据第六次全国体育场地普查的数据显示，截至2013年末，上海总面积6 340平方公里，共有16个市辖区，上海平均每万人就拥有15.94个体育场，全市体育场馆数量(包含市属体育场馆)排在前5位的区分别为：浦东新区、杨浦区、嘉定区、闵行区和奉贤区(表3)。

表3 上海各区公共体育场馆(设施)分布情况(2017年)

排 名	辖 区	公共体育场馆(设施)类别					合 计
		综合体育场馆	公共运动场	市民健身房	社区体育中心	体质测试站(监测中心)	
1	浦东新区	7	78	19	0	0	104
2	杨浦区	5	19	19	0	5	48
3	嘉定区	5	22	12	1	3	43
4	闵行区	5	18	1	7	1	32
5	奉贤区	1	20	8	0	2	31
6	宝山区	4	22	4	0	1	31
7	徐汇区	3	19	6	0	1	29
8	静安区	6	12	9	0	0	27

续 表

排名	辖区	公共体育场馆(设施)类别					合计
		综合体育场馆	公共运动场	市民健身房	社区体育中心	体质测试站(监测中心)	
9	长宁区	4	12	3	0	3	22
10	青浦区	0	19	3	0	0	22
11	金山区	4	17	0	0	1	22
12	黄浦区	3	10	7	0	0	20
13	崇明区	1	19	0	0	0	20
14	松江区	5	7	5	0	0	17
15	普陀区	4	4	6	0	0	14
16	虹口区	3	9	1	0	1	14

数据来源：上海市体育局、上海社区体育网站汇总。

(二)上海公共体育场馆项目设置

上海公共体育场馆开设的运动门类众多，场地划分明确，且在如春节、国庆等节假日也同样对市民开放，为大众体育健身提供了很多便利，让民众随时随地都能进行体育锻炼。目前上海公共体育场馆向公众开放的体育项目主要有 16 种，分别是：塑胶跑(步)道、游泳、乒乓球、羽毛球馆、笼式足球、篮球(室内外)、网球(室外)、溜冰(轮滑)、保龄球、台球、壁球、棋牌、综合性健身房、射击射箭、拳击操、体质检测等。区域的不同，体育场馆的项目设置上也有所差别。

表 4 上海市属公共体育场馆(设施)项目设置

名称	类别	公共开放项目
东方体育中心	体育场馆	田径、游泳、跳水、网球、足球、羽毛球、室外运动、篮球、乒乓球
上海体育馆	体育场馆	田径、网球、乒乓球、羽毛球、篮球、保龄球

续　表

名　　称	类　　别	公共开放项目
康林体育中心（日林体育俱乐部、康东网球馆）	体育场馆	网球、乒乓球、游泳、保龄球
江湾体育场	体育场馆	田径、游泳、羽毛球、足球（笼式）
中原体育场	体育场馆	田径、游泳、羽毛球、篮球、网球

表5　上海各辖区公共体育场馆（设施）项目设置

名　　称	数量	公共开放项目
浦东新区	104	田径、游泳、网球、足球、羽毛球、篮球、乒乓球、台球、保龄球、滑冰、门球、室内健身
杨浦区	48	田径、游泳、乒乓球、羽毛球、网球、笼式足球、门球、桌球、棋牌、室内健身、体质监测
嘉定区	43	田径、游泳、乒乓球、羽毛球、网球、足球、篮球、门球、棋牌、健身操、室内健身、体质监测
闵行区	32	游泳、乒乓球、羽毛球、网球、足球、篮球、门球、桌球、棋牌、轮滑、室内健身
奉贤区	31	田径、乒乓球、羽毛球、网球、篮球、笼式足球、门球、健身操、室内健身、体质监测
宝山区	31	田径、游泳、乒乓球、羽毛球、网球、足球、篮球、门球、室内健身
徐汇区	29	田径、乒乓球、羽毛球、篮球、门球、室内健身、体质监测
静安区	27	田径、游泳、足球、网球、羽毛球、篮球、乒乓球、室内健身
长宁区	22	乒乓球、羽毛球、网球、笼式足球、健身操、游泳、室内健身、体质监测
青浦区	22	乒乓球、羽毛球、网球、篮球、笼式足球、门球、桌球、室内健身
金山区	22	田径、游泳、羽毛球、网球、足球、篮球、门球、壁球、溜冰、室内健身
黄浦区	20	网球、足球、羽毛球、篮球、乒乓球、台球、舞蹈、室内健身
崇明区	20	田径、乒乓球、羽毛球、网球、篮球
松江区	17	乒乓球、篮球、门球、桌球、棋牌、室内健身

续 表

名　称	数量	公共开放项目
普陀区	14	田径、乒乓球、羽毛球、网球、足球、室内健身
虹口区	14	乒乓球、羽毛球、笼式足球、壁球、门球、室内健身、体质监测

数据来源：上海体育公共服务网络平台、各区县公共体育场馆网站汇总。

(三) 上海公共学校体育设施对外开放情况

根据上海市政府数据服务网提供的相关数据，可以看出，共有1 326所学校将公共体育场馆设施实行对外开放(表6)。开放人群除了本校学生之外，也对社区居民开放。开放时间根据学校自身情况而定。绝大多数学校开放操场、足球场、篮球场、羽毛球、乒乓球馆等场地，少部分学校会开放游泳馆、射箭场等场地。现有的许多社区和居民区由于建设过早，没有规划健身场所。少数配备健身场所的社区由于规划面积的限制，可供社区居民健身的场地非常有限，无法满足社区居民的日常健身需要。

表6　上海各区学校体育体育设施对外开放情况(2017年)

区别	学校数量	开放场地	开放对象
宝山区	93	田径场、足球场、篮球场、乒乓球房、羽毛球场、体操房、舞蹈房	社区居民 本校学生
崇明区	61	田径场、室外运动场	社区居民 中小学生
虹口区	69	田径场、足球场、篮球场、乒乓球房、网球场	社区居民 本校学生
奉贤区	57	田径场、足球场、篮球场、排球场、体育健身器材区	社区居民 中小学生
黄浦区	45	田径场、篮球场、乒乓球房、体操房	社区居民 中小学生
嘉定区	56	田径场、足球场、篮球场羽毛球场、乒乓球房、网球场、排球场、体操房、体育健身器材区	社区居民
金山区	48	田径场、足球场、篮球场、乒乓球房、排球场	社区居民 中小学生

续 表

区 别	学校数量	开 放 场 地	开放对象
静安区	86	田径场、足球场、篮球场、羽毛球场、游泳馆、射箭场、乒乓球房、排球场、体操房、健身房	社区居民 健身团队 中小学生
闵行区	101	田径场、足球场、篮球场、羽毛球场、网球场、乒乓球房、体育健身器材区	社区居民 中小学生
浦东新区	289	田径场、篮球场、足球场、羽毛球场、体操房	社区居民 中小学生
普陀区	101	田径场、水泥操场、足球场、篮球场、室内球场	社区居民 中小学生
青浦区	45	田径场、足球场、篮球场、乒乓球房	社区居民 中小学生
松江区	51	田径场、足球场、篮球场、排球场、羽毛球场、体育健身器材区	社区居民 中小学生
徐汇区	79	田径场、足球场、篮球场、乒乓球房、体操房	社区居民 中小学生
杨浦区	86	田径场、足球场、篮球场、羽毛球、排球场、体操房	社区居民 中小学生
长宁区	54	田径场、足球场、篮球场、乒乓球房、排球场、健身园区	社区居民 本校学生

数据来源：上海市政府数据服务网汇总。

由于学校场地设施健全、环境安全，因此许多社区居民会选择到就近的学校进行锻炼，尤其是傍晚时段人数最多。从长远看来，仅仅依托学校的体育场地设施是不够的。中小学的学生数量较多，且年龄偏小，长时间地对外开放会带来一定的安全隐患。而上海市各高校在傍晚时段的锻炼高峰期，操场上也会变得极度拥挤，非常不利于学校的场地管理和秩序维护。

根据上海市社区体育设施管理服务平台的数据显示，目前上海所有建成的健身场所合计 14 644 个，其中包括 425 家市民球场、536 条健身步道、156 间社区百姓健身房、12 309 个社区健身苑点，共计器材数达到 103 016 件，共建农民健身工程 1 218 个。但从上海市社区数量以及人口总数来看，社区体育设施的数量依旧较少。因此，政府部门应该积极地寻求其他途径去解决公共体育场馆、场地数量欠缺的问题，以满足社区居民的健身需求。

四、上海大型公共体育场馆运营模式分析

本课题从上海大型公共体育场馆中选择了5家具有代表性的共体育场馆,通过实地调查的方式收集公共体育场馆的数据,并对其运营模式进行分析。

从表7中我们可以看出目前上海公共体育场馆的基本情况。在运营管理模式上,上海公共体育场馆主要采取的是事业单位企业化、事业单位全额拨款、事业单位差额拨款等方式。

表7 上海大型公共体育场馆概况

体育场馆	上海万体场	闵行体育馆	东方体育中心	浦东源深体育馆	卢湾体育馆
总面积	17万平方米	5万平方米	15万平方米	3.5万平方米	2万平方米
座位数	56 000	7 000	25 000	6 000	3 500
地理位置	徐汇区	闵行区	浦东新区	浦东新区	黄浦区
投资额	2 300万元	1.4亿元	20亿元	2.7亿元	1.7亿元
启用时间	1975年	2007年	2011年	2007年	1992年
运营管理	完全企业化运营	事业单位全额拨款	事业单位企业化	事业单位企业化	事业单位企业化

浦东新区的源深体育中心成立了专门的法人,即上海源深体育发展有限公司,由其对体育场馆进行管理。根据调查显示,源深体育中心中事业编制人员的薪资和场馆的维修及养护费用均由政府部门负责。源深体育中心仅需要负担企业编制人员的薪资及体育场馆日常运营维护等费用。这采用的是事业单位企业化运营模式。而在未来,源深体育馆会逐步转向完全企业化的运营模式。

上海万体场和卢湾体育馆也同样采取了事业单位企业化的运营模式。其优势在于,能够使公共体育场馆的公益性得到保证,通过市场和政府两条路径配置资源,这对于公共体育场馆利用率有明显的提升。总体来说,事业单位企业化并不是政府把公共体育场馆的管理责任全部转移给民营企业,而是借助其专业、科学运营管理模式和方法,协调事业单位的各项活动和资源,从而达到提高事业单位运作效率、降低其管理的成本、取得更大的经济与社会效益的

目的。然而,有利必有弊,事业编制体制与双重运作机制可能会出现效率低下的现象,进而滋生腐败,使得公共体育场馆不能够完全融入市场。

政府财政拨款在全国各省市均是体育场馆建设资金的主要甚至是全部来源,上海公共体育场馆也不例外,大大小小的公共体育场馆几乎全部是由政府拨款进行建造的。闵行体育馆由政府全额拨款,其日常大大小小费用支出均由政府部门负责。闵行体育馆则将其产生的所有收入全部上交给政府,采用的是事业单位下全额拨款的运营模式。但这种模式也给政府部门带来了很大的财政负担,场馆运作管理独立性缺失。这种政府全额拨款的方式则会导致公共体育场馆的运营出现产权划分不清、管理权与经营权模糊等问题和矛盾,并且不断地加大政府财政压力。除此之外,体育场馆的工作人员的收入与经营业绩不挂钩,导致消极怠工,工作积极性和热情明显下降,对于公共体育场馆的效益创造产生很大的影响。

五、上海公共体育场馆运营管理方面存在的问题

(一)公共体育场馆营利难

通过对长期从事体育产业及公共体育场馆方面研究专家进行访谈得出,当前上海乃至全国公共体育场馆在运营管理方面存在的通病就是营利难的问题。公共体育场馆作为全民健身的重要载体,其公益性要远超于商业性,正是由于公益性的限制,使公共体育场馆的利润单薄,并且投入的资本回收时间难以估计。

许多民营企业将资本投入到公共体育场馆中,其真正的目的不外乎两点。首先是通过对公共体育场馆的资本注入获得政府部门的支持,及其所带来的一系列的土地和政策上的优惠。其次则是通过投资建造或冠名的方式提升自身的品牌影响力和知名度,这种形式在体育产业尤其是体育俱乐部中表现得尤为突出,早年广州恒大以及近几年发展迅猛的上海哔哩哔哩都是典型的例子。

(二)土地所有制

PPP模式在英国、美国、澳大利亚等的公共基础设施项目中应用十分广泛,也取得非常好的效果。引入中国后,PPP模式仍处于起步阶段。其中一个

重要的原因是中外土地所有权制度的不同,导致了 PPP 模式在我国公共基础设施项目中起步较慢,且在多方面受到限制,应用并不十分顺畅。

1982 年的中华人民共和国宪法规定,中国土地实行公有制,分为国家所有,即全民所有制度和集体所有制两种形式。在我国,土地所有权,也就是土地的占有、使用、收益、处分的权利归属国家。而部分西方国家实行的是土地私有制,也就是土地归个人占有和支配的土地分配模式。公有制和私有制之间存在着很大的差别,归根结底在于国情和体制上的不同,这也造成了 PPP 模式在应用过程中产生的差别。

六、上海公共体育场馆 PPP 模式的应用形式

(一)公共体育场馆经营权代理

目前上海公共体育场馆 PPP 模式应用基本上分为三种形式,分别是公共体育场馆经营权代理、经营权部分租赁以及共建场馆。

资产的性质是经营,公共体育场馆作为一种国有资产,趋于企业化的经营管理既符合了公共体育场馆自身发展的客观要求,也是公共体育场馆经营管理的必然发展趋势。民营企业全权代理经营公共体育场馆可以说是目前上海市公共体育场馆在运营管理方面应用最多的一种运营管理形式,它将公共体育场馆的经营权全部交给民营企业,从很大程度上解决了政府部门的管理负担。因此,上海大部分公共体育场馆选择将场馆经营权整体承包给民营企业,对于场馆内公共体育设施的管理和保护也是十分有利的。

(二)公共体育场馆经营权部分租赁

在两权分离的背景下,政府与民营资本如何分配公共体育场馆的管理权与经营权,是整个上海公共体育产业发展至关重要的问题。民营资本部分买断公共体育场馆的经营权,以经营权插入的形式投入资本,也是一种政府资本与民营资本相结合的 PPP 模式。

一个综合性公共体育场馆通常由不同的运动场地以及公共休息场所组成,以杨浦区体育馆为例,两家国内知名的大型民营企业阿里巴巴与乐客的资本进入,对杨浦区体育馆进行运营管理,解决了场馆商业性与公益性矛盾的问题。民营企业的介入带来了专业化的公共体育场馆运营管理方式,既符合上

海市体育局的要求,较好地满足上海市民日常进行体育锻炼的需求,又在一定程度上弥补了政府部门在场馆运营管理上的短板,同时使公共体育场馆更趋于商业化,解决了场馆的商业性以及营利方面的问题,能够在不同的阶段满足相应的需要。

(三)以共建场馆的形式满足大众体育健身需求

通过专家访谈发现,当前阶段上海市公共体育场馆的数量依旧不能够满足上海市民体育健身的需要,这也是政府部门应予以重视的问题。尽管上海市公共体育场地的数量远超于全国平均水平,但依然无法完全满足上海大众体育健身的需要。

通过共建场馆的形式来满足大众体育建设的需求是将PPP模式引入上海公共体育场馆运营管理的关键一步,也是PPP模式应用于公共体育场馆非常重要的一种形式。而共建场馆的前提则是需要政府投资与民营资本投资相结合。政府出让土地,民营资本投入场馆建设以及投入运营。例如在场馆运营方面,民营资本投入资金对场馆进行日常维护、设备维修,并通过各种形式拓宽场馆业务,为场馆增加营利点和资金收入。这种方式则类似于委托代理的形式。

本课题对上海各类公共体育场馆进行了详细、深入的调查,发现共建场馆的形式在目前几乎是不存在的。上海绝大多数的公共体育场馆均是由政府部门投资建设的,在公共体育场馆的建设项目中,没有任何民营资本介入的痕迹,这对于公共体育场馆发展是非常不利的。促进政府与民营资本的合作无疑是上海公共体育场馆引入PPP模式非常重要的原因之一。而在两权分离的背景下,如何对公共体育场馆的所有权与经营权及其相对应承担的责任进行分配,是上海市政府以及体育局需要慎重考虑的问题。

七、上海公共体育场馆运营管理对策

(一)上海公共体育场馆运营管理过程中应充分发挥政府部门的作用

要加强对上海公共体育场馆运营管理的宏观调控,在管理理念上要做到与时俱进。党的十九大的召开标志着我国的经济和社会发展步入了一个新的阶段，应该以崭新的思路直面公共体育场馆运营管理方面的问题，并运用有效的方式解决问题。公共体育场馆作为促进大众体育健身、提升国民体质的重要载体，其运营模式对于整个公共体育场馆的发展无疑起着至关重要的作用。因此，要明确认识到在公共体育场馆运营管理过程中应当扮演的角色及其发挥的作用，寻求并采取更加科学、适合的运营模式，加强对上海公共体育场馆的行业管理并合理地进行宏观调控。

要以公共体育场馆运营管理开发为动力，提升大众体育健身的普及性并合理地引导大众体育消费，进一步对体育产业结构进行调整和重塑。以运营管理作为发展上海公共体育场馆的突破口，根据上海公共体育场馆的特性（区域性、规模等）分批有序地引入PPP模式，加强政府与私营组织之间的合作，层层递进，以"公共私营合作制"的全新视角推动整个上海体育产业乃至整个国民经济的发展。

（二）促进上海公共体育场馆与社区的合作

由于受到土地以及公共资源等问题的限制，当前上海大型公共体育场馆数量已经难以扩容。当前的大部分社区由于建造时间过早，没有配备公共体育场地供社区居民进行体育锻炼。因此，许多社区居民选择到就近的学校进行锻炼，但从长远来看这并不是解决问题的最好办法。尽管学校场地设施均对外开放，但过大的人流量会给学校的安全性、日常管理以及秩序的维护带来压力。因此在公共体育场馆PPP模式的应用上，政府的着力点应逐渐转向社区，通过与社区的联合，进一步增加中小型公共体育场馆的数量。

政府部门出台相应政策，要求房地产开发商购买土地时，应在社区中规划一处公共体育场馆，以满足市民的健身需求。而社区中的公共体育场馆则是由政府出资，开发商进行建造。开发商想要购买土地，则必须要在社区中规划并建造公共体育场馆，而建成后的公共体育场馆管理权则属于政府部门，政府部门可以根据不同的情况对场馆的经营权进行出让。政府部门与社区进行合作建造公共体育场馆无疑是一个全新的视角和创新点，不仅拓宽了上海公共体育场馆运营管理思路，同时又加快了PPP模式在公共体育场馆中的应用和发展，可以视为一种新型PPP模式，促进政府部门与民营资本的结合。

（三）制定相关管理政策对公共体育场馆实行风险监控

对于上海公共体育场馆的发展，很重要的一点就是要建立上海公共体育场馆运营管理的相关制度法规,增强对上海市公共体育场馆经营活动的监督和管理。严格规范的制度和管理条例,可以使上海公共体育场馆中的日常运营活动的管理都能做到有理可循,让上海公共体育场馆在更加良好和健康的环境中发展。

除此之外,还应制定有利于上海公共体育场馆的财务管理政策,主要包括民营资本投融资及其税收政策,从财务上对其进行管理是最直接有效的方式,使民营企业在商业化运营的同时,其公益性也能得到保障。如果民营企业违背或者在运营管理过程中过于倾向商业化,损害市民大众体育健身的利益,那么财务管理的相关政策便可对其进行有效的控制,确保上海市公共体育场馆的健康发展。同样,公共体育场馆的融资政策将对我国公共体育场馆的发展起到非常重要的推动作用。PPP模式作为一种全新的公共基础设施建设的融资模式,能增强政府部门与民营企业之间的合作紧密性,鼓励民营资本进入公共体育场馆运营活动的开展,形成共赢甚至多赢的局面。因此,政府部门应制定相关的政策,策动更多的社会资本进入上海公共体育场馆中,适当的对民营资本的投入提供优惠条件,特别是在税收方面,以此提升民营企业对上海公共体育场馆的投资积极性。

(四)注重公共体育场馆运营管理人才的培养与吸纳

对于上海公共体育场馆的运营管理来说,专业运营管理人才是当前紧缺的重要资源,对于上海公共体育场馆的综合发展起到了非常关键的促进作用。培养、吸纳专业的运营管理人才,也成为发展上海大众体育健身服务市场的重要前提。

而目前,上海公共体育市场需要大批运营管理的人才,熟悉上海公共体育场馆、体育产业的情况,同时又掌握现代运营管理的先进理念和方法。对公共体育场馆运营过程的计划、组织、实施和控制,对于产品生产和服务创造密切相关的各项工作进行全面的管理和协调。能够通过运营管理活动来支持和完成公共体育场馆的总体战略目标,提高公共体育场馆的核心竞争力。

对于运营管理人才的培养和吸纳可以从以下两个角度进行。首先,可采用定点培养的方式,对上海各大高校及体育院校的运营管理、公共管理专业的学生进行专业培养,开设专业课程,促进体育院校与综合院校的经济管理学院进行长期合作。其次,采用人才引进的方式,从海外或者全国其他体育产业、经济发达地区引进、招聘专业的运营管理人才,从上海公共体育场馆的实际需求出发,引进、吸纳符合上海体育事业发展的高精尖人才。

八、结语

PPP模式促使政府与民营企业形成一种伙伴关系或者是契约关系,确认双方应该履行的权利和义务,进而使政府与民营企业都能得到对各自更加有利的结果,达到双赢局面。这种现今的运营及融资模式于当前的公共体育场馆运营模式有很大的启发,由于PPP模式可以贯穿于公共体育场馆从无到有的整个过程,对于公共体育场馆的前期融资十分有利。因此,提倡政府与民营资本不同程度的合作,以不同的形式明确公共体育场馆经营权与管理权的划分,从而推进其运营模式的不断发展,打造上海公共体育场馆两权分离的科学模式。

参考文献

[1] 夏正清,江龙.上海公共体育场馆运营管理模式创新研究[J].体育文化刊,2013
[2] 李朝刚.长三角地区公共体育场馆管理模式研究[D].上海:上海体育学院,2010
[3] 国家体育总局.体育发展十三五规划[Z].2016
[4] 许国生.企业改革:两权分离·承包制·股份制[J].教学与研究,1989
[5] 曾浩然,唐明峰.论两权分离[J].经营与管理,1987
[6] 王先亮,房雪芹,吴清国.我国公共体育场馆运营模式的现状与改革研究[A].//中国体育科学学会、中国体育用品联合会.第22届中国国际体育用品博览会体育产业与体育用品业发展论坛论文集[C].中国体育科学学会、中国体育用品联合会,2008
[7] 冯欣欣.对我国公共体育场馆应用PPP模式的思考[J].中国市场,2007
[8] 石璞.大型体育场馆引入PPP投融资模式的可行性分析[J].财经界(学术版),2016
[9] FOSLER RS, BERGER R. Public-private partnership: An opportunity for urban communities [J]. Committee Eco Develop, vol. 106, 1982
[10] R RAJ, Who benefits from the presence of professional sports teams? The implications for publicfunding of stadiums and arenas [J]. Public Administra Rev, vol. 58, 2007
[11] 裘荣.对公共体育场馆建设、经营和管理模式的探析[D].北京:北京体育大学,2006
[12] 丁云霞,张林.两权分离背景下公共体育场馆委托经营管理模式的应用[J].北京体

育大学学报,2017

[13] 王雯,马辉.国内外公共体育场馆运营管理模式的研究[A].//中国体育科学学会体育产业分会.第七届全国体育产业学术会议文集[C].2013

[14] 屈萍,屈胜国,刘丹松.PPP模式在中国公共体育场馆市场化改革中的应用[A].// Information Engineering Research Institute, USA. Proceedings of 2014 4th International Conference on Applied Social Science(ICASS 2014) Volume 53 [C]. Information Engineering Research Institute, USA. 2014

[15] 玉聚成.公共体育场馆市场化运营模式研究[J].当代体育科技,2015

[16] 曹欢欢.公共体育场馆市场化运营模式研究[D].宁波:宁波大学,2011

[17] 何佳梅,李建卫,陈艳红.旅游景区三权分离问题探讨[J].理论界,2008

[18] 罗许伍.城市综合性公园的"三权分离"管理模式探析[J].现代城市研究,2007

[19] Bo Liu, Huihui Gong. On application of PPP in construction of large-scale stadiums [J]. Journal of Capital Institute of Physical Education, vol. 21, 2009

[20] 钟天朗.上海公共体育场馆运营现状研究[A].//中国体育科学学会、中国体育用品联合会.第22届中国国际体育用品博览会体育产业与体育用品业发展论坛论文集[C].中国体育科学学会、中国体育用品联合会,2008

[21] 谭建湘,周良君,陈华.国内公共体育场馆运营管理研究述评[J].体育学刊,2013

[22] 贾康,孙洁.公私合作伙伴关系(PPP)的概念、起源与功能[J].中国政府采购,2014

[23] 刘志.PPP模式在公共服务领域中的应用和分析[J].建筑经济,2005

[24] 尤荻.公共基础设施BOT‐TOT‐PPP集成融资模式应用研究[D].昆明:昆明理工大学,2008

[25] 王灏.PPP的定义和分类研究[J].都市快轨交通,2004

游泳救生员职业资格证书制度相关法律问题研究

——以上海为视角*

郭捍东

一、导论

  游泳救生员无疑是具有特殊性的职业群体,从业人员被要求具有一定水准的专业性、技术性及道德素质。同时,随着体育产业的飞速发展及国家的相关规定的出台,对于游泳救生员的需求不断增多,但对于游泳救生员的需求仍存在巨大的缺口。鉴于对游泳救生员职业特殊性的考量,顺其自然地造就了职业资格证书的存在,救生员被要求持双证上岗。

  目前,根据国家体育总局、人力资源和社会保障部的相关规定,游泳救生员需获得国家职业资格证书,同时凡通过游泳救生员国家职业资格考核,获得相应等级国家职业资格证书者,应持有"中国救生协会注册证书"作为年审注册凭证。从国家层面和社会层面进行双重监管,给游泳救生员上岗设置了一道道关卡。

  游泳救生员经过培训考核后上岗是必要的。但如何有效地利用社会资源,在政府"简政放权"的大趋势下,平衡国家职能与社会职权,建立有效的游泳救生员职业资格认证管理体系,仍值得我们思考和研究。

  首先,本课题将对我国体育职业资格证书制度进行介绍,以人力资源和社会保障部发布的国家职业资格目录清单等文件为基础,阐明体育行业国家职业资格证书的定义、特征、分类等。对于体育职业资格,除国家层面的监管外,

---

* 本文作者单位:上海汉联律师事务所。立项编号:TYSKYJ2017066。

还存在社会层面的认定及管理,本课题也将对我国体育行业社会职业证书制度的定义、种类等进行介绍,并与国家层面的体育职业证书制度进行对比,以平衡国家职能与社会职权。

其次,在了解我国体育行业国家及社会职业资格证书制度的基础上,本课题将细化探讨上海游泳救生员职业资格证书制度的现状及相关法律法规,包括调查上海游泳救生员的需求及现状,分析游泳救生员的职业特殊性,如是否具有专业性、危险性等,介绍如何成为一名游泳救生员,即上海救生员协会职业资格证书制度及其培训、考核与管理模式等进行论述,以了解上海目前游泳救生员职业资格认证中存在的问题。

再次,对国外游泳救生员职业资格证书制度进行比较研究,包括其整体模式、组织与管理机构、培训与认证机构、职业标准制定原则、方法及基本内容等,从而对上海游泳救生员职业资格证书体系提出建议。

二、我国体育行业职业证书制度

（一）我国体育行业国家职业证书制度

游泳救生员的存在关系到游泳者的生命安全,鉴于救生员这一职业的特殊性,需要具有丰富的经验、熟练的技能、规范的操作、专业的知识以及良好的心理素质,国家相关法律法规规定,游泳运动为高危险性体育项目,游泳救生员作为救助者需获得国家职业资格证书,下文中作者将对我国体育行业国家职业证书制度先展开介绍及论述。

1. 定义

国家职业证书制度是一种特殊形式的国家考试制度,根据《劳动法》规定:"国家确定职业分类,对规定的职业制定职业技能标准,实行职业资格证书制度,由经过政府批准的考核鉴定机构负责对劳动者实施职业技能考核鉴定。"对于国家规定需要通过考核认定的职业（依据人力资源和社会保障部《国家职业资格目录清单》）,根据国家制定的任职资格标准或技能考核标准,由政府指定的专业考核或鉴定机构对劳动者就其职业资格及技能水平等进行公证、客观、科学的评价考核及鉴定,对于合格者颁发国家职业资格证书。劳动者持证上岗。

国家职业资格制度从总体上提升了相关行业从业人员的专业素质,规范了从业人员的标准,体育行业也同样受到国家职业资格制度的限制,目前,被纳入《国家职业资格目录清单》的包括社会体育指导员及游泳救生员,其中社会体育指导员包含游泳、攀岩、潜水、滑雪四项高危性运动项目。我国于2001年颁布了《社会体育指导员国家职业标准》作为体育行业的第一个职业标准,于2008年通过了《游泳救生员国家职业技能标准》,作为游泳救生员培训及考核的主要参考依据。

2. 分类

(1) 专业技术人员职业资格及技能人员职业资格。

《职业资格证书制度暂行办法》将资格分为从业资格与执业资格,从业资格是"政府规定专业技术人员从事某种专业技术性工作的学识、技术和能力的起点标准",执业资格是"政府对某些责任较大,社会通用性强,关系公共利益的专业技术工作实行的准入控制,是专业技术人员依法独立开业或独立从事某种专业技术工作学识、技术和能力的必备标准",如律师执业证、注册会计师等。

但随着国家职业资格证书制度的变迁,目前根据人力资源和社会保障部发布的《国家职业资格目录清单》,将国家职业资格认定分为专业技术人员职业资格及技能人员职业资格。专业技术人员职业资格包括教师资格、法律职业资格、注册会计师、建造师等,为对某一职业进行的考核及鉴定,多为准入,即若无法达到国家规定标准则无法从事该职业;技能人员职业资格包括焊工、游泳救生员、驾驶员,为对某一技能的考核及鉴定,多为水平类,即要求达到该技能某一水平标准。体育行业职业资格认证中,不管是游泳救生员还是社会体育指导员,均属于技能方面的认定,由体育行业技能鉴定机构进行认定。

(2) 准入类及水平类。

根据是否需要持证上岗,可以将国家职业资格证书制度区分为准入类及水平类。所谓准入类是指根据国家相关要求,通过相关机构的考核及评价,取得执业资格证书后,才能进入相关行业工作。也就是说,需持证上岗,没有详细的等级划分,一般由国家统一组织考试并进行资质审核,在进入某一行业前,一般需在特定的行业协会进行注册,由该行业协会在一定程度上进行监管。水平类则是对于某项技能水平的评价,代表技术实力的高低,具有等级划分,如初级工、中级工、高级工、技师、高级技师,大都由行业内部协会或相关主管部门负责审核,水平类职业资格认证作为一项实力的证明,无须注册。

根据《国家职业资格目录清单》,目前我国需要通过国家职业资格认证的共计151项,其中专业技术人员职业资格为58项,分为准入类为34项、水平类为24项;技能人员职业资格为93项,其中准入类为8项、水平类为85项。本课题涉及的关于游泳救生员的职业资格属于技能职业资格中的准入类,即若想从事游泳救生员这一职业,首先需根据《游泳救生员国家职业技能鉴定考核实施细则》的规定,通过考核,取得中国救生协会游泳救生员注册证书。

(二)我国体育行业社会职业证书制度

除国家职业资格证书外,还有非政府部门或相关鉴定机构经过认证颁布的涉及体育行业技能及专业知识的评价的证书。这类证书的种类繁多,涉及各种体育项目,仅用以证明持证者从事某项体育职业的凭证。目前,我国体育行业,除游泳救生员及部分社会体育指导员外,均无须通过国家职业资格认证。通常由私人企业就社会较热门的体育项目进行职业资格的培训及考核,自行制定规则,颁发证书并进行管理,且自负盈亏。主要目的在于带动一个体育项目或产品的发展,满足市场需求,从而进一步进行推广。

根据颁发社会体育职业证书的不同,可以分为协会团体、体育培训机构、健身俱乐部;根据体育职业的分类,可分为运动休闲类,如徒步、野营;运动健身类,如瑜伽、健身操等;运动管理类,如特定人群健康管理治疗等。

总体来说,社会体育职业资格认定相对于国家职业资格认定更具广泛性、多样性、灵活性且管理模式相对简易单一,易于掌控,但相对缺乏权威性及规范性,社会体育职业资格认定未被列入政府监管,行业自我约束能力有限,易造成认证交叉、鱼目混珠、证书泛滥、专业降低等乱象。

基于国家体育职业资格认证与社会体育职业资格认证不同的特点及优缺点,对于体育行业的职业证书制度,应根据不同的体育职业进行职业认定的分类,根据对某项体育职业的危险性、技术要求及灵活度等的评价,按照社会职业资格、国家职业资格水平类、国家职业资格准入类进行进阶性的认定。

三、上海游泳救生员职业资格证书制度现状及相关法律规范

(一)上海游泳救生员的需求及现状调查

为确保游泳运动的安全性,在游泳场所需要有救生员进行巡查,发生安全

事故时,救生员需采取及时有效的救助措施,救生员对于游泳者的生命安全起到至关重要的作用。根据《体育场所开放条件与技术要求》关于游泳场所的规定,水面面积在 250 平方米以下的人工游泳池,至少配备固定水上救生员 2 人;水面面积在 250 平方米以上的,按面积每增加 250 平方米及以内,增加 1 人的比例配备固定水上救生员;至少设有流动救生员 1 人。根据国家相关规定,救生员是游泳场馆开放的必备条件。

据不完全统计,截至 2017 年 6 月,上海市取得高危体育项目许可证的游泳场所足有 732 家,根据这一数字进行计算,可以看出,上海对于游泳池救生员的需求不少于 2 196 人次。虽然上海目前持证救生员能满足以上最低人数的要求,但对救生员的需求不单单是持有许可证,每个泳池对救生员人数的要求也不可能均为最低配置,因此对于救生员人数的需求仍呈现供小于求的状态。某些未在监管范围内的游泳场所为追求经济效益,可能放宽对游泳救生员的招聘条件,这就埋下了安全隐患。

为何救生员这一职业如此捉襟见肘？单就救生员这一职业本身来说,在一定程度上缺乏吸引力及归属感,流失严重。

首先,在于工作本身艰辛,一般游泳场所游泳者众多,且形形色色,救生员需要时刻像雷达一样扫描,特别是少年儿童及老年游泳者,在管理上更具难度,若想暂离岗位,需报告并确保在离岗期间由自己负责的区域有救生员代替监管,并尽速返回。另外,救生员除在高脚凳上观察或沿泳池巡查、提醒安全外,还需要提醒游泳者在进入泳池前消毒、戴泳帽游泳、不要随意进入深水区,在泳池营业结束后负责清理,甚至换水等,相对于日常的白领或蓝领工作者来说,救生员这一职业是艰苦的。

其次,考虑到游泳运动的季节性,旺季对于救生员的需求与淡季相比是巨大的,救生员的工作时间可能集中于几个月时间,更类似于短期兼职,因此容易造成救生员流失,大部分年轻人不愿将救生员作为固定职业,往往在找到更好的工作机会后选择离开。

再次,薪资待遇较低,专业技术要求高,一般经过培训的持证救生员都需要掌握潜水、踩水、水中解脱等游泳技术,另外,还需熟悉心脏按压、人工呼吸等救护技术。相对于救生员所需掌握的专业技术及工作强度,救生员的薪资属于较低水平。

最后一个很大的影响因素在于本课题讨论的游泳救生员的准入限制即游泳救生员职业资格证书制度,考试难度较大,包括理论考核及对技术的把关,理论知识对年纪稍大但经验丰富的救生员造成阻碍,技术要求则是年轻的新救生员需要跨过的一道坎。此外,在参加考试之前,救生员还要缴纳一定的费用进行培训,在取得资格证后,还需每年年审并缴纳年审费用,这对有些救生员来说也是一种负担。

综上所述,游泳救生员这一职业虽需求量较大,但相对冷门,为激活整个游泳救生员行业,必须有所改变。

下文中,本课题将详细论述,在上海如何成为一名持证上岗的游泳救生员,在对整个流程进行了解的基础上,进行简化,提高效益。

(二)如何成为一名游泳救生员

1. 培训

根据我国《劳动法》及《国家职业资格目录清单》的相关规定,游泳救生员被列为技能人员准入类,也就是说,需经过政府批准的考核鉴定机构根据国家指定的职业标准进行职业技能考核鉴定,通过后,领取游泳救生员国家职业资格证书,方有资格成为游泳救生员(图1)。

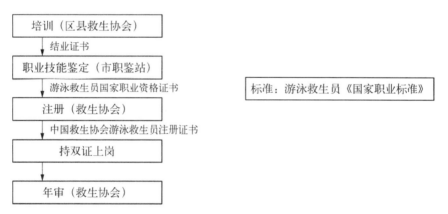

图1 成为一名合格游泳救生员流程

但按照国家体育总局发布的《关于开展游泳救生员职业技能培训和考核鉴定有关问题的通知》规定,除按照规定可以直接参加各级别考核的人员外,其他人员需取得指定培训机构出具的培训结业证书后方可参加职业资格考试,在2008年以前已获得各级救生员证书的人员,在证书有效期内申请职业资格鉴定的,可不参加培训。也就是说,一般情况下,在参加国家职业资格认证考试前,需先参加培训并取得结业证书。

《关于上海市开展游泳救生员职业技能培训和考核鉴定工作的实施意见》规定"市、区游泳救生协会：会同区(县)体育局做好游泳救生员培训的报名组织工作,负责落实具备技能培训资质的培训机构承担开展培训工作。"根据上海相关规定,由各区县救生协会组织培训事宜,指定培训机构,据调查,上海各区县救生协会于培训开始前 10 个工作日将有关培训的计划和具体课程安排、鉴定要求,报上海体育行业特有工种职业技能鉴定站,大约在每年 4 月至 5 月期间相继发布上海游泳救生员培训班开办通知。报名者填写《体育行业特有工种职业技能鉴定申请表》及相关证明证书。

培训机构在不以营利为目的的原则下,向参加培训人员收取一定的培训费用。体育职鉴站负责日常管理,组织考评员进行鉴定,并承担指导监督职能。培训以游泳救生员《国家职业标准》为参考依据。参加培训人员根据该标准考核合格后领取结业证书。

2. 职业技能鉴定

在培训结束并取得结业证书后,相关主管机构将培训信息上报市体育职鉴站,由职鉴站组织考评员按照游泳救生员《国家职业标准》对培训合格人员进行考核,并在考核结束后将考核成绩及相应职业资格证书号告知主管机构,同时向合格者发放证书。上海体育行业特有工种职业技能鉴定站对上负责向体育总局申报鉴定计划、鉴定材料并申请审批游泳救生员国家职业资格证书,对下负责审核救生员协会提交的申报材料及组织考核鉴定。国家体育总局对于游泳救生员培训工作和考核工作遵循"考培分离"原则,但在实际操作过程中,存在由相同的教练人员负责培训及考核的可能性。

3. 游泳救生员注册及年审

根据《游泳救生员年审注册管理办法》的规定："凡经考试合格并获得游泳救生员国家职业资格证书的人员,将同时获得中国救生协会颁发的'中国救生协会游泳救生员注册证书'。救生员必须同时持有国家职业资格证书和注册证书方可上岗就业。"报名参加国家职业资格鉴定的人员应填写"中国救生协会救生员注册证书信息表",市职鉴站将考核合格的救生员信息表上报中国救生协会,通过中国救生协会将注册人员名单信息及证书下发各省级救生协会,由其向合格救生员发放注册证书。领取证书人员需向注册单位缴纳证书注册费。

在游泳救生员取得双证上岗后,每年 10 月 1 日至 12 月 31 日需进行双证的年审,未通过年审或未参加年审的,注册证书将予以注销。年审由各区县救生员协会根据不同的救生员等级组织考核。自 2011 年起,年审注册工作通过中国救生协会游泳救生员注册证书网络注册系统展开。各级游泳救生员根据不同标准支付注册费。

成为一名合格的游泳救生员除了在程序上有上述较复杂的流程和要求外,对于专业性更有严格的限制。

(三) 游泳救生员的职业特殊性分析

1. 专业性

游泳救生员关系到游泳者的生命安全,因此,对这一职业的专业性有十分高的要求和标准,只有具备了相当的经验和技能,游泳救生员才能既保障自身生命安全又能挽救他人的生命,减少伤残。游泳救生员职业资格认证分为理论测试和技能测试。游泳救生员在参加培训之前就需要通过一定的资质审查,包括速度游、潜泳等,否则连培训都无法参加。培训过程中,相关机构按照国家制定的标准进行教学,就相关的场景、技术及突发事件等进行模拟,活学活用,促进参训人员救生技术的提高,培训合格的参加考核。救生员等级分为初级救生员、中级救生员及高级救生员,根据级别的不同,对于理论及技能的教学比重及侧重点都不同。《游泳救生员国家职业技能鉴定考核实施细则》对游泳救生员的专业性要求作出了具体规定：

(1) 初级游泳救生员考核。其内容由"达标项目""实操部分"及"理论部分"组成,其中通过"达标项目"为参加其他考核的前提条件,即 25 米速度游,男子须不慢于 20 秒,女子须不慢于 22 秒;20 米潜泳,蹬壁出发,须在规定距离内不浮出水面且方向正确。在通过"达标项目"后,游泳救生员还需参加"实操部分"及"理论部分"的考核,"实操部分"包含"安全预防"(包括对安全标示的摆放、场馆安全的观察及判断)、"现场赴救"(包括入水、接近、拖带、上岸、解脱等技能)、"现场急救"(包括心肺复苏及运动损伤急救),每个项目均有各自的鉴定比重及具体要求,其中心肺复苏实行一票否决制,该项目总分不足 15 分的,即判为整体不合格。"理论部分"主要包括职业道德、安全预防、救生基本技术、赴救技术、现场急救技术等,对理论知识的学习有利于对专业技术的把控和掌握。实操及理论部分的总分均为 100 分,任何一项低于 60 分的,即为考核不通过。

(2) 中级游泳救生员考核内容。其分类与初级游泳救生员保持一致,其中对于达标项目中的 25 米速度游,要求男子不慢于 18 秒,女子不慢于 20 秒;

另外,将20米潜泳的达标要求变更为20秒水中徒手踩水。对于"实操部分"的考核标准变更为"现场赴救"(相较于初级增加急救板的使用考核项)、"现场急救"(包括心肺复苏及佩戴颈托)及"培训与管理",该项是相较于初级游泳救生员考核内容最大的不同点,中级游泳救生员需要掌握如何分配岗位、划分泳池的观察区域并对游泳救生员进行有效分工。"理论部分"的考核也将重心从职业道德转向职业技能,如安全常识、卫生常识、标示牌的设置、突发事件处理预案、急救器械的使用等。可以说中级游泳救生员在具备救生技能的同时也在全局上起到一个统筹管理的作用。

(3) 高级游泳救生员的考核内容。其不再设置"达标项目"这一基本门槛,"实操部分"的考核包括水中急救板的使用、心肺复苏讲解与操作及培训与管理,而"理论部分"的考核内容基本上与中级游泳救生员保持一致。相对于中级,高级游泳救生员更趋向于成为一个指导者。

从国家对于游泳救生员等级的划分及各等级技能的标准,兼具理论与实践,覆盖范围广,达标要求对游泳救生员的专业性作出基本要求,水中赴救保证游泳救生员能够第一时间将溺水者控制,并迅速拖带上岸,现场急救则要求救生员掌握心肺复苏,包括人工呼吸、心脏按压等,是挽救溺水者的关键点。可以说,国家对于游泳救生员相关考核标准的设置正是游泳救生员专业性的最好体现。

2. 危险性

根据《全民健身条例》的规定,游泳属于高危险性体育项目。同时,结合《经营高危险性体育项目许可管理办法》的规定,对于高危险性体育项目的社会指导人员从事该职业的,应取得相关国家资格证书。对于经营高危体育项目的,需要取得行政许可,体育主管部门进行监督检查。游泳这一运动确实存在一定的危险性,特别是对于少年儿童,2017年7月,上海青浦区某一小区游泳池及上海虹口游泳池就先后发生了儿童溺水现象,基于游泳救生员的巡查及采取恰当的措施,有效防止了事故的发生。本课题认为,考虑到游泳救生员的专业性及工作目的,上文中已明确指出游泳救生员掌握了高于普通人的游泳及急救专业技术,且游泳救生员的工作目的在于救援及防止伤害事故的发生,且据调查,2016年上海泳池救生员在救援过程中发生伤害事故的为零。因此,单就游泳救生员这一职业来说,本课题认为并不属于高危职业,也并非游泳运动的指导或教练人员,并不适用《全民健身条例》的相关规定。

目前,虽然根据《国家职业资格目录清单》,游泳救生员为准入性职业,需通过国家职业考试,但本课题认为,在国家简政放权的趋势下,对于游泳救生员专业性的要求是肯定的,但是否一定需要经过繁杂的程序取得国家职业资格证书,加大游泳救生员的准入门槛值得深思。

(四)游泳救生员国家职业资格证书制度对游泳救生员行业的影响

自1999年起,国家体育总局就下发了关于游泳救生员的管理及注册办法,要求游泳救生员通过培训考核并按照不同等级取得救生员证书。2007年,游泳救生员被列为体育行业特种工种,明确游泳救生员持双证上岗。2008年,国家人力资源和社会保障部审定了《游泳救生员国家职业技能标准》,对考核内容、标准等作出了规定。2009年,国家体育总局下属职业技能鉴定指导中心以及游泳运动管理中心发布了一系列关于游泳救生员国家职业资格管理及注册的通知,包括《关于进一步做好游泳救生员国家职业资格相关工作的通知》《关于实施中国救生员协会游泳救生员注册证书的通知》等等。2012年,职业技能鉴定指导中心及游泳运动管理中心又共同印发了《游泳救生员国家职业技能鉴定考核实施细则》,对游泳救生员的考核标准做了更细化、更权威的规范。

这一系列规范和制度的产生,均对游泳救生员这一职业产生了巨大影响,从一方面来看,将游泳救生员定性为特种行业,最重要的是规范了培训、考核及管理体系,年审制度使整个行业能够良性有序运营,保持救生员的技能水准,分级制度有利于救生员能力的不断提高,考核标准的制定,扎实了理论知识,丰富了实践经验,保障了该职业的专业性,包括提高了游泳救生员处理突发事故的能力、职业技术水平,另外,游泳救生员归属于救生协会管理,在一定程度上增加了职业的归属感及责任心,有利于我国救生事业的发展。

但在另一方面,由于游泳救生员需持双证上岗,经过培训、考核、注册、年审,程序复杂,且在这一过程中报名者还需支付一定的费用,在一定程度上使一部分人放弃了从事这一职业的选择,也是造成目前游泳救生员缺失的一大原因。因此,要加强游泳救生员这一队伍,有必要对整个培训、考核等程序及相关负责单位进行缩减。

(五)小结

上海游泳救生员队伍仍需逐步扩展,以满足整个上海对于游泳救生员全方位的需求,保证游泳运动的安全进行。游泳救生员这一职业具有很强的专业性,需要经过严格的培训及筛选,以保证自身及他人的人身安全。对于掌握专业技能的游泳救生员,游泳运动的危险性大大降低,且无须对他们进行指导。因此本课题认为,为降低游泳运动员的进入门槛,只要游泳运动员经行业相关机构鉴定后认为已达到一定技术水平的即可上岗,由协会及国家相关职能部门共同监管,持双证上岗在一定程度上过于繁琐。

四、国外游泳救生员职业资格证书制度比较研究(以英国为例)

我国于 2005 年成立了救生协会,并在 2007 年加入了国际救生协会,在近几年建立了一系列关于游泳救生员培训、考核、管理、注册等方面的规定,但与欧美国家相比,仍存在可借鉴学习的地方。英国早于 1819 年就建立了皇家救生协会,对一系列与救生员相关的职业进行规范。

泳池救生员这个角色在英国很多时候是以兼职的形式提供的,这种灵活性意味着它常常被年轻人或大学生所接受。对于许多人来说,成为游泳救生员是在游泳领域事业的良好起步。许多游泳池经理或者管理者在一开始可能就是从事游泳救生员这一职业的,对于他们来说游泳救生员这一兼职很好地积累了经验并给予了较大的上升空间。那么,在英国,又是如何成为一名合格的游泳救生员的呢?

在英国成为一名泳池救生员有一个较简单的过程,国家游泳池救生员资格(The National Pool Lifeguard Qualification,NPLQ)是英国和爱尔兰最广泛认可的救生员资格,大多数泳池救生员职业都对该证书有要求。成为泳池救生员的核心课程为 36 小时。课程在全国范围内进行。若想参加课程,报名者可先在皇家游泳协会官网上填写基本信息,官网办事人员将推介就近的登记的培训机构,培训机构将提供详细的信息及课程介绍。根据课程提供者及地理位置的不同,完成救生员培训的费用约在 150 英镑到 250 英镑之间,当然,参加培训者也可以申请补助金。一旦完成培训,候选人将有资格在英国作为泳池救生员工作,并能在皇家救生协会的官方网站上找到就业机会,在课程进行过程中,参与人员还能选择参加额外的培训取得其他证书,如急救工作证、自动外部除颤证书等。要参加培训课程所需事先达到的标准包括,年满 16 岁,能够在深水中跳水及潜水,在 60 秒内速游 50 米,在深水中连续游泳 100

米,踩水持续 30 秒,能够潜水到泳池地板,能够在无需梯子或台阶的帮助下上岸。

课程基本涵盖了所有游泳池救援技术,包括救生理论知识、急救、心肺复苏等,整个课程分为三个部分,包括救生员及相关法律法规、游泳池危险性及控制措施、游泳池的监督观察;救生员的介入、救援和紧急行动方案,包括对疑似脊髓损伤者的抢救;心肺复苏术、自动外部除颤和急救。

在所有课程结束后,培训机构将进行评估。评估分为三个部分,包括泳池实际操作评估、理论评估(与评估员进行口头问答)、急救与心肺复苏操作评估。三部分均须顺利通过——6分为合格线,具体标准由国家游泳池救生员资格(第8版)进行规定——才能取得资格证书。所颁发的证书受英国职业资格及考试监督办公室(Ofqual)审查、认可、监管并可查询,列明的官方名称为:泳池保护、干预、监督和救援二级资质(QCF),证书有效期为两年,泳池救生员能在资格有效期内,经续展评估后,更新资格,续展评估中,申请人需提供在两年内已完成最少 20 小时救生,心肺复苏术和急救训练的证明。

总体来说,在英国,大部分泳池救生员的培训、评估等都由英国皇家游泳协会负责实施。英国皇家救生协会属慈善机构,其中英国皇家游泳协会下属机构 IQL,负责提供游泳救生员的培训。英国职业资格及考试监督办公室颁发证书并进行审查及监管。也就是说,社会机构进行培训评估,国家机关进行认证监督。这一模式在一定程度上,与我国游泳救生员国家职业资格认证具有相似之处,但相对简化。

五、结论与建议

通过对我国游泳救生员国家职业资格证书制度的介绍及分析,结合上海的实际情况,了解了在上海如何成为一名合格的持证上岗的泳池救生员。在这一过程中,泳池救生员志愿者需参加培训、通过培训考核、参加国家职业能力鉴定、通过后至相关协会注册、每年经过年审后方能持续执业。整个过程需要经过培训机构、国家职业鉴定站、救生员协会并取得两张证书,相对繁杂。英国的泳池救生员职业制度培训机构隶属于协会,进行全面的培训及考核,通过后由国家机关颁发注册证书。

一是为壮大我国游泳救生员队伍,降低成为游泳救生员的难度,简化我国游泳救生员职业资格认证制度。借鉴国外经验,同时考虑到游泳救生员,尤其是泳池救生员这一职业需要很强的灵活性,且由于对于专业技能的要求,其危险性是可控的,因此建议对于游泳救生员的职业认证尝试社会化。

二是由经国家批准及救生协会认可的公司组建游泳救生员的培训机构,对培训机构的人员配置等通过相关规章制度进行限定,在救生协会官网上发布培训信息及用工信息等,培训机构严格根据国家相关标准进行培训。培训合格后,由培训机构上报救生协会,救生协会组织专业评估员进行评估,在此过程中也可建立专业的评估模型或系统,根据不同模块及小项进行评分,保证评估的公正及公开,评估通过后,国家职业鉴定部门直接授权救生协会发放游泳救生员执业证,并通过相关系统对游泳救生员进行管理,如年审等,国家职业鉴定部门进行备案及监督。

三是对于游泳救生员志愿者来说,只要通过救生协会网站,即可了解培训信息,参加培训,培训结束接受评估通过后就能取得证书。当然,对于这样的变更,需要对目前已有的关于游泳救生员职业的定性及游泳救生员职业资格证书制度相关法律法规作出变更,也需要社会组织严格遵守相关规定,公正自律,以形成一个高效的、简易的游泳救生员职业认证体系。

参考文献

[1] 李敏谊,姚云. 国家职业资格证书制度的国际比较[J]. 域外世界,2010
[2] 史曙生."简政放权"背景下我国体育职业资格证书制度的改革[J]. 体育学刊,2016
[3] 吴雪萍,汪鑫. 发达国家实施职业资格证书制度的经验及启示[J]. 海外纵览,2010
[4] 朱寒笑,曹京华. 关于推行《社会体育指导员国家职业资格证书制度》的思考[J]. 成都体育学院学报,2006
[5] 陈小林. 职业资格认证对游泳救生员行业的影响研究[J]. 河南教育学院学报(哲学社会科学版),2013
[6] 张菊霞,张振,任君庆. 南非国家职业资格的产生、内容及启示[J]. 海外纵览,2016
[7] 薛永胜. 社会体育指导员发展的动力与平衡机制研究[J]. 产业探讨,2016
[8] 黄传勇. 体育职业资格证书制度研究[J]. 体育文化导刊,2016
[9] 魏永松,王晓贞. 我国体育行业国家职业资格证书与社会职业资格证书的博弈[J]. 安徽体育科技,2012
[10] 李庶泉. 英国国家职业资格证书制度改革的取向[J]. 海外纵览,2016

［11］ 党丽萍.中英两国体育行业国家职业标准的比较研究[D].苏州：苏州大学,2009
［12］ 王子.救生员为何缺口巨大[N].游泳,2012
［13］ Erich battistin,Michele De Nadai,Barbara Sianesi. Misreported schooling,multiple measures and returns to educational qualification [J]. Journal of Econometrics,2014

编　后　语

　　2017年，党的十九大和上海市第十一次党代会隆重召开。围绕建设全球著名体育城市和健康上海的目标，年度上海体育各项工作取得新进展。全民健身蓬勃开展，超额完成了市政府实事工程项目，城市业余联赛参与人次超百万，上海市民参加全运会群众比赛展现风采，《"健康上海2030"规划纲要》发布，体医结合取得新进展；竞技体育再创辉煌，上海代表团圆满完成第十三届全运会参赛任务，实现运动成绩和精神文明双丰收；职业联赛取得佳绩；青少年体育持续加强，体教结合取得新发展；体育赛事全年精彩上演，连续举办和成功申办国际重大体育赛事；体育产业总规模加快提升，产业发展基础持续巩固；全市重大体育设施项目有序推进；足球等领域体育改革不断深化，取得阶段成效。

　　2017年，上海市体育社会科学研究工作也取得积极成效，共收到申报课题218项，经组织专家评审，给予立项76项。审核确定符合要求的65项课题进入结题评审范围，共评出优秀课题18项，包括一等奖3项、二等奖6项、三等奖9项。现将18项优秀课题成果汇编出版。

　　本书的顺利出版离不开有关各方的参与和支持。我们对课题评审专家、体育社会科学研究工作者以及上海大学出版社等各界人士对本书出版给予的支持，表示衷心感谢！

　　本书汇编课题有关文字内容、观点由作者负责。按照有关课题的规范化要求，我们对部分课题的内容和文字作了适当调整和编辑。

　　由于编辑水平有限，本书难免存在疏漏之处，敬请批评指正。

编　者

2018年5月